중종의 시대

중종의 시대 – 조선의 유교화와 사림운동

초판 3쇄 발행 2021년 2월 3일
초판 1쇄 발행 2014년 7월 30일

지은이 계승범
펴낸이 정순구
책임편집 조수정
기획편집 정윤경 조원식
마케팅 황주영

출력 블루엔
용지 한서지업사
인쇄 한영문화사
제본 한영문화사

펴낸곳 (주) 역사비평사
등록 제300-2007-139호 (2007.9.20)
주소 10497 경기도 고양시 덕양구 화중로 100 비젼타워21 506호
전화 02-741-6123~5
팩스 02-741-6126
홈페이지 www.yukbi.com
이메일 yukbi88@naver.com

ISBN 978-89-7696-546-2 93910

이 저서는 2009년 정부(교육과학기술부)의 재원으로 한국연구재단의 지원을 받아 수행된 연구임.
(한국연구재단 – KRF – 2009 – 812 – A00008)

중종의 시대

| 조선의 유교화와 사림운동 |

계승범 지음

역사비평사

중종의 시대

| 차례 |

3장
사대의 시대: 중종의 사대 정책과 조명 관계

4장
소중화의 시대: 명나라에 대한 인식의 변화

5장

사림의 시대: 정치쇄신운동과 사림

6장

실천의 시대: 유교적 가치의 실천 문제

7장
중종 대의 의미: 사대와 유교의 만남

부록

책머리에

한국의 민주화와 조선의 유교화

1945년 해방 후 미국이 남한을 3년째 통치하던 1948년 여름, 신생 독립국 대한민국이 반공과 민주주의를 표방하고 출범했다. 그렇지만 민주주의 가치는 한국 사회에서 제대로 작동하지 않았다. 무늬만 민주공화국이었지, 처음부터 민주주의에 역행하며 독재정치가 기승을 부렸다. 얼마 뒤에는 군인들까지 총을 거꾸로 겨눈 채 서울로 탱크를 몰고 들어와 국권을 농단하고 군사독재를 자행했다. 심지어 자기들끼리 권력을 놓고 싸우는 추태를 보이며 군사정권을 이어갔다. 이런 상황이 가능했던 요인은 일차적으로 민주주의 가치를 제대로 몸에 익힌 한국인이 거의 없었기 때문이다. 그렇지만 이에 더해 한반도의 허리를 가르고 지나간 남북 분단과 전쟁, 그리고 국제적 냉전이라는 외부 환경이 '민주공화국'이어야 할 대한민국을 그런 반민주 군사독재 상태로 밀어 넣었다고 할 수 있다. 냉전 질서하에 대한민국이 의존한 강대국은 언제나 미국이었고, 그럴 수밖에 없었다.

그러나 대한민국이 군사독재에 계속 신음만 내뱉었던 것은 아니다. 민주주의를 외치며 기어코 군사독재 정권을 종식시키고야 만 것이다. 무엇보다 내부적으로 민주주의 가치를 조금씩 이해하고 그 실천을 부르짖으며 꾸준히 피를 뿌린 민주화운동의 결실이었지만, 외부적으로 한반도를 짓누르던 세계 차원의 냉전 구도가 베를린 장벽의 붕괴(1989)를 기점으로 급격히 해체된 영향도 작용했다. 아무리 내부의 민주화운동이 거셀지라도 남북 화해 분위기와 냉전의 완화라는 환경의 변화가 없다면 민주화는 불가능하기 때문이다.

대한민국의 역사 진행 과정에서 1990년대라는 시기는 이래서 중요하다. 외부 환경과 내부 역량이 서로 잘 조응해, 무늬만 민주공화국이 아닌 실질적인 민주공화국을 비로소 건설하고 경험하기 시작한 때였기 때문이다. 민주주의 가치가 제대로 작동하는 진짜 민주공화국을 위해서는 아직도 갈 길이 멀지만, 적어도 1990년대 한국인은 그 방향에 분명히 합의했고 그 여정의 첫 발을 내딛었다.

1388년 위화도회군 후 이성계를 앞세운 급진 세력이 4년째 한반도를 통치하던 1392년 여름, 새 왕조 조선이 사대와 유교를 천명하고 출범했다. 그렇지만 유교적 가치는 조선 사회에서 제대로 작동하지 않았다. 무늬만 유교국가였을 뿐, 처음부터 유교적 가치에 역행하고 힘을 앞세운 권력투쟁이 불을 뿜었다. 얼마 뒤에는 왕의 삼촌이 칼을 휘두르며 장수들을 거느리고 한양 궁궐로 들어와 왕위를 찬탈하고 저항 세력을 일소했다. 심지어 광기 서린 국왕이 등장해 반유교적 파행 정치를 서슴지 않고 자행했다. 이런 상황이 가능했던 요인은 일차적으로 유교적 가치를 제대로 몸에 익힌 조선인이 아직 별로 없었기 때문이다. 그렇지만 이에 더해 힘의 논리로 점철된 여말선초의 정치적 혼란을 경험한 내부 환경 및 역시 힘의 논리로 이루어진 원·명 교체와 명明 질서의 구축이라는 외부 환경이 의義와 도道를 추구하는 유교국가여야 할 조선을 약육강식의 상태로 유지시켰다고 할 수 있다. 새롭게 등장한 명 질서하에 조선이 의존한 강대국은 언제나 명이었고, 그럴 수밖에 없었다.

그러나 조선이 언제까지나 힘의 논리에만 지배되었던 것은 아니다. '유교주의'를 외치며 명실공히 유교국가로 거듭나고야 만 것이다. 무엇보다 내부적으로 유교적 가치를 점차 이해하고 그 실천을 부르짖으며 꾸준히 피를 뿌린 '유교화'운동의 결실이었지만, 외부적으로 명 질서가 전성기를 구가하면서 동아시아 세계가 안정됨에 따라 힘보다는 문화 수준이 중화의 제일 요건이라는 공감대가 안팎으로 형성되었기 때문이다. 아무리 내부의 유교화운동이 거셀지라도 원·명 교체의 혼란과 그 여파가 사라지지 않는 한, 또한 그에 따른 국제 질서의 안정이라는 외부 환경의 변화가 없다면 유교화가 녹록지 않기 때문이다.

조선왕조의 역사 진행 과정에서 16세기 전반이라는 시기는 이래서 중요하다. 외부 환경과 내부 환경이 서로 잘 조응해, 무늬만 유교국가가 아닌 실질적인 유교 사회를 본격적으로 경험하기 시작한 때였기 때문이다. 유교적 가치가 제대로 작동하는 진짜 유교 사회의 구현을 위해서는 아직 갈 길이 멀었지만, 적어도 16세기 전반에 조선인은 그 방향에 분명히 합의했고 그 여정의 돛을 올렸다.

지금부터 약 500년 전인 16세기 전반의 조선왕조를 다루는 이 책의 서두에서 대한민국의 민주화 과정과 조선의 유교화 과정을 맞대어 비교해가며 언급한 것은 조선 사회의 유교화 현상을 조선시대만의 현상이 아닌, 한국 문명의 전체 역사에서 조망할 필요가 있기 때문이다. 또한 한국 사회가 현재까지 겪어온 민주화운동의 경험과 조선 사회가 초기에 겪은 '유교화운동'의 경험에는 상통하는 면이 무척 많기 때문이다.

삼국시대부터 시작해도 2000년이 넘는 한국 역사에서 문명 차원의 총체적 수준으로 변화를 겪은 사례라면 삼국시대와 고려시대의 불교화, 조선시대의 유교화, 현대 한국의 산업화·민주화 등을 꼽을 수 있다. 삼국시대에 불교를 수용한 이래 한국은 불교 사회라 하기에 충분할 정도로 거의 모든 분야에 걸쳐 불교 색채로 물들었다. 그런데 조선시대에 들어서서는 유교가 거의 모든 분야에서 불교를 밀어내고 분위기를 일신했다. 조선은 자타가 공인하는 유교국가이자 유교 사회로 탈바꿈했다. 한편 근대라는 엄청난 '해일'을 만나 한때 주춤한 적도 있으나, 현대 한국의 성공적인 산업화와 민주화는 한국과 한국인을 미증유의 전혀 새로운 세상으로 이끌었다.

그렇지만 이런 변화의 과정에는 우여곡절이 많았으며, 변화의 속도는 빠르지 않았다. 불교를 국가의 종교로 수용한 뒤에도 고대 한국이 불교 사회라 이를 만큼 불교화가 진행되기까지는 수백 년이 걸렸다. 유교를 국가의 이념으로 천명한 뒤에도 조선이 유교 사회로 불릴 정도로 탈바꿈하기까지는 적어도 100년 이상의 유교화 여정이 필요했다. 민주공화국의 간판을 걸고 출범한 한국이 민주 사회로 불리는 데도 반세기 가까운 시간이 필요했다. 그럼에도 민주 사회로의 진화는 아직도 진행 중이니, 세계 선진국 수준의 민주 사회를 이룩하기까지 앞으로 얼마나 더 가야 할지 알 수 없다. 이런 사실은 한 국가의 건설(수립)을 통해 '하드웨어'의 모습을 갖췄을지라도 그 국가가 지향하는 가치 체계라는 '소프트웨어'가 제대로 작동하려면 숱한 시행착오와 갈등, 그리고 충분한 시간이 필요함을 잘 보여준다.

고려왕조를 무너뜨리고 등장한 새로운 왕조국가 조선은 불교를 배척하고 유교를 전면에 내세워 나라의 기풍을 쇄신하고자 노력했다. 이는 건국 주체 세력이 왕조(하드웨어)뿐 아니라 이념(소프트웨어)도 교체하려 했음을 의미한다. 하지만 새 옷을 입었다고 해서 사람의 마음까지 일순간에 새로워지지 않듯이, 조선왕조가 등장했다고 해서 사람들의 사고방식이 한순간에 유교적으로 바뀌지는 않았다. 새 하드웨어와 새 소프트웨어가 서로 조응하여 제대로 작동하기 위해서는 충분한 시간과 적응 과정이 필요했는데, 그 시기가 바로 조선 초기(15세기) 또는 전기(15~16세기)였다.

이 책에서는 조선 전기 중에서도 16세기 전반 중종 대(1506~1544)에 발생한 변화를 유교화 과정에서 나타난 현상이라는 시각으로 파악하고 해석하려 한다. 특히 국가의 유교 정책과 관련해 조선왕조의 상부구조에서 발생한 주목할 만한 변화의 실제와 그 의미를 살피되, 그것들을 시대 흐름으로 조명하고 해석하고자 한다. 이를 통해 이 시기가 바로 조선왕조라는 하드웨어에 유교(성리학)라는 소프트웨어가 본격적으로 작동한 시기이자, 이후 조선 역사의 진화 방향을 제시한 이정표의 역할을 했던 시기임을 밝히고자 한다. 더 나아가, 조선의 유교화 과정을 이해함으로써 현대 한국 사회가 겪고 있는 민주화 문제에 대해서도 역사가로서 설명을 제공하고자 한다.

40대 중반에 늦깎이 박사가 된 지 벌써 8년째다. 나이도 어느새 쉰을 넘겼다. 그동안 학술연구서 두 권과 교양서 한 권을 냈으니, 이 책은 네 번째다. 앞선 세 권 모두 운이 좋아 다양한 재정 지원을 받았다. 이 책도 과분한 도움을 받았는데, 바로 한국연구재단에서 주관하는 인문저술지원사업의 지원을 받았다. 지원자가 많았는데도 중종 대의 역사적 중요성을 강조한 필자의 연구 계획을 선정해준 이름 모를 심사위원들께 감사드린다.

한국연구재단의 지원 조건 중에는 이미 발표한 논문이 책 전체의 30%를 넘으면 안 된다는 규정이 있다. 그래서 사림士林의 성격을 다룬 5장은 이미 몇 년 전에 초고를 써 놓고도 계속 서랍에서 묵혀야 했다. 다른 장들도 이 책의 집필을 위해 새로 썼다. 다만 중종과 가정제嘉靖帝의 밀월 관계를 다룬 3장은 이미 발표한 내용인데, 중종 대를 논할 때 반드시 필요하므로 이 책에 포함했다. 중종 대 명나라에 대한 인식의 변화를 다룬 4장도 발표한 내용이지만, 이 책을 집필하면서 상당 부분 보강했다.

미발표 글들을 책으로 내는 일은 늘 벅차면서도 두렵다. 학술지에 싣는 논문은 관련 학자들의 엄격한 심사를 받지만, 단행본은 그런 과정을 거치지 않기 때문이다. 그래서 사적으로 두 분께 부탁해 검토 의견을 받았다. 보잘 것 없는 이 책의 완성도를 조금이나마 높여주기 위해 바쁜 일정에도 시간을 내어 거친 원고를 읽어주신 국사편찬위원회의 김영두 선생과 경희대학교의 구도영 선생께 감사드린다. 그렇지만 이 책의 내용에 어떤 문제가 있다면 그것은 전적으로 필자의 몫이다.

빡빡한 일정 속에서도 필자의 원고를 꼼꼼하고 정확하게 교정·편집해준 역사비평사 조수정 선생께 정말로 깊은 감사를 드린다. 또한 이 책의 출판을 결정하고 출판 과정에서 많은 도움을 주신 역사비평사 모든 분들께도 감사를 드린다.

2014년 6월

계승범

1장

| 조선 중종 대라는 시공간 |

01 중종 대를 주목하는 까닭

02 이 책의 내용

조선은 어떻게 유교국가가 되었는가

조선 초기(15세기), 또는 좀 더 넓게 보아 조선 전기(15~16세기)는 500년 넘게 존속한 조선왕조의 속성이 그 모습을 갖추고 뿌리를 깊게 내린 중요한 시기이자 과정이었다. 고려왕조를 무너뜨리고 등장한 조선은 불교를 배척하고 유교를 내세웠는데, 이는 새 왕조(하드웨어)에 걸맞도록 국가 이념(소프트웨어)도 불교에서 유교로 교체했음을 의미한다. 그렇지만 새로운 하드웨어와 소프트웨어가 서로 조응하며 순조롭게 작동하기 위해서는 충분한 시간의 적응 과정이 필요했는데, 그 시기가 바로 조선 초기 또는 전기였다. 이는 15~16세기를 지나면서 조선 사회의 정치·경제·사회·문화·외교·제도·군사·철학·사상·풍속 등, 한 국가 사회를 구성하는 거의 모든 분야가 장기간에 걸쳐 의미 있는 변화를 겪었음을 뜻한다.

그런 과정의 한복판에서 발생한 중종반정(1506)은 그동안 한국 역사에서 전혀 없었던 새로운 사건으로, 특히 큰 전환점으로 작용했을 가능성이 매우 크다. 최악의 불충일 수 있는 모반과 찬탈 행위가 오히려 반정反正이라는 지고의 선으로 둔갑한 아이러니는 유교적 가치와 그에 따른 설명 틀이 당시 조선 사회에서 강력하게 작동할 만한 분위기가 이미 조성되어 있었음을 강하게 시사한다. 더 나아가, 이후 조선왕조의 역사가 그런 방향성을 갖고 진행되리라는 것도 예시한다.

이 책에서는 조선 전기 중에서도 16세기 전반 중종 대(1506~1544)라는 특정 시

공간을 주요 대상으로 삼아, 이 시기에 조선의 몇몇 핵심 분야에서 발생한 주요 변화상을 살피려 한다. 한 국가를 유지하는 데 없어서는 안 되는 핵심 요소들, 곧 국왕의 생각과 그에 따른 언행, 지배 엘리트층의 의식구조, 외교와 내정 문제, 국시國是라 할 수 있는 보편적 가치 체계(상식) 등, 이른바 조선왕조의 상부구조에서 발생한 주목할 만한 변화의 실제와 그 의미를 살피되, 그것들을 개별적으로 고찰하지 않고 하나의 시대 흐름으로 엮어 종합적으로 조명하고 해석하고자 한다. 이런 작업을 통해 16세기 전반 중종 대가 바로 조선왕조라는 하드웨어에 유교(성리학)라는 소프트웨어가 본격적으로 작동한 시기이자, 이후 조선 역사의 진화 방향을 제시한 이정표의 역할을 했던 시기임을 밝힐 것이다.

01 중종 대를 주목하는 까닭

조선 전기, 특히 16세기 전반이라는 특정 시기를 주요 대상으로 삼은 연구는 꽤 많은 편이다. 주제별로 나누어 보면 정치사 분야가 두드러지는데, 그 가운데에서도 훈구勳舊와 사림士林의 대립 구도나 사림의 권력 기반으로 기능한 대간 제도 관련 연구가 주종을 이룬다.[1] 훈구와 사림의 대립 구도와는 별도로 중종 대 정치권력의 부침 현상을 다룬 연구도 있는데, 기묘사화己卯士禍(1519) 이후 권신들 사이의 권력 구도를 다루거나 훈척의 실체를 살핌으로써[2] 중종 대 정치사 이해에 도움을 준다.

다만, 중종 대 정치사 분야의 선행 연구들은 반정反正이라는 극단적인 정치적 사건을 겪은 이후의 독특한 시대 분위기에서 진행된 정치 현상이 조선 왕조의 전체 진화 과정에서 어떠한 시대적 흐름과 의미를 갖는지 읽어내는 데는 소홀히 한 측면이 있다. 또한 정치 세력들 사이의 충돌 및 대간의 역할과 기능에 대해서는 많은 관심을 기울인 데 반해, 정치 무대의 한복판에서 최종 결정권을 행사한—그래서 사실상 주인공으로 행동한—국왕의 입장과 역할에 대해서는 상대적으로 관심이 덜한 측면이 있었다.[3] 조선이 아무리 왕권보다 신권臣權이 강력한 정치 사회였다고 할지라도 국왕은 만민의 군주로서 최고 결정권자이자 동시에 최고의 중재자였음을 부정할 수 없다. 따라서 조선시대 정치사 연구에서 국왕의 역할은 아무리 강조해도 지나치지 않을 것이다.

16세기 전반의 시대적 상황에 주목한 연구로는 유학·사상사 분야도 정치사 분야에 못지않다. 15세기의 분위기와 비교해 볼 때, 16세기는 조선의 지식인들이 성리학적 정치 이념을 현실에 그대로 적용하려고 경주했을 뿐 아니라 성리학의 핵심을 철학적으로도 충실히 이해하기 시작해 그 꽃을 피운 시기였다. 관련 연구도 이 시기에 활약한 인물들 중심으로 이루어져, 조광조趙光祖(1482~1519), 서경덕徐敬德(1489~1546), 이언적李彦迪(1491~1553), 이황李滉(1501~1570), 조식曺植(1501~1572), 기대승奇大升(1527~1572), 성혼成渾(1535~1598), 이이李珥(1536~1584) 등에 대한 연구를 비롯해 학파와 관련된 다양한 연구가 쌓여 있다.[4] 이에 더해 성리학 이해 양상을 정치 행태와 관련해 고찰하는 연구 경향이 대두하면서 16세기 전반 중종 대의 정치·지성사 이해에 큰 도움을 주고 있다.

최근에는 16세기 전반 중종 대를 대상으로 삼은 연구가 이전보다 새로운 분야와 주제로 다양화되는 추세를 보인다. 특히 중종 대를 유교적 가치가 확산되고 그에 따른 의례가 확립되는 시기라는 점에 주목한 연구가 있어 고무적이다. 이들을 주제별로 간략히 분류해 보면, 문묘종사文廟從祀 논의,[5] 향약의 시행,[6] 교육의 강화,[7] 인재 등용 방법,[8] 경연의 운용과 내용,[9] 유교적 가치와 서적의 보급,[10] 전통 풍속의 유교화 과정[11] 등, 다양한 논의가 활발히 전개되고 있다. 또한 토지 문제,[12] 재정 문제,[13] 대외 관계나 대외 인식[14] 등과 관련해서 중종 대를 주목한 연구도 있다. 이 밖에도 일일이 거론하기 힘들 정도로 다양한 주제의 연구가 이어지고 있다.

해방 이후의 국내 한국사학계에서 15세기에 비해 상대적으로 관심을 덜

받던 16세기가 최근 들어 크게 주목받는 이유는 무엇일까. 이는 조선왕조의 특성이자 조선 사회의 속성이라 할 수 있는 '유교국가 조선'을 주도한 지배 엘리트층이 바로 이 시기에 사림이나 사족士族으로서 그 모습을 확실하게 드러냈기 때문이다. 대외적으로는 이른바 명明 질서가 전성기를 구가함에 따라 16세기 전반에 발생한 조명 관계의 새로운 양상이 이후 전개될 조선시대 한중 관계에서 매우 중요한 의미를 갖는다는 문제의식도 16세기에 대한 관심을 높이는 데 일조했다.[15]

중종 대의 중요성과 관련해 조선왕조의 시대구분 문제를 잠시 검토하고 넘어가자. 최근에 힘을 받고 있는 조선중기론朝鮮中期論에서는 조선 중기의 시작을 16세기로 본다. 이는 16세기를 조선 사회의 특성이 이전(15세기, 조선 초기)과 달라지는 전환기로 이해한 결과인데, 그 16세기 전반의 대부분이 다름 아닌 중종 대이다. 특히 중종 대 38년(1506~1544)은 단순히 재위 기간이라는 의미만 있지 않고, 바로 이 기간에 조선 사회에서 여러 가지 의미 있는 변화 현상들이 나타났음을 내포한다.

역사가에게 시대구분은 매우 중요한 작업이다. 시대구분의 기준과 시각을 통해 연구 대상이 되는 과거의 모든 역사적 행위에 대한 연구자 개인의 이해와 평가가 선명하게 드러나기 때문이다. 조선왕조의 경우 그 기간이 무려 500년이 넘으므로 같은 왕조 내에서도 사회구조와 시대 분위기에 많은 변화가 일어났고, 그에 따라 서로 다른 시대적 특성을 보인다. 따라서 조선왕조에 대한 종합적이고 전체적인 이해를 심화하고 그 설명 틀을 정립하기 위해서는 조선왕조 안에서도 시대구분이 필요하다. 이런 면에서 16세기 전반의 대부분을 차지하는 중종 대 또한 특정 시기로 묶어 그 역사적 의미를 고찰할 필요가 있다.

1980년대까지만 해도 개항(1876) 이전의 조선시대는 임진전쟁(임진왜란,

1592~1598)*의 종식을 기준으로 전기(15~16세기)와 후기(17~19세기)로 구분하는 것이 학계의 대세였다. 이는 큰 전쟁의 여파로 그 이전과 이후 사회의 특성이 서로 다르게 전개되었다고 이해한 데 따른 비교적 단순한 구분이었다. 또한 각종 개설서에서 오래전부터 임진전쟁(임진왜란)을 기준으로 편의상 전기와 후기로 구분하다 보니 자연스럽게 굳어진 면도 있다. 게다가 1970~1980년대에 학계를 강타한 '내재적 발전론'과 병행하여 '중세 사회 해체기'라는 개념으로 17~18세기를 새롭게 조명하기 시작하면서 조선후기론朝鮮後期論이 학문적 토대를 더욱 굳건히 한 점도 전기와 후기 구분에 힘을 실어주었다.

조선 중기라는 시대 용어 또한 일찍이 함께 사용되었다. 국사편찬위원회가 온라인으로 제공하는 『한국사연구휘보』에서 '조선 중기'로 검색하면, 1960년대부터 이 용어가 꾸준히 사용되었음을 쉽게 알 수 있다. 그렇지만 뚜렷한 기준에 근거한 시대구분 용어라기보다는 16세기나 17세기, 또는 그 둘을 합한 16~17세기를 막연히 가리키는 의미로 사용된 면이 강했다. 그러

* 임진왜란은 조선·명·일본 삼국이 연루된 전근대 동아시아의 최대 전쟁임에도, 오늘날 세 국가 모두 이 전쟁을 자국의 관점에서만 제각각 명명할 뿐 공동으로 사용하는 공식 명칭이 아직 없는 실정이다. 임진왜란은 한국에서만 통용되는 용어이다. 하지만 최근 자국사 중심 사관의 문제를 극복하기 위해 세 나라가 모두 수용할 수 있는 용어를 고르자는 문제 제기가 이어졌고, 그에 따라 삼국 모두 60갑자를 쓰므로 임진년에 발생한 전쟁이라는 의미를 담아 '임진전쟁'으로 부르자는 의견이 제시된 바 있다. 이런 공감대가 형성되면서, 요즘에는 임진전쟁이라는 용어 사용이 그다지 생소하지 않게 되었다. 특히 2012년에 한일관계사학회에서는 이 전쟁의 명칭을 임진전쟁으로 부르기로 공식 결정했다. 이에 이 책에서는 임진전쟁이라는 용어를 취하되, 아직 학계 전반에 걸친 합의가 없는 점을 고려하여 임진왜란을 괄호 안에 병기했다. 또한 문맥에 따라 '왜란'이라고만 쓰는 것이 더 나을 때는 그렇게 표현했다. 임진왜란의 명칭 문제에 대해서는 박수철, 「15·16세기 일본의 전국시대와 도요토미 정권: '임진왜란'의 재검토」, 역사학회 편, 『전쟁과 동북아의 국제질서』, 일조각, 2006, 222~223쪽; 정두희·이경순 편, 『임진왜란: 동아시아 삼국전쟁』, 휴머니스트, 2007, 21~22쪽; 한명기, 「난동, 정벌, 원조를 넘어: 임진왜란을 부르는 동아시아 공통의 용어를 위하여」, 『역사비평』 83, 역사문제연구소, 2008; 김기봉, 「1592년 전쟁을 어떻게 부를 것인가: 문명사적 관점에서의 성찰」, 『한국사학사학보』 26, 한국사학사학회, 2012 등을 참조.

다가 1980년대에 최재석의 연구로 조선중기론에 학문적 뒷받침이 이루어지기 시작했다. 그에 따르면 17세기에 친족 제도의 급격한 변화가 이루어지면서 조선 사회가 유교적 종법 사회로 탈바꿈했는데, 이 시기를 조선 전기 및 후기와 구분되는 중기로 새롭게 구분해야 한다는 것이다.[16] 1990년대에는 구미 학계에서 마크 피터슨(Mark Peterson)이 입양제와 상속제를 중심으로 조선의 가족제도에 괄목할 만한 변화가 진행된 17세기(1592~1700)를 이전과도 다르고 이후와도 다른 전환기, 곧 조선 중기로 이해할 필요가 있다고 지적함으로써[17] 중기론에 힘을 보탰다.

1990년대 국내 학계에서도 사회경제사 측면에서 중기론을 지지하는 논의가 이어졌다. 이태진은 서양에서 나온 소빙기小氷期설을 조선시대에도 그대로 적용해, 16세기부터 18세기 중반까지 약 250년에 걸친 기간에 나타난 동질의 사회경제적 위기 현상을 강조하면서 이 시기를 중기로 묶었다.[18] 이 시기는 그가 주장한 '붕당정치'의 시기(16세기 후반~18세기 초)와도[19] 얼추 맞아떨어지므로 정치사 차원에서도 중기론을 적극 강조한 셈이다. 이보다 앞서 김성우는 국가 운영 체제와 지배 엘리트층(양반 사족)의 형성이라는 관점에서 16~17세기를 15세기와도 다르고 18세기와도 다른 동질의 시기로 묶음으로써 중기론을 적극 지지했다.[20]

각각 장단점을 지닌 이 두 학설은 어차피 어느 한 쪽으로 확실한 결론을 내리기 어려운 성격의 쟁점이며, 현재는 두 입장이 공존하는 추세라 할 수 있다.[21] 이 책에서도 이 둘의 장단점을 굳이 가릴 의도가 없으며, 그럴 필요도 없다. 그렇지만 이 책은 16세기 전반 중종 대에 새로운 시대로의 진화를 보여주는 어떤 변화가 발생했을 가능성에 착안했다. 따라서 16세기를 15세기와 다른 성격의 시대, 혹은 무엇인가 새로운 변화가 발생한 시대로 보는 '중기론'의 주장에 일정 부분 주목했다.

16세기에 접어들며 가시화된 다양한 변화는 일시적으로 끝나지 않고 100년 이상 진행되어, 17세기 전반에 이르면 조선 사회의 일반적인 모습이 중종 이전의 시대, 곧 15세기의 그것과는 상당히 달라진다. 17세기 전반에 발생한 숱한 사건들 가운데 시대의 획을 그을 정도로 중차대한 것을 꼽는다면, 아마도 계해정변(인조반정, 1623)*과 삼전도 항복(1637)이 으뜸을 다툴 것이다. 이 둘 가운데 계해정변(인조반정)은 조선 내부의 제반 분위기를 일거에 뒤바꿨을 뿐 아니라 삼전도 항복을 초래한 호란의 주요 배경으로 작용했다는 점에서 더 결정적인 사건이다. 이 점에 착안해 필자는 병인정변(중종반정, 1506)부터 계해정변(인조반정, 1623)까지 118년에 걸친 시기를 조선 중기로 보아도 좋다고 생각한다. 이 시기에 조선왕조를 가장 조선답게 만든 결정적 '소프트웨어'라 할 수 있는 성리학적 가치들이 정치 무대에서 실질적인 힘을 얻고 본격적으로 작동함에 따라 다양한 변화를 추동한 전환기의 특징이 살아나기 때문이다. 따라서 비록 중기론을 따르고는 있지만, 사회경제사 차원에서 16~17세기를 동질의 중기로 묶은 기존의 견해나 가족제도상의 유교화

* 반정(反正)이라는 용어에는 해당 사건에 대한 일방적인 가치판단과 성격 규정이 이미 단정적으로 들어가 있다. 특히 이 개념은 어떤 역사적 현상을 정사(正邪)·선악(善惡)·화이(華夷)와 같이 중세적 흑백논리로 보는 시각에 따른 표현이다. 이렇게 주관적이고 일방적인 표현을 객관적이어야 할 역사 용어로 못박아 사용하는 것은 다양한 시각과 해석을 중시하는 현대 역사학에 어울리지 않는다. 반정이라는 말에는 이미 선악의 이분법적 시각에 따른 일방적인 가치판단이 내재해 있으므로, 반정으로 부르는 한 사건에 대한 다양한 역사 해석에 알게 모르게 방해가 되기 때문이다. 만일 그 사건을 오늘날 반정이라고 그대로 쓴다면, 그것은 당시 정변을 일으킨 당사자들의 정치 선전을 후대의 역사가가 그대로 믿고 인정해주는 행위로, 역사가의 바람직한 역사 인식 태도는 아니다. 따라서 중종반정과 인조반정이 오래전부터 통용된 역사 용어이기는 하지만, 위와 같은 취지로 이 책에서는 각기 병인정변과 계해정변으로 객관화해서 부르고자 한다. 단, 이 같은 용어의 변경이 아직은 시론 단계인 만큼, 혼란을 피하기 위해 병인정변(중종반정)·계해정변(인조반정)과 같이 기존의 용어를 괄호 안에 병기할 것이다. 그러나 특정 사건을 가리키지 않고 일반적 의미로 반정이라는 용어를 사용할 때는 그대로 반정이라고 표기했다.

라는 차원에서 17세기를 동질의 중기로 묶은 기존의 견해와는 분명한 차이가 있다. 시기적으로 보아도 필자가 그리는 조선 중기는 기존의 조선 전기(15~16세기)에 거의 포함되는 특징이 있다.

16세기에 걸쳐 조선 사회에 새로운 변화가 역사적 경향으로 나타났다는 데는 많은 학자들이 동의한다. 그렇지만 정작 그런 변화의 실상이 어떠했으며, 조선왕조의 전체 역사에서 그 변화가 어떤 의미를 갖는지에 대한 정치한 연구와 거시적 해석은 아직 충분하지 않다. 이 책에서는 이런 문제의식에 기초하여 16세기 전반, 특히 중종 대의 조선 사회를 하나의 단면으로 잘라낸 뒤, 그 다양한 변화의 양상을 장기사長期史 차원에서 탐구하고 해석하려 한다. 따라서 이 책의 집필 목적은 16세기 전반 조선 사회의 여러 방면에 발생한 변화를 종합적이며 거시적으로 분석하고 해석함으로써, 조선 사회가 더욱 조선답게 틀을 잡아가는 시기가 바로 중종 대임을 밝히는 것이다. 한 발 더 나아가, '조선이란 무엇인가'라는 물음에 대해 조선시대를 전공하는 역사가로서 나름대로 답을 제공하려는 의도도 갖고 있다.

1392년 조선왕조의 건국으로 왕조의 교체는 이루어졌으나, 한반도에 형성된 역사공동체로서 문명사회가 담고 있던 제반 속성까지 일순간에 바뀌지는 않았다. 유교의 충효 사상을 정치 이념으로 천명했음에도 권좌를 노린 정변은 꼬리를 물고 발생했다. 『주자가례朱子家禮』 보급에 힘을 쏟았지만 전통적 가족제도와 의례 제도는 여전히 건재했다. 사대 정책을 표방했음에도 명明을 유일한 상국上國으로서가 아닌, 이웃에 있는 한 대국大國 정도로 보는 경향이 지배적이었다. 불교를 억제하고 유교를 천명했지만 불교는 여전히 성행했다. 이 같은 현상은 고려·조선의 왕조 교체가 사회혁명에 준하는 급격한 변화를 단기간에 가져온 것이 아님을 알려준다. 오히려 왕조 교체 이후 장기간에 걸쳐 꾸준히 진행된 유교 사회를 향한 긴 여정의 시작에 불과했음을 말해준다. 따라서 새 왕조(하드웨어)와 새 이념(소프트웨어)이 서로 제대로 어울려 본격적으로 작동하는 시기는 왕조의 건국 시점보다 더 후대로 내려갈 수밖에 없다. 그 시기는 『경국대전經國大典』의 완성과 사림의 대두에 발맞춰 조선 사회의 대체적 분위기가 새로운 양상을 보인 15세기 후반에서 16세기 전반까지 약 60여 년에 걸친 시기, 특히 반정이라는 이름으로 신하들이 왕을 쫓아낸 미증유의 사건인 병인정변(중종반정) 이후 40년 가까이 전개된 중종 대일 가능성이 매우 높다. 이것이 바로 이 책에서 중종 대라는 특정 시기에 주목한 까닭이다.

연구 방법으로는 근 40년에 달하는 중종 재위 16세기 전반을 횡적으로, 즉 공간적으로 살피는 방법을 취할 것이다. 이런 접근 방법을 택한 문제의식은 다음과 같다. 필자는 몇 년 전 『조선시대 해외파병과 한중관계』라는[22] 책을 펴냈다. 그 책의 의도는 '중원제국'*(명·청)의 요구에 따른 조선의 파병 여부 논쟁을 축으로 삼아 조선왕조 500년간의 한중 관계와 조선 엘리트의 중국(중화) 인식을 살피고, 그 역사적 유산을 설명하는 것이었다. 지금까지 조선왕조를 다룬 연구서는 무수히 나왔지만, 하나의 주제로 왕조 전체를 조망하고 거시적 결론을 도출한 연구서는 상대적으로 매우 적다. 어떤 주제를 통시대적으로 다룰 경우에도 거의 대부분 조선 전기와 조선 후기로 나누어 고찰한다. 한국연구재단의 한국사 전공별 시대 분류를 보아도 조선왕조는 전기와 후기로 분명하게 갈린다. 그러나 전기가 없는 후기는 불가능하며, 후기가

* 중원제국은 중원에 중심을 둔 황제국이라는 의미로, 필자가 만든 용어이다. 조선시대라면 구체적으로 명과 청을 가리킨다. 흔히 사용하는 중국이라는 용어를 피하고 굳이 중원제국이라 쓴 이유는 ① 현재의 중화인민공화국(PRC)과 혼동을 피하기 위함이고, ② 청을 중국사의 일부로 보는 데 부정적인 신청사(新清史) 입장을 필자가 일부 따르기 때문이며, ③ 동시대 조선시대 사람들도 청을 중국으로 여기지 않았기 때문이다.

없는 전기는 역사성을 상실한다. 이 점을 인정한다면, 조선왕조 500년을 한층 심도 있게 거시적으로 고찰하기 위해서는 전기와 후기를 동시에 아우르는 주제를 통시대적으로 장기사 시각에서 조망하는 접근 방법이 필요하다. 『조선시대 해외파병과 한중관계』가 파병이라는 주제로 조선왕조를 종적으로(시간적으로) 조망했다면, 이 책 『중종의 시대』는 16세기 전반 중종 대라는 특정 시간대에 초점을 맞춰 조선왕조를 횡적으로(공간적으로) 조망하려는 시도이다.

16세기 전반 중종 대는 정치·사회·경제·문화 등 한 사회의 성격을 규정하는 거의 모든 분야에서 '조선 소프트웨어'가 확립되어간 시기였다. 그러다가 계해정변(인조반정) 이후 우리가 지금 알고 있는 조선의 모습으로 거의 확정되었다. 공교롭게도 필자가 이 책에서 설정한 전환기의 시작과 끝이 중종의 즉위(1506)와 인조의 즉위(1623), 다른 말로 두 개의 반정으로 구분되는 것이 흥미롭다. 충효를 강조하는 유교 사회에서 신하가 왕을 내쫓는 행위는 최악의 불충이지만, 역설적이게도 그런 불충이 반정으로 정당화될 수 있는 것도 유교 사회였기 때문에 가능했다. 이 두 차례의 반정은 조선 사회의 역사 진행에서 매우 중요한 획을 그었다. 따라서 그 첫 사례인 병인정변(중종반정)의 성격과 유산은 조선왕조의 거시적 이해에 매우 중요하다.

정변이라는 극단적 방법으로 정권이 바뀐 중종 대에는 갖가지 변화가 많이 일어났다. 국왕은 국왕대로, 신료들은 신료들대로, 유생들은 유생들대로 각기 새로운 시스템을 구축하기 위해 상황에 따라 서로 협력하면서도 때론 끊임없이 갈등하고 경쟁했다. 비록 사화士禍로 인해 몇 차례 부침을 겪기는 했지만 정치적으로는 이른바 사림이 정치의 전면에 등장함으로써, 이후 조선 사회를 주도해갈 양반 엘리트의 성향이 사실상 모습을 갖추었다. 경제적으로는 일부 새로운 농법이 등장하고 토지 소유 및 생산관계에 변화가 일기 시작했다. 사회적으로는 양반층의 세습 특권화가 본격화되면서 제도적 틀이 갖춰졌다. 양반의 실질적인 군역 면제의 경우 중종 대에 확정된 일은 아니지만 중종~명종 대(1506~1567)를 거치면서 논쟁이 시작되어 점차 가시화되었다. 또한 유교적 가치가 사회에 널리 퍼지기 시작하면서 가족관계 관련 쟁송도 꼬리를 물었다. 전통적 가족제도와 유교적 가치가 갈등을 빚는 시기, 곧 '소프트웨어'가 바뀌는 시기였던 셈이다.

이뿐만 아니다. 16세기 전반에는 외교적으로도 조선 조정의 중화 인식과 대명관對明觀에 큰 변화가 있었다. 명·조선 관계는 이전의 군신 관계에 더해 부자 관계가 새로 더해져, 군부君父·신자臣子 관계로 이념화되었다.[23] 성종(r. 1469~1494)* 때까지만 해도 조선 조정은 명을 이웃의 한 대국으로만 여겼을 뿐 절대 불변의 상국이자 부모의 나라로까지 보지는 않았다. 중종 대는 사상적으로 조선 유학이 발돋움을 시작한 백가쟁명의 시기였다. 사상·철학적인 면에서도 새로운 '소프트웨어'의 가동을 위한 정지 작업이 치열하게 이루어진 전환기였던 셈이다.

이런 점에서 볼 때 중종 대를 조선왕조의 전체 틀 속에서 어떻게 비정할 것인가에 대한 종합적이고도 거시적인 이해를 도모할 필요가 있다. 중종 대 38년이야말로 조선왕조가 조선다운 소프트웨어를 장착하고 그 작동을 위해 서로 충돌하고 고민한 시대였기 때문이다. 따라서 중종 대에 대한 이해는 500년 조선왕조를 이해하는 데 꼭 필요하다.

* 'r.'은 'reign'의 약자로, 재위 기간 또는 통치 기간을 의미한다. 국내 한국사학계에서는 아직 생소한 편이지만, 영어권 역사학계에서는 일반적으로 사용하는 표기이며 국제사회에서도 하나의 약속처럼 쓰고 있다. 이 책에서도 등장인물 가운데 군주인 경우에는 그 재위 기간을 'r.'로 표기했다.

02 이 책의 내용

앞서 정리한 문제의식과 연구 시각에 기초해, 이 책에서는 서론에 해당하는 1장을 제외하고 각 장별로 모두 여섯 개의 주제를 다룬다. 중종 대의 조선이라는 시공간을 중심축으로 삼되, 동아시아 문명권 내에서 조선의 위상으로부터 시작하여 점차 조선 내부의 주제로 좁혀 들어가는 순서로 장들을 배치했다. 각 장별 요지는 다음과 같다.

2장. 찬탈과 반정의 시대 : 조선 초기의 왕위 계승 문제

2장에서는 16세기 전반 중종 대의 시대 분위기를 역사적으로 이해하기 위한 배경 설명을 제공한다. 건국 이후 15세기 정국의 추이를 간략히 살피되, 조선왕조가 공식적으로 표방한 가치 기준과 그 기준에서 적지 않게 벗어나 있던 정치 현실 사이의 괴리에 주안점을 둔다. 괴리에 주목하고 그것을 강조하는 이유는 조선 초기(15세기)를 유교 이념과 정치 현실의 불일치라는 맥락으로 읽을 필요가 있기 때문이다. 이는 유교화의 시작과 그에 따른 갈등이라는 뜻으로도 풀이할 수 있는데, 15세기에 발생한 거의 모든 사건이나 현상은 이런 맥락에서 설명할 수 있으며, 또한 그럴 필요도 있다. 현실이 이념

보다 우위를 점한 시기가 15세기였다면, 16세기 전반 중종 대는 이념(성리학적 가치)이 주도권을 잡고 현실을 본격적으로 수정하기 시작하는 전환점을 이룬 시기였다. 건국 이후 발생한 수많은 정변과 찬탈 중 그 시점을 기준으로 유독 1506년의 정변만 반정이라는 이름으로 포장되고 이념화될 수 있었던 역사적 배경과 그 여파는 바로 그와 같은 이유로 조선왕조의 향후 역사 전개에 매우 중요하다.

3장. 사대의 시대 : 중종의 사대 정책과 조명 관계

3장에서는 조선 정치의 핵이라 할 수 있는 국왕을 집중 조명한다. 허수아비 왕으로 출발한 중종은 권력의 암투와 부침이 심하던 16세기 전반에 역설적이게도 38년이라는 긴 기간 동안 조선의 왕으로 무사히 살아남았다. 중종 이전의 어떤 왕도 이렇게 오래 권좌에 있지는 못했다. 이전 열 명의 왕들 중에서 무려 네 명이나 강제로 쫓겨났으며, 심지어 그중 두 명은 유배지에서 생을 마감했다. 중종이 정치적으로 장수를 누린 배경에는 많은 요인이 복합적으로 작용했는데, 여기서는 명 황제와 맺은 매우 특별한 관계를 통해 국제 무대에서 조선 국왕으로서의 위상을 확고하게 구축하고 그 영향 덕에 국내 정치 무대에서도 서서히 권위를 쌓아간 중종의 빼어난 전략을 집중 분석한다. 특히, 꼭 보내지 않아도 되는 특별 진하사進賀使를 최대한 자주 파견하려 노력한 중종의 이해관계와 그런 진하사를 후대한 가정제嘉靖帝(r. 1521~1566)의 이해관계가 서로 잘 맞물린 상황에 초점을 맞춰 살필 것이다.

4장. 소중화의 시대 : 명나라에 대한 인식의 변화

3장에서 중종 개인의 입장과 태도에 초점을 맞췄다면, 4장에서는 중종 대 조정에서 정책 결정권을 행사한 지배 엘리트들의 중화 및 중국(명) 인식에 중점을 둔다. 이를 통해 이 시기에 조선이 문명 차원에서도 이른바 명 질서 안에 적극적이고 확실하게 안착했음을 살피려 한다. 양반 엘리트들의 중화 및 명에 대한 인식과 그 변화의 추이는 그들이 독점적으로 지배하는 조선 왕조가 추후 어떤 방향성으로 진화해 나아갈지 예시한다. 예컨대 조선 전기에 조정을 뜨겁게 달군 몇몇 논쟁을 15세기와 16세기의 경우로 나누어 비교해 보면, 지배 엘리트들의 명 인식이 16세기 전반 중종 대에 이르러 이전에 비해 크게 달라졌음을 확인할 수 있다. 대국에 대한 조선 초기의 조건부적인 사대가 16세기 전반 중종 대에 이르면 상국에 대한 절대적 사대로 바뀌기 때문이다. 이런 중화 인식의 변화 양상은 다양한 분야에서 동일하게 발견되는데, 이 장에서는 그 변화들을 일일이 살핀 뒤 종합적으로 해석함으로써 그런 일련의 변화가 중종 대의 시대 경향이었음을 밝힐 것이다.

5장. 사림의 시대 : 정치쇄신운동과 사림

새로운 중화 인식의 확산은 국내 정치 무대의 새로운 분위기와도 밀접하게 연관되어 있다. 따라서 5장에서는 정치 주체 세력으로 부상한 이른바 사림士林의 성격을 살피고 그 역사적 의미를 도출한다. 먼저 사림 관련 선행 연구들을 세밀하게 검토하면서, 훈구와 사림을 서로 다른 사회경제적 기반과 이념적 성향을 보유한 별개의 사회계층으로 구분해 도식적으로 설명한 기존의 통설에서 벗어날 것이다. 그런 뒤에 경제적 기반이나 출신에 관계없이 같은 성리학적 가치와 이념을 공유한 사람들이 형성한 정치 세력이 사림이라는 것, 그리고 그들이 세대世代를 이어 추진한 일종의 운동(movement)으로서 사림을 새롭게 조명한다. 유교적 가치 기준과 정치 이념에 맞도록 현실 사회를 뜯어고치려는 일종의 정풍整風운동으로 이해하려는 것이다. 또한 이런 사림과 그 운동이 하필 16세기 전반에 이르러 크게 대두한 역사적 배경과 추이도 설명한다. 더 나아가, 사림의 대두와 관련해 기존 해석에 따르면 그들이 지방에서 중앙으로 진출하고 그 결과 지방이 중앙에 영향력을 행사한 현상으로 파악했는데, 필자는 중앙, 곧 국가의 기능과 역할을 강조하는 새로운 해석을 시도할 것이다.

6장. 실천의 시대 : 유교적 가치의 실천 문제

6장에서는 『주례周禮』에 기초한 통치 체제의 확립이나 대간·상소·구언 등의 제도화처럼 외형적 유교화의 내면에서 작동한 내적 지향점을 살핀다. 내적 지향점이란 조선 사회의 유교화를 추동한 핵심 가치이자, 조선 사회의 유교화 과정에서 중요한 준거로 작동한 가치들을 의미한다. 이런 맥락에서 먼저 유교의 내면세계를 지배한 대표적 성리학 서적인 『대학연의大學衍義』와 『소학小學』의 확산 과정을 살피려 한다. 『대학연의』가 치인治人의 본질인 왕도王道라는 가치를 대표한다면, 『소학』은 수기修己의 본질인 효제충신孝悌忠信이라는 가치를 대표하기 때문이다. 『대학연의』와 『소학』이 조선 건국 이후 중앙 조정에서 어떻게 취급되고 강조되었는지, 그런 추세가 어떻게 중종 대 유교화의 가시적 증거로 수렴되었는지를 살필 것이다.

다음으로는 유교에서 소인의 모습으로 배척한 공리功利 인식의 변화 추세를 통시적으로 살피면서 중종 대의 특징을 잡아내려 한다. 또한 유교 이념이 곧 정치 이념이고 정치 이념이 곧 유교적 가치 그 자체였던 점을 감안해, 조선 건국 이후 장기간에 걸쳐 논의된 문묘종사 문제도 고찰하고자 한다. 이런 작업을 통해 조선의 유교화 과정에서 주요 기준으로 떠오른 가치를 파악하고, 그것을 유교국가 조선의 속성과 관련해 이해하고자 한다. 단, 이런 과정에서 처음부터 끝까지 독립변수(x변수)로서 추진자의 역할을 담당한 주체를 지방에 거주하던 사림 학자들로 보지 않고 중앙의 신료 혹은 중앙 정계와 강

한 연대를 맺고 있던 사대부들로 파악해 설명하고자 한다. 그러고 나면 조선 사회가 16세기 전반 중종 대를 거치면서 어떤 역사적 방향성을 갖게 되었는지 좀 더 쉽게 다가올 것이다.

7장. 중종 대의 의미 : 사대와 유교의 만남

결론부에 해당하는 7장에서는 앞에서 살핀 16세기 전반 중종 대를 관통한 시대 분위기의 양대 요소인 사대와 유교, 즉 중화국이자 종주국인 명에 대한 지극한 사대와 중화 문명의 핵심인 유교(성리학)의 기본 가치들이 서로 접목하여 만들어낸 조선 사회의 특성을 설명한다. 명과 조선의 관계는 유교의 기본 가치인 충忠에 기초한 군신 관계로 이루어졌지만, 조선 초기(15세기)만 해도 명 황제에 대한 조선 국왕의 충성 의리는 절대적이지 않았다. 유교를 천명하고 건국되었음에도 초기(15세기) 정치 무대에서는 유교적 가치보다 힘의 논리가 훨씬 더 우세했다. 그런데 16세기에 접어들면서 명에 대한 사대는 점차 절대적 천륜天倫으로 굳어졌으며, 국내 정치 무대에서도 유교적 가치를 정치 현실에 타협 없이 그대로 적용해야 한다는 근본주의적 목소리가 득세하기 시작했다. 이는 조선왕조가 등장하면서 천명한 사대와 유교가 드디어 하나로 합체된 것으로, 이런 합체를 통해 조선은 현재 우리가 아는 '조선다운' 모습으로 새롭게 태어났다. 14세기 말에 이루어진 조선왕조의 외형적 건국이 하드웨어상의 건국이었다면, 16세기 전반에 이루어진 사대와 유교의 합체는 소프트웨어상의 건국인 동시에, 100여 년에 걸친 건국 과정의 실질적 완성이라 할 수 있다. 이 장에서는 이런 시대적 흐름을 담론식으로 설명한다.

2장

| 찬탈과 반정의 시대 : 조선 초기 왕위 계승 문제 |

01 왕위 계승에 주목하는 까닭

02 중종 이전의 왕위 계승 패턴

03 세조가 남긴 유산

04 반정의 정당성과 그 한계

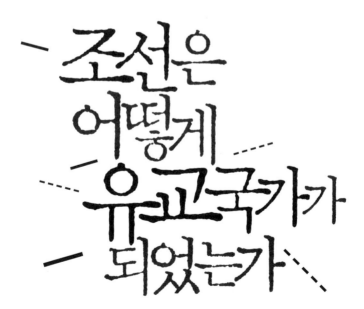

조선은 어떻게 유교국가가 되었는가

거의 모든 것이 치인治人이라는 정치의 형태로 표출된 조선 사회에서는 정치가 아닌 분야가 없다고 해도 과언이 아니다. 서울 도성의 일상적인 풍경뿐 아니라 향촌의 어떤 이름 없는 유생에 이르기까지 중앙의 정치로부터 자유로운 조선 사람은 아무도 없었다. 심지어 어느 무명의 여인이 결혼을 하거나 재가를 할 경우에도 정치는 매우 집요하게 그 여인의 일상사를 감시하고 물리적 법적으로 통제했다.

대한민국의 역사를 보아도 정치사 일색이고, 지금도 여전하다. 요즘 아무리 경제가 중요하다고들 하지만, '경제사'라는 독립 영역이 가능한지 의아스럽다. 대한민국의 경제 분야가 정치라는 거대 공룡의 영향에서 벗어나 자유롭게 경제 논리만으로 스스로 작동할 수 있는 영역을 과연 구축했는가라는 질문에 선뜻 그렇다고 말하기가 여전히 쉽지 않기 때문이다. IMF 금융위기(1997) 이후 신자유주의가 밀물처럼 밀려들어온 지 15년이 훌쩍 지난 지금에서야 '권력이 재벌에게 넘어갔다'는 말에 사람들이 동의를 표하지만, 솔직히 대한민국 60년 역사에는 정치사만 존재했다고 해도 지나치지 않을 정도로 정치가 삶의 거의 모든 분야에 깊숙이 침투했고 간섭했고 통제했다.

정치가 다양한 분야 가운데 하나로 상대화된 21세기 한국에서도 이런 경향이 강하다면, 지금으로부터 약 600년 전 조선 초기의 시대상과 시대 분위기를 공부할 때 정치사 분야의 중요성은 두말할 나위도 없다. 요즘 문화사나 생활사 등 새로운 시각과 프리즘으로 역사의 한 시대를 조망해보려는 시각은 매우 고무적이나, 그런 분야조차도 조선시대 내내 정치의 강력한 영향권 아래에 있었음은 부정할 수 없다. 최근에는 적지 않은 인문학자들이 정치를 비롯해 거의 모든 영역을 포괄할 수 있는 전체 집합으로서 문화 개념을 말하기도 하지만, 적어도 전근대 동아시아에서는 문화보다 정치가 압도적으로 우세했다. 한 예술인의 작품에서부터 일반 서민의 일상생활에 이르기까지 문화의 전반을 주도하고 지배한 분야가 바로 정치였기 때문이다.

주자학이니 성리학이니 도학이니, 다양한 표현으로 불릴지라도 조선왕조를 실제로 이끈 최고 엘리트들이 추구한 가치는 유교의 수기修己와 치인이었고, 그 최종 종착지는 치국, 곧 경세經世였다. 유학자의 학습 단계를 설명한 『대학』에 따르면 수기는 어떤 면에서는 치국을 하기 위한 전제 조건이므로 넓은 의미의 정치 행위에 포함된다. 특히 유교 이념이 곧 정치 이념이고, 모든 정치 행위가 유교 이념의 가치 기준에 따라 검증되어야만 권위를 부여받던 조선 사회에서는 정치와 유교가 결코 분리될 수 없었다. 평생토록 유교 공부에 몰입한 조선의 모든 지식인은 사실상 정치에 몰입한 자들이었다. 실제로 정치가 조선 사회에 미친 영향은 거의 절대적이었다. 이 책을 시작하면서 '정치'를 논하는 까닭은 바로 조선시대사에서 정치가 차지한 비중이 매우 높았음을 말하기 위해서다. 16세기 전반의 중종 대도 마찬가지였으며, 오히려 '정치'가 더욱 뜨거웠던 시기다.

01 왕위 계승에 주목하는 까닭

조선왕조 건국 이후 15세기 무렵의 정치사에 대해서는 현재 적지 않은 연구가 쌓여 있다. 다만 정치라는 분야가 포용하는 다양한 분야를 모두 염두에 둔 포괄적 의미의 정치사 연구는 상대적으로 빈약한 편이다. 대개의 연구가 정치적 사건을 개별적으로 다룬 경향이 강한 데 비해, 그 개별 사건들을 하나의 코드로 묶어 통시적이며 종합적으로 설명하는 이론(학설)을 제시하는 데는 상대적으로 소홀했다. 물론 건국 주체 세력을 다룬 신흥 사대부 학설이나 조선 전기 지배층의 구조적 교체를 다룬 사림파 학설이 널리 통용되기는 했다. 그러나 이들 이론은 해방 이후 한국사학계 역사 시각의 산물로, 고려·조선의 왕조 교체를 단순히 왕조 순환 논리가 아니라 역동적인 사회변동과 발전에 따른 필연적 결과로 설명했는데, 이 과정에서 이론을 뒷받침하는 실증에 적잖은 문제를 노정한 탓에 요즘엔 많은 비판을 받고 있다.[1] 이와는 별도로 조선 초기의 정치사를 좀 더 거시적으로 파악하려는 의도가 보이는 제목을 붙인 연구서들도 일부 있지만, 개별적인 사건이나 제도 관련 논문들을 하나의 책으로 모았다는 데 의의가 있을 뿐, 그런 개별 주제들을 서로 유기적으로 연결해 조선 초기라는 시대상을 읽어내는 데는 부족한 면이 있었다.

이런 점에서 볼 때 몇몇 연구서는 일정한 시각을 갖고 조선 초기의 정치사를 통시적으로 조망했다는 점에서 주목할 만하다. 일찍이 이성무는 조선의 건국과 함께 새롭게 등장한 양반이라는 지배층의 성격을 면밀하게 분석해 설명했으며,[2] 민현구는 조선 초기 정치권력의 진화 과정을 군사 제도의 개편 과정과 관련해 분석했다.[3] 정두희는 조선 초기에 정치권력을 실제로 장악하고 행사한 핵심 세력의 성격을 국왕과 공신과 대간으로 나누어 살피는 한편, 조선왕조 정치의 대표적 특성이라고 할 수 있는 대간 제도의 운영과 성격을 통해 조선 초기 정치의 특성을 분석했다.[4] 최승희도 대간 제도와 언로의 중요성에 주목해서 조선 초기 정치 운영 방식의 정수를 이해하고자 했으며, 조선 초기 국정 운영 체제의 변화를 주요 국왕들의 왕권과 관련해 분석하기도 했다.[5] 이 밖에 지두환은 성리학의 정치 이념이 현실 정치와 어떻게 연결되어 나타났는지를 왕대별로 살폈으며,[6] 한충희는 조선 초기 정치 운영의 성격을 다양한 관직의 기능과 관인官人의 성분 및 정치기구라는 제도사 차원에서 분석했다.[7]

조선의 국왕은 중원제국의 황제에 비하면 권력을 행사하는 데 상당한 제약을 받았고 신료들의 힘이 국왕의 힘보다 우위에 있었지만, 그렇더라도 정치 무대의 최고 주인공은 언제나 국왕이었다. 비록 국왕이 정변을 만나 신하들에 의해 쫓겨날지라도, 어떤 정변이 국왕의 교체로 마무리되는 현실 그 자체는 국왕이 차지하는 비중이 실질적이건 상징적이건 이미 지대했음을 역설적으로 보여준다. 이는 조선의 국왕이 무소불위의 권력을 휘둘렀기 때문이 아니다. 정확히 말하면 정치에 참여한 모든 사람들의 최고 정점에 바로 국왕이 자리했기 때문이다. 기존의 많은 연구가 왕권에 주목한 이유도 이와 다르지 않다.

왕권강화책과 관련해 조선 초기의 정치사를 살핀 논저는 많은 편이지만,

왕위 계승 문제를 다룬 연구는 매우 적다. 왕을 연구의 중심에 놓은 경우라도 대개 왕권강화책을 당시의 정치체제나 제도의 개편과 관련해 설명한 연구가 대부분이다. 그런데 어느 왕의 권위와 정통성은 즉위 과정과 밀접한 관계에 있으므로 즉위(집권) 과정은 매우 중요하다. 물론 조선 초기에 무력으로 왕위에 앉은 태종과 세조의 집권 과정에 대해서는 오래전부터 연구가 이루어졌다. 이를테면 태종의 집권 과정에서 발생한 두 차례 왕자의 난을 단순히 왕자들 사이의 정권쟁탈전으로 이해하지 않고, 건국 초기 국가의 시스템이 아직 확실하지 않을 때 병권을 누가 장악하는가의 문제를 놓고 이해관계를 함께한 왕자들이 일으킨 정변이라고 보는 해석은[8] 이미 연구되었다. 또 다른 극적 사건인 계유정난癸酉靖難(1453)과 세조의 즉위(1455)에 대해서도 수양대군(세조, r. 1455~1468)의 권력욕에 더해, 세종(r. 1418~1450)과 문종(r. 1450~1452)의 죽음 이후 의정부 대신들이 권력을 독점하던 현실을 바꾸려 한 수양대군과 그 추종 세력이 일으킨 거사이자 왕실의 권위를 높이려는 의도였다는 해석이[9] 정설처럼 받아들여졌다.

태종과 세조의 경우는 무력을 동원하여 왕위를 차지했지만, 나머지 왕들은 어땠을까? 그들은 태종·세조와 달리 어떤 원칙이나 형편에 따라 왕실과 국가 원로들의 추대를 받아 즉위했다. 그렇다면 조선 초기 왕위 계승에는 어떤 원칙이 있었는지, 또 어떤 변수가 자연스럽게 고려되었는지 등을 살필 필요가 있다. 왜냐하면 어느 왕의 권위와 정통성은 무력으로 상대방을 격파하고 즉위한 경우를 제외하면 즉위 과정과 매우 깊은 관계가 있기 때문이다. 특히 조선은 사대와 유교를 왕조의 새로운 가치로 천명하고 출범한 왕조였다. 이는 곧 국왕의 권위가 종법에 따른 왕위 계승(유교)과 천자로부터 정식으로 책봉을 받는(사대) 데 뿌리를 두었음을 강하게 시사한다. 따라서 왕위 계승 문제는 조선 초기라는 한 시대의 정치사를 연구할 때 매우 중요한 분야가 된다.

이에 2장에서는 중종이 즉위하기 이전 시기(1392~1506), 곧 흔히 조선 초기로 불리는 15세기 무렵에 즉위한 왕들이 어떤 과정으로 국왕의 자리에 올랐으며, 그것이 유교와 사대라는 조선왕조의 양대 이념 차원에서 볼 때 어떤 의미를 갖는지 살피고자 한다. 반정으로 포장되기는 했으나, 역시 무력을 동원한 정변의 결과로 도래한 중종 대(1506~1544)의 정치 현상을 제대로 이해하기 위해서는 중종 이전의 왕위 계승 문제를 먼저 이해하고 넘어가야 한다.

02 중종 이전의 왕위 계승 패턴

왕이 자연적인 죽음을 맞았을 때 그의 뒤를 이어 어떤 왕자가 어떤 원칙에 따라 왕위에 오를 것인가는 왕조의 안정과 권위의 계승에 결정적으로 중요한 요소이다. 무력을 통한 정변으로 권력을 잡아 스스로 왕위에 오르거나 다른 왕자를 왕위에 옹립할 경우에도 사람들이 쉽게 수긍할 수 있는 명분을 제시해야만 새 정권이 정통성을 확보하고 안정을 취할 수 있다. 그런데 조선이 건국된 지 100년이 넘은 16세기 벽두에 왕위에 오른 중종의 입장에서 선왕들의 운명을 보면, 조선의 왕좌는 현재 우리가 생각하는 것보다 훨씬 더 불안했다. 국왕의 절대 권위는 고사하고 왕위의 안정조차 제대로 확보하지 못했던 것이다.

중종은 조선왕조의 11대 국왕인데, 이는 달리 말하면 중종 이전에 모두 열 명의 군왕이 권좌에 앉아 조선을 다스렸음을 의미한다. 그런데 그 열 명의 군왕 가운데 태조(r. 1392~1398), 정종(r. 1398~1400), 단종(r. 1452~1455), 연산군(r. 1494~1506) 등 무려 네 명이 타의에 의해 권좌에서 물러났다. 이는 중종 이전에 권좌에 앉은 왕들 가운데 무려 40%에 달하는 수치로, 조선 건국 이후 왕좌가 얼마나 불안했는지를 여실히 보여준다. 일찍 죽는 바람에 일반적인 경우의 수로 보기 어려운 문종과 예종(r. 1468~1469)을 제외하고 본다면, 여덟 명 가운데 절반에 해당하는 네 명이 타의에 의해 왕좌에서 물러난 셈이다.

게다가 타의로 왕위에서 물러난 이 네 명 가운데 노산군(단종)과 연산군 두 명(50%)은 권좌에서 물러나는 것으로만 그치지 않고, 유배를 당한 뒤 그곳에서 의문의 죽음을 당했다. 이뿐 아니라 중종 당대의 시점에서 볼 때 열 명의 선왕 가운데 묘호廟號를 받지 못한, 즉 종묘에 들어가지 못한 왕이 공정왕恭靖王(영안군, 정종)·노산군(단종)*·연산군 등 무려 세 명(30%)이었다.[10] 이런 수치는 세종대왕이라는 걸출한 인물 뒤에 가려져 그동안 큰 관심을 받지 못했던 15세기 조선 국왕의 자리가 얼마나 불안했는지를 분명하게 보여준다. 이런 상황이었으니 어느 날 갑자기 왕위에 '앉혀진' 19세의 새 국왕 이역李懌(중종)이 느꼈을 두려움과 불안감은 한층 더 생생하게 다가온다.

고려와 조선을 연속선상에 놓고 보면 문제는 더욱 심각해진다. 고려가 몽골제국(원)의 간섭으로부터 어느 정도 벗어났다고 할 수 있는 14세기 후반부터만 보더라도 공민왕(r. 1351~1374), 우왕(r. 1374~1388), 창왕(r. 1388~1389), 공양왕(r. 1389~1392) 등 네 명이 모두 타의에 의해 왕좌에서 물러났으며, 또한 전부 살해당했다. 이는 병인정변(중종반정)이 일어난 16세기 벽두의 시점에서 보면, 이전 150년 동안에 한반도라는 공간에서 왕좌에 올랐던 14명의 군왕 중 절반이 넘는 무려 여덟 명이 타의로 물러났으며, 그 가운데 대여섯 명이 살해당했음을 의미한다. 이런 사실을 모를 리 없는 중종이 어느 날 급작스럽게 왕좌에 앉혀졌을 때 느꼈을 두려움은 오늘날 우리가 미루어 짐작하는 데 어렵지 않다.

* 공정왕과 노산군은 사후 200년이 지난 숙종(r. 1674~1720) 때가 되어서야 뒤늦게 묘호를 받고 종묘에 들어갔다. 공정왕은 1681년(숙종 7), 노산군은 1698년(숙종 24)에 각각 정종과 단종의 묘호를 받았다.

조선 후기의 왕위 계승에 대해서는 이미 연구서가[11] 나와 있다. 전기의 왕위 계승을 다룬 연구도 일부 있는데, 조선 후기 왕위 계승을 다루면서 전기의 사례들을 배경 차원에서 짧게 분석한 것과[12] 세조의 찬탈을 중심에 놓고 초기의 왕위 승습 문제를 다룬 것[13] 등이다. 그런데 전기에 비하면 후기에 아무래도 왕위 계승의 원칙이 더 확고하게 구축되었다는 사실을 간과하면 안 된다. 따라서 조선시대 왕위 계승이 갖는 역사적 의미를 거시적 통시적으로 파악하기 위해서는 조선 전기 왕위 계승의 실제와 패턴을 전체적으로 면밀히 살필 필요가 있다.

중국에서 당(618~907)이 완전히 망한 뒤 송(960~1279)이 통일국가로 등장하기까지는 반세기를 훌쩍 넘는 오랜 과도기가 있었다. 반면에 고려와 조선의 왕조 교체는 단 하루의 공백도 없이 그대로 이어졌다. 이러한 특징은 왕조 교체가 기존 지배 귀족층의 몰락을 동반한 급격한 '혁명'의 산물이라기보다 고려의 체제가 상당 부분 지속되는 가운데 왕실이 바뀐 '전환'의 상황임을 강하게 시사한다.[14] 실제로 고려·조선의 왕조 교체는 전국에 걸쳐 발생한 어떤 계층이나 세력 사이의 전면적 충돌이나 전쟁의 결과가 아니라, 중앙의 지배 엘리트들 사이에서 발생한 정치적 알력이 왕실의 교체로까지 이어진 사례이다.

이런 시각을 염두에 두고 고려와 조선을 연속선상에서 놓고 본다면 이성계의 즉위는 일종의 찬탈이었다. 이는 조선 건국 당시만 해도 국왕의 권위가 어떤 이념이나 원칙보다는 지금 당장 눈앞에 보이는 물리적인 어떤 힘, 곧 무력에 더 많이 기반했음을 의미한다. 고려 왕실에 끝까지 충성을 바친 '절의파'라는 그룹이 있었으나, 아직은 군신유의君臣有義나 불사이군不事二君과 같은 유교적 가치보다 물리적인 힘이 실제 정치권력을 주도하는 분위기였다. 이성계의 찬탈에 따른 즉위는 또한, 국가의 제반 시스템이 정착되기 전까지는 앞으로도 국왕의 권위가 어떤 원리나 이념보다는 바로 현재 쉽게 구할 수 있는 물리적인 힘에 의해 사실상 좌우될 수 있음을 예시한다.

조선 후기와 달리 전기의 왕위 계승에는 종법이 준거로서 갖는 중요성이 훨씬 덜했다. 한국 역사에서 왕위의 부자 상속이 나타난 것은 삼국시대부터지만,[15] 그런 기준이 늘 지켜졌던 것은 아니다. 고려시대에 들어와서야[16] 특별한 상황이 아닌 한 부자 상속에 따른 왕위 계승을 당연한 것으로, 특히 최선의 선택으로 여겼다. 이런 전통은 조선왕조에 이르러 성리학적 종법에 대한 이해가 심화되고 그 실천이 강조되면서 더욱 확고해졌다.

그렇다면 아직 종법이 상대적으로 덜 중시된 조선 초기의 왕들, 곧 중종 이전 열 명의 왕은 어떤 방식으로 왕좌에 올랐을까? 앞서 언급했듯이 태조의 등극은 고려 공양왕의 왕위를 찬탈한 결과로 가능했다. 그런데 여기서 한 가지 흥미로운 사실이 있다. 이성계의 찬탈은 위화도회군(1388)으로 권력을 사실상 완전히 장악한 이후에도 4년이라는 준비 기간을 거쳐 성사되었다는 점이다. 그 사이에 문무 관리의 인사 제도인 전선법銓選法을 복구하고 과전법科田法을 시행하는 등 제도적 쇄신도 단행했지만, 우왕과 창왕이 왕씨가 아니라는 의혹을 제기하고 조직적으로 증폭시킨 정치 선전도 꾸준히 병행했다. 이는 비록 무력으로 권력을 장악하기는 했지만, 그것만으로는 선뜻 왕위에 오르기 어려웠던 상황을 잘 보여준다. 특히 왕자의 신분이 아닌 이성계의 즉위는 단순한 찬탈의 범주를 넘어 왕조의 교체라는 중차대한 사안이었기에, 그의 권력 장악이 즉위로 이어지기까지는 시간과 작전이 필요했다. 같은 사대부 내에서조차 정몽주鄭夢周(1337~1392)로 대표되는 다수가 왕조 교체를 의리에 어긋나는 일로 여겼으므로, 그런 준비 기간은 어쩌면 필수적인 절차였다. 하지만 그러한 준비 기간을 거쳤음에도 정몽주를 무력으로 제거하고서야 비로소 즉위가 가능했다. 이성계의 이 같은 즉위 과정은 조선왕조 건국 후에도 태종과 세조에 의해 그대로 반복되었다는 점에서 흥미로우며, 눈여겨볼 대목이다.

이른바 1차 왕자의 난(1398)으로 이성계는 타의에 의해 권좌에서 물러났다. 그 결과로 즉위한 영안군永安君 이방과李芳果(1357~1419, 정종)는 왕자의 난을 주도한 실세가 아니었으며, 따라서 이방원에게 왕좌를 넘기기까지 사실상 '얼굴마담'의 역할에 머물렀다고 해도 과언이 아니다. 영안군이 왕위에 있는 중에도 이방원이 최대의 정적으로 판단한 이는 이방과가 아니라 이방간李芳幹(1364~1421)이었다. 어쨌든 이방원도 스스로 등극하기 위해서는 적어도 2년이라는 시간과 과정이 필요했다. 이 준비 과정 중의 막바지에 발생한 이른바 2차 왕자의 난(1400)의 진짜 주인공도 따지고 보면 이방간이라기보다는 이방원이라 해야 좋을 정도로, 처음부터 끝까지 모든 일이 이방원의 의도와 계획대로 이루어졌다. 이런 일련의 과정을 거쳐 이방원은 자신의 형인 공정왕(영안군)으로부터 선양을 받는 모양새를 갖춰 즉위했으나, 실상 이 또한 '제2차 찬탈'이라고 해도 무방할 정도로 모든 정치 행위의 배후에는 바로 이방원 자신이 있었고, 그의 그런 힘은 어디까지나 무력을 확보한 데서 기인했다.

공정왕이 퇴위한 후와 죽은 뒤에도 그에게 묘호를 올리지 않은 점으로 미루어 볼 때, 그는 비록 2년 동안 권좌에 앉아 있었지만 사실상 조선의 국왕으로 인정받지 못했음을 알 수 있다. 종묘의 형식상으로는 태조의 뒤를 바로 이어 이방원이 즉위한 셈이었다.[17] 선왕인 공정왕에게 묘호를 올리지 않은 일 역시 태종의 의도였을 가능성이 거의 100%라 할 수 있다. 이방원은 무력을 통해 권력을 장악한 뒤에도 아버지 이성계의 경험을 거의 그대로 답습하여 2년이라는 준비 기간을 두고 즉위했다.

조선왕조의 건국 이후 그나마 정상에 가까운 왕위 승습이라면 세종의 즉위를 꼽을 수 있다. 그렇지만 세종의 즉위도 어떤 계승 원칙에 기반했다기보다는 부왕인 태종의 강력한 의지에 따른 결과였다. 태종의 세자였던 장자 양녕대군(1394~1462)이 폐위당한 뒤 새로운 세자에 둘째 아들이 아닌 셋째 충녕대군(세종)이 책봉되었는데, 이는 오로지 태종의 선택에 따른 결과였다.[18] 또한 자신이 죽은 뒤의 왕권 문제를 고민한 태종은 죽기 4년 전에 실권을 거의 그대로 유지하면서도 세자에게 선양함으로써 자기 사후에 발생할지도 모를 사태에 충분히 대비했다. 이로써 본다면 세종의 즉위가 겉으로는 순탄하지만 그 내면은 비정상적 성격이 강했음을 알 수 있다.

유교 사회에서 이상적으로 보는 장자 승습에 따른 즉위는 문종의 사례가 처음이다. 조선이 건국된 지 반세기가 지나도록 그때까지 장자 상속이 한 번도 없었던 것이다. 이는 세종을 거치면서 왕실과 왕권이 상당히 안정되었음을 의미한다. 그런데 문제는 그런 문종이 단명했다는 점이다. 문종의 뒤를 이어 그 장자인 단종이 종법에 따라 즉위했으나, 장성한 일곱 삼촌(대군)의 존재는 정국의 불안 요소였다. 왕실(종묘사직) 차원에서는 그들이 든든한 수호자일 수도 있으나, 어린 국왕의 입장에서는 언제 왕좌를 노리고 들어올지 모르는 위협적인 존재였다.

불안한 정국은 결국 수양대군이 일으킨 정변, 곧 계유정난癸酉靖難(1453)과 그에 이은 단종의 강제 선양(1455), 곧 세조의 찬탈로 이어졌다. 이는 조선이 건국된 지 반세기가 지나도록 왕위 계승에서 장자 승습의 원칙이 제대로 지켜지지 않았을 뿐 아니라, 설사 장자 승습으로 즉위했을지라도 그것이 왕위의 안정을 보장해주는 데는 아무런 도움이 되지 못했음을 보여준다. 이성계의 즉위 과정 및 태종의 즉위 과정과 마찬가지로 세조 또한 정변을 통해 권력을 장악하고도 정작 스스로 권좌에 오르기까지 약 2년이라는 준비 과정을 거쳤다. 이 또한 비록 무력을 동원해 권력을 장악했을지라도, 곧바로 즉위로 연결시키는 데는 상당한 제약이 따랐음을 강하게 시사한다.

세조의 뒤를 이은 예종은 다시금 종법에 따라 즉위했다. 그는 세조의 차남이었으나, 장자 의경세자懿敬世子(1438~1457)가 일찍 죽는 바람에 자연스럽게 형의 뒤를 이어 맏아들로서 세자에 책봉되었다. 그리고 세조가 죽자 19세의 나이에 즉위했다. 그러나 부왕 세조의 정통성 문제가 일부 지식인 사회에서 여전히 불씨로 남아 있는 와중에 공교롭게도 재위 1년여 만에 네 살짜리 어린 원자 제안대군齊安大君(1466~1525)을 남기고 단명했다.

예종의 뒤를 이어 조카인 성종(r. 1469~1494)이 즉위하는 과정은 조정 내에서 이렇다 할 알력 없이 비교적 순탄하게 이루어졌지만, 조선 후기의 성리학 기준에서 보면 종법에 어긋나는 승습이었다. 예종에게는 엄연히 직계 아들인 제안대군이 있었기 때문이다. 그렇지만 당시 제안대군이 너무 어려 왕위를 잇기 어렵다는 의견이 조야에 지배적이었으므로 예종의 조카인 잘산군乽山君(성종)에게 기회가 주어졌다. 잘산군은 왕위에 오르지 못하고 죽은 의경세자의 둘째 아들로, 형 월산군(1454~1488)이 있음에도 예종의 양자로 입후入後되어 12세의 나이로 왕위에 올랐다.

성종의 즉위는 당시 왕실 서열 1위인 정희왕후貞熹王后(1418~1483)의 결정에 따른 결과이지만, 당대 최고의 권세가인 한명회韓明澮(1415~1487)가 바로 잘산군의 장인인 점도 일부 작용했을[19] 개연성이 있다. 종법의 정통성 없이 어린 나이에 즉위한 성종이 왕위를 비교적 안정적으로 유지한 데는 바로 왕실의 어른 및 한명회와 신숙주申叔舟(1417~1475)를 비롯한 조정 원상院相들이 별다른 마찰 없이 의견 일치를 보아 성종의 왕위 승계를 인정했기 때문일 것이다. 성종은 즉위 후에도 대비의 수렴청정과 원상들의 보호막 안에서 비교적 순탄하게 정치 경험을 쌓으며 성장할 수 있었다.[20]

성종의 뒤를 이어 왕위에 오른 연산군은 장자로서 승습했다. 앞서 장자로 즉위한 문종과 예종이 모두 허약한 건강 상태로 인해 단명했고, 단종이 타의에 의해 쫓겨난 것과 달리, 꽤 명석하고 건강했던 연산군은 비로소 제대로 국정을 운영할 것처럼 보였다. 그러나 정말 공교롭게도 연산군 역시 무력에 의해 왕위에서 쫓겨남으로써 단종의 전철을 밟고 말았다. 물론 단종의 경우와 연산군의 경우가 같지는 않으나, 장자로서 승습한 두 왕이 모두 강제 퇴위된 후 유배지에서 죽음을 맞은 사실은 조선 초기의 왕위 계승 문제와 관련해 시사하는 바가 크다. 아무리 부자 상속, 특히 장자 승습이 가장 이상적인 왕위 계승으로 널리 받아들여졌을지라도, 그것이 왕권의 안정을 보장해주지는 못했음을 보여주기 때문이다.

중종 이전 조선 초기 군왕 열 명의 왕위 계승 패턴에 대해 태종과 세조의 왕위 승습을 패도적覇道的 방식으로, 세종과 성종의 승습을 택현적擇賢的 방식으로, 문종·단종·연산군의 승습을 종법적宗法的 방식으로 구분한 해석이[21] 있다. 건국 이후 100여 년 동안 열 명의 왕에게 이처럼 다양한 즉위 방식이 나타났다는 점만으로도 조선 초기 왕위 계승이 일정한 원칙보다는 상황에 따라 이루어졌음을 쉽게 알 수 있다.

그렇지만 이런 도식적 분류에 따른 설명 외에도 조선 초기 왕위 계승 패턴은 다음과 같이 정리할 수 있다.

첫째, 왕위 계승에 어떤 분명한 원칙이 있었다기보다는 힘의 역학 관계에 의해 상황에 따라 후계자가 결정되거나 뒤바뀌는 일이 일반적이었다. 건국 시조인 태조를 포함해 정종·태종·세종·세조·성종 등 과반이 이런 경우였다. 이는 유교를 표방하고 세운 왕조임에도 불구하고 건국 초기에 해당하는 15세기 내내 유교적 종법 체제가 제대로 작동하지 않았음을 보여준다. 또한 비록 장자가 승습한 경우라 해도, 그것을 반드시 유교 종법에 따른 결과로만 설명할 수는 없다.

둘째, 중종 이전 열 명의 왕 중에서 태조·정종·단종·연산군 등 무려 4명이 무력에 의해 타의로 권좌에서 물러났다. 더욱이 단종과 연산군은 강제 퇴위당한 데 그치지 않고, 유배지에서 의문의 죽음을 당했다. 이는 전체 열 명 가운데 40%가 타의로 물러났으며, 물러난 왕들 가운데 50%가 죽음을 당한 것으로, 왕좌가 굳건하지 못했던 15세기의 상황을 여실히 보여준다. 이런 현실은 종법에 부합한 계승자가 문종·단종·예종·연산군 등 네 명으로, 절반에도 미치지 못한 것과 불가분의 관계에 있다. 그런데 그나마 이 네 명도 모두 단명하거나 정변으로 쫓겨나 죽음을 당한 점이 공교롭다.

셋째, 이런 현실은 열 명의 왕 가운데 공정왕(정종)·노산군(단종)·연산군 등 무려 세 명(30%)이 사후에 묘호를 받지 못하고 종묘에 들어가지 못한 결과로 이어진다. 지금이야 공정왕과 노산군을 각각 정종과 단종이라 부르는 데 아무런 문제가 없으나, 중종 대의 상황에서 본다면 분명히 열 명의 선왕이 실재했음에도 그중에서 일곱 명만 부묘祔廟되었던 것이다. 따라서 중종이 비록 왕위에 추대되어 앉아 있기는 했지만, 자신도 언제 쫓겨날지 모르며 죽고 나서도 종묘에 제대로 들어갈 수 있을지조차 아무런 보장이 되어 있지 않은 불안한 상태였을 것이다.

넷째, 무력으로 권력을 잡았더라도 실제 왕위에 오르기까지는 적지 않은 기간 동안 충분한 정지 작업을 거쳤다. 태조의 4년, 태종의 2년, 세조의 2년이 바로 이에 해당한다. 특히 태종과 세조의 경우 강력한 왕권을 구축한 왕이라는 점을 눈여겨볼 필요가 있다. 왜냐하면 그들이 아무리 정변을 통해 권력을 확실하게 장악했을지라도, 당시 조선이 무력만으로 왕의 정통성과 권위를 즉각 확립할 수 있는 사회가 아니었음을 시사해주기 때문이다. 종법이 아직까지는 그다지 중요하게 인식되지 않았지만, 왕좌에 직접 오르기 위해서는 오랜 시간에 걸친 충분한 사전 정지 작업이 필요했던 것이다. 같은 경우는 아니지만 태종이 상왕上王으로 물러앉아 아들 세종에게 4년이라는 '국왕 실습 기간'을 준 것도 이런 문제와 무관하지 않다.*

중종은 바로 이런 역사적 상황에서 즉위했다. 그것도 정변이라는 가장 비상한 방법으로. 또한 선례와 달리 왕위에 오르기 위한 어떠한 정지 작업 절차도 없이 바로 왕위에 앉혀졌다. 이런 상황에서 중종의 제일 관심사는 자신의 안위였을 테고, 다음 관심사가 왕실(왕조)의 수호였을 것임은 의심의 여지가 없다. 이에 더해, 비록 반정으로 미화되기는 했으나 정국의 변화에 따라서는 언제든 자신의 즉위가 찬탈로 바뀔 수도 있는 가능성을 고려해야 했고, 연산군의 폭정이 조선의 양반 사회에 남긴 후유증을 어떤 식으로든 극복해야 한다는 절박성이 처음부터 중종의 어깨를 심하게 짓눌렀을 것이다.

* 역사적으로 볼 때 정변을 통해 권력을 잡은 자가 왕족이 아닐 경우에는 찬탈이 매우 어려웠음을 알 수 있다. 성(姓)이 바뀌면 곧 왕조의 교체가 되므로 사안의 중대성이 훨씬 더 커지기 때문이다. 실제로 역성혁명은 생각보다 많이 일어나지 않았다. 대부분의 경우 왕을 갈아치우거나 허수아비 왕을 내세운 채 권력을 전횡하는 선에서 멈추었다. 중국사에서는 그런 예가 부지기수이며, 한국사에서도 고구려 말기 연개소문의 전횡과 고려시대 무신정권을 대표적 사례로 꼽을 수 있다. 일본의 막부 체제도 천황을 건드리지 않았다는 점에서 비슷한 예로 볼 수 있다. 반면, 정변의 주도자가 왕족일 경우에는 왕조의 교체 없이 바로 즉위하기가 상대적으로 훨씬 수월했는데, 그렇더라도 앞에서 확인했듯이 태종과 세조가 모두 2년 정도의 정지 작업 기간을 갖고 즉위한 점에 주목할 필요가 있다.

03 세조가 남긴 유산

왕조 개창 이후 유교적 원칙과 왕실의 안정을 구축한 것으로 보이는 15세기에 왕위 계승은 앞에서 본 것처럼 복잡하게 이루어졌다. 이 사실은 건국 이후 100년 가까운 시간이 지났음에도 정치 무대에서는 여전히 힘의 논리가 작동했음을 잘 보여준다. 이는 동서고금의 역사에서 흔히 볼 수 있는 일반적인 현상으로, 조선만의 특성은 아니다. 다만, 중종 이전 열 명의 국왕 가운데 세조와 연산군의 정치는 이후 조선왕조의 정치사에 결정적 유산을 남겼다.

우선 세조의 찬탈 과정에서 피해를 당한 숱한 사람들에 대한 복권 문제가 숙종(r. 1674~1720) 대에 완결될 때까지 무려 200년이 넘도록 조정의 '뜨거운 감자'로 존재한 점에서 그렇다. 또한 그런 과정을 겪으면서 조선왕조 정치의 지향점이 사실상 완성된 점에서 더욱 중요한 의미를 갖는다. 그뿐만 아니라 연산군이 쫓겨난 이유와 그 방식 또한 후대의 역사 진행에 큰 영향을 끼쳐, 이후 일어난 계해정변(인조반정, 1623)을 반정으로 자리매김한 전례로 작용했다.

수양대군(세조)은 단종 즉위 1년 만에 정변을 일으켜 권력을 장악했고, 그 뒤 2년 동안의 준비 과정을 거쳐 단종으로부터 선양받는 형식을 취해 스스로 왕위에 올랐다. 이는 이전 태종의 즉위 과정과 매우 유사하지만, 국가의 시스템이 아직 갖추어지지 않은 상태에서 발생한 왕자의 난과 시스템이 상당한 수준으로 정비된 이후에 발생한 계유정난(1453)은 근본적으로 달랐다. 무력을 동원한 세조의 즉위는 이미 세종을 거치면서 국가 시스템과 유교적 가치가 어느 정도 기반을 구축한 상태에서 일으킨 명백한 반역 행위였으며, 그것이 바로 태종의 즉위와 달리 세조의 즉위가 다수의 유학자 지식인 사이에서 찬탈로 규정된 결정적인 이유였다.

세조의 즉위는 동아시아 사회에서 왕조 초기에 흔히 일어나는 왕자들 사이의 권력쟁탈전과도 성격이 사뭇 달랐다. 중국과 한국에서는 왕조를 세운 '태조'가 죽으면 그 아들들 사이에서 피 튀기는 권력쟁탈전이 발생하곤 했다. 그런데 세조의 경우는 국초의 그런 쟁탈전도 아닐 뿐더러, 숙부로서 조카인 군왕을 무력으로 제거했다는 점에서 특이했다. 물론 동시대 중국 명나라에도 영락제永樂帝(r. 1402~1424)가 조카 건문제建文帝(r. 1398~1402)를 제거하고 권좌를 차지한 예가 있지만, 건문제의 아버지 의문태자懿文太子(1355~1392)가 즉위도 못하고 죽은 점을 감안하면 건국 시조인 '태조'의 사후에 흔히 발생하는 왕자들 사이의 쟁탈전이라 봐도 무방하다. 이에 반해 세조의 경우는 국초에 흔히 발생하는 왕자들 사이의 쟁투가 아니었다는 점 외에도, 시기적으로 국가의 시스템이 상당히 정비된 후에 발생한 찬탈이라는 점에서 후유증이 매우 컸다.

물론 수양대군이 이미 세종 말년부터 정치의 전면에 나섰으며 사실상 몇 년 동안 왕실의 대리인(대표)처럼 실세로 군림했기 때문에, 그의 즉위가 그렇게 뜻밖의 충격은 아니었을 것이다. 이는 계유정난 이후 수양대군이 즉위를 위한 준비를 진행하는 과정에서 집현전 학자들이나 대간이 그의 행동을 거의 묵인하거나 동조한 점에서 잘 드러난다. 이런 태도를 의정부의 권한 강화를 견제하기 위한 의도로 풀이할[22] 수도 있겠으나, 세종 말년부터 조정의 중심에 위치하기 시작한 수양대군의 남다른 위상에 대해서도 깊이 살펴볼 필요가 있다.

수양대군은 이미 세종 말년부터 국제적으로는 사실상 조선을 대표하는 위치에 있었다. 세종 32년(1450)년 명 사신 예겸倪謙이 이끄는 사절단이 경태제景泰帝(r. 1449~1457)의 즉위를 알리는 조서를 들고 한양에 왔을 때, 국왕인 세종은 사신을 접견조차 할 수 없을 정도로 중병 상태였다. 당시 왕세자인 문종도 공교롭게 등창이 심해 와병 중이라서 조서를 받을 때만 잠시 억지로 참석했을 뿐이다. 이런 상황으로 인해, 사신 일행이 한양에 30일 동안 머물 때 그들을 영접한 주체는 왕실 서열상으로 언제나 수양대군이었다.

이런 사실은 『조선왕조실록』에 나오는 단편적인 기사 외에도 예겸이 본국으로 돌아간 뒤 작성한 사행록을 통해 일정별로 상세히 확인할 수 있다. 이에 따르면 예겸 일행이 한양에 머무는 동안 조선의 국왕이 베풀어야 할 연회는 수양대군이 모두 주관했다. 조서를 받은 직후에 여는 태평관太平館 연회와 사신 일행이 본국으로 돌아갈 때 모화관에서 행하는 전별식을 포함하여 네 차례에 걸친 공식 연회 모두를 국왕과 세자 없이 수양대군이 주관해 베푼 것이다.[23]

이뿐만 아니라 문종이 죽고 단종이 즉위한 지 석 달째에—즉 단종이 부왕 문종을 위한 복상 기간 중일 때—황태자의 책봉을 알리는 조서를 가지고 명 사절단이 한양에 다시 왔는데, 이때 열린 연회는 물론이고 전별식도 거의 다 수양대군이 주관해 개최했다.[24] 이는 단종이 아직 상중이기도 했지만, 세종 말년부터 3년 넘게 명나라 사신을 맞는 연회를 수양대군이 매번 주관했기 때문이기도 했다. 이로써 짐작건대 당시 조야에서 느끼는 수양대군의 위상과 위세는 매우 컸을 것이다. 명나라가 주도하는 '천하 질서'에 속한 조선의 국왕들이 모두 명나라 천자로부터 책봉을 받음으로써 국내의 권위를 튼튼히 했던[25] 점을 고려한다면, 명나라 사절단을 세종 말년부터 연이어 수양대군이 주도해 맞은 사실은 당시 국내 정치권력의 역학 관계를 살필 때 반드시 염두에 두어야 할 요소이자 변수이다.

그러나 역시 문제는 아무리 수양대군이 명나라 사신의 접대를 주관했을지라도 그는 국왕도 아니고 세자도 아니었다. 그가 왕좌에 오르려면 현재의 국왕을 몰아내야만 가능했다. 수양대군 입장에서 볼 때 더욱 큰 문제는 자신의 잠재적 정적이 될 수 있는 형 문종과 맏조카 단종 모두 군왕으로서 특별한 흠결을 갖고 있지 않았다는 점이다. 문종은 세종 때부터 학문을 좋아하는 세자요, 미래의 군왕으로 칭송을 받은 인물이었다. 단종 또한 비록 나이는 어리지만 학문을 게을리하지 않고 예법을 잘 지키는, 그래서 미래의 성군이 될 것으로 기대를 모은 인물이었다. 게다가 자신의 아우 안평대군安平大君(1418~1453)도 수양대군에게는 잠재적 경쟁자였다.

이런 상황을 뛰어넘어 수양대군이 권좌에 앉기 위해 할 수 있는 방법은 이전에 태종이 권좌에 오르기 위해 시도한 것처럼 무력을 동원하는 정변뿐이었다. 이방원은 1차 왕자의 난을 통해 권력을 장악하는 과정에서 세자의 측근 세력인 정도전鄭道傳(1342~1398) 등을 순식간에 제거함으로써 역사의 흐름을 일거에 바꿔 권력을 장악했다. 그렇지만 부왕 이성계를 타도 대상으로 삼지 않음으로써 명분상의 약점을 덮는 것과 동시에, 당시 맏아들인 영안군(정종)을 왕위에 오르게 함으로써 명분도 세우고 준비 기간도 갖는 전략을 구사했다. 태종처럼 강력한 사병을 거느리고 과단성이 있는 인물조차 스스로 권좌에 앉기까지는 적어도 2년이라는 시간이 필요했던 것이다.

세조의 경우도 이와 크게 다르지 않았다. 정변을 일으켜 김종서金宗瑞(1383~1453)와 황보인皇甫仁(?~1453) 등 자신의 정적을 일거에 제거함으로써 권력을 장악했으나, 타도 대상으로 국왕(단종)을 지목할 수는 없는 노릇이었다. 대신에 어린 조카를 계속 왕위에 앉혀 놓고 자신은 영의정과 병조판서 등을 겸임하면서 사실상 절대 권력을 장악한 뒤, 단종을 자연스럽게 몰아낼 적당한 구실을 찾았다. 수양대군이 공식적으로 표방한 정변의 명분은 왕조(왕실) 수호였는데, 그런 명분은 종묘사직을 위협했다는 구실로 권신들을 제거하기에는 적절했지만 국왕을 상대로 똑같은 작전을 구사할 수는 없었다. 이 때문에 세조 또한 권력을 완전히 장악한 뒤에도 스스로 권좌에 오르기까지는 적어도 2년이라는 과도기적 준비 기간이 필요했던 것이다.*

마침내 단종을 상왕上王으로 올려 퇴위시켰지만, 여전히 도성 안에 그가 살아 있고 점차 장성해간다는 것은 세조에게 눈엣가시와도 같았다. 이런 상태를 방치한 채 세조의 왕권과 추후 후계자 문제가 안정될 리는 없을 터였다. 이 상황에서 발생한 단종 복위 기도, 곧 이른바 사육신 사건(1456)은 세조가 그렇게 간절히 바라던 구실을 제공하기에 충분했고, 일은 실제로 그렇게 진행되었다.

그런데 인류 역사에서 보면 고대사회로 올라갈수록 스스로 권좌에 앉기 위해 이런 과도기를 거칠 필요는 감소한다. 국가가 발생하던 초기에는 비록 국가의 형태를 갖추고 있을지라도 왕좌를 초월하는 어떤 이념이나 사상 체

* 이런 패턴은 대한민국에서도 그대로 재현되었다. 박정희는 1961년 쿠데타로 집권하고도 약 2년의 과도기를 거친 뒤에야 퇴역을 하고 1963년 청와대에 들어갔다. 특히 그는 독재 권력을 구축한 뒤에도 그것을 더욱 영속적으로 공고히 하기 위해 또 다른 친위 쿠데타인 이른바 유신계엄령을 선포해 군대를 서울로 불러들인 상태에서 유신헌법을 강압적으로 통과시켰다. 이로써 본다면 박정희가 권력을 장악한 뒤 종신제를 구축하기까지 무려 10년이 넘는 기간이 필요했던 셈이다. 전두환도 1979년 12·12 군사반란 이후 약 1년의 준비 기간을 가졌다. 이 과정에서 1980년 5·17이라는 제2의 쿠데타를 일으킨 점도 박정희의 권력 장악 과정과 유사하다. 이 같은 유형은 한국사의 숱한 집권 과정을 좀 더 통시적으로 장기사(長期史) 차원에서 조망하고 담론화 할 필요성을 보여준다.

계가 아직 확고하지 않았거나 형성되지도 않았고, 그러다 보니 왕위 계승의 우선순위조차 보편적으로 받아들여지는 기준이 튼튼하지 못했다. 따라서 정치 무대에서 실제로 권력을 장악한 자가 스스로 왕위에 오르기는 상대적으로 수월했고, 한국 역사에서도 고대로 시기가 올라갈수록 그런 사례들이 많이 보인다.

특히 정변의 주동자가 왕자 신분일 경우에는 즉각적인 즉위에 별다른 문제가 따르지 않았다. 이는 왕자라는 신분이면 충분하지, 굳이 왕자의 서열이나 세대(항렬, generation)가 크게 중요하지 않았음을 의미한다. 신라 하대에 왕족 사이에서 오래 지속된 무력을 동반한 핏빛 왕위쟁탈전은 좋은 예이다. 앞서 살핀 태종이나 세조의 경우는 왕위 계승과 관련해 이러한 오랜 전통이 유교를 국시로 표방한 조선왕조에서도 여전했음을 드러낸다. 한국사에서 조선에서만 발생한 '반정'도 결국은 그 주동자가 왕자였거나, 아니면 정변에 성공한 뒤 왕자를 골라 왕으로 추대했기 때문에 정통성을 확보할 수 있었던 것이다.

왕실 구성원이 아닌 일반 신하가 정변을 통해 권력을 장악한 경우에는 왕을 쉽게 바꿀 수 있는 분위기가 고대로 올라갈수록 강했다. 고구려 연개소문의 경우나 고려 무신정권하에서 빈번했던 국왕의 폐립이 대표적 예이다. 조선을 세운 이성계와 그 추종 세력 또한 고려의 마지막 세 왕을 임의로 폐립했을 정도이다. 이런 현상은, 상황은 조금 다르지만 이 책의 주인공인 중종이 즉위하는 과정에서도 그대로 재현되었다.

조선시대가 이전과 다른 점은 어떤 권신이 권력을 잡은 후에도 고려 무신정권 때처럼 마음에 들지 않는다고 왕을 마음대로 폐위하고 새로운 인물을 추대하는 일이 없었다는 것이다. 솔직히 그런 일은 이미 조선 사회에서는 발생할 수 없었다. 조선의 권력 구조가 유림이라는 지식인 사회에 폭넓게 기초하고 있었기 때문이다. 즉 정치 참여 가능 인구가 이전에 비해 대폭 증가했으며, 또한 상당한 수준의 문치 사회로 접어들었기 때문이다. 달리 말하면, 조선시대는 왕의 권위가 한편으로 무력에 기반을 두고 있으면서, 동시에 이전 시대에 비해 상대적으로 정교하게 확립된 어떤 원칙이나 이념에 기초하고 있었다.

이런 현상은 동시대 중국도 비슷하다. 명대明代에 들어서면 예전과는 달리 권신이나 환관이 황제의 폐립을 천단하는 사례가 사라졌다. 이는 명나라와 조선이 각기 이전 시대에 비해 국가 체제를 관료적으로 구축했다는 사실과 함께, 성리학과 같은 고도의 이념 체계가 정치 무대에서 최고의 가치로 작동하기 시작했음을 의미한다.

조선 초기에 발생한 같은 정변임에도 태종의 즉위와 달리 세조의 즉위만 찬탈로 규정되어 이후 정치 무대에서 두고두고 문제가 된 것은 그 사건이 바로 이런 장기사적長期史的 변화가 시작된 일종의 전환기에 발생했기 때문이다.* 실제로, 세조가 무력을 동원해 반대 세력을 성공적으로 제거했지만, 즉위의 정당성에 대한 저항이 이후에도 꾸준히 전개되었다는 사실 그 자체만으로도 이미 세조의 즉위는 이전 태종의 경험과 달랐다. 이에 더해 세조가 죽은 뒤에도 지식인 사회에서는 세조의 즉위를 두고 정당한 승습이냐, 아니면 찬탈이냐를 가지고 끊임없이 문제가 제기되었으며, 이 질문에 대한 답의

* 태종과 세조의 즉위에 나타난 차이점에 대해서는, 같은 패도적(覇道的) 방식으로 즉위했을지라도 태종의 경우에는 왕위 승계 뒤 그 정당성을 문제 삼은 저항 움직임이 없었던 데 비해, 세조의 즉위 후에는 그 정당성을 부정하며 단종을 복위하려는 움직임이 발생했다는 점을 꼽을 수 있다. 세조 대의 그 같은 저항에 대해서는 왕위 계승이 패도적 방식으로 이루어져서는 안 된다는 공감대와 함께, 세종 대 이후 유교 정치 이념이 확고히 틀을 잡아가는 과정에서 왕위 계승이 종법적 방식에 따라야 한다는 공감대가 지식인 사회 전반에 확산되었기 때문이라는 설명이 있다. 김돈, 「세조대 단종복위운동과 왕위승계문제」, 『역사교육』 98, 역사교육회, 2006 참조.

여하에 따라 사림이 되기도 하고 사림의 버림을 받기도 할 정도로 심각한 쟁점이 되었다. 이 문제는 당시 유학자라면 당연히 고민하고 답을 준비하고 있어야 할 정도로 중대한 사안이었다. 또한 이런 질문에 대해 당시 많은 지식인들은 원론적으로 찬탈이라고 규정했는데, 그런 생각을 마음속으로만 갖고 있지 않고 죽음을 무릅써가며 공개적으로 드러내기도 했다. 그 대표적 인물들이 이른바 사육신과 생육신이었다.[26] 첫 사화인 무오사화가 확대된 단초가 김일손金馹孫(1464~1498)의 조의제문弔義帝文이라는 사실은 결코 우연이 아니었던 것이다.

결국 세조의 찬탈은 조선왕조의 역사에 큰 영향을 끼쳤으며, 특히 정치·지성사의 전개 방향에 결정적인 변수로 작용했다. 두고두고 뜨거운 감자로 떠올랐고, 마치 명나라 말기의 동림당東林黨처럼 동시대 조선에서 사림士林이라고 하면 출신 배경에 상관없이 '수양대군의 즉위에 대해 어떻게 생각하는가'라는 질문을 받고 어떤 답을 하는지에 따라 정체성과 소속이 어느 정도는 결정되었다.* 숙종 대에 와서야 관련 피해자 전원이 복권된 사실은 세조의 찬탈이 조선 사회에 남긴 후유증이 얼마나 오랫동안 정치사의 흐름에 영향을 미쳤는지를 알려준다. 이 책의 주인공인 중종은 세조의 찬탈이 남긴 후유증이 본격적으로 수면 위로 떠오르는 시기에 결코 정당하다고 할 수 없는 방법으로, 그러나 반정의 명분을 내세워 즉위했다.

* 명나라 말기에 장거정(張居正, 1525~1582)을 어떻게 평가하는가가 동림당인지 아닌지를 가려내는 주요 잣대로 작용했는데, 이는 수양대군의 즉위에 대해 어떤 평가를 내리는가에 따라 사림 여부를 얼추 가늠한 조선의 상황과 흡사하다. 장거정은 11세에 즉위한 만력제(萬曆帝, r. 1573~1620) 초기 10년간 다양한 개혁을 밀어붙이며 권력을 천단한 인물인데, 당시 북송(北宋)의 신유학을 계승하고 현실에 비판적이던 동림당 그룹으로부터 큰 비난을 받았다. 장거정에 대한 후대의 평가에 대해서는 이화승, 「만력초기 개혁의 배경과 평가: 張居正을 중심으로」, 『명청사연구』 36, 명청사학회, 2011 참조.

04 반정의 정당성과 그 한계

중종반정의 정당성에 대해서 이의를 제기하는 사람은 당시에도 거의 없었고 현재도 거의 없다. 연산군의 폭정이 부각되면 부각될수록 그런 연산군을 내몰고 새 왕을 옹립한 정변의 정통성은 굳건해지기 마련이다. 중종 이후 조선의 모든 국왕은 중종의 직계 후손에서 나왔으니 후대의 어느 왕도 반정의 정당성에 의문을 제기할 처지는 아니었다. 의문을 제기하는 순간, 그것은 곧 자신의 정통성을 위협하는 부메랑이 되기 때문이었다.

그렇지만 연산군의 폭정이 아무리 심했을지라도, 그것을 끝까지 간쟁을 통해 해결하려 하지 않고 무력을 동원해 국왕을 내쫓은 일은 유교의 이론으로도 정당화하기가 쉽지 않다는 태생적 약점을 지닐 수밖에 없었다. 의외로 현대사회의 많은 사람들이 맹자의 역성혁명론易姓革命論을 당연시하는 경향이 있지만, 맹자의 의도는 그렇게 단순하지 않다. 맹자에 따르면, 큰 잘못을 행하는 군주가 간쟁조차 듣지 않을 경우에 그 군주를 교체할 수 있는 권한은 오직 왕실과 동성同姓의 대신에게 있다. 왕족이 아닌 이성異姓 대신은 거듭 간쟁해야 하고, 그래도 변화가 없으면 군주를 떠날 뿐이었다.[27] 『맹자』에서 훗날 역성혁명론의 근거가 된 것은, 폭군의 대명사인 탕왕湯王과 주왕紂王의 사례를 논하면서 인仁을 행하지 않는 군주는 이미 군주가 아니며 한갓 필부에 지나지 않는다는 부분이다.[28] 그런데 이는 군주의 덕목을 저버린 자는 이미 군주의 자격을 잃었다는 의미를 강조한 말이지, 군신 사이의 의리를 소홀히 해도 좋다는 의미는 아니다. 맹자에 따르면, 군신 간의 의리 차원에서 왕족이 아닌 일반 신하가 할 수 있는 최선의 방법은 간쟁뿐이었다. 따라서 반정의 주역들이 아무리 미사여구를 동원한들 자신들의 행동을 정당화하기는 어려웠다. 정변의 주역들이 성종의 둘째 아들인 중종을 억지로 끌어오다시피 해서 왕위에 추대한 것은 바로 이런 명분상의 약점을 덮기 위해서였다.

반정이란 『춘추공양전春秋公羊傳』의 '발난세반제정撥亂世反諸正'에서 나온 말로, 난세를 척결하여 올바른 상태로 돌이킨다는 뜻이다. 『사기史記』의 저자인 사마천司馬遷이 공자가 『춘추』를 저술한 이유를 설명하면서 재론한[29] 다음부터 동아시아 유교 사회에 이 말이 널리 알려졌다. 중국에서는 정변으로 군주가 바뀐 일부 경우를 반정으로 평한 사례가 더러 있는데, 『춘추』에서 말한 반정의 본래 의미에 가장 잘 부합하는 경우는 아마도 측천무후則天武后(r. 690~705)를 몰아내고 권좌에 복귀한 당나라 중종中宗(r. 683~684, 705~710)의 사례일 것이다.

중국 역사에서 측천무후에 대한 평은 매우 부정적이었다. 『구당서舊唐書』(945)의 사신史臣은 걸주桀紂에 빗대 무후가 보위를 찬탈했다고 신랄히 비판했는데,[30] 이런 인식은 후대에도 변함이 없었다. 그렇지만 무후를 정식 군주로 인정하는 태도 또한 『구당서』 이래 지속되었다. 이 점은 무후의 죽음을 『구당서』에서 '대점大漸'으로, 『신당서新唐書』(1060)와 『자치통감資治通鑑』(1084)에서 '붕崩'으로 쓴 데서 쉽게 알 수 있다. '대점'과 '붕'은 모두 임금의 죽음에만 쓰는 단어이기 때문이다. 이들 역사책 모두 무후 재위 기간의 연호를 그대로 기록한 점도 같은 맥락으로 볼 수 있다.

이런 애매한 입장을 취하면서 당나라 중종의 복위를 반정으로 부르기는 사실상 불가능했다. 실제로 당시의 사건을 전하는 기본 사서인 『구당서』와[31] 『신당서』에는[32] 반정이라는 용어가 사용되지 않았으며, 반정을 가리킬 만한 비슷한 표현조차 없다. 『구당서』와 『신당서』에 각각 '치란治亂'과 '토란討亂'이라는 표현이 보이기는 하지만, 그것은 일반적으로 쓰는 표현일 뿐 반정의 의미를 구체적으로 담은 표현은 아니다. 중종의 복위 과정을 더 자세하게 전하는 『자치통감』에서도[33] 이 사건을 반정의 개념으로 설명한 부분은 찾을 수 없다. 이런 사실은 중종의 복위 당시는 말할 것도 없고 그 이후에도 중국 지식인들이 이 사건을 반정으로 인식하지 않았음을 보여준다.

중종의 복위를 반정으로 처음 평가한 이는 아마도 호인胡寅(1098~1156)이었던 것 같다. 호안국胡安國(1074~1138)의 양아들 호인은 심지어 무후를 종묘에 끌고 가서 처형했어야 옳았다면서 다음과 같이 논평했다.

> 무씨의 화는 옛날에 없던 일이다. 장간지張柬之 등은 단지 반정을 일으켜 그 주군을 폐하는 것만 알았지, 비상사태에 대처해 대의로써 당의 황실을 위해 죄인을 토벌하지는 못했다. (…) 군병이 이미 궁궐에 들어섰으니 마땅히 먼저 태자를 받들어 복위시키고, 즉시 무씨를 데리고 당의 태묘에 이르러 그 아홉 가지 죄목을 열거하고 나서 폐하여 서인으로 삼은 뒤 죽음을 내리고 종묘에서 내쳤을지라도, 중종은 부득이 따랐을 것이다. 그런 후에 족히 하늘에 있는 영령을 위로하고 신민의 울분을 씻어주었어야 천지의 법도가 (다시) 섰을 것이다.[34]

이 논평에서 특히 반정이라는 표현에 주목할 필요가 있는데, 중종의 복위를 반정으로 평가하기 시작한 사람들이 당대의 사람이 아니라 바로 의리와 정통을 따지는 데 민감했던 송대의 신유학자들이라는 사실을 알려주기 때문이다.

호인의 이 논평은 주희朱熹(1127~1200)에게 전격 채택됨으로써 확고한 정통 해석이 되었다. 주희가 호인의 논평을 『강목綱目』에 그대로 인용한 것은 자신도 그 논평에 전적으로 동의했음을 의미한다. 주희는 『강목』을 쓸 때 무후가 통치한 15년(690~705) 동안의 연호를 사용하지 않고, 중종이 즉위했을 때 잠깐 사용한 사성嗣聖 연호를 계속 사용했다.[35] 사마광司馬光(1019~1986)이 『자치통감』에서 무후의 연호를 그대로 사용했던 것과 달리, 주희는 무태후의 재위 자체를 아예 인정하지 않았던 것이다. 무태후의 연호를 사용하지 않고 당나라 역사를 서술한 최초의 인물은 아마 주희인 듯하다. 이는 시비를 엄격히 가리고 정사正邪를 분명히 구분하고자 한 그의 정통사관에 기초한 것으로 볼 수 있다.[36]

이를 통해 보건대, 『사기』 이래 중국에서 반정이라는 개념이 널리 알려지기는 했지만, 그것을 한층 강력한 의미로 쓰기 시작한 것은 송대의 신유학자들이었음을 짐작할 수 있다. 이는 어떤 면으로는 적어도 북송(960~1125) 때까지만 해도 반정이라는 개념어가 중국의 정치 무대에서 그렇게 중차대한 의미를 지니지 않았음을 에둘러 보여준다. 반면, 조선에서는 정변 당시는 물론이고 그 이후에도 반정이라는 용어의 사용이 정치적으로 상당히 민감했고 중요했으며, 거의 절대적이었다. 이 같은 사정은 성리학을 국가의 이념으로 수용하고, 국왕을 포함해 모든 지배 엘리트 지식인층이 춘추의리春秋義理를 거의 절대적으로 신봉했기에 가능했을 것이다.

조선에서는 절대 다수의 지배 엘리트가 거의 한목소리로 인정한 반정이 두 차례나 발생했다. 이른바 중종반정(1506)과 인조반정(1623)이다. 그런데 거사 준비 단계부터 능양군綾陽君(인조, r. 1623~1649)이 주도적 역할을 담당한 인조반정(계해정변)과 달리, 중종반정(병인정변)은 신하들이 먼저 무력으로 군주를 몰아낸 뒤 진성대군晉城大君, 곧 중종을 추대한 점이 달랐다.

조선왕조의 정치 구조와 관련해 병인정변(중종반정)의 특징은 두 가지로 이해할 수 있다. 첫째, 조선의 정치는 현재 권좌에 앉아 있는 인물의 개인 성향에 따라 쉽게 좌우된다기보다는 국왕의 권위보다 더 상위에 위치한 어떤 가치, 이를테면 성리학에서 추구한 도道가 지식인 사회 전반에 폭넓게 확산되어 있었고 실제로 수용되고 있었다. 둘째, 반정이 성공적이었다고는 해도, 그것이 조선 최초의 사례라는 데서 필연적으로 떠안아야 하는 약점을 갖고 있었다. 그 어떤 문명권보다 전례를 중시한 유교 사회 조선에서 반정의 전례가 없었다는 점은 상황에 따라 약점으로 작용할 수 있다. 반정 이후 5년 동안 도성에서 발생한 역모 사건이 무려 다섯 차례에 이를[37] 정도로, 정변 주도 세력이 반정의 명분에 부합하는 새 정치를 추진하지 못한 것에 대한 불만이 고조된 상태가 그런 예이다. 중종의 즉위가 그나마 반정으로 인정받고 새 정권이 왕조의 체제를 유지할 수 있었던 결정적인 이유는 연산군의 폭정이 워낙 심했기 때문이라는 점을 반드시 염두에 두어야 한다. 16세기 전반 중종대의 사조와 정치 현상은 이러한 인식에서부터 출발해야 제대로 이해할 수 있다.

이미 반정이라는 전례가 있는 상태에서 일으킨 인조반정조차 반정 직후의 정국은 극도로 혼란했으며, 인조 정권의 권위를 뒷받침하는 기틀은 허약하기 그지없었다. 광해군의 폐모살제廢母殺弟와 배명친후금背明親後金 정책에 대한 비난이 당시 사림 사이에 폭넓게 받아들여졌기 때문에 그 정당성을 유지하고 있었을 뿐이었다. 그런데 그 와중에 이괄李适의 난(1624) 등 새 조정의 근간을 뒤흔드는 역모와 반란 사건이 꼬리를 물었다. 게다가 인조 정권은 정묘호란(1627) 중에 후금과 형제의 화약을 체결한 뒤로 그나마 반정의 명분을 받쳐준 두 개의 축, 곧 폐모와 배명 가운데 배명을 상실함으로써 큰 위기를 맞았다.[38] 이로써 유추해보면, 즉위 직후 중종이 직면한 현실적인 어려움은 미루어 짐작할 수 있다.

유교 사회에서 최악의 불충 행위로 꼽히는 반역과 찬탈이 오히려 반정이라는 이름 아래 지고의 선으로 둔갑할 수 있는 것은 역설적이게도 조선이 유교 사회였기 때문에 가능했다. 같은 유교 사회라 해도 중국의 경우에는 유교적 가치, 곧 주자학(성리학)에서 말하는 도道와 예禮의 권위를 능가하는 힘이 정치 무대에 늘 존재했다. 이른바 황제의 권위가 바로 그것이며, 사대부가 직접 권력을 담당한 사례가 별로 없었다는 점도 조선과 다른 중국의 특성이다. 동중서董仲舒(B.C. 176~B.C. 104)가 이론화했듯이 황제의 정통성은 유교에서 제공한 천명으로부터 나왔지만, 정복 전쟁을 통해 제국이 명멸하는 중원에서 유교는 거의 대개 정치의 도구로 사용되었지, 정치가 유교의 이념에 따라 좌우되지는 않았다.

하지만 조선의 경우에는 사정이 달랐다. 가장 결정적인 차이로, 조선 국왕의 정통성은 국내에서만 창출되지 않았다. 우선 제천례祭天禮를 직접 올릴 수 없는 문제는 조선의 국왕이 갖는 위상을 유교적 천하 질서 차원에서 이해할 필요가 있는데,[39] 이는 조선의 국왕보다 상위에 자리한 권위가 엄연히 존재했음을 의미한다. 가시적으로는 북경의 천조天朝에 있는 한족漢族 천자가, 이념적으로는 성리학에서 추구한 도道가 바로 그 권위라 할 수 있다.

조선에서는 비록 왕이라 해도 마음대로 할 수 없는 지고의 가치가 몇 개 있었다. 하나는 중국(천자)에 대한 지극한 사대였다. 자신을 책봉해준 천자로부터 왕의 정통성이 연유했기 때문이다. 단, 이것은 명 황제가 물리적으로 조선의 왕위 계승 문제에 간섭했다는 뜻이 아니라, 조선 내부에서 독자적인 투쟁이나 과정을 거쳐 즉위한 일을 명의 천자를 중심으로 한 국제 무대에서 사후에 승인받았음을 뜻한다. 즉 스스로의 힘이나 종법상의 원칙에 따라 즉위하더라도 그 권위를 굳건히 하기 위해서는 천자의 사후 승인이 반드시 필요했다. 이에 실패할 경우, 또는 명과 관계가 악화될 경우에 조선 내부에서는 국왕의 권위에 도전할 수 있는 유리한 환경이 마련되곤 했다. 요동 원정 문제로 명과 관계가 악화되던 차에 권력을 상실한 이성계의 경우, 그리고 명의 파병 요청을 거절함으로써 명과 관계가 악화되던 차에 권력을 상실한 광해군(r. 1608~1623)의 경우는[40] 이와 관련해 시사하는 바가 크다. 이런 현상은 흥미롭게도 대한민국에서도 반복되었다. 미국과 사이가 틀어지면서 몰락한 이승만(1875~1965)의 경우와, 역시 말년에 미국과 사이가 소원해지다가 몰락한 박정희(1917~1979)의 경우가 이에 해당한다.

반정은 역설적이게도 이런 정치 구조를 갖춘 조선이었기에 강력하게 작동할 수 있었다. 그런데 반정이 가능한 정치 구조는 역성혁명이 그만큼 어렵다는 뜻도 되므로, 어떤 면에서는 왕조의 장기적 안정에 유리할 수도 있지만 국왕 개인적으로 보면 언제라도 쫓겨날 수 있는 가능성을 항시 염두에 두고 정치에 임할 수밖에 없는 '피곤한' 개념이었다. 중종이 재위 기간 내내 온 신경을 기울여 노력한 문제도 바로 여기에 닿아 있었다.

이렇듯 파란만장한 정치 현실을 정正으로 되돌린다는 명분을 내걸고 마침내 중종은 즉위했다. 그 방법도 정변이라는 비상수단이었다. 따라서 일단 급선무는 왕실과 왕권의 안정을 추구하면서, 동시에 정변(반란)을 반정으로 미화하는 작업을 적극적으로 벌여야 했다. 이는 중종 정권이 반역과 찬탈을 반정으로 뒤바꾼 패러독스를 어떻게 풀 것인가의 문제를 태생적으로 안고 출범했음을 잘 보여준다. 이뿐 아니라, 세조의 찬탈과 연산군의 폭정으로 점철된 과거 정치사의 청산 문제도 중종 대를 뜨겁게 달구었다. 이 같은 시대적 과제는 과거 청산이 유교적 가치를 현실 정치에 좀 더 충실하게 적용함으로써 가능하다는 공감대가 조야에 널리 확산되었던 분위기와 긴밀하게 연결되었다. 따라서 중종과 사림은 본인들의 의도와는 상관없이 반정 직후부터 매우 긴밀한 협력 관계임과 동시에 길항 관계에 놓여 있었다.

3장

| 사대의 시대 : 중종의 사대 정책과 조명 관계 |

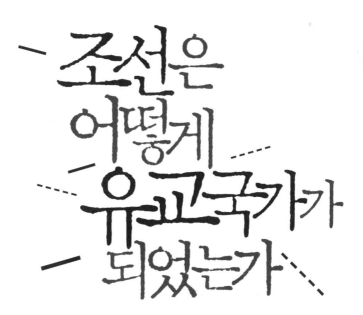

권력의 최고 정상에 자리한 이는 제일 먼저 그 자리를 지키는 데 거의 모든 에너지를 쏟기 마련인데, 크게 두 군데로 힘을 나누어 투자한다. 하나는 내부의 적을 누르는 데 쓰고, 다른 하나는 외부의 적을 막는 데 쓴다. 일국의 군주라면 우선적으로 내부 반역이나 반란을 막는 데 심혈을 기울이며, 동시에 외부의 침입에 대처하기 위한 국방에 에너지를 할애한다.

그렇지만 어느 쪽에 더 비중을 둘지는 상황에 따라 얼마든지 바뀔 수 있다. 예를 들어 국내에서 자기 지위를 유지하기 어려울 정도로 극한 상황에 처했다면, 외국의 힘을 빌려서라도 내부의 적을 누르는 행동을 서슴지 않을 것이다. 멀리 유럽사까지 참고할 필요도 없이, 불과 120년 전 한국에서도 찾을 수 있다. 동학농민봉기(1894)를 제대로 막을 수 없자 고종(r. 1863~1907)과 조정 신료들은 청의 북경에 SOS를 치고 그 세력을 끌어들였다. 그런가 하면, 외부의 적으로부터 국가 공동체를 지키기 위해 복수의 정치 세력이 잠정적으로 연합 전선을 구축한 사례도 적지 않다. 대표적인 사례로 중국의 2차 국공합작(1937~1945)을 꼽을 수 있다. 이런 두 극단적인 사례는 안팎의 적을 제어하는 데 역량을 총동원할지라도 에너지를 나누는 비율은 상황에 따라 50 : 50에서 100 : 0 또는 0 : 100까지 다양하게 나타날 수 있음을 보여준다. 이 책의 주인공 중종도 예외가 아니었다.

01 중종의 사대 정책에 주목하는 까닭

어느 날 갑자기 반정 세력에 의해 왕좌에 앉혀진 중종은 자신의 지위를 유지하기 위해 스스로 할 수 있는 일이 별로 없었다. 내부적으로는 주위에 포진한 공신 세력을 힘으로 누를 수 없었고, 외부적으로는 명 황제의 물리적 도움을 받기도 어려웠다. 중종은 세조와 연산군이 남긴 반유교적 유산, 곧 실타래 같이 얽히고설킨 혼란의 상황을 올바른 정치로 돌이킬 역사적 사명을 띠고 왕위에 올랐지만 정작 실권은 바로 주어지지 않았다. 이런 현실은 중종의 앞날이 순탄치 않을 것임을 예시하기에 충분하다. 그런데 놀랍게도 중종은 무려 38년(1506~1544) 동안 왕으로서 권력을 행사하다가 살 만큼 살고 57세의 나이로 죽었다. 이전 열 명의 선왕先王들보다 중종이 더 오래 보위에 있었다는 뜻이다.

그렇다면 중종은 어떻게 격동의 정치 무대에서 국왕으로서 살아남고, 더 나아가 자신의 보위를 안정적으로 유지하면서 권력을 제대로 행사할 수 있었을까? 내부의 잠재적 적과는 어떤 관계를 유지했으며, 외부와는 어떻게 소통했을까? 특히 중종의 정치에서 외부의 초강대국, 곧 명은 어떤 의미를 지녔을까? 또한 중종의 정치와 정책은 조선왕조의 향후 진화 과정에 어떤 의미 있는 방향을 제시했을까?

3장에서는 자신의 권위를 확고히 하기 위해 명 황제에게 지나치다 싶을 정도로 의존한 중종의 태도를 집중적으로 살핌으로써 위에 제시한 일련의 질문들에 답하고자 한다. 이를 위해 중종의 대명관對明觀과 그 태도의 실제를 진하사進賀使의 파견 사례를 통해 구체적으로 파악하고, 그런 태도를 취한 이유를 중종 대 국내 정치 상황과 관련지어 살필 것이다. 사행使行 사례를 주제로 삼은 까닭은 조선 조정의 대명對明 태도가 북경에 보내는 사행을 통해 잘 드러난다고 보기 때문이다. 태종(r. 1400~1418)이 명 황제로부터 고명誥命과 인신印信을 받음으로써 정식으로 명과 종번宗藩 관계를 맺은 1401년 이후, 조선은 일 년에 대체로 세 번의 정기 사절단을 파견했다. 새해를 축하하는 정조사正朝使, 황제의 생일을 축하하는 성절사聖節使, 태자의 생일을 축하하는 천추사千秋使가 그것이다. 연말에 문안하는 동지사冬至使는 중종 때 새롭게 추가되었는데, 동지사절단이 정조사절단을 겸하는 경우가 많았다.[1]

명에 대한 사대를 국시의 하나로 천명한 조선 조정은 정기 사행 외에도 다양한 사행이 잦은 편이었다. 명 황실의 경사를 축하하는 진하사, 흉사를 위로하는 진위사陳慰使, 특별한 후대나 은혜에 감사하는 사은사謝恩使, 황제에게 특별한 일이 있을 경우 문안하는 흠문사欽問使, 간청을 넣기 위한 주청사奏請使, 특별한 공물을 바치는 진헌사進獻使 등이 그런 예이다.[2] 정식 사행뿐 아니라 중국의 예제禮制를 묻기 위한 질정관質正官, 공문이나 사람을 호송하기 위한 압해관押解官 등 관리의 왕래도 빈번했다.

이 가운데 진하사는 원칙적으로는 비정기 사행이지만, 점차 당연히 진하해야 하는 항식으로 굳어지는 경향을 보였다. 예컨대 명에서 새 황제가 등극하거나 황태자를 책봉할 경우 주변국에 조서를 보내 알려 왔으므로, 조선으로서는 선택의 여지없이 진하사를 파견해야 했다. 따라서 이런 경우의 진하사는 비록 정기 사행은 아닐지라도 '당연' 사행으로 봐야 한다. 명과 종번 관계를 유지하는 한 명에 대한 조선의 태도와 관계없이 당연히 진하해야 하는 성격을 갖고 있기 때문이다.

하지만 여기에서 다룰 진하사는 이런 당연 사행이 아닌 경우이다. '비당연' 사행은 보내는 측의 의지가 강하게 반영된 사행인데, 그 의지라는 것은 당시 정치 상황 및 조선의 대명對明 의식과 불가분의 관계였다. 따라서 비당연 특별 진하사의 파견 사례가 중종 대에 이르러 이전에 비해 두드러졌다면, 그것은 중종 자신이나 당시 조정의 대명 태도에 변화가 일어났음을 보여주는 좋은 증거가 될 수 있다.

3장에서는 16세기 전반 중종 대의 비당연 진하사 파견 사례 및 그를 둘러싼 조정의 논의를 세밀하게 분석함으로써, 중종 대의 대명 사대와 국내 정치가 어떤 상관성을 갖고 전개되었는지 살필 것이다. 특히 두 당사자인 중종(r. 1506~1544)과 가정제嘉靖帝(r. 1521~1566)의 친밀한 관계에 중점을 둘 것이다. 왜냐하면 이 두 군주가 모두 자신이 당면한 국내 문제를 해결하는 한 방편으로 상호 외교 관계를 강조한 것 같기 때문이다. 이제부터 살펴볼 내용은 16세기 전반 동아시아에서 전성기를 구가한 명明 질서하에 왕조의 안녕을 보장받고 유지한 조선의 위상과 더불어 조선 국왕의 입장과 역할을 짚어볼 수 있는 좋은 단서를 제공할 것이다.

02 중종 이전 진하사 파견 사례와 그 의미

『조선왕조실록』에는 진하사 관련 기사가 제법 나오는데, 전후에 아무런 설명이 없어 진하의 계기를 알지 못할 경우에는 사행의 이유를 정확히 알아내기가 쉽지 않다. 그러나 세 차례의 정기 사행(정조사, 성절사, 천추사)이 엄밀한 의미에서는 모두 진하사의 일종이라는 점, 실제로 실록에 '성절진하사'라거나 '동지진하사'라는 기록이 나오는 점, 그리고 파견이 결정된 날짜를 통해 진하 이유를 종합적으로 고려할 때, 특별한 설명이 없다면 정기 사행 중 하나일 가능성이 거의 절대적이다. 당연 사행 및 이유가 명시되지 않은 진하사 기록을 제외하고, 비당연 특별 진하의 이유가 분명히 언급된 경우로 중종 이전 15세기의 사례들을 뽑아보면, 같은 15세기라 해도 1455년(세조 1)을 분기점으로 해서 그 전후의 양상이 다르게 나타나는 변화를 읽을 수 있다.

조선이 공식적으로 명의 번국藩國이 된 1401년(태종 1), 태종은 그의 재위 18년간 특별 진하사(앞으로 '특별 진하사'라 함은 '비당연 진하사'를 뜻한다)를 모두 세 차례 파견했다. 첫 두 사례는 명나라에서 영락제永樂帝(r. 1402~1424)의 즉위와 존호의 추상追上을 조선에 각기 알려옴에 따라 그에 대해 진하한 경우이며, 다른 하나는 몽골의 잔여 무리를 토벌한 것을 진하했을 때이다.[3] 새 왕실의 기반 안정에 많은 신경을 썼던 태종은 세종에게 미리 양위하고 자신은 상왕으로 물러났는데, 그럼에도 실제 통치권은 자신이 갖고 있었다. 따라서 이 섭정 4년간(1418~1422)에 파견한 세 차례의 진하사도 사실상 태종이 파견한 것으로 봐야 한다. 이 기간 동안 앞 두 번의 진하사는 모두 명나라에 상서로운 기운이 나타난 것을 구실로 파견했으며, 나머지 하나는 명의 수도를 북경으로 옮긴 일에 대한 진하였다.[4]

태종이 특별 진하사를 꾸준히 파견한 배경으로는 먼저 두 태종, 즉 조선의 이방원李芳遠과 명의 주체朱棣가 비슷한 시기에 무력을 통해 즉위했다는 공통점 외에도, 즉위하기 전부터 두 사람이 서로 잘 아는 사이였던 점을 들 수 있다. 이방원은 왕자의 신분으로 조선 사절단을 이끌고 육로를 이용해 남경까지 간 적이 있는데, 북경을 지날 때 당시 북경 지역의 연왕燕王으로 있던 주체의 융숭한 환대를 받았다. 주체는 경호원들을 다 물리치고 단독으로 이방원을 접견할 정도로 친근함을 표했으며, 남경으로 가는 길에 잠시 동행하기도 했다.[5] 주체는 영락제로 즉위한 뒤에도 조선 사신을 만나면 왕(이방원)의 안부를 특별히 묻고 그를 칭찬하곤 했다.[6] 영락제 입장에서는 태조 이성계의 요동 원정 계획을 취소시킨 이방원에게 호감을 갖는 것이 당연했다. 특히 남경에 있는 조카 건문제建文帝(r. 1398~1402)를 상대로 결전을 앞두고서 자신의 후방을 먼저 안정화할 필요성에 따라 조선의 태종과 긴밀한 관계를 유지하는 것이 유리했다.[7] 이런 국제적 역학 구도는 몽골제국 내부의 내전을 통해 최고 권력을 구축한 쿠빌라이 칸(r. 1260~1294)이 집권을 위한 내전을 전개할 당시에 고려와 가까워진[8] 사례와도 유사하다.

건국 초기에 정변을 통해 즉위한 태종 역시 서둘러 왕의 정통성을 확보하려는 목적을 갖고 대명 관계를 호전시키는 과정에서 영락제와의 개인적 친분을 활용한 것으로 보인다. 왕위를 세종에게 물려주고 상왕으로 물러난 이후 4년 동안 특별 진하사를 세 차례 더 파견한 것은 태종의 이런 의도가 담겨 있다. 상왕으로 있으면서도 군사와 외교뿐 아니라 국가 중대사를 태종 자신이 직접 장악한 점을[9] 고려할 때 더욱 그렇다. 명의 새 도읍 준공에 대한 진하사 파견은 당연 진하에 가까웠지만, 단지 북경에 상서로운 기운이 나타났다는 소문만 듣고 연이어 진하사를 파견한 것은 무언가 특별한 이유가 있었을 가능성이 크다. 실제로 이 두 진하사는 조선에 대한 영락제의 각별한 배려 및 그에 감사하는 사은의[10] 성격이 짙었다. 이런 사실은 상왕으로 물러난 이후에도 태종이 대명 관계에 각별히 신경 썼음을 잘 보여준다.

명 황제를 상대로 한 태종의 사대 정책은 세종이 그대로 계승했다. 세종이 친정한 28년(1422~1450) 동안 파견했거나 파견했을 것으로 추정되는 특별 진하 횟수는 모두 여섯 번으로, 세 번은 변방의 토벌과 평정을 축하하기 위해, 다른 세 번은 북경에 상서로운 현상이 나타난 것을 축하하기 위해 파견했다.[11] 이 밖에도 진하사 파견 여부를 논의하다가 파견하지 않는 쪽으로 결론이 난 사례가 있어 눈길을 끈다. 명나라에서 재앙을 만나 대사령을 내렸다는 말을 듣고 세종이 자기도 대사령을 내리고 그 사유를 진하의 표문表文으로 황제에게 올리려 했으나, 전례가 없는 일이니 못 들은 체하는 것이 낫다는 중신들의 의견에 밀려 파견하지 못했다.[12] 또한 정통제正統帝(r. 1435~1449)* 가 대규모 몽골 원정을 마치고 돌아왔다는 요동의 풍문을 듣고 세종이 흠문사와 진하사를 보내려다 이 역시 중신들의 반대에 부딪혀 잠시 보류했는데, 곧 풍문이 잘못임이 드러나 취소했다. 이후 북경을 포위한 몽골군이 물러갔다는 소식을 듣고 세종이 또다시 진하사를 보내려고 시도했으나, 정식 통고

* 1449년 몽골 원정에 나섰다가 포로로 잡힌 정통제는 이듬해 풀려나 7년 정도 북경에서 연금 상태로 있다가, 경태제(景泰帝, r. 1449~1457)를 몰아내고 다시 즉위하여 천순제(天順帝, r. 1457~1464)가 되었다.

도 없는데 그럴 필요가 없다는 신료들의 반대에 부딪혀 무산된 일도 있다.[13]

이를 통해 보면, 건국 초기 나라의 기틀을 잡는 데 공헌한 태종과 세종은 명과의 관계 구축에 매우 세심한 주의를 기울였음을 알 수 있다. 국내의 불안한 정국을 타개하는 방법에는 여러 가지가 있겠지만, 국왕의 입장에서 볼 때 명 황제의 책봉을 받고 특별한 은혜를 입는 돈독한 관계임을 과시하는 것은 당시 동아시아의 국제적 역학 관계를 고려할 때 빼놓을 수 없는 주요 방법이었다. 명과 돈독한 종번 관계를 유지하는 것에 대해 대체로 신료들보다는 왕이 더 적극적이었다. 세조만 예외였지만, 대세가 그러했다. 국왕의 지위를 중국 제후에 맞게 격하하는 일에도 신료들보다 왕이 더 적극적이었다. 이런 경향은 신권臣權 위에 당당히 군림하지 못하던 조선의 왕들이 천자와 긴밀한 관계를 통해 자신의 정통성과 권위를 확립하려는 의도와 관련 있다.

태종 대부터 중종 대까지 『조선왕조실록』에 나오는 '진하進賀' 관련 기사들의 분석을 토대로 작성한 76쪽 〈표 1〉에 보이듯이, 태종 대의 진하 기사 가운데 57%가 명 관련 진하인 데 비해, 국내 진하 관련 기록은 43%이다. 이런 추세는 세종 대에 이르러 훨씬 극명한 차이를 보여, 전자와 후자의 비율이 거의 9 : 1(89% : 11%)에 이를 정도로 벌어졌다. 태종과 세종은 당시 조선에서 천자의 지위에 걸맞게 시행되던 궁중의 각종 전통 의례를 『춘추』에 나오는 공후公侯의 지위에 맞도록 스스로 강등하는 데도 매우 적극적이었다.[14] 이런 사례들과 〈표 1〉에 나타난 통계를 살펴보면, 초강대국 명과 국경을 접한 한반도에서* 갓 탄생한 왕조가 정통성과 권위를 구축하기 위해 초기의 두 국

* 지리적으로 볼 때 명의 영토도 조선의 영토도 아닌 중간 지대가 압록강 북쪽에 남북으로 80리가량 존재했다. 그런데 시기가 내려오면서 이 공간은 점차 명에게 흡수되었을 뿐만 아니라 중간 지대에 독자적인 어떤 세력이 기반을 구축한 것도 아니기에, 명과 조선은 사실상 경계를 공유했다고 할 수 있다. 남의현, 「명전기 요동도사와 요동팔참 점거」, 『명청사연구』 21, 명청사학회, 2004 참조.

〈표 1〉 『조선왕조실록』 '진하' 관련 기사의 왕대별 비교(1400~1544)

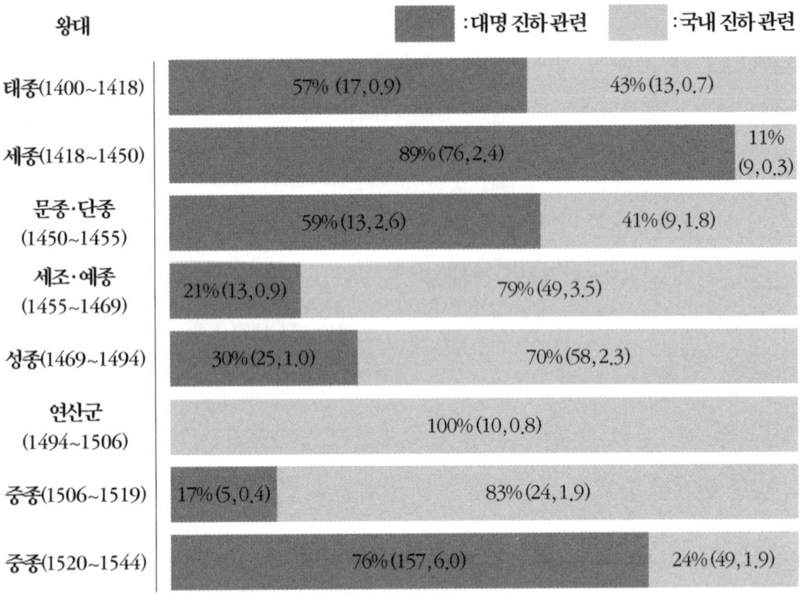

• 괄호 안의 첫 번째 숫자는 기사 개수를, 두 번째 숫자는 연평균 기사 개수이다. 이 숫자는 모두 『조선왕조실록』에 나오는 기사의 개수이므로, 실제 파견 횟수는 아니다.
• 문종과 단종 대, 세조와 예종 대는 어떤 경향을 파악하기에는 너무 짧은 탓에 한데 묶어 표시했다.
• 중종 대를 나누지 않을 경우의 비율은 69%(162, 4.3) 대 31%(73, 1.9)이다. 기묘사화가 일어난 1519년을 기준으로 중종 대를 양분한 이유는 이후의 양상이 현격히 달라지기 때문이다.

왕, 곧 태종과 세종이 명과의 돈독한 관계에 심혈을 기울였음을 알 수 있다.

이후 문종(r. 1450~1452)은 정통제가 몽골에 포로로 잡힌 지 일 년 만에 풀려나 돌아온 일을 축하하는 진하사를 파견했는데,[15] 단종(r. 1452~1455)이 특별 진하사를 파견한 기록은 보이지 않는다. 그렇지만 이 두 왕의 재위 기간은 합쳐도 5년을 넘지 않고, 게다가 마지막 2년은 수양대군이 실권을 장악하고 있었으므로 어떤 경향을 읽어내기에는 불충분한 기간이다.

조선 건국 직후의 이런 추세는 1455년 세조(r. 1455~1468)의 즉위를 기점으로 확연한 변화를 보인다. 세조 재위 13년 동안에는 특별 진하사를 파견한 사례가 한 건만 보인다. 황제가 하사한 채단표리綵段表裏(온갖 비단)에 감사를 전하는 사은사를 파견하면서, 마침 명 내부의 반란 음모를 분쇄한 일에 대한 하례 진하를 겸하게 한 것이[16] 유일한 사례이다. 그런데 『세조실록』에 보이는 진하 관련 기사들의 두드러진 특징은 주로 국내에서 세조가 직접 백관들의 진하를 받는 기록이 74%를 점하는 데 비해, 명에 보내는 진하 관련은 26%라는 점이다. 이런 비율은 이전의 태종 및 세종 대와 비교할 때 완전히 역전된 현상으로, 세조의 경우 자신의 왕권과 정통성을 명 황제에게 의존하면서도 스스로의 힘에 더 중점을 두는 방향으로 나아갔음을 강하게 시사한다. 세조의 이런 태도는 천순제天順帝(r. 1457~1464)로부터 여진 정책을 놓고 중국과 경쟁하지 말라는 질책성 칙서를 두 번이나 받은 점,[17] 그리고 중신들의 반대를 무릅쓰고 환구단圜丘壇에서 천지天地에 드리는 제사인 교제郊祭를 몸소 올린* 사실과도 일맥상통한다.

대명 진하보다 국왕 자신이 받는 진하를 더 중시한 세조의 사례는 이후 전통이 되어 예종(r. 1468~1469), 성종(r. 1469~1494), 연산군(r. 1494~1506)에게 그대로 계승되었다. 예종의 재위 기간은 13개월이라 통계로서 의미가 없지만,

* 조선이 건국된 지 불과 20일 후에 예조에서는 국왕이 환구단에서 올리는 천제(天祭)가 천자의 예에 해당하기 때문에 폐지해야 한다고 건의했는데, 전통을 갑자기 없앨 수 없다는 의견도 만만치 않아 그대로 존속되었다. 그러나 환구단의 천제는 이후 한 번도 열리지 않았고, 환구단은 그저 관리가 대신 가서 기우제를 지내는 정도의 하찮은 제단으로 전락했다. 그러다가 세조 대 이르러 환구단을 강화해 세조 자신이 직접 교제를 지냈다. 대한제국 이전의 조선 국왕들 가운데 환구단에서 몸소 하늘에 제사를 지낸 왕은 세조뿐이다. 세조 이후 환구단은 제단 자체가 소멸되어 위치조차 상고할 수 없게 되었다. 광해군이 환구단을 복구해 교제를 올리려 시도했으나, 어찌 감히 조선 국왕이 천자의 예를 행하여 천자를 핍박하느냐는 신료들의 강한 반대에 부딪혀 취소한 바 있다. 이에 대해서는 계승범, 『정지된 시간: 조선의 대보단과 근대의 문턱』, 서강대학교출판부, 2011, 225~232쪽 참조. 조선 초기 환구단의 기능에 대해서는 한형주, 『조선초기 국가제례 연구』, 일조각, 2002, 20~63쪽 참조.

그럼에도 살펴보면 진하사 파견 기록이 전혀 없다. 성종 재위 25년 동안에는 실록에서 '진하'로 검색되는 85건의 기사 중 국내의 각종 진하 관련이 58건(68%), 대명 진하 관련이 25건(29%), 그리고 외국에서 성종에게 하례를 올린 진하가 2건으로, 대명 진하와 국내 진하의 비율이 세조 대의 현상과 유사하다. 특히 이 25년의 기간 동안 특별 진하사 파견은 전혀 없었다. 단지, 황태자 탄생 소식을 듣고 황태자의 공식 책봉 때까지 기다렸다가 함께 진하할 것인지, 아니면 탄생부터 먼저 신하할 것인지 의논하라는 명을 내린[18] 기사가 하나 보일 뿐인데, 그 결과는 알 수 없다. 하지만 설사 파견했다고 해도 전체적인 흐름으로 볼 때 그 비율이나 빈도는 매우 미미하다.

이런 추세는 연산군 재위 15년 동안에도 변함없이 계속되었다. 『연산군일기』에서 '진하' 기사는 모두 10건이 검색되는데, 전부 국내 진하 관련 내용이다. 대명 특별 진하 기사가 단 한 건도 없는 점은 차치하고, 대명 정기 진하 관련 기사조차 보이지 않는다. 하다못해 "진하사 아무개가 북경에서 돌아왔다"는 식의 상투적인 짧은 기사도 없다. 어쩌면 중종 때 『연산군일기』를 편찬하면서, 연산군의 패륜을 강조하기 위해 명에 대한 사대를 의도적으로 삭제했을 가능성도 배제할 수 없다. 그렇더라도 이런 현상이 당시 추세였음을 추론하는 데는 크게 무리가 없다.

초기의 태종과 세종이 보인 대명 태도와 이후의 세 왕(세조, 성종, 연산군)이 취한 대명 태도에는 확실히 의미 있는 차이가 존재한다. 이런 차이는 하나의 시대적 경향이었으며, 명 질서가 새롭게 구축되고 강화되는 시점에 명의 바로 옆에서 등장한 신생국가 조선왕조가 직면한 국내외의 제반 문제들과 밀접한 관련이 있다. 명의 번국인 조선에서 왕의 천명은 하늘로부터 직접 주어진 것이 아니었다. 그것은 반드시 지상의 유일한 천자인 명 황제를 통해 인정받아야 했다. 국내외 기반이 아직 안정되지 않았던 초기의 두 왕(태종, 세종)

이 천자와의 관계 향상에 몰두한 배경은 바로 여기에 있다.

반면, 세조 대 이후 조선의 왕들은 자신의 왕권을 국내에서 어떻게 행사할 것인지에 더 많은 관심을 기울였다. 그들은 이제 더 이상 천자의 권위를 빌리는 데 급급해 하지 않았다. 이미 북경을 중심으로 형성된 천자의 질서 안에 확실하게 들어가 있었기 때문이다. 앞의 사례들과 〈표 1〉의 통계에서 보이듯이, 이 시기 북경 사행은 형식화되고 의례화된 하나의 중요한 관습이었을 뿐, 특별 진하사를 적극적으로 파견해야 할 동기는 이전에 비해 상대적으로 약했다.

요컨대 건국 초기의 불안하고 어수선한 정국에서 조선의 국왕(태종, 세종)은 스스로의 힘에 의존하면서도, 한편으로는 명 황제와 돈독한 군신 관계를 통해 조선이라는 신생 왕조의 국제적 위상과 왕실의 정통성을 확보하는 일에 심혈을 기울였다. 이에 반해 새 왕조의 정당성과 왕실의 정통성이 온 백성에게 이미 확실하게 각인된 15세기 중엽 세조 대를 기점으로 해서 대명 사행은 의례적으로 흐르고, 왕실의 권위를 국내에서 스스로 높이는 흐름이 이어졌다.

이 같은 추세가 세조 대 이후 성종 대 내내 계속 이어진 점을 고려할 때, 성종의 뒤를 이은 연산군의 전제정치와 그의 극적인 몰락은 좀 더 새로운 시각에서 조명할 수 있을 것 같다. 즉, 한편으로 왕실의 권위를 스스로 높이려는 세조 이래의 추세가 급기야 연산군의 독단이라는 전제정치의 형태로 나타났으나, 다른 한편으로 그런 전제정치는 천명에 기초한 유교 이념이 강조되는 조선 사회에서 결국 받아들여질 수 없었다는 해석이 가능하다. 달리 말하면 연산군의 강제 퇴위를 단순히 개인의 패륜 문제로 볼 것이 아니라, 조선 초기 왕실의 정통성과 권위 확립 방법의 큰 경향 속에서 파악할 필요가 있다는 뜻이다. 지금까지 연산군의 전제정치가 갖는 의미는 대개 삼사의 간쟁 기능 확대에 따른 국왕의 대응 차원이나 연산군 개인의 자질 차원에서 설명되었다.[19] 그렇지만 조선 건국 이후의 장기사長期史 맥락에서 연산군의 정치를 새롭게 조명할 필요가 있다.

결론적으로, 북경에 주재한 천자로서 동아시아의 새로운 질서를 구축할 필요가 절실했던 명 황제와 그 질서 속에서 왕조의 기반을 강화할 필요가 절실했던 조선의 국왕은 일정 부분 이해관계를 공유했으며,[20] 이런 관계는 유교의 영향 아래 문화적 사상적으로도 강화되어[21] 조선 초기에 명·조선 관계상의 일정한 패턴으로 나타난 것이다. 이런 패턴은 16세기 들어 더욱 강화되고 의례화儀禮化되었는데, 특히 연산군의 강제 폐위 이후 즉위한 꼭두각시 국왕 중종은 자신의 불안한 지위를 안정시키기 위해 천자의 권위에 힘입으려는 부단한 노력을 아끼지 않았다.

03 중종의 진하사 파견 사례와 그 특징

근 40년에 달하는 중종 대(1506~1544)의 진하사 파견 사례에 보이는 가장 큰 특징은 중종 자신이 특별 진하사 파견에 매우 예민했다는 점이다. 『중종실록』에서 대명 진하와 국내 진하 관련 기사 수의 비율을 보면, 이전에 비해 현격한 차이가 나타난다. 〈표 1〉을 다시 보면, 중종 대 전체 235개 기사 가운데 대명 진하 관련은 162건(69%), 국내 진하 관련은 73건(31%)인데, 이는 세조 이후의 흐름과 정반대의 비율이다.

특히 같은 중종 재위 기간 중에도 기묘사화己卯士禍가 일어난 1519년을 고비로 그 이전과 이후에 매우 큰 차이를 보인다. 〈표 1〉에 극명하게 드러나듯이, 1519년까지 전체 29건 가운데 대명 진하 관련이 5건으로 불과 17%이고, 국내 진하 관련은 24건으로서 83%의 비율을 보여, 세조 이후의 추세가 계속 유지되었음을 알 수 있다. 그런데 기묘사화가 종결된 1519년 12월 이후, 즉 1520년부터 중종이 죽는 1544년 11월까지 25년간의 비율은 완전히 뒤바뀐다. 이 기간에 나타나는 기사 206건 가운데 대명 진하 관련이 157건으로 무려 76%, 국내 진하 관련이 49건으로 24%를 보이기 때문이다. 통계상의 뚜렷한 역전 현상은 기묘사화 이후 중종 자신이나 조정의 대명 태도에 어떤 변화

〈표 2〉『조선왕조실록』 대명 진하 관련 기사의 연평균 개수(1400~1544)

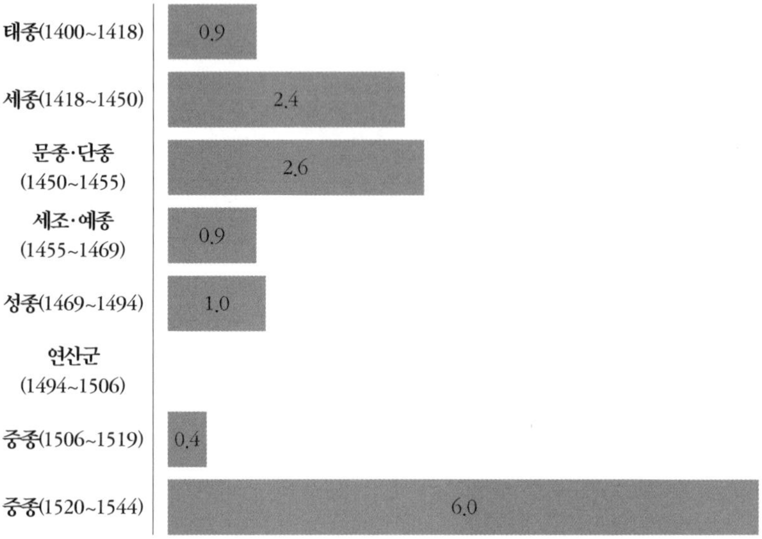

가 발생했을 가능성을 암시한다.

대명 진하 관련 연평균 수를 장기적으로 비교해봐도 중종 대의 특징은 분명하게 드러난다. 〈표 2〉에 따르면 세종~단종 연간에 대명 진하 관련 기사의 빈도가 다른 왕대에 비해 많은 편이다. 또한 1519년 기묘사화 이후 중종 대에는 이전의 어떤 왕대와도 비교가 안 될 정도로 기사의 빈도가 크게 두드러지는 현상을 한눈에 알 수 있다. 이는 대명 진하와 국내 진하 사이에 보이는 왕대별 비중의 변화 추이가 대명 진하 자체에 대한 빈도 추이와 정확하게 일치한다는 점을 알려준다. 따라서 중종 대에 이르러 명·조선 관계에, 좀 더 정확히 말하자면 조선 조정에서 명을 바라보는 인식과 태도에 주목할 만한 변화가 발생했음이 분명하다. 이 점을 좀 더 확인하기 위해 몇 가지 사례를 구체적으로 살펴보자.

1521년(중종 16)에 명에서는 정덕제正德帝(r. 1505~1521)가 죽고 그 사촌인 가정제가 즉위했다. 이때 조선 조정에서는 가정제의 생일이 4월이라는 설과 8월이라는 설이 분분함에 따라 황제의 생일을 축하하는 성절사 파견 문제를 놓고 논란이 벌어졌는데, 때는 이미 7월이라 모든 신료들은 성절사 파견에 부정적이었다. 만약 성절이 4월이라면 이미 날짜가 지났으니 뒤늦게 성절사를 보내는 것은 예의에 어긋나고, 또한 8월이라고 해도 시일이 촉박해서 그 날짜에 맞출 수 없다는 이유였다. 그렇지만 결국 중종의 강력한 의지에 따라 때늦은 성절사를 파견했다.[22] 이 일은 앞으로 중종이 특별 진하사 파견에 매우 적극적이리라는 것을 추론케 한다.

이듬해 1522년, 사은사 강징姜澂(1466~1536)은 북경에 머무는 동안 예부에 이런 주청을 임의로 넣는다. "상국上國에 경사스러운 일이 있더라도 본국에서 알 수 없는 경우가 있으니, 이제부터는 예부가 요동에 알리면 요동이 본국에도 알리도록 해달라"는 것이다. 이 소식이 한양에 전해지자 신료들은 그것이 항구적인 예가 되어 폐단을 야기할 것이라며 이구동성으로 강징의 문책을 촉구했다. 중종도 신료들을 면대한 자리에서는 강징의 경솔함을 인정하는 태도를 보였다. 그러나 귀국한 강징을 인견한 자리에서는 정작 아무런 문책도 하지 않았다.[23] 한편 강징이 올린 주청은 예부를 통해 황제의 윤허를 받았고, 얼마 지나지 않아 조선은 요동도사遼東都司로부터 앞으로 요동이 조칙을 받으면 그것을 등서謄書해 조선에도 알리겠다는 통보를 받았다. 그러나 이때 역시 강징에 대한 문책은 중종의 완강한 반대에 부딪혀 전혀 이루어지지 않았다.[24] 이 사실 또한 중종이 앞으로 보일 대명 태도의 일단을 예견할 수 있는 좋은 예이다.

특별 진하사 파견을 강조하는 중종의 의도가 잘 드러난 첫 사례는 1524년(중종 19)에 벌어진 논란이었다. 사촌 형의 뒤를 이어 즉위한 가정제가 자신의 생부를 황제로 추숭한 뒤 새 존호를 추존했다는* 선래통사先來通事의 보고가 들어오자,[25] 중신들과 대간의 반대에도 불구하고 중종이 진하를 고집함에 따라 벌어진 논의였다. 중종이 시작한 이 논의는 처음에는 승문원과 예조 모두 전례가 없다며 반대했기 때문에 무위로 끝날 듯했으나, 중종의 고집을 의정부 대신들이 받아들임으로써 진하사를 파견하는 쪽으로 결론이 났다. 그러나 논쟁은 거기서 끝나지 않았다. 요동의 자문도 없는데 진하사를 보내는 것은 불가하다며 대간에서 여전히 반대했기 때문이다. 그러자 중종은 압해관押解官을 요동에 보내 진하의 타당성 여부를 문의했고, 요동에서 타당하다고 답변해오자 기세등등하게 진하를 추진했다. 그렇지만 이후에도 한 시강관이 명나라 조정에서도 존호에 대한 시비가 어지러운 판국에 외국에서 먼저 진하하는 일은 사론邪論을 조장하는 행위라고 극언하는 등, 반대가 심했다. 그래도 중종은 중국의 일을 조선 조정이 시비할 일이 아니라며 고집을 꺾지 않았고, 결국 대신들의 마지못한 동의를 받아 끝내 진하사를 파견했다.[26]

이 논쟁은 1527년(중종 22)에 가정제가 생부를 부묘祔廟하게 되자 또다시 불거졌다. 북경에 갔던 사은사가 돌아와 부묘 소식을 전한 것이 발단이었다. 보고를 받자마자 중종은 즉각 예조와 승문원 당상관들에게 진하 여부를 의논하게 했다. 이에 대해 예조는 명 내부에서도 친왕親王들에게만 진하하라는

* 가정제의 생부는 주우원(朱祐杬, 1476~1519)으로, 홍치제(弘治帝, r. 1487~1505)의 이복 아우이며 가정제가 즉위하기 전에 이미 죽었다. 홍치제의 아들 정덕제가 후사 없이 죽자 그 사촌 아우인 가정제가 황위에 올랐다. 즉위 후에 가정제는 자신이 홍치제의 양아들로 황통을 이었음을 인정하지 않고 생부 주우원을 황제로 추숭하려 했으나 조정의 심한 반대에 부딪혔다. 중국사에서 대례의(大禮議)로 잘 알려진 이 논쟁은 3년 가까이 지속되었는데, 결국 주우원은 예종흥헌제(睿宗興獻帝)로 추숭되었고 추숭 반대를 극력 주도했던 신료들 200여 명은 엄한 처벌을 받았다.

칙명이 내려졌고 각 성省의 행정 장관격인 포정사布政司조차 진하를 면제받은 상황에서 외국이 먼저 진하하는 것은 부당하다고 회계했다. 그럼에도 중종은 신료들의 자문을 반복해 구하다가, 삼정승이 명에서도 시비가 있는 부묘 건으로 외국이 진하한다면 식자들의 웃음을 살 일이라고 강하게 반대함에 따라 결국 마지못해 뜻을 꺾었다.[27]

모든 조서나 칙서가 요동도사를 통해 조선에도 전달되게끔 한 새로운 제도 때문에 이후에도 진하 여부를 놓고 논쟁이 끊이지 않았다. 1529년(중종 24) 가정제는 생모(황태후)의 생일에 진하하도록 명하면서 요동에도 조서를 보내 요동도사 관할에 속한 모든 위소衛所*에서도 진하 표문을 올리도록 지시했다.[28] 이에 요동도사는 모든 조서와 칙서의 내용을 조선에도 알린다는 원칙에 따라 조선에도 이 사실을 전달했다.[29] 요동도사의 통보를 받은 조선 조정에서는 진하사 파견 여부를 놓고 논란이 일었는데, 중종이 즉각 진하사를 파견해야 한다는 입장을 보인 반면, 신료들은 자문의 내용이 명나라 내부의 위소에 통고한 것에 지나지 않으며, 황태후의 생일에 외국이 진하한 전례도 없고, 조선은 요동에 속하지 않는 외국이라는 점을 들어 강력하게 반대했다.[30] 삼정승마저 거세게 반대하자 중종은 결국 뜻을 접었다. 이 사례 또한 명에 대한 중종의 곡진한 자세를 생생하게 보여준다.

중종의 이런 태도는 1533년(중종 28)에 가정제가 염빈閻嬪에게서 황태자를 얻자 그에 대한 진하 여부를 둘러싼 조정 논의에서 다시금 드러났다. 마침

* 명은 요동과 만주 일대에 위(衛)와 소(所)라는 군사행정 단위를 100여 개 이상 설치했다. 그런데 현재 중화인민공화국의 랴오닝 성 밖에 위치한 모든 위소는 겉으로는 명에 편입되었던 것처럼 보이지만 실제로는 명과 조공·책봉 관계를 맺은 여진 추장들의 독립적인 정치체였다. 이에 대해서는 김한규, 『요동사』, 문학과지성사, 2004, 530~539쪽 참조. 따라서 여기서 말하는 위소는 당시 요동도사의 직접 관할을 받고 있던 위소들, 곧 현재 랴오닝 지역 일대의 위소를 가리킨다고 봐야 한다.

북경에 머물던 성절사가 보고해오기를, 명 조정에서 황태자의 탄생을 진하하고 황제는 천하에 대사령을 내렸다는 것이다. 이 보고가 발단이 되어 논쟁이 일어났다. 이때의 조정 논의도 이전과 마찬가지로 신료들이 미온적인 태도를 취한 반면, 중종은 매우 적극적이었다. 논란이 된 문제는 명 조정에서 황태자로 책봉하고 난 뒤 그것을 알리는 사신을 보내올지, 아니면 탄생만으로도 사신을 보내올지 정확한 판단이 어렵다는 점이었다.

그런데 관련 고례를 상고하라는 지시를 비롯해 일체의 모든 논의는 중종의 지시로 시작되었다. 이뿐 아니라, 신료들이 성절사와 동지사가 귀국하면 그들의 보고를 들은 뒤에 진하 여부를 결정하자는 주장을 편 반면, 중종은 설령 그렇게 할지라도 미리 진하사와 서장관書狀官 등을 차출해 만반의 준비를 하고 있어야 한다는 주장을 굽히지 않았다. 마침내 한양에 돌아온 성절사는 다음과 같이 보고했다.

> 명의 예부에서도 황태자의 탄생을 알리는 조사를 당장 보낼지, 아니면 3년 후에 책봉을 알리는 조사를 보낼지에 대해 의견이 분분합니다. 그렇지만 예부의 관헌들 중 일부가 조선에서 일단 탄생을 축하하는 진하사를 보낼 것을 권했습니다.

이 말을 들은 중종은 명에서 어떤 조사詔使가 나올지 진하사를 파견해 직접 알아보자는 억지 논리를 펴서 끝내 진하사 파견을 관철했다.[31]

그런데 황태자가 생후 두어 달 만에 죽는 바람에 또 다른 문제가 발생했다. 진하사가 평안도 정주를 지날 때, 마침 귀국하는 동지사로부터 황태자의 죽음을 전해 듣고는 계속 북경으로 갈지 여부를 조정에 문의했기 때문이다. 이에 대해 중종은 이렇게 전교함으로써 자신의 단호한 의지를 분명히 드러냈다.

> 진하사는 태자의 존몰存沒을 위해서 가는 것이 아니고, 특별히 황제의 태자 탄생을 하례하기 위해 가는 것이다. 공문이 없는데도 중지해버리면 (진하사를) 떠나 보낸 여부를 중국 조정에서는 반드시 모를 것이니, 어떻게 정성을 다해 사대하는 뜻을 드러내겠는가? 진하사가 일의 이치를 안다면 비록 (황태자의) 훙서薨逝를 들었을지라도 마땅히 못 들은 체하고 (길을 재촉해 계속) 들어갔어야지, (이렇게) 문의한 것은 부당하다.[32]

전교의 골자는 조선이 황태자 탄생에 대한 진하사를 파견한 사실을 명나라 황제와 조정에서 알아야 한다는 것이었다. 이에 삼정승은 이미 배표拜表해 보낸 진하사를 도중에 중지시키기는 어렵더라도 일단 전례를 상고하자며 중종의 뜻에 완곡하게 반대했다. 그러나 중종은 상고를 하다 보면 시일이 지체되어 시기를 놓치게 될 것이니, 상고하지 말고 서둘러 북경으로 가서 진하하도록 명했다. 그뿐 아니라 중종은 황태자의 죽음을 애도하는 진위사의 파견도 명했으며, 더 나아가 조정에서 거애擧哀하는 전례가 있는지를 상고하라고 지시했다. 거애가 여의치 않자, 중종은 조시朝市를 정지하고 음악과 형륙을 중지하는 전례를 상고하도록 다시 지시했다. 중종의 의지를 간파한 삼정승이 비록 전례는 없으나 정례情禮로 변통해서 황태후의 상례에 의거해 조시를 정지해도 무방하겠다고 회계하자, 즉각 그대로 시행토록 했다.[33]

그러나 대간은 황태자의 죽음을 이미 알고도 아직 국내를 벗어나지 않은 진하사로 하여금 국경을 넘게 하는 것은 이치에서 크게 벗어나는 거짓 행위로, 이는 후세의 비난을 받을 일이라며 강하게 반대했다. 이에 대해 중종은 이미 파견한 진하사는 황태자의 탄생을 축하하는 것이며, 죽음에 대해서는 따로 진위사를 보내기로 했으니, 이번 조치는 거짓도 아니고 이치에 어긋나지도 않는다고 강변했다. 그러나 중종의 진짜 의도는 다음과 같이 말한 데서 확실히 드러난다.

> 태자의 죽음이 사실이더라도 이미 선물을 봉하고 표문을 올렸는데, 중간에 홍서를 듣고 중지한다면 중국에서는 우리나라가 진하한 뜻을 모를 것이다. 탄생에 대해 진하하고 홍서에 내해 위문한다면 사체事體에도 타당할 것이다.[34]

중종은 명 황실의 모든 길흉사에 자신이 각별하게 신경 쓰고 있다는 사실을 황제에게 반드시 알리고자 했던 것이다. 따라서 황태자의 죽음은 진하를 중지해야 하는 이유가 아니라, 오히려 특별 사행(진위사)을 한 번 더 파견할 수 있는 기회였던 셈이다.

이런 인식을 지녔기에 중종이 구묘九廟의 건립이라는 또 다른 기회를 놓치지 않은 것은 어쩌면 당연했다. 1536년(중종 31) 가정제는 2년여의 공사 끝에 북경에 구묘를 완공하고 홍무제洪武帝(r. 1368~1398)를 비롯해 9명의 조종祖宗을 새롭게 부묘했으며, 생존해 있는 두 명의 태후에게도 존호를 추증하고 하례를 받았다.[35] 마침 북경에 가 있던 동지사의 보고를 통해 이를 알게 된 중종은 그에 대한 진하사 파견을 기정사실로 하고, 다만 공문을 받지 않은 상태에서 미리 앞서 진하를 올려도 무방한지 고례를 상고하도록 승문원에 명했다.

그러나 이 조치는 즉각적으로 승문원·승정원·대간의 반대에 부딪혔다. 주요 반대 이유는 부묘에 대해 외국이 진하한 전례가 없다는 점, 그리고 이번 부묘와 휘호는 그 자체가 예법에 어긋나는 일이므로 진하가 불가하다는 것이었다. 영의정 김근사金謹思(1466~1539)조차 대간을 두둔하며, 만일 이번에 존호 건으로 진하사를 보낸다면 후세의 비난은 물론이거니와 중국 선비들의 웃음거리가 될 거라며 강하게 반대했다. 그러나 긴 논쟁의 와중에 좌의정 김안로金安老(1481~1537)와 우의정 윤은보尹殷輔(1468~1544)가 사대함에는 일의 옳고 그름을 따질 필요가 없다는 논리를 내세워 중종의 뜻에 동조했다. 그러자 중종은 더욱 힘을 얻어, 이미 중국에서 존호를 추가했는데 그것을 진하하지 않은 채 이후의 표문에 새 존호를 쓰기도 우습고, 그렇다고 이미 존호 추가 사실을 알면서 그것을 쓰지 않을 수도 없다는 구차한 이유를 들며 진하사 파견을 완강히 고집했다.

이 논쟁은 결국 신료들이 양보해, 부묘 건은 무시하고 존호 건에 대해서만 진하하되 진하사를 별도로 보내지 말고 다른 사은사 편에 함께 진하하기로 타협이 이루어졌다.[36] 그런데 일단 진하하기로 결정이 나자, 두 가지 경사가 있는데 한 가지만 진하할 수 없다는 주장이 새롭게 제기되면서 부묘도 하례하는 쪽으로 최종 결정이 이루어졌다. 대간의 반대는 여전했으나 영의정 김근사 등이 중종의 고집에 결국 굴복했기[37] 때문이다.

가정제는 공식적으로 알리지도 않았는데 조선이 스스로 달려와 진하한 일에 대해 중종을 크게 치하하고 특별히 푸짐한 하사품을 내려[38] 중종의 위세를 높여주었다. 이에 고무된 중종은 이후로 사행에 더욱 적극적으로 임했으며, 진하나 진위를 하기 위해 명 내부 사정에 세심한 주의를 기울였다. 특히, 알리지도 않았는데 스스로 달려와 진하한 일을 가정제가 각별히 치하했기 때문에, 이후 조선 조정에서 거의 모든 논의는 공문과 상관없이 가급적 빨리 진하하려는 중종이 주도권을 쥐고 전개되었다. 1538년(중종 33) 성절사를 통해 가정제가 생부에게 추존하고 입묘入廟했다는 소식을 접한 중종이 자문이 오기를 기다리다가는 시일이 지체될 수 있으니 그것과 상관없이 즉각 진하사를 파견해야 한다고 주장한 것은 그 좋은 예이다. 대간에서는 부묘 자체가 예법에 어긋날 뿐만 아니라 아무런 자문도 없었음을 들어 강력히 반대했으나, 중종은 하국이 상국을 섬길 때는 일의 시비를 가릴 겨를이 없다는 논리로 대간의 반대를 일축하고 결국 진하사를 파견했다.[39] 이 진하 역시 가정제의 크나큰 관심을 끌었고, 진하사 유인숙柳仁淑(1485~1545)은 단독으로 황제를 직접 배알하고 표문을 올리는, 극히 예외적인 후대를 받았다. 유인숙은 그 이유를 이렇게 설명했다. 즉 가정제 생부의 존호 추상追上에 대해 명 조정에서조차 반대가 많았고, 절강浙江을 제외하고는 명 국내의 어디에서도 진하하지 않아 황제가 몹시 불쾌해 하던 참인데, 조선국에서 진하사가 도착하니 크게 기뻐하여 특별히 직접 만나보고 후대했다는 것이다.[40]

중종은 크게 감읍한 나머지 사은사 파견은 이를 나위도 없고, 황제가 호광湖廣으로 장기 행차를 떠났다는 유인숙의 말에 따라 흠문사欽問使 파견도 아울러 명했다. 대간은 명 내부에서도 하지 않은 진하를 조선이 한 것만으로도 이미 비난을 들을 만한데 이제 흠문사까지 보낸다면 세상의 조롱거리가 될 거라며 강력히 반대했으나, 중종은 이번에도 하국이 상국의 일에 옳고 그름을 따질 수 없다는 말로 일축했다.[41]

이후 사행에 대한 중종의 관심은 거의 집착 수준으로 높아져, 정기 사행과 당연 사행 외에도 갖가지 명목의 특별 사행이 끊이지 않고 계속되었다. 진위나 진하를 한 번 하는 것으로만 끝내지 않고, 가정제가 답으로 칙서를 내린다거나 조선 사신에게 좀 특별한 관심을 보였다는 보고를 들으면 곧바로 사은사를 파견하는 식의 사행이 줄을 이었다.

1542년(중종 37), 평소 도교의 주술에 빠져 심리가 불안정하던 가정제가 후궁들에게 피살될 뻔했다가 간신히 살아난 내변內變이 있었다.[42] 마침 북경에 도착한 천추사와 동지사가 이 소식을 전해오자 중종은 악당의 일망타진을 축하하는 진하사와 황제의 안부를 묻는 흠문사 파견을 밀어붙였고, 전체 신료들의 반대에도 불구하고 끝내 뜻을 관철했다.[43] 이 진하사와 흠문사 또한 가정제를 크게 기쁘게 만들었다. 가정제는 조선 국왕이 이런 내변을 알고 스스로 사신을 보내 문안하고 진귀한 물건들을 진헌한 것에 대해 매우 기뻐하며 포상했다.[44] 변고에 놀란 가정제는 그 충격으로 인해 동지 하례를 직접 받지 못하겠다면서 이미 예정된 의식을 전면 취소했는데, 그 와중에도 갑작스러운 취소 연유를 조선에서 온 동지사에게만은 특별히 자세하게 설명하라고 특명을 내렸다. 이런 보고를 접한 중종은 망극하고 특별한 은혜라며 또 다른 사은사 파견을 주장하고 나섰다. 이때는 너무 심한 반대에 부딪혀 뜻을 접었지만, 동지사가 귀국하자 그를 인견한 자리에서 명 조정의 분위기를 자세히 물은 뒤 사은사 파견을 다시 거론함으로써 강한 집착을 보였다.[45]

이 같은 특별 진하사 파견은 이 밖에도 많지만, 중종의 태도는 지금까지 살핀 사례와 대동소이하므로 일일이 다 살펴볼 필요는 없을 듯하다. 다만 중종의 태도를 좀 더 자세히 살펴보기 위해 존호 추상과 무관한 다른 진하 관련 논의 사례를 몇 가지 알아보자.

명 예부에서 태자를 책봉한 지 3년 안에는 해내海內 제후도 치하하지 않으니 외국은 아예 거론할 일도 못 된다고 했음에도 불구하고, 1539년(중종 34) 중종은 진하사가 들어갔다가 거절당하면 3년이 지나 다시 보낼지언정 일단은 보내야 한다고 고집했다. 게다가 존호 추상을 하례한 조선의 진하 표문을 가정제가 이례적으로 종묘에 고했다는 소식이 한양에 전해지자, 중종은 대간의 심한 반대에도 아랑곳하지 않고 사은사 파견을 극력 주장했다.[46]

1541년(중종 36)에 북경의 구묘가 화재로 전소되었을 때, 대간에서는 요동에서도 하지 않는 진위를 외국인 조선이 한다면 세상의 조롱거리가 될 거라며 강력하게 반대했다. 그러나 중종은 대신들이 이미 동의한 일이니 멈출 수 없다면서 단번에 물리치고, 진위사 파견을 강행했다.[47] 같은 해 소성황태후昭聖皇太后(홍치제의 황후, 가정제의 백모)가 임종에 즈음하여 모든 외방의 문무아문은 일체 진향하지 말라는 특별 유고를 남겼다는 내용의 조서를 전달받았음에도, 중종은 삼정승에게 진위사를 보내도록 논의하라고 명했다. 이뿐 아니라 죽은 황태후에게 추존할 것을 예상해서 진하사 파견을 미리 명했다가 삼정승의 반대에 부딪혀 취소하기도 했다.[48]

이듬해인 1542년에는 명의 안남安南 평정에 대해 가성제가 이 일로는 예부의 진하조차 받지 않는다는 보고를 받고도 중종은 진하사 파견 주장을 굽히지 않았다. 그러다가 삼정승과 6조판서의 전면적인 반대에 직면해서야 결국 마지못해 뜻을 접었다.[49] 1544년(중종 39)에는 태자가 출강出講했다는 소식을 듣고 중종이 또다시 진하사 파견을 주장했다. 그러나 이 역시 전례가 없는 일이라는 강력한 반대에 부딪혀 결국 뜻을 꺾었다.[50]

가정제는 재위 45년간 생부와 생모의 추숭을 비롯해 역대 조종들에게 수많은 존호를 연이어 올렸고, 이런 일련의 무리한 추숭에 대한 조정의 반대를 조금이나마 누그러뜨리기 위해 다른 조종들에게도 추존을 남발했다. 이런 상황은 중종에게 진하사를 파견할 좋은 빌미를 거의 무한정 제공하는 결과를 초래했다. 특히 가정제가 즉위한 것은 1521년으로, 1519년 기묘사화 이후 조선의 진하사 파견이 급증하게 되는 배경으로 작용한 셈이다.

정기 사행과 비정기 당연 사행까지 합친다면, 1520년 이후 조선 조정에서는 각종 사신 파견 관련 논의가 뜸할 날이 거의 없을 정도였다. 그 결과 사행이 늘 줄을 이었고, 사행단이 지나는 관서 지방과 요동 일대의 민생 피폐를 지적하는 논의도 아울러 증가했다.[51] 요동의 주민들과 역졸들이 고생을 견디지 못해 조선인을 원망하며, 심지어 산동의 향시鄕試에서 조선의 잦은 진하사와 사은사 파견의 폐단에 대한 문제가 출제되었다는 보고까지 올라왔는데,[52] 이런 사실은 1520년 이후 지나치게 빈번해진 조선 사행의 실태를 잘 보여준다.

하지만 가정제는 조선의 사행을 가장 먼저 반겼다. '예의지국' 조선으로부터 줄지어 오는 진하사는 생부와 생모의 무리한 추숭 및 자신의 방탕을 겨냥한 내부 비난을 조금이라도 모면하려는 가정제에게 훌륭한 명분을 제공하는 반가운 손님이었다. 그렇다면 중종은 왜 그렇게도 대명 사행에 병적으로 집착했으며, 그것은 왜 하필 기묘사화 이후에 두드러졌을까? 잦은 사행을 통해 중종은 과연 무엇을 얻고자 했을까?

04 중종의 권위와 명나라 천자

굳이 하지 않아도 좋을 진하에까지 중종이 보인 집착은 그가 처한 정치 상황과 밀접한 관련이 있다. 즉 자신이 처한 어려운 정치적 환경을 명 황제와의 돈독한 관계를 통해 타개하고자 노력했기 때문이다. 먼저 중종 즉위 직후의 정치 상황을 살펴보자.

즉위 초기에 중종의 왕권이 매우 허약했음은 이미 널리 알려진 사실이다. 이전의 태종이나 세조 및 후대의 인조(r. 1623~1649)가 직접 정변을 주도함으로써 집권 후에도 정국의 주도권을 장악했던 것과 달리, 반정공신들에 의해 일방적으로 왕위에 앉혀진 중종이 정국을 주도하기란 애초에 불가능했다. 즉위하자마자 공신들의 위세에 눌려 부인 신씨愼氏와 강제로 이혼해야 했을 정도다. 또한 정변(반정) 후에 이루어진 공신 책봉이 공평무사하게 이루어지지 못했다는 불만이 조야朝野에 팽배했고, 이런 불만은 역모와 옥사로 이어졌다. 중종이 즉위하고 3년 동안은 무려 네 차례의 역모 사건이 꼬리를 물고 일어나는 등 정국이 몹시 어지러웠다.[53] 비록 사전에 발각되어 모두 진압되기는 했지만, 반정의 정당성을 흔들기에는 충분했다. 정변을 통해 왕위에 오른 중종의 정통성 문제와 직결되는 사안이었기 때문이다.

불안한 정국이 가뜩이나 허수아비에 지나지 않는 중종의 알량한 권위마저 심각하게 흔들었음은 이를 나위도 없다. 이런 상황에서 중종이 그나마 정통성과 권위를 세우는 지름길은 명 황제로부터 책봉을 받는 일이었다. 명 황제가 물리적으로 중종을 돕지는 않을지라도, 대명 사대를 국시의 하나로 정하고 출범한 조선왕조였기에 명 황제의 책봉이 조선의 정치 무대에서 갖는 권위와 의미는 지대했다.[54] 그런데 설상가상으로 중종의 책봉 주청은 두 번이나 거절되었고, 이는 그러지 않아도 불안한 중종의 처지를 더욱 어렵게 만들었다.

정변이 성공한 직후, 새 조정은 승습을 청하는 주문서를 국왕(연산군)의 이름으로 작성해서 북경에 보냈다. 그러나 정변을 통한 왕위 교체라고 사실대로 쓰지 않고, 세자의 죽음을 슬퍼하던 왕이 몹쓸 병에 걸려 국사를 볼 수 없게 되는 바람에 아우에게 선위했다고 거짓말을 했다.[55] 이 주문은 연산군의 명의로 작성되었는데, 주문사가 떠날 당시 연산군은 강화도에서 이미 죽은 뒤이고 폐세자廢世子는 아직 죽지 않은 상태였으므로 완전히 거짓이었다. 그럼에도 그런 주문서를 보낸 것은 조선의 상황을 숨기려는 의도 외에도, 책봉 주체인 명의 입장을 고려해 존중해주는 의미가 있었다.

그렇지만 책봉 주청은 명 조정의 승인을 얻는 데 실패했다. 명 조정에서는 현왕인 연산군이 죽지 않은 상황에서 새 왕을 선불리 승인했다가 나중에 연산군의 병이 호전될 경우 정치적 혼란이 야기될 수 있다는 견해가 지배적이었다. 이런 이유로 명은 조선의 중종 책봉 주청을 끝내 승인하지 않았다. 특히 주문이 담고 있는 내용의 진위를 의심하여 사실 여부를 자문으로 재차 물었으며, 선위에 따른 왕위 교체가 사실이라면 종실과 신민臣民의 주문을 추가로 첨부해서 다시 주청하도록 요구했다.[56]

여기서 흥미로운 것은 첫 역모 사건인 김공저金公著·조광보趙廣輔의 옥사가 마무리된 지 보름 뒤 주청사가 임무에 실패하고 한양에 돌아왔다는 점이다. 대개 사신이 북경을 떠나기 전에 선래통사를 통해 미리 서면 보고를 올리는 점을 고려해볼 때, 명에서 주청을 거절했다는 사실을 중종이 알게 된 시점은 이보다 빨랐음이 분명하고, 그렇다면 주청 실패 소식의 한양 도착과 역모 사건의 발생은 그 시점이 거의 비슷했을 것이다. 두 사건의 공교로운 때맞춤은 당시 중종의 어려운 처지를 충분히 상상할 수 있게 해준다. 실질적인 무력을 장악하고 있던 반정공신들과는 달리, 자신의 왕권을 받쳐줄 아무런 물리력이 없던 중종으로서는 안팎으로 동시에 이중의 타격을 입은 셈이었다.

이런 애매한 상황은 일 년 가까이 지속되었다. 주청이 거절되자마자 조정에서는 필요한 주문을 준비해 즉각 다시 주청했다.[57] 그러나 명 조정에서는 왕이 유고일 경우 왕실의 최고 서열인 대비(성종의 비)의 주청이 별도로 필요하다는 이유로 다시 거절했다. 다만 일단 중종을 권서국사權署國事에 임명했다.[58] 권서국사는 말 그대로 국사를 임시로 서리한다는 의미의 직책으로, 중종을 조선의 정식 국왕이 아니라 '국왕 서리'로 승인한 셈이다. 이에 조선 조정에서는 또다시 필요한 주문을 만들어 주청사를 파견했는데, 명 조정에서는 긴 논의를 거쳐 마침내 그해(1507년, 중종 2) 12월 중종의 책봉을 확정했고, 이 소식은 선래통사의 보고를 통해 이듬해 정월 5일 한양에 전해졌다.[59]

그런데 두 번째 역모 사건인 이과李顆의 옥사 또한 두 번째 주청사가 중종의 국왕 책봉에 거듭 실패하고 한양에 돌아온 지 불과 나흘 만에 발생했다.[60] 특히 이 옥사에서 견성군甄城君(?~1507)을 옹립하려 했다는 공초供招가 나오면서, 주동자를 처형한 후에도 그 여파가 몇 개월 더 지속되었다. 이런 상황을 감안할 때, 국왕 책봉 결정 소식이 전해지는 이듬해 정초까지 중종이 안팎으로 느꼈을 위기감은 굉장히 컸을 것이다.

이후로도 역모 사건은 끊이지 않았고 왕권은 여전히 미약했다. 그래도 재위 5년이 지나면서 중종이 조선의 왕이라는 사실은 국내외적으로 모두 인정하는 분위기가 조성되었을 것이다. 그런데 바로 이 즈음인 중종 재위 5년에서 8년 사이에 반정의 주역인 이른바 3대장, 곧 박원종朴元宗(1467~1510), 유순정柳順汀(1459~1512), 성희안成希顔(1461~1513)이 모두 병사했다. 이들이 정치 무대에서 사라짐에 따라 조정에는 점차 힘의 공백이 생겼는데, 중종은 이 시기를 놓치지 않고 친정親政을 선언했다.

재위 8년째인 1513년에 친정을 선언할 때까지 중종은 반정공신들의 허수아비에 불과했다. 중종에게는 자신만의 심복이 없었고, 조선의 다른 왕들과 마찬가지로 친위대도 없었다. 심지어 왕권이 약화될 때 그나마 왕위를 보호해줄 수 있는 외척 세력조차 없었다.[61] 어찌 보면 그는 어느 날 갑자기 곤룡포를 입고 정치 무대의 중앙에 자리를 잡았으나, 외롭게 고립된 상황에서 그저 공신들이 하자는 대로 인준을 하는 일이 맡겨진 임무의 전부였다. 그 때문에 중종 재위 초기의 한 조강朝講에서 사헌부 집의 권민수權敏手는 "신이 일찍이 이조낭관으로 있었는데, 그때는 지금같이 정사가 문란하지 않았습니다. 요즘에는 비찰이 내리기도 전에 여염에서 모두 누가 발탁될 것인지 알고 있으며, 심지어 아무개는 오전에 낙점을 받을 것이고 아무개는 오후에 낙점 받지 못할 것이라고까지 합니다"라고 지적하면서, 세종과 성종의 전례를 따라 중종도 친정할 것을 건의했다.[62] 이로 미루어 보면, 당시 중종은 낙점을 할 때도 누군가의 제어 아래 있었던 것 같다. 그러나 다른 한편으로, 이 기간은 준비되지 않은 채 즉위한 중종이 정치 무대의 한복판에서 힘들게 받았던 학습 기간이기도 했다. 그러다가 반정공신 3대장이 다 사라질 즈음에 친정을 선언했는데, 그것은 이제 진정 국왕으로서 제대로 소임을 하겠다는 선언과 같았다.

친정이란 넓은 의미로는 왕이 직접 신료들과 면대해 정사를 처리하는 정치형태를 말한다. 그렇지만 좁은 의미로는 관직에 결원이 생길 때 이조에서 올린 후보들 중 한 명을 골라 낙점하는 방식을 따르지 않고 왕이 처음부터 직접 후임의 이름을 거론하며 지명하는 것을 말한다. 중종이 밝힌 친정 의사는 후자의 경우에 해당한다. 즉 이제부터는 스스로 인사권을 행사하겠다는 뜻이며, 그것을 통해 국왕의 권위를 회복하겠다는 의미가 담겨 있었다.

친정을 선언한 바로 다음 날 중종이 내린 첫 친정 인사가 훈련원 첨정 이자李耔(1480~1533)를 홍문관 부교리로, 함경도 관찰사 정광필鄭光弼(1462~1538)을 우찬성으로 지명한 것인데,[63] 이런 인사의 배경은 바로 그 같은 맥락에서 이해할 필요가 있다. 두 사람 모두 정변(반정)과 아무런 관련이 없었을 뿐 아니라 등용 이후 반정공신들의 전횡에 대해 비교적 비판적이었음을 고려할 때, 첫 친정 인사에 임한 중종의 의도는 잘 드러난다. 이후 조광조趙光祖(1482~1519)의 발탁을 신호로 반정공신에 비판적인 이른바 사림을 대거 등용한 이유도 이런 맥락에서 이해할 수 있다. 중종은 반정공신 내에서 힘의 공백이 잠시 생긴 틈을 이용해 국왕으로서 '견습'을 마치고 진정한 왕 노릇을 하기 위한 방편으로 친정을 선언했고, 여세를 몰아 사림을 등용하기 시작했던 것이다. 유교 도덕을 앞세워 반정공신들의 권력 독점과 전횡을 날카롭게 비판하는 그들을 통해 왕의 권위를 찾으려는 속셈이었다.

그러나 시간이 흐르면서 중종은 조광조가 이끄는 도학정치론자道學政治論者들에게도 실망하기에 이르렀다. 주지하듯이 그들의 궁극적 목표는 단순히 공신들에 대한 견제만이 아니라, 이상적인 유교 정치를 현실에 구현하는 것이었다. 2장에서 다루었듯이, 유교 이념을 표방한 조선 사회에서 병인정변(중종반정)까지 포함해 건국 이후 100년이 넘도록 계속된 반윤리적인 정치 사건들에 대한 역사적 청산 작업은 바로 유교 정치의 현실화를 위해 불가피했으며, 수기치인修己治人의 덕목에서 국왕도 예외일 수 없다는 유교 정치 이론은 어떤 의미에서는 오히려 중종의 왕권 행사를 크게 제약할 수도 있는 양날의 칼과도 같았다. 특히 조광조가 강력히 밀어붙인 소격서昭格署 폐지 논쟁을 계기로 중종은 크게 위신이 손상되었을 뿐 아니라, 그런 경험이 마음의 상처로까지 덧나기에 이르렀다. 이후 현량과賢良科 실시와 공신첩 회수를 놓고 위기를 느낀 공신들이 중종에게 압력을 가해 기묘사화를 일으킬 때 중종은 그들의 손을 들어주고 말았는데, 이런 배경에는 공신들의 협박에 못 이긴 면도 있지만, 도학정치론자들에 대한 중종의 염증도 크게 작용했다.[64]

기묘사화 이후 정국은 다시 공신들이 장악했다. 중종은 그런 반전을 정당화해줌으로써, 자신이 견제하고자 했던 반정공신들의 품 안에서 왕위를 유지하는 자기모순을 스스로 드러내고 말았다. 왕위를 보존하기 위해서는 공신들이 하자는 대로 따를 수밖에 없는 처지였다. 무력을 보유한 공신들의 압력에 굴복한 중종의 위상은 이제 즉위 초기의 상황으로 다시 돌아간 셈이었다. 그러나 이때의 중종은 14년 전 처음 즉위할 당시의 그가 아니었다. 여태껏 왕권의 행사에 심한 제약을 받고 늘 신료들의 눈치를 봐야 했지만, 중종의 정치 무대 경험은 이미 15년째에 접어들고 있었다. 이 정도의 정치 경험이라면 조정의 어느 신료들에 비해서도 그다지 밀리지 않았다. 따라서 어떻게 해서라도 왕의 권위를 확보하려는 중종에게 그동안의 학습과 경험은 큰 자산이었다.

중종이 새롭게 찾은 돌파구는 바로 명 황제였다. 이제 국내에서는 그 어디에도 중종이 의지할 만한 데가 없었기 때문이다. 앞에서 살핀 내용은 이러한 해석을 충분히 가능케 해준다. 중종 재위 당시의 불안정한 정국, 〈표 1〉과 〈표 2〉에 보이듯이 1519년(중종 14) 12월 기묘사화가 마무리된 이후 극명하게 드러나는 통계상의 확연한 차이, 갖가지 명목으로 진하사를 파견하고자 했던 중종의 집착에 가까운 대명 태도 등은 결코 우연일 수 없다. 3장에서 살핀 통계와 사례들은 바로 기묘사화 이후 중종의 정국 타개 방법에 변화가 있었음을 생생히 보여주며, 그 방법이 바로 명 황제와 돈독한 관계를 유지하는 것으로 나타났음을 웅변한다.

조명 관계에 초점을 맞춰 볼 때, 동아시아의 정치 무대에서 명 황제가 천자로서 차지한 위상은 마치 중세 유럽의 교황과도 일부 흡사하다. 조선의 양반 엘리트들이 천자를 하늘과 인간 사이의 유일한 매개자로 굳게 믿고 있는 상황에서 천자로부터 받는 책봉은 왕의 정통성 확보에 필수적이었다. 동서고금의 수많은 군주나 대통령이 국내의 어려운 처지를 타개하기 위해 외부로부터 오는 '권위의 우산'을 쓰려 노력했음을 감안한다면, 중종의 이런 선택은 당연했다.

실제로 명 가정제와의 관계 형성에서 중종이 보인 태도는 매우 집요하고 세심했다. 앞서 살핀 사례들이 중종의 집요함을 잘 보여준다면, 연산군의 일을 깨끗하게 마무리하려는 태도는 그 세심함(조심스러움)을 보여주는 예라 할 수 있다. 정변(반정)으로부터 30여 년이 지난 1537년(중종 32)에 중종은 불쑥 폐주 연산군의 부고를 가정제에게 고하고 그의 시호를 받아야 한다는 말을 대신들에게 꺼냈다. 연산군이 병이 들어 선위했다고만 북경에 알렸으므로 명 조정에서는 아직 그가 살아 있을 것으로 알고 있을 텐데, 이제 30년이 흘러 연산군의 나이가 천수를 다 하고 죽을 때이니 부고를 알려야 뒤탈이 없을 거라는 이유였다.[65]

가정제와 이미 관계가 매우 돈독해지고 있는 시점에서 중종은 왜 이렇듯 30년 전의 일로 고심하는 모습을 보였을까? 그것은 바로 안남국安南國의 일 때문이었다. 당시 안남에서는 권신이자 왕족인 막등용莫登庸이 왕을 살해하고 권력을 장악했는데, 이를 북경에 알리려는 사신들마저 국경에서 살해해버렸다. 이에 북경에서는 황제의 책봉을 받은 왕을 시해하고 황제에게 오는 사신

마저 살해한 막등용의 일을 그대로 방치할 수 없다는 판단하에 안남의 토벌 여부를 두고 결정의 번복을 거듭하는 열띤 논의가 진행되었다.[66] 중종이 연산군의 일을 끄집어낸 것은 바로 이 소식을 들은 직후였다. 특히 중종은 다음과 같은 구체적인 이유를 밝힘으로써, 왕위를 찬탈하고 황제를 속여 책봉받은 자신의 과거 전력에 대해 매우 불안해 하는 심리를 솔직히 드러냈다.

> 가정제 이래 중국 조정에도 일이 많았으니 누가 우리나라의 일(연산군의 일)까지 물을 수 있었겠는가? (그러나) 만세 사이에 행여 명군과 양상良相이 나와서 자세히 살펴보고 하문한다면, 끝내는 대처하기 어려울 것이다. 지금 보건대 중국 조정에서도 기강을 세우고 있다. 그래서 안남의 반적을 장수에게 명해 토벌하게 했으니, 이는 곧 천자의 도리이다. (…) 지금까지 30년 동안은 비록 무사할 수 있었으나, 언제까지라도 무사하고 근심이 없다고 말할 수는 없다. 다른 날 중국 조정에서 만약 (연산군의 일을) 논의한다면, 후세 (사람들은) 반드시 전왕前王은 어찌 심사숙고해 일을 처리하지 않고 (이렇게) 후회할 일을 물려주었는가라고 할 것이다. (그러므로) 자손의 근심을 염려하지 않을 수 없으며, 침묵만 지키면서 유유하게 세월만 보낼 수는 없다. (이번에) 한번 시원하게 조처해 놓는다면, 뒷날에 무슨 어려운 일이 생기겠는가?[67]

왕위를 찬탈한 안남국의 막등용에 대해 명이 정벌을 결정했다는 소식은 같은 찬탈자인 중종을 불안의 늪으로 내몰았을 것이다. 역설적이게도 찬탈의 전력은 가정제와 관계가 돈독해질수록 더 큰 앙금으로 중종에게 다가왔다. 이후 기록이 없는 점으로 보아 연산군의 부고 문제는 흐지부지 끝난 듯하다. 그러나 중종에게는 심리적 부담이 여전히 남아 있었기에 어쩌면 가정제와의 돈독한 관계 구축에 더욱더 열성적이었는지도 모른다.

명·청이 조선과 안남을 상대로 구사한 정책은 서로 달랐다. 안남의 경우, 명·청은 임의적 판단에 기초해 필요하다고 느끼면 언제라도 군사적 개입을 서슴지 않았다. 황제의 책봉을 받은 왕을 반란 세력으로부터 보호한다는 명분은 늘 최상의 구실로 이용되었다.[68] 반면 조선의 내정에 대해서는 거의 개입하지 않았다. 설혹 정변으로 왕위가 바뀌었을지라도 군사개입은 고려조차 하지 않았다. 그렇지만 자신의 왕위에 극도로 예민했던 중종으로서는 명의 대외 정책 및 명 질서 안에서 조선의 위상을 객관적으로 파악할 마음의 여유가 없었다. 자신의 안전과 권위 문제에 몰두한 중종은 가정제로부터 가장 흠 없는 번왕藩王으로 기억되기를 갈구했던 것이다.

기묘사화 이후에도 조선의 정국은 정쟁과 권력의 부침이 빈번하면서 불안정했다. 기묘사화를 주도한 권신들의 연이은 병사 외에도 경빈敬嬪 박씨朴氏와 복성군福城君의 제거(1527, 1533), 심정沈貞(1471~1531)의 몰락(1530), 김안로金安老(1481~1537)의 몰락(1533), 대윤과 소윤 사이의 왕위 계승을 둘러싼 정쟁과 그에 따른 옥사,[69] 조광조의 복권을 둘러싼 논쟁[70] 등, 중종 대의 정국은 늘 어지러웠으며, 조그만 일로도 조정 전체가 큰 소용돌이 속으로 말려들어갈 정도로 정치적 기반이 취약했다.

이런 상황에서 중종이 모든 신료들을 상대로 우위를 점할 수 있었던 거의 유일한 주제는 대명 사대였다. 유교적 천하관과 도덕률에 기초한 사대를 국시의 하나로 천명한 조선왕조에서 대명 사대라는 원칙에 시비할 사람은 아무도 없었기 때문이다. 대간에서는 사대를 지성으로 해야 하되 예의에 어긋나는 사신을 너무 자주 보내면 도리어 성의 없는 것이 되어버린다거나, 백성에게 시급한 실질적인 정사에는 힘쓰지 않고 꼭 할 일도 아닌데 허례를 위해 사신을 보내는 것은 치국의 도리가 아니라는 이유를 들어 지나친 사행에 반대했다.[71] 그렇지만 하국은 상국의 일에 시비하지 않고 사대의 정성을 다할 뿐이라는 중종의 논리를 확실히 꺾기에는 역부족이었다. 더욱이 중종의 논리는 "옳지 않은 부모는 없다"는 송대 나종언羅從彦(1072~1135)의 말을[72] 연상케 하는 탓에, 그 논박이 쉽지 않았다. 유교의 덕목인 수기치인을 내세워 왕의 일거수일투족을 감시하는 유학자 관료들을 상대로 중종이 휘두를 수 있는 거의 유일한 무기는 바로 똑같은 유교 덕목에 기초한 사대였고, 중종은 그것으로 돌파구를 찾았다.

이런 현상은 비단 진하사 파견뿐만 아니라, 기묘사화 이후 중종 대 대명 관계 전반에 걸쳐 일관되게 발생했다는 점에서 그 중요성이 더욱 커진다. 다음 장에서 상세하게 다루겠지만, 명 조정에서 조서를 반포하는 대상에 조선의 왕을 포함하기로 재확인한 점,[73] 조선을 명의 외복外服(영토 밖의 복속국)이 아니라 내복內服(복속하여 영토 안에 포함된 지역)으로 인식하려는 새로운 움직임이 명과 조선 양국에서 동시에 나타난 점, 조명 관계를 부자 관계로 보는 인식이 외교문서상의 상투적인 표현을 넘어 현실적으로 널리 퍼진 점, 명·조선 관계를 화이론華夷論적 음양 관계로 인식하는 흐름이 두드러진 점 등은 모두 이런 추세의 배경이자 동시에 결과였다.[74] 아울러 16세기 전반 중종 대에 조선의 대명 의식이 바뀌고 있었다는 점도 구체적으로 보여준다.

명 황제가 조칙을 반포할 때 상투적으로 쓰는 "천하天下와 중외中外에 알린다"는 표현에서 '천하'와 '중외'에 외국이 포함되는지 여부에 대한 중종 대 조정의 논의는 당시 동아시아 국제 무대에서 조선이 갖는 특수한 지위와 조명 관계의 실상에 대해 시사하는 바가 크다. 신료들이 대개 '포함되지 않는다'는 해석을 견지한 반면, 중종은 '포함된다'는 입장을 취하곤 했다. 이에 따라 사절단은 그 유권해석을 명의 예부에 문의했는데, '포함되지 않는다'는 답을 받았다.[75] 결국 명에서 조선을 조칙의 대상에 포함한 것은 매우 예외적인 임시 조치였던 데 비해, 조선 국왕 중종은 그것을 조선이 이제 명(중국)의 일부, 곧 내복이 된 것으로 인식하고 싶어 했음을 알 수 있다.

요컨대 중종이 대명 사행에 쏟은 정성은 미시적으로는 자신의 왕권을 확립하려는 몸부림이었지만, 그런 방법이 비교적 잘 먹혀들었던 이유는 당시의 시대 분위기가 주요 배경으로 작용했기 때문이다. 어쩌면 기묘사화 이후 이미 정치적 눈치가 밝아진 중종이 이런 분위기를 충분히 감지하고 대명 사대를 강조했을 것이다. 특히 추존을 빈번히 거행한 가정제의 때맞춘 즉위(1521)는 중종이 명 황제에게 더욱 긴밀하게 접근할 수 있는 구실을 부단히 제공했다.

05 중종과 가정제

조선왕조의 양대 국시는 유교와 사대였다. 명 황제와 조선 국왕의 관계는 유교적 군신 관계에 기초한 유교적 이념으로 개념화됨으로써 유교와 사대는 서로 밀접하게 연결되었다. 그런데 16세기 중종 대에 이르러 명·조선 관계에 부자 관계가 더해짐으로써 변화가 발생했다. 이런 변화는 매우 중요한데, 우선 부자 관계는 어떤 상황에서도 바뀔 수 없는 불변의 절대 가치라는 점에서 그렇다. 부모에 대한 자식의 도리를 군주의 사명보다 더 강조한 맹자의 교시는[76] 유교적 부자 관계라는 도덕률이 안고 있는 특성을 잘 보여준다. 이에 반해 군신 관계는 상황에 따라 변할 수도 있다는 점에서 매우 대조적이다. 군신 관계의 가변성은 "왕이 반복해서 충언을 거부할 경우에 (동성 왕족 출신의) 대신이라면 왕을 갈아 치울 수 있다"고[77] 한 맹자의 영향으로 실제 정치 무대에서 허다하게 입증되었다.

중종이 왕위에 '앉혀진' 것은 조선의 대명 태도에 이런 변화가 나타나기 시작할 즈음이었다. 따라서 공신·권신들의 전횡과 도학정치론자들의 배타성 모두에 위협을 느낀 중종이 기묘사화를 계기로 국내가 아닌 해외에서 돌파구를 찾고, 상위의 권위인 명 황제, 다른 말로 자기를 조선 국왕으로 책봉해준 천자에게 의존하려는 태도를 보인 것은 매우 자연스러운 일이었다. 그는 자신의 안전과 권위를 확보하기 위해 '천자의 우산' 안으로 웅크려 들어가고자 했고, 그런 작전은 실제로 주효했다.[78] 유교적 윤리에 기초한 대명 사대를 국시로 정한 조선에서 지극한 정성으로 사대하겠다는 왕의 뜻에 강력히 반대할 명분을 찾기란 사실상 불가능했기 때문이다. 전례가 없다거나 예법에 어긋난다는 근거로 조정 신료들의 반대가 있었지만, 하국은 상국의 일에 시비를 따질 필요 없이 그저 사대만 성성껏 하면 된다는 중종의 논리를 꺾기란 애당초 어려운 일이었다. 늘 권신과 도학정치론자들의 눈치를 봐야 했던 중종이 그나마 논쟁의 주도권을 쥐고 확실한 우위를 점할 수 있었던 효과적 무기(논쟁 주제)가 바로 사대였다.

연이어 내려오는 가정제의 조칙과 하사품은 중종이 조선의 국왕임을 비록 의례적이지만 계속 반복해서 확인해주었고, 의례와 현실이 불가분의 관계로 얽혀 있는 유교 사회 조선에서는 현실적으로 상당한 효과가 있었다. 한 예로, 전통적으로 조선의 왕은 명 황제의 조서나 칙서를 받으면 그것을 기리기 위해 문무백관의 진하를 받곤 했는데, 특별한 하사품 없이 조칙만 받을 경우에는 경내京內의 문무관만 왕에게 진하를 올리고, 푸짐한 하사품까지 받은 경우에는 외직의 문무관도 진하를 올리는 것이 상례였다.[79] 따라서 중종의 잦은 사행 파견과 가정제의 특별한 응답은 중종에게 내외 문무백관의 진하를 받을 기회를 거의 무제한적으로 제공했다.

그런데 중종은 하사품이 없을 경우에도 경외京外의 모든 문무관으로 하여금 진하하도록 고집했고, 이를 마침내 관철했다. 전례가 아니라는 이유로 반대하는 신료들을 누른 중종의 논리는 다음과 같다. 즉 조선이 먼저 주문한데 따른 하사품 있는 답신(칙서)보다 조선이 주문하지 않았는데도 황제가 스스로 내린 하사품 없는 칙서가 더 중요하다는 것이었다.[80] 이런 전례 및 구체적 사례는 황제의 조칙과 특별한 하사품이 당시 조선의 정치 무대에서 얼마나 영향력이 있었는지를 여실히 보여주며, 또한 대명 사대에 집착한 중종의 진정한 의도가 무엇이었는지 그 일단을 잘 보여준다.

허수아비 왕으로 출발한 중종은 권력의 암투와 부침이 심했던 16세기 전반에 역설적이게도 38년(1506. 9~1544. 11)이라는 긴 기간 동안 조선의 왕으로 무사히 살아남을 수 있었다. 중종 이전의 어떤 조선 국왕도 이렇게 오래 권좌에 있지 못했다. 오히려 이전 열 명의 왕들 중에서 세 명이나 강제로 쫓겨나 묘호도 받지 못했으며, 심지어 그중 두 명은 유배지에서 생을 마감했다. 중종이 정치적으로 장수를 누린 배경에는 많은 요인이 복합적으로 작용했겠지만, 무엇보다 명 황제 가정제와 맺은 매우 특별한 관계를 통해 국제 무대에서 자신의 위상을 확고하게 구축하고, 그에 힘입어 국내 정치 무대에서도 서서히 권위를 쌓아간 빼어난 전략을 간과해서는 안 된다. 권신과 사림이 충돌하는 시기에 왕위에 앉혀진 중종은 처음에는 이쪽저쪽을 기웃거렸으나, 결국에는 자신만의 방법을 발견하고 그대로 시행해 성공을 거둔 셈이다.

요컨대 대명 사행에 집착한 중종의 (또는 다른 조선 국왕들의) 진정한 동기는 어디까지나 정치적 이익을 위한 것이었다. 명과 조선의 조공·책봉 관계가 조선의 경제적 이익을 고려한 산물이었다는 설명은[81] 이제 도서관의 책장 속에 깊이 묻혀야 할 것이다. 국내외 학자들이 강조하듯이, 동남아시아 및 일본과의 관계에서 이루어진 중국식 조공 체제의 경우에는 경제적 요인이 큰 역할을 했을 수도 있다. 그러나 그런 국제무역조차 명의 허가가 있어야 성립할 수 있었음을 고려할 때, 경제적 요인만 지나치게 강조하는 것은 균형을 잃는 해석이다. 특히 조선의 경우에는 이 점이 매우 극명하므로, 명과 조선 사이에 형성된 조공·책봉 관계의 핵심을 경제적 동인으로 설명하기는 어렵다. 류큐과 일본을 상대로는 '조선식 조공 제도'를 구축하고 그 중심에 스스로를 위치한 조선의 국왕[82] 중종은 다른 한편으로는 천자의 질서에 편입되기를 몹시 갈망했다.

가정제로서도 조선의 사행을 반길 만한 충분한 이유가 있었다. 즉위하자마자 가정제는 생부·생모의 추숭 건으로 큰 논쟁을 야기한 데 이어, 다른 조종들에게도 무수한 존호를 추증함으로써[83] 명 조정에서 의례 논쟁을 거의 일상사처럼 벌였다. 이런 가정제가 1521년에 때맞춰 즉위한 것은 중종에게 큰 행운이었다. 가정제 덕분에 중종은 특별 진하사를 파견할 구실을 서의 무세한으로 확보할 수 있었기 때문이다. 추존할 때마다 신료들의 거센 반대에 직면한 가정제도 논쟁의 와중에 번번이 '예의지국' 조선으로부터 오는 진하사가 큰 원군과도 같았다. 조선의 진하사에게 가정제가 베푼 특별한 배려는 이런 맥락에서 파악해야 한다.

명 황제 가정제와 조선 국왕 중종은 서로의 정치적 목적을 위해 서로 긴밀한 관계를 맺었는데, 이들의 관계는 이후 명·조선 관계에도 적잖은 영향을 주었다는 점에서 역사적 중요성이 있다. 전례를 중시하는 유교 사회 조선에서 대명 사대에 어떤 조그마한 변화라도 발생했다면, 그런 변화는 일회성으로 끝나지 않고 곧 새로운 전례가 되어 후대에 지속적인 영향을 줄 것이기 때문이다. 따라서 중종이 취했던 대명 외교정책은 한편으로는 자신의 왕권을 상당히 안정화하는 데 주효했지만, 다른 한편으로는 이후 조선의 대명 의존도를 높이는 계기로도 일정 부분 작용했다. 명 황제와 조선 국왕의 관계, 더 나아가 명과 조선의 관계라는 차원에서 보아도 16세기 전반 중종 대는 조선의 사대 정책이 이전보다 훨씬 더 강해지는 변화의 시대였다.

4장

| 소중화의 시대 : 명나라에 대한 인식의 변화 |

조선은 어떻게 유교국가가 되었는가

조선의 정치를 제대로 이해하기 위해서는 조선이라는 국가가 속해 있던 상위의 국제 질서, 곧 명과의 관계를 반드시 살펴야 한다. 이는 마치 대한민국 역사를 기술할 때 한미 관계를 빼놓고는 제대로 서술할 수도 이해할 수도 없는 것과 같은 이치다. 조선왕조에서 가장 중시한 사안이 바로 명에 대한 사대였고, 외부 세계와 통하는 통로는 대개 명의 북경이었으며, 선진 문물의 수입 통로 역시 전적으로 명이었다. 무엇보다 조선의 모든 국왕은 명 황제로부터 책봉을 받은 뒤 일 년에 적어도 서너 차례씩 정기적으로 조공을 바치고 문안 인사를 올렸다. 이런 현실을 외면한 채 조선의 정치 현상을 제대로 파악하기는 어렵다. 16세기 전반의 중종 대도 예외가 아니었다. 아니, 오히려 대명 사대라는 사안이 이전보다 더욱 뜨겁게 조정 논의에 오르내렸다.

01 중화 의식의 변화에 주목하는 까닭

3장에서는 중종의 특별한 사대 정책을 당시 국내외 사정과 관련해 살폈다. 그렇다면 중종 대 조정 신료들의 대명 의식은 어땠으며, 이전과 비교해 어떤 차이가 있을까? 또한 조선왕조 전체를 놓고 볼 때 중종 대는 대명 사대의 실제 면에서 어떤 의미를 가질까?

조선의 모화사상과 명에 대한 의존도가 16세기에 이르러 이전보다 심화되었다는 사실은 이미 학계에서 인정하는 바다. 이런 추세는 임진전쟁(임진왜란) 때 명의 군사 지원을 받으면서 더욱 심해졌으며, 명이 망한 후에도 숭명배청崇明排淸 의식이 조선의 정치·사상계를 지배하는 배경이 되었다. 그런데 명에 대한 의존도가 왜 16세기에 이르러 심화되었는지, 또 그 의존의 실체가 어느 정도였는지에 대해서는 깊이 있는 연구가 적은 편이다. 이런 상황에서, 임진왜란 중의 '재조지은再造之恩'을 계기로 명에 대한 의존도가 심해졌다는 견해가[1] 통설처럼 유통되고 있다.

이에 대해 최근 재조지은과 같은 정치 선전이 지배 엘리트들 사이에 쉽고 급속하게 스며들 수 있었던 배경에 주목하여, 전쟁 이전의 사대 인식에서 이미 중대한 변화가 발생했다는 견해가[2] 제기되었다. 그런가 하면, 비록 개설 수준의 해석이지만 16세기에 이르러 주자학이 지배 이념화되면서 대명 사대가 외교 방편의 차원을 넘어 자체 목적화되는 현상이 나타났다거나,[3] 모화 의식의 확산 현상은 건국 주도 세력이 정통론과 화이관華夷觀에 기초한 주자학을 새 이념으로 수용한 데 따른 역사적 필연이었다는[4] 설명이 꾸준히 제기되기도 했다.

조선 후기의 소중화 의식과 관련해서는 명에 대한 조선의 인식을 다루거나 조선 초기의 대명 외교를 다룬 연구가 많은 데 비해, 16세기 명에 대한 인식의 실상을 직접 다룬 연구는 여전히 상대적으로 적다.[5] 3장에서 다룬 중종(r. 1506~1544)과 가정제嘉靖帝(r. 1521~1566) 사이의 돈독한 관계가 하나의 동인은 될 수 있어도 그 시기에 발생한 명 인식의 변화 양상을 하나의 시대론, 곧 시대 현상으로 설명하기 위해서는 16세기의 시대상을 좀 더 전체적으로 살필 필요가 있다.

따라서 4장에서는 조선 전기 중화(명) 인식의 변화를 종합적 통시적 거시적으로 파악하기 위해 몇 가지 소주제를 골라 그 변화의 추이와 의미를 살피려 한다. 이를테면 명의 파병 요청에 대한 대응 태도의 변화, 조칙詔勅을 맞는 의전상의 변화, 소중화 의식의 확산과 그에 따른 화이華夷 구분의 강화 현상, 명을 부모의 나라로 보는 새로운 인식의 확산 등과 같은 소주제를 검토할 것이다. 이런 소주제들은 화이관의 변화와 관련해 16세기 시대상을 이해할 때 꼭 필요하다.

한 예로, 명의 파병 요청을 대하는 조선 조정의 태도 변화는 대명관對明觀을 파악하는 데 매우 중요하다. 파병 여부 논의가 대명관을 가늠하는 주요 잣대가 되는 이유는 파병에 따른 현실적인 손익계산 과정을 통해 그들의 솔직한 대명관이 비교적 적나라하게 드러나기 때문이다. 조선 전기 지배층의 대명관을 파악하기 위해 지금까지는 대개 조공의 품목과 수량 문제, 원 간섭기 이래 요동 지역에 남아 있는 고려 유민의 처리 문제, 한인漢人 송환 문제, 명 황제를 위한 거상擧喪 문제 등을 주요 사례로 삼아 고찰하는 방법이 대세였다.[6] 그러나 명에 대한 인식의 실체는 그런 평상적인 사안보다는 영토 분쟁이나 전쟁과 같은 중차대한 사안을 통해 한층 선명하게 드러난다. 한편으로는 대명 사대 원칙을 천명하고 조공을 바치면서도, 다른 한편으로는 비록 국내 정치용이라는 성격이 다분할지언정 명을 겨냥해 요동 원정을 계획한 이성계와 정도전의 태도는 좋은 예이다.

조칙을 받는 의전상의 변화도 조선의 대명 인식 변화를 가늠할 수 있는 적합한 주제이다. 예치禮治의 한 축인 의례는 단순히 예를 갖추는 의식을 넘어 그 안에 정치적 의미를 함축하고 있기 때문이다. 따라서 대명 관계상의 어떤 의례가 변했다면, 그것은 명과 조선 사이의 관계 설정에 어떤 변화가 발생했음을 의미한다고 볼 수 있다. 이런 변화는 중화, 특히 명을 대하는 조선 지배 엘리트의 사대 인식과 매우 밀접한 관계가 있다. 아울러 이러한 일련의 변화는 화이관의 강화 현상과도 서로 짝을 이루며 진행되었음이 분명하다.

이런 문제의식을 염두에 두고, 대명 관계에 관련된 여러 소주제를 각각 살피며 그것들을 하나로 연결해 종합적으로 분석하고 해석할 것이다. 이 작업을 통해 16세기 전반 중종 대 지배 엘리트들이 정치 무대에서 보여준 중화(명)에 대한 인식 변화를 더욱 구체적으로 파악하고, 그 역사적 의미를 찾고자 한다.

02 파병 여부 논쟁의 양상

조선인의 중국관은 건국과 함께 공표된 사대와 유교라는 두 개의 국시에 잘 드러난다. 근대의 시각으로 본다면 그런 정책이 자주적이지 않을 수도 있겠으나, 당시 지배 엘리트의 관점에서 보면 그들 나름대로 최선책이었다. 압록강에서 그다지 멀지 않은 북경에 도읍을 둔 거대 제국의 인근에 위치한 조선으로서는 그 초강대국을 따르는 일이야말로 국가의 안위를 보장받을 수 있는 가장 경제적인 선택이기 때문이다. 이런 까닭에 그 초강대국에서 파병을 요구해올 경우 조선으로서는 매우 중대한 문제로 받아들일 수밖에 없었다.

명이 처음 조선군 파병을 요구한 것은 1449년(세종 31)으로, 야선也先이 이끄는 몽골이 흥기하여 위협을 가해오자 명 조정이 그 반격으로 대규모 몽골 원정을 준비하는 상황에서 발생했다. 칙서의 골자는 명이 야선에 대한 대규모 원정을 준비 중이니 조선도 10만 병력을 요동에 파견해 도우라는 것이었다.[7] 그러나 조선 조정은 출병할 경우에 왜나 여진이 그 틈을 노릴지 모른다는 구실을 내세워 완곡하게 거절하고, 그 대신 조선의 강토를 굳건히 지키는 것으로 번국藩國의 도리를 다하겠다는 내용으로 회답했다.[8]

이때 조정 논의에서는 명의 파병 요구를 받아들일 경우 갑작스러운 징병 때문에 백성의 피해가 클 것이라는 점과 중원에 욕심을 가진 야선이 군이 병력을 나눠 조선을 치러 내려오지는 않을 것이라는 판단으로 파병에 반대하는 의견이 압도적이었다. 그런데 무려 50만 명을 동원한 황제의 친정親征은 참패로 끝났고, 황제마저 몽골에 포로로 붙잡혔다. 이런 상황에서 야선의 군대가 북경을 포위하는 급박한 상황이 발생하자[9] 명 조정에서는 다시 조선에 원병을 청했다. 그러나 야선이 며칠 만에 퇴각하자, 모든 원군 요청을 즉각 중지함으로써[10] 파병 문제는 일단락되었다. 조선 조정도 유사시에 대비한 국방강화책을 특별히 시행하지 않았다.

조선 조정이 파병은커녕 국방강화책과 관련해서도 특기할 만한 조치를 취하지 않은 이유는 이 사태를 조선과 무관한 문제로 인식했기 때문이다. 또한 북경을 포위할 정도로 막강한 몽골군을 조선의 군사력으로는 어차피 막을 수 없을 테니 유사시에는 몽골과 강화하면 된다는[11] 의견이 지배적이었다. 양성지梁誠之(1415~1482)의 국방강화론도 사실 몽골과 강화를 전제로 한 것이었다. 그의 논점은 강화를 하더라도 예전에 고려가 거란을 크게 무찌른 뒤에 강화했던 것처럼 조선도 몽골 군대를 한 번쯤은 크게 무찌른 뒤 강화를 해야 국토를 제대로 보존할 수 있다는 것이었다.[12] 이렇듯 조정의 모든 신료가 강화를 최선책으로 받아들이는 분위기에서 명을 위한 파병은 고려의 대상조차 되지 않았다.

조선의 파병 거절을 명 조정에서는 아무런 이의 없이 그대로 수용했는데, 그 이유는 당시의 정세와 관련 있었다. 고려 말과 조선 초에 발생한 두 차례의 요동 원정 계획 때문에 요동 지역을 둘러싼 양국 간의 긴장이 여전한 상태였으므로, 명 입장에서 볼 때 조선군의 요동 진주는 결코 환영할 일이 아니었다. 북경이 포위된 위급한 상황에서 조선에 원병을 청했다가 불과 닷 새 만에 취소하고, 두 달 뒤에는 다시 칙서를 보내 조선군은 국경만 지키면 된다면서 더 이상 진군하지(요동으로 들어오지) 말라고 재차 다짐시킨 것도[13] 바로 이런 이유였다. 따라서 조선에서 파병을 거절했음에도 명과 외교적 갈등은 전혀 일어나지 않았다.

이로부터 18년 뒤인 1467년(세조 13), 명은 조선에 다시 파병을 요구했다. 이번에는 건주여진建州女眞을 친다는 구실이었다. 당시 건주여진은 일 년에 거의 100여 차례나 요동 변경을 침탈하며[14] 기세를 올리고 있었다. 게다가 그들이 조선으로부터 직첩과 녹봉을 받고 있는 상황인지라 명에서는 건주여진과 조선의 결탁 가능성에 대해 촉각을 곤두세우고 있었다.[15] 명 조정의 출병 요구는 이런 상황에서 이루어졌으며, 칙서의 골자는 명군明軍이 건주여진을 공격할 것이니 조선군은 남쪽에서 그들의 퇴로를 차단하고 압박하라는 것이었다. 이에 대한 조선 조정의 반응은 세조의 단호한 지시에 따라 파병 일변도였으며, 반대 의견은 전혀 없었다.[16] 조선의 출병 준비도 일사천리로 진행되어, 남이南怡(1441~1469) 등이 이끄는 만 명의 군사가 원정길에 올랐다. 이 조선군은 건주여진의 추장 이만주李滿住를 포함해 참수 45명, 사살 225명, 이만주의 처자를 포함해 생포 24명, 한인 구출 7명 등, 큰 전과를 올리고 개선했다.[17]

세조와 조정 신료들은 명의 징병에 왜 그렇게 적극적으로 응했을까? 먼저, 징병 칙서가 오기 전 조선이 독자적으로 건주여진에 대한 공격을 준비한 점에 주목할 필요가 있다. 당시 건주여진은 요동뿐 아니라 조선의 변경도 곧잘 침략했다. 변경 지역을 안정시킬 필요를 느낀 세조는 대대적인 정벌을 명했고, 즉시 15,000명에 달하는 원정군을 편성하고 작전 계획에 돌입했다.[18] 그런데 계획을 수립한 지 열흘 만에 함경도에서 이시애李施愛의 난이 발생하는 바람에 여진 정벌은 뒤로 미루어졌다. 이 반란을 석 달 만에 평정하고 여진 정벌을 다시 고려할 즈음, 건주여진을 함께 치자는 명의 칙서가 때맞춰 도착한 것이다.[19] 이런 상황에서 조선이 출병을 거절할 이유는 없었다.

또 다른 배경으로는 당시 건주여진의 추장들을 회유하는 문제로 조선과 명의 관계가 다소 껄끄러웠던 점을 고려해야 한다. 처음에 명은 건주여진 추장들이 명에 복속한 뒤에도 조선에 계속 조공하는 사실에 대해 제대로 모르거나, 알더라도 묵인하곤 했다. 그러나 1450년대부터 건주여진의 요동 침탈이 빈번해지자 조선과 건주여진의 군사적 결탁 가능성을 염려하기 시작했다. 마침내 명이 1459년(세조 5) 조선 국왕 세조에게 두 번이나 칙서를 보내, 여진족 추장들을 회유하는 문제로 중국과 경쟁하려 들지 말라고[20] 경고하기에 이르렀다. 당시 초강대국 명과 관계가 악화될 경우 조선의 손해가 더 클 것이 자명했으므로, 세조의 적극적인 파병은 명과의 관계를 깨지 않기 위한 외교 전략의 일환으로도 해석할 수 있다.

1479년(성종 10) 명은 다시 건주여진을 치고자 조선에 한 번 더 징병을 통고해왔다.[21] 이때 조정의 의견은 찬반으로 갈렸으나, 결국은 명과의 관계를 고려해 일단 파병한다는 결정을 내리고 그 준비에 들어갔다.[22] 그런데 며칠 뒤 올라온 한 통의 상소로 이 결정은 뒤집혔다. 상소의 주인공은 1467년(세조 13) 건주여진 원정에 종군한 바 있는 승문원 참교 정효종鄭孝終이었다. 그는 『맹자』의 「이루離婁」 장에 나오는 "이웃 마을에 싸움이 있으면 비록 문을 닫아도 괜찮다"는 구절까지 인용하면서 쓸데없이 이웃의 싸움에 개입하여 남 좋은 일 해줄 필요가 없다는 논리를 내세웠다. 그러고서 명에 대한 사대 정책도 조선에 이익이 있을 경우에만 유지해야 한다며 파병 결정의 철회를 강력히 촉구했다.[23] 명을 그저 하나의 이웃 나라로 보는 시각이 반영된 주장이었다.

그런데 정효종의 이런 생각이 성종을 비롯해 당시 조정 신료들 사이에 아무런 이의 없이 그대로 받아들여졌다는 점이 더 중요한 대목이다. 파병에 찬성했던 대신들조차 이 상소를 계기로 파병 문제를 재고해야 한다는 쪽으로 견해를 바꾸었으며, 성종은 칙사에게 일단 파병은 하겠다고 하면서도 출병 시기와 작전 날짜를 꼬투리 삼아 끝까지 확답을 주지 않았다. 심지어 칙서의 내용을 전혀 몰라서 준비하지 못했다는 거짓말까지 서슴지 않았다.[24]

그렇지만 작전 기일에 맞출 수 없다고만 했을 뿐 파병 자체를 거절한 것은 아니므로, 칙사가 돌아간 뒤 조선의 독자적인 원정군을 편성했다. 그러면서도 출정 목적을 건주여진에 대한 적극적 공격에 두지는 않았다. 성종은 원정군 사령관에게 섣불리 공격해 들어가지 말 것과 명군이 토벌하고 지나간 다음에 살며시 들어가 포로를 잡는 것이 상책이라고 말했다. 처음부터 이 원정의 목적을 여진인 포로 몇 명만 붙잡아 북경에 보내는 데 둔 것이다.[25] 특히 당시 조선이 원치 않는 출병을 하는 이유에 대해 성종은 이런 생각을 내비쳤다. 즉 명이 조선에게만 궁각弓角* 무역을 특별히 허락해주었는데 이제 명의 합동군사작전 요구를 거절한다면, 조선을 의심해서 궁각 무역을 다시 금할지도 모른다는 우려였다. 그러니 신용을 잃지 않기 위해서는 군대를 파견해 여진인 포로 한두 명이라도 잡아 북경에 보내서 성의를 보여야 한다고 밝혔다.[26]

결국 조선의 4,000여 원정군은 압록강을 건너 건주여진의 몇몇 부락을 급습해서 참수 15명, 사살 1명, 한인 구출 7명, 부녀 및 아이 생포 15명 등의 전과를 올렸다.[27] 하지만 전과를 올리는 과정을 들여다보면 전투라고 보기도

* 궁각은 활을 만드는 데 필요한 재료로, 수우각(水牛角)으로도 불린다. 당시 명에서는 궁각을 무기의 주요 재료로 분류하여 국외 수출을 금지했다. 그런데 이 파병 여부에 대한 논의가 있기 불과 4년 전인 1475년(성종 6)에 조선 조정은 명에 청원하여 궁각의 수매를 특별히 허락받았고, 그에 따라 조선에서 필요한 전량을 명에서 수입하고 있었다.

어렵다. 조선군이 공략했다는 부락의 규모는 대개 6~7호 정도에 불과한 조그만 동네였기 때문이다. 실제로 이 토벌 작전은 950명 정도의 소규모 병력으로 치러냈고, 단 한 명의 전사자도 없는 일방적인 검거 작전이었으며, 포로를 잡은 뒤에는 즉각 귀환했다. 이런 전과에 대해 성종은 한두 명만 잡았어도 만족스러운데 잡은 포로가 많다면서 매우 기뻐했다.[28] 조선의 승첩을 보고받은 명 조정은 조선이 작전 기일을 지키지 않은 것을 문제 삼기는커녕 칙서에 따라 건주여진을 무찌른 것으로 간주하여 크게 포상하고 금패까지 하사했다.[29]

파병에 관한 조정의 논의는 이로부터 60여 년이 지난 1543년(중종 38)에 다시 일어났다. 이 논의는 명 조정에서 건주여진 정벌을 다시 거론하면서 또 한 번 조선으로부터 징병하려는 낌새가 있다는 첩보를 입수하자마자 그 대비책으로 미리 시작되었다. 이때 논의의 초점은 파병 여부가 아니라 파병 준비에 있었다. 작전 기일에 제대로 맞추지 않았던 성종 때와 달리, 이번에는 칙서가 도착하는 즉시 작전 날짜에 맞춰 곧바로 출동할 수 있도록 준비하여 사대의 도리를 다해야 한다는 것이 중종의 생각이었으며, 의정부와 병조의 의견도 파병을 준비해야 한다는 데 모아졌다.[30] 다른 대신들도 갑작스러운 출병 준비가 어렵다고 지적은 하면서도 파병 준비에 최우선을 두는 데 주저하지 않았다. 심지어 당시 국가 차원에서 역점을 둔 북방 사민 정책까지 보류하면서 파병을 위한 징병을 서둘렀다.[31] 그런데 몽골을 막는 문제가 더 급해진 명이 여진 정벌 계획을 보류함에 따라 조선의 파병 준비는 두어 달 만에 중단되었다.[32] 그렇지만 조정에서 파병 논의를 공식적으로 접은 뒤에도 갑작스런 군비 점검 때문에 전국의 활과 화살 값이 폭등한[33] 점으로 볼 때 당시 파병 준비는 전국적으로 진행되었음을 알 수 있다.

이제부터는 앞서 살핀 세종(1449년), 세조(1467년), 성종(1479년), 그리고 중종(1543년) 때의 사례들을 함께 묶어 비교함으로써 명의 파병 요청을 대하는 조선 조정의 태도가 중종 대에 어떻게 변했는지 살펴보자. 세종 때 조선 조정은 한목소리로 파병을 거부했는데, 조선과는 무관한 명과 몽골의 싸움에 굳이 말려들 필요가 없다는 인식이 절대적이었기 때문이다. 심지어 만일 몽골이 조선에 침입할 경우에는 강화하는 것이 상책이라고 미리 정해 놓고 있었다. 따라서 명의 파병 요청에 따른 고민도 별로 없었다. 이는 사대의 대상은 상황에 따라 언제라도 바뀔 수 있다는 인식이 당시 조선 조정에 지배적이었음을 잘 보여준다.

반면 세조 때는 공통된 목소리로 파병을 추진함으로써 세종 때와 정반대의 방침을 세웠다. 그러나 당시 조선 조정은 명의 파병 요청이 있기 전부터 이미 독자적으로 건주여진 정벌을 준비하고 있었으므로, 때마침 도착한 명의 공동 군사작전 요구를 굳이 거부할 이유가 없었다. 이에 더해 그동안 건주여진 문제를 놓고 껄끄러웠던 명과의 관계를 개선할 수 있는 기회로 보고 출병한 점도 간과할 수 없다.

성종 때는 명과의 관계를 고려해 '생색내기' 파병을 함으로써 이전과는 다른 새로운 선택을 했으나, 그런 결정의 기준은 활 제조에 필요한 군수품을 명에서 계속 수입하기 위한 현실적 이해관계 때문이었다. 요컨대 세종·세조·성종 때(15세기)의 사례는 비록 겉으로 드러난 대응 방침은 각기 달랐지만, 오로지 조선의 국가이익이나 필요성을 기준으로 결정을 내린 공통점이 있다.

그런데 중종 때(16세기) 사례는 이전과 사뭇 다르다. 명으로부터 정식 징병이 있기도 전에 미리 파병을 기정사실화하고 그 준비를 서두른 점도 달랐고, 그 과정에서 파병에 따른 손익계산이 거의 논의되지 않은 점도 이전에는 전혀 볼 수 없던 대응 태도였다. 일국을 다스리는 왕과 대신들이 어떤 결정을 내리면서 손익계산을 하지 않았다고 보기는 어렵다. 그렇다면 중종 대의 사례는 당시 조선의 왕과 신료들이 명에 대한 사대와 조선의 국익을 동일시했다고 보아야 할 것이다. 즉 중종과 신료들은 사대와 국익이 마찰을 빚을 수도 있다는 가정 자체를 아예 하지도 않았으며, 이는 아직 결정되지도 않은 명의 파병 요청을 예상해 미리 파병을 준비하는 모습으로 나타났다. 이것은 중종 대 조선 조정의 대명 태도가 이전에 비해 달라졌음을 의미하며, 3장에서 확인한 중종의 각별한 대명 태도와도 일맥상통한다.

03 영칙례 관련 논쟁의 추이

중종 대 조선 조정의 대명 태도에 중대한 변화가 있었음을 알려주는 사례는 파병 논의 외에도 많다. 이번에는 조선의 왕이 명 황제의 조칙을 받을 때 행했던 의전의 변화를 검토함으로써 중종 대의 대명 태도가 파병 문제에만 국한해 변화된 현상이 아니라는 점을 밝히고자 한다.

전통적으로 조선의 왕은 명의 조사나 칙사가 도착하면 도성 밖 모화관에 나아가 국궁鞠躬의 예를 한 번 취하고 맞이한 뒤, 궁궐에 돌아와 편지를 개봉한 직후 조서의 경우에는 4배3고두四拜三叩頭, 칙서의 경우에는 4배1고두의 예를 거행했다.[34] 그런데 명의 사신들이 교외의 모화관에서도 5배3고두의 예를 행하도록 고집함에 따라 양국 간 논쟁이 오래 지속되었다.

명 사신과 조선 조정 사이에 벌어진 첫 논쟁은 1450년(세종 32)에 발생했다. 이때 조선에 온 사절단의 정사는 예겸倪謙으로, 몽골 원정길에 나선 정통제가 도리어 포로로 잡혀가는 바람에 그 뒤를 이어 즉위한 경태제景泰帝(r. 1449~1456)의 즉위 조서를 조선에 반포하는 임무를 띠고 들어왔다. 정사에 임명될 당시 그는 한림원시강翰林院侍講을 역임하고 있었으며, 그때까지 명에서 조선에 파견한 정사들 가운데 최초의 문사文士였다. 그는 압록강을 건너 조선에 들어오면서부터 조선이 환대 차원에서 제공한 여악女樂을 물리치는[35] 등 중화의 문사로서 체통을 지키려 노력하는 한편, 조선 국왕이 모화관에서 조서를 받을 때 5배3고두의 예를 거행해야 한다는 주장을 폈다.

조선 조정은 예겸의 주장을 정중하면서도 단호하게 반박했다. 그 근거는 홍무제洪武帝(r. 1368~1398)가 조공국의 의전 절차를 제정해 1370년에 반포한 『번국의주藩國儀注』로, 거기에는 5배3고두라는 말이 없으니 그 예를 시행할 수 없다는 논리를 내세웠다. 그러자 예겸은 그런 책이 있었다는 사실을 미처 몰랐다고 인정하며 5배3고두 주장을 즉각 철회했다.[36] 당시 세종이 병환 중이었으므로, 예겸은 5배3고두는커녕 국왕을 알현하지도 못한 채 조서만 전하고 돌아갔다.[37]

그런데 2년 뒤 1452년(단종 즉위년) 황태자의 책봉을 알리는 조서를 들고 서울에 온 정사 이부낭중吏部郎中 진둔陳鈍이 다시금 모화관에서 5배3고두의 예를 주장함에 따라 같은 성격의 논쟁이 재발했다. 이에 조선에서는 『번국의주』의 내용을 다시 한 번 근거로 제시했다. 그런데도 진둔이 현재 명에서 시행하는 의전을 조선의 국왕도 그대로 따를 것을 고집하자, 조선은 이번엔 2년 전 조서를 들고 다녀간 예겸의 사례를 지적하며, 그 역시 홍무제의 권위를 인정한 뒤 조선의 경우에는 『번국의주』에 따라 행함이 옳다고 했음을 강조했다. 이에 진둔은 『번국의주』를 가져오게 해서 직접 내용을 확인하고는 말문이 막히자, 주제를 바꿔 조서를 누가 어디에 어떻게 보관하는지 등에 대해 트집을 잡고 명에서 시행하는 의전대로 실시할 것을 요구했다. 그러나 조선의 담당 신료들은 홍무제가 이미 『번국의주』를 조선에 보내 반포한 이래 그것을 개정했다는 반포가 없는 이상 전례를 그대로 따라야 한다는 논리를 편 끝에 진둔을 결국 굴복시켰다.[38]

당시 명에서 홍무제의 권위는 거의 절대적이기 때문에 그 권위에 조금이라도 이견을 낼 자는 아무도 없었다. 따라서 조선에 온 일개 명 사신이 홍무제가 직접 내려 반포한 『번국의주』의 내용을 무시하고 새로운 의전을 행하도록 계속 고집하기는 거의 불가능했다. 이로써 보건대, 당시 조선에 온 명 사절단의 정사들은 『번국의주』의 존재를 잘 모른 채 그저 명에서 관리들이 조서를 받을 때 행하던 의전을 조선에도 그대로 적용하려 했으나, 조선 조정의 완강한 저항에 부딪혀 여의치 않았음을 알 수 있다.

이런 상황은 이후에도 줄곧 이어졌다. 진둔 일행이 다녀간 지 8년 후인 1460년(세조 6)에 칙서를 들고 조선에 온 명 사신 장녕張寧의 경우도 이런 추세의 연장이었다. 장녕 또한 문신으로, 정사에 임명될 당시 예과禮科의 장과사급사중掌科事給事中을 맡고 있었다. 명은 여진에 대한 조선의 독자적인 회유정책에 의심의 눈초리를 보이던 차에, 마침 조선군이 이미 명의 직첩을 받은 바 있는 모린위毛隣衛의 추장을 임의로 처형한 일을 빌미로 그 일을 조사하기 위한 칙사를 파견했는데, 이 정사가 바로 장녕이었다. 특히 장녕은 이전에 조선을 다녀갔던 예겸에게 사사한 인물로,[39] 조선에 조칙을 반포할 때 조선 국왕이 취해야 할 의전 문제를 놓고 벌어진 양측의 주장과 그 근거 논리에 대해 미리 충분히 숙지하고 들어왔을 가능성이 크다.

실제로 장녕은 한양으로 향하는 도중에 이번 영칙례迎勅禮 때 거행할 의주儀注를 관례대로 적어온 조선의 문례관問禮官을 만난 자리에서 의주의 세세한 것까지 일일이 꼬투리를 잡아 고칠 것을 요구했다. 또한 그런 시정 요구의 근거를 단단히 하기 위해 홍무제가 1394년에 반포한 한 의주의 등사본을 직접 가지고 와서 문례관에게 보여주는[40] 철저함까지 보였다. 장녕의 이 같은 철저함에도 불구하고 영칙례 의전의 핵심인 교외 모화관에서 조선 국왕이 국궁만 할 것인지 5배3고두의 예를 거행할 것인지에 관한 논쟁에는 별 영향을 미치지 못했다. 아니, 그런 논제를 그는 아예 꺼내지도 못했다. 그의 사행

기간 동안의 일을 전하는 『세조실록』에서도 그런 주제는 전혀 찾을 수 없으며, 그가 본국으로 돌아간 후에 작성한 사행록인 『보안당정정방주선생봉사록寶顔堂訂正方洲先生奉使錄』에서도[41] 찾아볼 수 없다. 요컨대 장녕은 처음부터 끝까지 각론만 문제 삼았지, 5배3고두와 같은 핵심 문제는 거론하지도 못했던 것이다. 심지어 모화관 영칙례에 세자도 참석해야 한다고 극구 강조했으면서도 정작 조선 조정의 반대 논리에는 제대로 재반박하지 못하여 자기주장을 스스로 철회했다. 그는 영칙례 관련 의전 문제에 대해서 조선의 담당 신료들을 대하기에 버거워 했다.

세자의 영칙례 참석 여부에 대한 논쟁의 실상을 좀 더 생생하게 살펴보기 위해, 당시 이 문제를 놓고 장녕과 조선의 담당 신료들 사이에 오간 논쟁 내용을[42] 요약해 정리하면 다음과 같다.

장녕 세자가 어리더라도 이미 책봉을 받았으니, 예에 따라 칙서를 맞이해야 마땅하다.

조선 세자는 지금 어리기도 하지만, 예전에 진둔이 왔을 때도 그런 예는 없었다.

장녕 (노하며) 그것은 진둔이 실수한 것이다. 세자가 참예하지 않으면 칙서를 갖고 돌아가겠다.

조선 옛날의 군자는 남이 준비하지 못한 일을 강요하지 않았고, 또 예에도 늙은이와 어린아이는 능히 예를 행할 수 없다는 말이 있다. 세자는 유약하니, (세자더러 모화관에 나오라고) 강제로 고집할 일이 아니다.

장녕 (성난 목소리로) 세자는 이미 봉작封爵을 받았고 나이도 10여 세인데, 어찌 천자의 명을 맞이할 수 없겠는가? 4배1고두는 행하기 어렵지 않다. 옛날 성왕成王(주나라 2대 왕)이 8세 때 제후의 조회를 받고 천하를 차지한 바 있는데, 어찌 세자의 나이가 어리다고 큰일을 폐하겠는가?

조선 그것은 임시방편이었을 뿐이다. 만약 무왕武王이 보위에 있었다면 주공周公이 어찌 성왕을 업고 제후의 조회를 받았겠나?

장녕 (심히 노했다가, 한참 만에 부드러운 태도로) 세자의 나이가 어리니 반드시 교외로 나오지는 않더라도 궁궐에서 행할 영칙례에는 참석해야 한다고 하면, 국왕의 뜻은 어떠하겠나?

조선 영칙례는 큰 사안이니, 맞이한다면 마땅히 교외에서 해야지 어찌 궁궐에서 맞겠는가?

장녕 (노하여) 조선은 예의의 나라인데 (…) (세자가) 한 번 절하는 것은 번거로운 예가 아니다.

조선 궁궐 안에서는 비록 착오가 있더라도 무방하나, 중국 조정의 예를 어길 수가 있겠나? 강요하지 마시라. (우리는 단지) 중국을 공경하는데 착오가 생길까 두려울 뿐이다.

장녕 (심히 노하여 벽제로 되돌아가 세자가 나올 때까지 기다리려 하다가 이윽고 말하기를) 만약 교외에 나와 맞을 수 없다면 궁궐에서 예를 행해도 좋다. (…) 누가 조선을 예의를 아는 나라라고 했는가? 어찌 무례하기가 이와 같은가?

이후 장녕은 (일부러) 행차를 천천히 하면서 조선 조정의 회보를 기다렸다. 이 와중에 장녕이 다시 변론했다.

장녕 왕세자가 정말 유약하여 멀리 나와 칙서를 맞을 수 없다면, 궁궐에서는 가능하지 않은가?

조선 도성 밖에서 맞지 않고 궁궐에서 맞는 것이 오히려 실례이다.

장녕 그렇다면 불이 그 집을 태울까 꺼려해 아침저녁 밥 끓이는 것을 폐하겠는가? (…) 이미 황제의 책봉을 받았는데, 왜 칙서를 맞을 수 없다고 하는가? 이는 반드시 다른 연고가 있을 것이다. 만약 세자가 편찮다면 억지로 나오게 할 수는 없다.

조선 세자가 어리고, 또 감기에 걸려 나오지 못한다.

장녕 세자가 아픈 것을 알았다면 (지금까지) 이처럼 강요하지는 않았을 것이다.

외교 현장에서 벌어진 팽팽한 대화를 보면, 이 줄다리기의 승자는 조선이었음을 쉽게 알 수 있다. 장녕이 애초에 추구한 세자의 교영郊迎과 관련해 결국 얻은 것은 전혀 없기 때문이다. 장녕이 조선 측 논리를 미리 숙지해 그에 대비했음에도 불구하고 이런 '패배'를 겪은 것은 당시 명 내부에서 행하던 조칙 관련 의전을 외국 조선에 그대로 적용하기 어려웠던 현실을 스스로도 인지했음을 잘 보여준다. 이는 또한 역으로 당시 조선이 명에 대한 사대에 정성을 다하면서도, 그렇다고 해서 명의 사신이 요구한 바를 그대로 추종하기보다는 본국의 이해관계나 고유 전통을 유지하는 데 상당히 노력했음을 알려준다. 그와 동시에 15세기 중반까지만 해도 조선의 군신들은 명이 비록 몽골을 몰아내고 중원을 정화한 대국일지라도 그 또한 언제 다시 망할지 모르며, 따라서 명을 천하 유일의 상국上國이라기보다는 하나의 대국大國 정도로 인식했음을 암시한다.[43]

그렇지만 이 주제에 관한 논쟁이 양국 간에 이런 정도에서 쉽게 끝나지는 않았다. 장녕이 다녀간 지 16년이 지난 1476년(성종 7) 2월에는 정사 기순祈順(호부낭중)이 21명의 사절단을 이끌고 황태자의 책봉을 알리는 조서를 반포하기 위해 조선에 들어왔다.[44] 그런데 기순 또한 모화관에서 조선 국왕이 5배3고두의 예를 거행할 것을 요구했다. 명의 조사 일행이 개성부에 도달했을 때 기순은 조선의 문례관이 갖고 온 영조례 관련 의주를 검토하자마자, 의주의 내용이 『대명집례大明集禮』와 같지 않다는 이유를 들어 "조선의 국왕은 교영 때 마땅히 5배3고두의 예를 행함이 옳은데, 어찌 국궁만 하겠는가"라고 힐문했다. 또한 조서를 받기 위해 국왕이 오르내릴 계단의 위치, 모화관에서 궁성으로 갈 때의 의장 문제, 문례관으로 예조판서가 직접 오지 않고 낭관이 온 이유 등을 일일이 트집 잡았다.[45]

조선을 대표하여 논변에 나선 원접사遠接使 서거정徐居正(1420~1488, 당시 좌참찬)은 전처럼 홍무제의 『번국의주』를 거론하면서 이전에 조선에 온 조사들도 모두 홍무제의 명에 따라 조선의 국속國俗을 존중해 그대로 따랐음을 역설했다. 그러나 기순은 이전의 사례들은 모두 단순히 구습을 따랐을 뿐 일을 제대로 살피지 못한 결과이니 적절한 전례로 볼 수 없다고 일축했다. 의전 절차를 두고 양국 사이에 합의가 이루어지지 않는 데다 기순이 사소한 일까지 일일이 시비를 걸자, 그런 보고를 받은 성종은 정사와 부사의 인품까지 구체적으로 물으면서 "작은 절차까지 천사天使가 모두 논박하니, 이는 우리를 업신여김이 아니겠는가?"는 말을 하기에 이르렀다.[46]

의전 문제로 명 사신과 조선 조정 사이에 팽팽한 긴장이 감돌자, 기순은 『대명집례』에서 조칙을 받는 자는 모두 5배3고두의 예를 거행하도록 규정했음을 강조하고, 교지국交趾國(지금의 베트남 북부의 통킹·하노이 지방)과 류큐국琉球國(지금의 오키나와 일대)에 조칙을 반포할 때도 그곳 국왕이 모두 5배를 했는데 예의의 나라라는 조선에서 이를 거행하지 않음은 옳지 않다고 못 박았다.[47] 이는 곧 『번국의주』가 국가의 의례가 제대로 정비되지 않았던 홍무 3년(1370)에 제정된 것인데, 그 후 예제禮制가 많이 바뀌었고 현재는 『대명집례』로 확고한 체제를 갖추었으니 거기에 따르라는 논리였다.

조선 조정도 쉽게 물러서지 않았다. 『대명집례』는 명의 관리를 대상으로 한 규례이지 외국 국왕에 대한 규례가 아니므로, 선불리 고제古制를 고치면서까지 따를 수는 없다고 반박했다.[48] 이런 논쟁은 모화관에서 조서를 맞이하기 직전까지 이어졌는데, 결국 조선 조정에서 제시한 의주대로 의식을 거행했다. 그 내막을 알려주는 기록이 없기 때문에 그렇게 된 계기나 구체적 이유는 알 수 없으나, 기순도 결국 고집을 꺾었음이 분명하다.

그렇지만 명 사신이 그동안 조선의 주장에 번번이 당할 수밖에 없었던 『번국의주』 대신 그 권위를 대체하는 『대명집례』를 새로운 무기로 들고 나온 이상, 이 문제는 명의 사절단이 조선에 올 때마다 계속 재발하고 새로운 국면으로 전개될 소지가 다분했다. 실제로 기순이 다녀간 지 12년이 지난 1488년(성종 19)에 홍치제弘治帝(r. 1487~1505)의 즉위를 반포하는 조서를 들고 한양에 온 명 사절단의 정사 동월董越(한림원시강)도 교영의 의전을 문제 삼았다. 다만 교영의 5배3고두 예를 직접 거론하기보다는 『대명집례』의 내용을 근거로 삼아 다른 의전을 꼬투리 삼는 작전을 구사했다. 모화관에서 조서를 받을 때 조선의 국왕이 연輦을 타지 말고 말을 타야 한다거나, 모화관에서 조서를 맞은 뒤 도성으로 돌아갈 때는 면복을 입은 채 말을 타거나 걸어서 가야 한다거나, 즉위 조서와 즉위에 따른 선물을 하사하는 칙서를 한꺼번에 반포할 수 없다는 등의 고집을 피운 것이 대표적인 예이다.

이에 대해 조선에서는 『대명집례』에 "왕이 면복을 갖추어 행한다"고만 했을 뿐 연을 타야 한다거나 말을 타야 한다는 규정이 없고, 왕이 연을 타는 것은 이미 오래전부터 내려온 규례이며, 이전의 명 사신들 가운데 어느 누구도 그런 의전에 이의를 제기하지 않았다는 등의 근거를 내세워, 지금 정사 한 사람의 말만 듣고 경솔하게 고례를 고칠 수는 없다고[49] 강력하게 반박했다. 그러자 동월은 연을 타거나 말을 타는 일을 조선의 국왕이 임의로 정해 행한다면 자기를 비롯한 명 사절단은 그에 대한 항의의 표시로 전부 걸어가겠다며 고집을 피웠다.[50] 이렇듯 의전 하나하나마다 의견의 일치를 보지 못하자, 명 사절단이 조서와 칙서를 반포하지 않은 채 모화관에서 계속 유숙하는 사태까지 발생했다.

접점을 찾지 못하던 양측의 갈등은 긴밀한 물밑 협상을 통해 마침내 합의를 도출했다. 먼저 성종은 『대명집례』의 예에 따라 조서를 받아 환궁할 때는 연을 타고, 칙서를 받아 환궁할 때는 말을 탔다. 이는 결과적으로 조선 국왕이 일정 부분 양보하여 말을 타는 대신에, 명 사신은 국왕이 연을 타는 것을 인정한 절충이었다. 또한 한날 두 개의 의식을 연이어 거행했는데,[51] 이는 조서와 칙서를 이중으로 받은 적이 없으니 한 번의 의식으로 끝내자는 조선 측의 주장과 날짜를 달리해 두 번의 의식을 거행해야 한다는 동월의 주장을 절충한 결과였다.

이때 조선 조정에서는 동월의 고집이 워낙 센 탓에 결국 일부 양보하는 선에서 절충했지만, 내부적으로는 불만이 높았다. 특히 성종 자신이 직접 중신들을 불러 불쾌함과 난감함을 노골적으로 토로했다.

> 천사天使의 말은 심히 오만하다. 비록 조칙 안의 일로써 그리 말했더라도 치욕스러움을 참을 수 없는데, 하물며 조칙 내의 일이 아님이랴? 언어로써 다투고 힐난할 수가 없다. 이제 이미 날도 저물었는데 저 (사신)의 고집이 이와 같으니, 장차 어떻게 조치해야겠는가?[52]

성종의 이런 정서는 당시 조선의 중신들도 마찬가지로 갖고 있었다. 그러나 모화관에 계속 머물면서 고집을 피우는 동월의 마음을 바꿀 묘책도 없었던 까닭에 결국에는 조선이 상당히 양보하여 절충하는 의주를 만들고 일을 마무리했다.

영칙례의 의전은 명 사신이 어떤 성향의 인물인가에 따라서 그때마다 의주가 바뀌는 현상이 줄곧 반복되었다. 한 예로, 1502년(연산군 1) 국왕의 책봉 조서와 관련 칙서 및 왕비의 고명誥命을 들고 한양에 온 정사 왕헌신王獻臣의 태도를 들 수 있다. 왕헌신 또한 문신으로서, 모화관의 교영 의전 절차를 놓고 앞서의 사신들과 똑같은 요구를 하며 시간을 끌었다. 그러나 마침 부사로 함께 온 조선 출신의 태감太監 김보金輔의 중재를 왕헌신이 선뜻 수용함으로써 조선의 주장에 따라 의식이 거행되었다. 연산군은 모화관에서 국궁하는 한 차례의 의식으로 조서와 칙서를 맞았고 궁성의 태평관까지는 연을 탐으로써[53] 이전 성종 때의 교영례와는 달리 이전의 조선 전통을 따랐다.

이 같은 상황은 이후로도 계속되었다. 조선에 온 명 사신은 으레 교영례의 의전으로 연의 사용 금지와 국왕의 5배3고두를 요구했고, 조선 조정에서는 다양한 논변을 통해 『오례의五禮儀』에 따른 의전을 관철하거나 절충을 하곤 했다. 이런 일이 반복되자, 조선에 온 명 사절단의 문신 정사는 교영의 의전에서 하나라도 꼬투리를 잡아 고치게 함으로써 본국에 돌아가 자랑거리를 만들려는 경향을 보였고, 문신이 아닌 정사일 경우에는 조선의 주장을 마지못해 들어주는 척하면서 반대급부(뇌물)를 개인적으로 타내려는 의도를 보이기도 했다. 이런 사정은 명 사신과 조선 조정 사이에 의전 관련 논쟁이 심해진 성종 때부터 가시화되어 연산군 때에 이르면 조선 조정에서도 이미 명 사신들의 그런 의도를 꿰뚫어 볼[54] 정도로 일상처럼 되어버렸다.

문제는 명 사신이 끝까지 고집을 꺾지 않고 버틸 경우에 조선 조정에서 취할 뾰족한 수가 딱히 없다는 것이었다. 성종은 한때 명 사신이 의전에 합의하지 않고 그냥 돌아간다면 조선도 사태의 전말을 북경에 직접 보고해 사신이 잘못했음을 공개할 수도 있다는 강경 발언을 서슴지 않았다.[55] 하지만 그 일이 쉽지 않다는 것은 조정의 신료들은 물론이고 성종 자신도 잘 알고 있었다. 상황이 이러하니 1450년(세종 32)에 처음 시작된 교영례의 의전 문제는 거의 80년이 넘도록 이렇다 할 의주조차 항식으로 확정하지 못한 채, 그때그때 상황에 따라 절충해서 임시 의주를 만들고 시행하는 방식으로 전개되었다. 이 과정에서 주목할 만한 특징은 때에 따라 조선의 국왕이 연 대신 말을 타거나, 조서와 칙서가 동시에 반포될 경우 별도로 의식을 두 번 치르며 조서와 칙서를 따로 받기도 했으나, 모화관 교영에서 5배3고두의 예를 치르라는 명 사신의 강력한 요구에는 절대로 물러서지 않고 단 한 차례도 거행하지 않았다는 점이다.

그런데 명 사신의 집요한 요구에 조선에서도 마침내 국왕이 처음으로 교영례에서 5배3고두의 예를 거행했는데, 그 왕이 바로 중종이다. 때는 1537년(중종 32)으로, 바로 앞에서 살펴본 1543년 파병 준비 논의가 있기 불과 6년 전의 일이었다. 이때 정사 공용경龔用卿(한림원수찬)이 태자의 탄생을 알리는 조서를 들고 한양에 왔는데, 압록강을 건너 입국한 직후부터 계속 강조하기를, 모화관에서 국왕이 조서를 맞이할 때 무엇보다 5배3고두의 예를 갖춰야 한다고 했다. 그 근거로 다음과 같이 말했다.

> 5배3고두는 곧 천하를 통틀어 시행하는 예이오. (…) 당신의 나라는 (우리 중국의) 조정을 공경해 섬기니 부지런히 (그 예를) 거행해야 마땅하오. 만약 (우리) 조정에서 당신 나라의 행례에 대해 묻는데 5배의 예를 행하지 않았다고 한다면, (조선의 왕이) 예를 다했다고 하겠소? (당신 나라가) 매번 (우리) 조정에 질정한 것이 어떤 일인데, (지금) 이 예를 거행하지 않으려 하오? 태자가 태어나 조서를 반포함은 곧 특별한 예인데, 늘 구례를 끌어와 (반대함

은) 옳지 않소. 홍무와 영락과 경태 때의 예법이 각각 달랐어도 모두 『대명회전』에 (실려) 있소. 이는 천하를 통틀어 거행하는 예이니 불가불 그대로 거행해야 하오.[56]

그가 주장하는 근거의 핵심은 이렇다. 첫째 태자 탄생 조서의 특별성, 둘째 조서와 칙서를 받을 때 5배3고두를 명시한 『대명회전』의 보편성, 셋째 명에 대한 조선의 사대 정성 표현의 당위성이다. 조선 조정에서는 이에 맞서서 이전과 비슷한 논리로 전통을 따르려 했으나, 공용경은 논변의 여지조차 주지 않으며 자신의 뜻을 완강히 고수했다.

조선의 중신들 사이에서는 중국 사신의 말 한마디로 국가의 고례를 바꾸는 일은 부당하다는 견해가 우세했다. 그러나 중종은 5배3고두의 보편성을 선뜻 받아들여 찬성하는 의견을 나타냈고, 끝내 5배3고두의 예를 거행하는 것으로 의주의 내용을 고치도록 명했다.[57] 성종과 달리, 명 사신의 주장에 중종이 별다른 이견도 내지 않고 즉각적으로 쉽게 수용한 이유는 3장에서 살폈듯이 자신의 불안한 왕권과 관련이 있다.

이때 수정해서 거행한 의전 절차의 내용은 공용경이 사행을 마치고 귀국한 뒤 작성한 사행록에 상세히 실려 있다.[58] 이에 따르면 중종은 조선 국왕으로는 처음으로 도성 밖 교외에서 구경 나온 일반 백성들까지 모두 지켜보는 가운데 조서를 향해 5배3고두의 예를 거행했다.[59] 공용경은 사행을 마친 후 본국으로 돌아가 『사조선록使朝鮮錄』을 작성하면서, 모화관 밖에서 조칙을 맞을 때 조선 국왕이 5배3고두의 의전을 거행한 일은 이전에 없다가 이번에 새로 갖춘 것이라며 작은 글씨로 특별히 부기해 명시함으로써,[60] 새로운 전례를 만든 장본인이 자신임을 은근히 과시했다.

이후 명종(r. 1545~1567)과 선조(r. 1567~1608)도 도성 밖 교영례에서 5배3고두의 예를 행하기도 했다.[61] 그렇지만 모화관의 5배3고두 예가 아직 확실한 의전으로 굳어지지는 않았던 것 같다. 선조의 책봉 영조례 때 문무백관만 5배3고두를 행하고 선조는 국궁만 했다는 기록이[62] 있는가 하면, 조서나 칙서를 맞이하되 5배3고두 예를 거행했다는 기록이 없는 경우도 있기 때문이다. 물론 기록이 없다고 해서 5배3고두를 행하지 않았다고 단정할 수는 없다. 하지만 교영 때의 5배3고두는 양국 사이에 오래도록 논쟁이 지속된 매우 중요한 사안이므로, 만일 국왕이 그 예를 거행했다면 그렇게 중요한 일을 실록 편자들이 누락했을 가능성은 거의 없다고 보는 것이 타당하다.

그렇지만 임진전쟁(임진왜란)이 발생하고 조선이 명의 군사원조에 의존해야 하는 상황이 발생하자, 조칙을 받을 때 교외에서부터 왕이 5배3고두를 행하는 일이 점차 항식으로 굳어졌다. 심지어 선조는 명 장수 이여송李如松(1549~1598)을 접견한 자리에서 황은에 감사한다는 의미로 북경을 향해 5배3고두를 자청해 행하기까지 했다.[63] 전쟁이 끝나고 명군이 완전히 철수한 뒤에는 선조도 5배3고두를 하지 않는 쪽을 선호했으나, 이미 중종 이래로 전례가 적지 않게 쌓인 탓에 명 사신의 요구를 논리적으로 반박하기가 어려웠다. 그에 따라 선조 때에는 명 사신과 조선 조정 사이의 관련 논쟁이 확연히 줄었고, 선조도 대개 5배3고두를 행했다.[64]

이로써 볼 때, 중종이 모화관에서 최초로 5배3고두의 예를 행한 일은 후에 결정적인 전례로 작용했으며, 5배3고두의 예가 사실상 항식으로 굳어지는 단초를 제공한 중요 사건이었음을 알 수 있다. 아울러 16세기 전반 중종대에 이르러 명을 대하는 조선 조정의 태도가 더욱 저자세로 변하고, 조선을 대하는 명 사신들의 태도는 더욱 고압적으로 바뀌었음을 알 수 있다. 확정되지도 않은 명의 징병 가능성만으로 파병을 미리 결정하고 그 준비를 서두른 중종과 신료들의 태도는 이런 분위기와 불가분의 관계였음이 분명하다.

04 소중화 의식과 화이관의 강화

명을 대하는 조선의 태도와 관련해 16세기 전반 중종 대에 들어와 발생한 주목할 만한 변화는 당시 조선 지식인들(사림) 사이에서 강하게 확산된 소중화 의식 및 그에 따라 화이華夷 구분을 중시하는 풍조의 유행과도 관련 있다. 조선을 소중화로 본 주체는 명과 조선이며, 그 두 나라 엘리트의 인식이 서로 일치할 때 소중화 의식에 의미를 부여할 수 있다. 조선 안에서 조선의 지식인들이 아무리 조선을 소중화라고 인식할지라도 한반도 외부 세계의 중심인 명나라 사람들이 그렇게 인정해주지 않는다면 소중화의 의미는 반감될 것이기 때문이다. 여기에서는 먼저 15세기 말에서 16세기에 걸쳐 강화되고 확산된 소중화 의식의 실상을 이전 시기의 그것과 비교해 통시적으로 살필 것이다. 그리하여 소중화 의식의 확산과 관련해 한국 역사에서 16세기 전반 중종 대가 갖는 중요성을 확인하려 한다.

『조선왕조실록』을 토대로 볼 때 명 사신이 조선을 소중화로 인식했다는 가장 빠른 기록은 성종 대에서 찾을 수 있으며, 이후 중종 대에도 나타난다.[65] 조선에 온 명 사신이 조선을 소중화로 인정했다는 기록이 성종 대에 이르러 처음 등장한 점은 이전의 명 사신들이 조선을 천자의 교화를 받은 동번東藩 또는 예의지국禮義之國으로 특별히 생각하면서도 대체로 이夷로 인식했던 것과 뚜렷한 대조를 이룬다.

예컨대 세종 때인 1450년(세종 32)에 경태제의 즉위를 알리는 조서를 갖고 한양에 온 명 사신 예겸이 사행 여정을 적으면서 조선을 이夷의 영역으로 분명하게 구분한[66] 점을 들 수 있다. 그는 조선의 신료들과 창화唱和하며 시를 쓸 때도 천자의 교화가 조선까지 널리 미침을 찬미하는 가운데 조선은 구이九夷의 땅이라는 인식을 강하게 드러냈다.[67] 또, 세조 때 한양에 온 명 사신 장녕이 모화관 교영에 세자가 불참한 것을 트집 잡아 "누가 조선을 예의의 나라라고 했는가?"라며[68] 분노한 사례도 있다.

물론 조선에 대한 명 사신의 인식과 태도는 사신 개인의 성향이나 조선을 방문한 이유, 당시의 국제 정세 등에 따라 가변적이었다. 그렇지만 명 사신들의 이런 조선 인식이 15세기 후반 성종 대에 이르러 점차 바뀌기 시작해 중종 대부터는 조선을 소중화의 나라로 인식하는 모습이 자주 보인다는 점에서 하나의 시대 경향으로 읽을 수 있다.

명 사신들이 조선을 소중화로 인정한 이유는 조선의 학문과 예법이 중국의 그것과 다를 바 없다고 느꼈기 때문이다. 독서讀書와 지례知禮라는 표현은 명나라 사람들이 조선을 칭송할 때 즐겨 쓴 표현 중의 하나였다. 1489년(성종 19) 한양에 온 명 사신 동월은 조선에서는 독서를 통해 예법을 잘 안다는 말을 오래전부터 들었다고[69] 했다. 1582년(선조 15) 한양에 온 명 사신 황홍헌黃洪憲은 명 건국 이후부터 당시까지 조선과의 관계를 기록하면서 그 결론부에 조선의 사대부는 독서 덕분에 예법을 잘 행한다고[70] 썼는데, 이 역시 같은 맥락으로 볼 수 있다. 이는 그들이 조선을 문화적 차원에서 중국의 일부로 인정하기 시작했음을 의미한다.

이런 추세는 『조선왕조실록』에서 '내복內服'의 용례가 중종 대 이후에야 비로소 등장하는 사실과도 부합한다. 『조선왕조실록』에서 명·조선 관계와 관련해 내복이라는 말이 사용된 사례를 검색해보면 흥미로운 사실을 발견할 수 있다. 중종 즉위 이전, 곧 연산군(r. 1494~1506) 대까지는 그 사례가 전혀 나타나지 않는다. 첫 사례는 1535년(중종 30)에 나오는데, 이후로 빈번하게 등장하는 점도 중종 대를 조명 관계에서 중요한 변화가 발생한 시기로 볼 수 있는 좋은 증거이다. 중종 대를 기점으로 뚜렷하게 나타나는 내복의 용례는 바로 이 시기에 한인漢人과 조선인의 조선 인식이 대체로 '이적'에서 '내복'으로 바뀌었음을 보여주는 것으로, 16세기 전반의 시대적 경향을 잘 보여준다.

조선의 양반 엘리트들은 한인의 그 같은 인식을 영광으로 여겼다. 또한 조선이 다른 오랑캐들과 달리 공자의 학문을 논하고 그 예법을 실천함으로써 중화를 닮아가는 데 자부심을 느꼈다. 이 점은 바로 당시 조선의 양반 문화가 중화를 여러 면에서 따르려고 노력했으며, 그들 스스로 그 따르는 정도를 곧 문화 수준의 척도로 여겼음을 의미한다. 조선 양반 사회는 양명학을 배척한 것 외에는 중화의 문화를 본받으려는 데 대체로 적극적이었다. 이런 소중화 의식은 대략 15세기 후반에서 시작해 16세기에 걸쳐 양반 지배층 사회에 뿌리를 내렸으며, 중종 대는 바로 이런 분위기가 본격화되는 시기였다.

이를 좀 더 분명히 하기 위해 한국 지배 엘리트층이 가졌던 중화 인식의 추이를 고려시대까지 포함해서 거시적으로 조망할 필요가 있다. 고려 시기에는 중원의 패권을 실제로 장악한 나라를 중화국으로 인정했다. 흔히 중화를 가늠하는 3대 기준인 종족·지리·문화 가운데 고려인은 종족을 제외한 채 지리와 문화만 따졌으므로, 중원의 제국이 바뀌는 것에(종주국 또는 책봉국을 바꾸는 것에 대해) 도적적 이념적 부담을 느끼지 않았다. 이승휴李承休(1224~1300)는 원을 중화의 정통으로 보았으며,[71] 이색李穡(1328~1396)도 미증유의 거대 제국을 이룩한 몽골의 원을 세상의 중심이자 교화의 주체로 인식했다.[72] 따라서 고려시대에는 현재 중원 대륙의 패권을 잡고 있는 나라를 그 종족에 관계없이 중화의 정통으로 보는 의식이 지배적이었다.[73]

그렇지만 이런 중화 인식은 원·명 교체와 고려·조선 교체를 거치면서 변하기 시작했다. 고려 말기에 정도전鄭道傳(1342~1398) 등으로 대표되는 급진파 사대부들은 형세뿐 아니라 도덕적으로도 명을 중국의 정통 왕조로 보는 사대론을 취했다.[74] 그러면서 중화의 의미를 단순히 형세나 문화 차원만이 아니라 한족 중심의 종족 차원으로 이해하려는 움직임이 두드러졌다.[75] 이런 사조가 굳어지면서 조선 전기 명 질서하에서는 중화를 가늠하는 3대 기준인 종족·지리·문화가 모두 일치하는 현상이 나타났다.

중화 문명의 상징인 삼대·한·당·송의 적통을 이은 명이 이적이 아니라 한족이 세운 나라라는 사실은 조선의 양반 엘리트들에게 엄청난 매력이었다. 성리학자인 그들이 보기에 이전의 금(여진)이나 원(몽골)은 비록 중원을 장악하고 중화 문명의 담지자가 되었지만, 그것은 일시적인 현상이었을 뿐이며 종족상으로는 어디까지나 이적이었다. 반면에 명(한)은 중화 문명의 본래 주인공인 한족이 오랜만에 이적을 쫓아내고 중원을 '정화'한 나라였다. 보편적 중화 문화와 한족이라는 종족이 일치한, 명실공히 중화국가였다. 조선의 양반 지식인들에게 명은 의심의 여지가 없는 천자국가였다.

16세기에 들어오면서 두드러진 이런 추세는 중화 문명의 담지자인 명을 바라보는 조선인의 인식에 큰 변화를 가져왔다. 이는 소중화 의식의 확산과 함께 내복이라는 단어의 용례가 16세기 전반 중종 대에 이르러 나타난 점과도 연관이 있다. 특히 이런 현상은 양반 엘리트들 사이에서 번진 한족 중심의 화이론적 천하관과도 밀접한 관련이 있다. 의리지학義理之學의 성격이 강한 성리학(주자학)의 배타적 우위가 점차 분명해지던 사상 조류도 대명관 변화의 중요한 요인으로 작용했음이 틀림없다. 왜냐하면 조선의 성리학은 주희朱熹

〈표 3〉 화이 질서를 음양의 원리로 설명한 사례들(1392~1622)

	시기 및 실록 전거	거론자	거론 배경
①	1503년(연산군 9. 2. 계축)	승정원	일월식과 덕치의 관계를 설명하며
②	1516년(중종 11. 10. 기유)	남곤南袞(우참찬)	친강 중 재변과 관련하여
③	1517년(중종 12. 4. 병인)	이언호李彦浩(부제학)	재변과 관련하여
④	1517년(중종 12. 8. 을사)	기준奇遵(검토관)	조강 중 재변과 관련하여
⑤	1517년(중종 12. 11. 무술)	조광조趙光祖(시강관)	석강 중 재변과 관련하여
⑥	1518년(중종 13. 6. 경오)	조광조趙光祖(부제학)	군자·소인 논쟁과 관련하여
⑦	1528년(중종 23. 1. 을미)	주세붕周世鵬(검토관)	석강 중 재변과 관련하여
⑧	1541년(중종 36. 11. 신축)	윤사익尹思翼(특진관)	조강 중 재변과 관련하여
⑨	1551년(명종 6. 2. 계해)	홍문관	불교 폐단을 재변과 관련해 비판하며
⑩	1559년(명종 14. 1. 무술)	윤인서尹仁恕(부제학)	재변을 논하면서
⑪	선조 때(명종 9. 11. 무술)	『명종실록』의 사신史臣	불사 성행을 재변과 관련해 비판하며
⑫	1613년(광해군 5. 6. 경인)	이성李惺(부제학)	한양의 지진을 논하면서
⑬	1616년(광해군 8. 12. 정사)	윤선도尹善道(진사)	이이첨李爾瞻 일파를 비난하는 상소문에서

• 전거는 『조선왕조실록』이며, 연월일은 편의상 점(.)으로 표시했다.

(1127~1200)가 강조한 한족 중심의 화이론적 세계관과 큰 관련을 맺으며 발전했기 때문이다.[76]

예컨대 음양의 원리를 논하면서 중국을 양陽, 이적을 음陰으로 보는 해석이 중종 대 조정에서 집중적으로 거론되었다. 조선이 명과 조공·책봉 관계를 유지하던 15세기와 16세기에 걸쳐(17세기 초 광해군 대까지 포함) 왕과 신료들이 경연에서 음양의 원리를 토론했음을 알려주는 실록 기사는 시대에 따른 큰 기복 없이 고르게 나타난다. 그중에서 중국과 이적의 관계를 음양 관계로 거론한 13건의 사례들만 정리해 놓은 것이 〈표 3〉이다.

〈표 3〉을 통해 알 수 있듯이, 우선 음양의 원리를 설명하면서 중국과 이적의 관계를 예로 든 사례가 15세기에는 단 한 건도 없었다. 이 두드러진 사실을 기록의 누락이나 우연으로만 설명하기는 어렵다. 그보다는 성종 대까지만 해도 명을 그저 이웃의 한 대국 정도로 여기던 분위기와 관련지어 이해하는 것이 타당하다. 한편으로 이는 중화 인식과 관련해 15세기와 16세기에 현격한 차이가 있었음을 예시한다.

또한, 거론된 빈도가 16세기 중에서도 중종 대에 집중된 사실에(13건 중 7건) 주목할 필요가 있다. 특히 조광조趙光祖(1482~1519) 일파가 득세했던 4년(1515~1519)이라는 짧은 기간에 그런 논의가 집중된 사실은 결코 우연일 수 없으며, 조선의 대명관 변화에도 시사하는 바가 크다. 조광조 등이 끈질기게 주장한 도학 정치와 화이론에 바탕을 둔 사대론 사이에 일정한 관련이 있다는 것을 추론케 해주기 때문이다. 아울러 이런 분위기가 정치 노선에 관계없이 모든 관료들 사이에 널리 조성되어 있었다는 점에도 주목할 필요가 있다. 한 예로 〈표 3〉 ②의 남곤南衮(1471~1527)이 기묘사화(1519)를 일으켜 조광조 일파를 제거하는 데 앞장선 인물이라는 점은 좋은 증거이다.

중화 인식과 불가분의 관계에 있는 성리학적 화이관의 강화 현상은 16세기에 들어서 두드러졌으며, 16세기 중에서도 전반부에 속하는 중종 대에 이미 가시화되었다. 동아시아 사회에서 음양론이 갖는 거의 절대적인 중요성을 감안할 때, 중화와 이적의 관계를 음양의 논리로 설명하기 시작한 시점이 바로 중종 대라는 점, 특히 성리학적 도학 정치를 추구한 사림이 득세하던 때라는 점은 의미심장하다. 조광조의 후학을 자처하며 사림의 거두로 떠올라 16세기 중·후반을 대표한 두 학자 이황李滉(1501~1570)과 이이李珥

(1536~1584)의 대명관이 16세기 전반 중종 대 조선의 유교 지식인(사림)들이 널리 공유했던 명 인식과 그 맥을 함께하기 때문이다.

이황은 일본에 보내는 예조의 국서를 다음과 같이 작성하면서 조선이 지켜야 할 의리의 대상이 명 황제, 곧 천자임을 분명히 했다.

> 하늘에는 두 개의 해가 없고, 백성에게는 두 임금이 없소. 춘추의 대일통大一統이라는 것은 곧 천지의 상법이고, 고금에 통하는 의리요. 대명이 천하의 종주국이 되니, 바다 한 구석 해 뜨는 곳(조선)에서는 신하로서 복종하지 않은 적이 없소.[77]

이황은 천자에 대한 사대를 불사이군不事二君과 같이 선택의 여지가 없는 절대적 가치로 자리매김했다.

이이도 명에 대한 조공 문제를 논하는 중에 이렇게 말했다.

> 신이 듣건대, 아랫사람이 윗사람을 섬길 때 편안하고 위험함에 (따라) 마음을 바꿔서는 안 되고, 성하고 쇠함에 (따라) 예를 폐해서도 안 됩니다. 능히 이런 (원칙을) 실행함은 우리나라가 중국 조정에 사대함이 바로 그것입니다. (…) 지금 (중국과는) 이소사대以小事大로써 군신의 분수가 이미 정해졌으므로 시세의 곤란함과 용이함을 헤아리지 않고 이해관계에 거리낌이 없이 정성을 다하는 데 힘쓸 뿐입니다.[78]

즉 보편적 중화국인 명에 갖추는 사대의 예란 상황을 초월해 지켜야 할 절대 의리라고 규정한 것이다. 이는 명에 대한 조선의 사대가 상황 논리에 따라 조정 가능한 상대적 가치가 아니라 어떠한 경우에도 조정할 수 없는 절

대적 가치라는 것으로, 이황의 생각과 같다.[79]

절대적 존재인 명이 주도하는 중화 문명을 닮아가면서 조선의 엘리트들이 자부심을 갖는 것은 지극히 당연한 일이었다. 이런 점에서 볼 때, 앞서 살핀 고려시대의 중화 의식은 한족이 주도하는 유교적 중화 문화를 거의 절대적으로 신봉한 조선시대의 소중화 의식과는 분명한 차이가 있다. 성리학적 화이관에 따른 소중화 의식은 16세기에 들어서면서 본격적으로 퍼지기 시작했으며, 이런 흐름은 중종 대 중화 인식의 변화에 지대한 영향을 미쳤다. 16세기가 무르익으면서 중화 문명의 담지자인 명으로 대표되는 중화 질서하에 자타가 공인하는, 가장 중화를 닮은 나라는 조선이었다. 이 조선에서 사대는 이황이 말했듯이 '천지의 상법이자, 고금을 관통하는 의리'로서 춘추의리와 직결되는 개념이었으며, 이는 곧 천자가 주재하는 천하 질서에 조선이 알아서 적극적으로 순복함을 뜻했다. 이런 분위기 속에서 16세기 전반 중종 대에 이르러 조칙을 받는 의전에 변화가 나타났다거나 명의 해외파병 요구에 매우 적극성을 보였던 일련의 현상이 쉽게 이해된다.

05 군신 관계와 부자 관계

조선인들이 명을 부모의 나라로 인식하기 시작하면서 대명 관계에도 결정적인 전환이 일어났다. 조선의 국왕이 명 황제(천자)에게 조공을 바치고 책봉을 받는 행위는 황제와 국왕 사이에 군신 관계가 맺어졌음을 의미한다. 그런데 16세기 전반 중종 대에는 기존의 군신 관계에 더해 부자 관계가 추가되었다. 『조선왕조실록』에서 '부모父母'와 '호시怙恃'(믿고 의지한다는 뜻으로, 부모를 이르는 말)라는 단어로 검색을 해, 그 쓰임새와 시기를 분석해보면 그와 같은 변화의 추이를 확인할 수 있다.

대명 외교와 관련해 쓰인 부모와 호시라는 표현은 조선 건국 직후부터 적지만 꾸준히 나타난다. 이는 중종 대 이전에도 이미 명을 부모의 나라로 쓰는 표현이 계속되었음을 의미하므로, 이 문제와 관련해 중종 대가 그다지 특별한 의미를 갖지 않는 증거가 될 수도 있다. 그렇다면 좀 더 확실히 하기 위해 실록에서 중종 대 이전의 전체 사례 10개가 각각 어떤 맥락에서 쓰였는지를 살필 필요가 있다.

『조선왕조실록』에서 태조 이성계(r. 1292~1398)의 재위 연간에는 모두 3개의 사례가 나오는데, 즉위 및 표전表箋 문제를 해명하기 위한 주본奏本에서 조선을 대하는 홍무제의 태도를 부모가 자식을 훈계하고 생육하는 것에 견주어 묘사했다.[80] 세종(r. 1418~1450) 말년에 세자의 면복冕服을 청하는 주문奏文에도 황제의 은혜가 부모의 은덕보다 더 하다는[81] 각별한 표현이 들어 있다. 문종(r. 1450~1452)의 승습을 승인하고 책봉해준 것에 대해 사은하는 뜻으로 올린 표문表文에서도 황제의 인자함이 부모의 덕과 같다는[82] 표현을 찾아볼 수 있다. 퇴위를 허락해준 것에 대해 노산군(단종)이 올린 사은 표문에도 황제의 자애로움이 부모보다 더 하다는 표현이 나온다.[83] 그런가 하면, 여진에게 붙잡혀갔던 조선인을 되찾아 송환해준 일에 대해 세조(r. 1455~1468)가 올린 사은 표문에서도 황제의 인애함이 부모보다 더 하다는[84] 표현을 찾을 수 있다. 또한 예종(r. 1468~1469)과 성종(r. 1469~1494)의 승습을 사례하는 표문에도 황제의 인자함이 부모보다 더 하다는[85] 표현이 들어 있다.

이 같은 표현 방식은 중종 대에도 그대로 이어졌다. 이를테면 이성계가 이인임李仁任(?~1388)의 아들로 기록된 『대명회전大明會典』의 내용을 고치기 위한 종계변무宗系辨誣 주본에서 명 황제와 조선 왕의 관계를 부자 관계에 견주고, 부자 관계와 군신 관계가 이치상 동일하다는[86] 표현을 썼다. 따라서 이런 사례들을 놓고 볼 때 명을 부모의 나라로 보는 인식이 특별히 중종 대에 이르러 이전보다 더 분명해졌다고 단언할 수 없다.

그런데 이 같은 표현들은 모두 명에 보낸 주본에서 쓰였다는 공통점이 있다. 다른 데서는 찾을 수 없다. 사은사謝恩使나 주청사奏請使를 보낼 때를 비롯해서 명에 보내는 표문에는 가급적 명 황제의 은덕을 칭송하는 문구가 들어가게 마련이다. 지금까지 살핀 사례들은 실제 그렇게 인식했다기보다 외교문서에 으레 쓰는 상투적 표현일 가능성이 높다. 따라서 명을 부모의 나라로 인식하는 경향을 좀 더 확실하게 파악하기 위해서는 외교상의 상투적 표현이 아닌, 다른 사례가 언제부터 어떤 맥락에서 나오는지를 검토해야 한다.

흥미롭게도 그 첫 사례는 바로 중종 대에 나오며, 이후 명이 중원에 자리 잡고 있던 인조(r. 1623~1649) 대까지 꾸준히 나온다. 중종 대의 사례 몇 가지를 살펴보자. 요동에 다녀온 역관이 조정에 보고한 내용 중, 중국 경내에 들어가면 부모의 나라처럼 여겨 평안히 길을 간다는[87] 표현이 있다. 또, 시강관 김로金魯(1498~1548)가 조선의 중국 사행이 최근에 너무 잦아진 결과 요동 일대의 민생이 피폐해졌다며 사행을 줄일 것을 건의했는데, 이때 부모의 집이 우리 때문에 피곤해 한다면 불필요한 효심을 자제해야 한다는[88] 비유를 들었다. 이 외에도 중종 대에 조선을 다녀간 명 사신 공용경이 본국에 돌아가 보고할 때 조선 국왕이 중국 조정 존경하기를 마치 효자가 부모를 공경하듯이 한다고[89] 표현했는데, 그 보고서 전문을 굳이 실록에 옮겨 적은 편집 방향 또한 당시의 분위기를 그대로 드러낸다.

요컨대 중종 이전의 사례들은 모두 외교문서에서 명 황제 개인을 칭송하기 위한 상투적인 표현으로 부모라는 표현이 사용되었지만, 중종 대에 이르러서는 명 자체를 실제로 부모의 나라로 인식하는 표현이 조정의 일반적인 논의 중에도 등장했다. 이는 명과 조선의 관계가 이전의 군신 관계에서 한 발 더 나아가 부자 관계로 새롭게 인식되기 시작했음을 뜻한다.

유교화와 대명 사대를 새 왕조의 양대 근간으로 천명하고 출범한 조선 왕조에서 그 둘이 군신(충) 및 부자(효)라는 유교적 가치에 기초해 서로 뗄 수 없는 관계로 결합된 것은 아주 당연한 일이었다. 그런데 군신 관계와 부자 관계는 같은 유교 이념에 바탕을 두었을지라도 그 가치의 절대성과 지속성에서 확연히 다르다. 정치적인 군신 관계는 정세 변화에 따라 얼마든지 가변적이지만, 인륜에 기초한 부자 관계는 상황을 초월하는 절대적 관계, 곧 절대 가치이기 때문이다.

맹자가 분명히 밝혔듯이, 신하들의 간언에도 불구하고 군주가 거듭해서도를 저버린다면 신하는 아예 새로운 군주를 세우거나, 조용히 그 군주를 버리고 떠날 수 있다. 하지만 부모는 아무리 잘못을 했더라도 자식이 그 부모를 바꾸거나 버릴 수 없다는 결정적인 차이가 있다. 이것이 바로 송대 유학자 나종언羅從彦(1072~1135)의 "천하에 옳지 않은 부모는 없다"는 말이 유교 사회 조선에서 회자된[90] 이유이자, 송의 재상 한기韓琦의 "부모가 자애한데 효도하는 것은 평상적인 일이지 효도라고 하기에는 부족하며, 부모가 자애롭지 않은데도 효도해야 자식이 효를 잃지 않았다고 말할 수 있다"[91]는 말이 즐겨 인용된 까닭이다.[92] 부자 관계에 기초한 대명 사대의 절대성은 이미 앞서 살핀 이황과 이이의 사대 인식에서도 확인한 그대로이다.

어떤 가치가 상대성을 잃고 절대성만 가질 경우, 그 가치는 상황을 초월하며, 따라서 상황 논리로는 조정할 수 없다. 이것이 바로 부자 관계(효)가 윤기倫紀·이륜彝倫·천륜天倫 등으로 설명되는 이유이며, 유교 정치의 근간이 이효이국以孝理國, 곧 '효도 정치'라는 말로 요약되는 까닭이다. 국사편찬위원회가 온라인으로 제공하는 『조선왕조실록』 원문 검색 기능에서 이효이국, 이효위치以孝爲治, 솔일국이효率一國以孝 등의 구절로 찾아보면, 이런 표현이 대개 성종 대와 중종 대에 집중적으로 나타나는 흥미로운 현상을 읽을 수 있다. 이는 이 시기에 효가 조선의 정치 무대에서 매우 중요한 이념으로 작동하기 시작했음을 알려준다. 효를 강조한 『소학』이 바로 이 시기에, 특히 중종 대 지식인 사회에서 크게 유행한 점도 이런 시대 분위기의 산물이었다.

다시 말해 군신 관계가 일종의 상대적 가치에 기초한 계약적 관계라면, 부자 관계는 절대적 가치에 기초한 영원불변의 관계였던 셈이다. 군신 관계하에서는 종주국이 망할 경우 천명이 옮겨 갔다는 명분을 내세워 얼마든지 관계를 정리할 수 있으나, 부자 관계하에서는 그런 융통성이 원천적으로 불가능하다. 17세기 전반 명·청 교체를 맞아 조선의 양반 엘리트들이 고려왕조의 현실적인 외교 노선을 따르지 않고 명에 대한 의리에 집착했던 이유는 이런 맥락에서 봐야 한다. 병자호란 이후 청이 주도하는 새 국제 질서하에서도 조선이 여전히 명 질서에 대한 과거의 기억으로부터 자유로울 수 없었던 역사적 배경 또한 여기에 있다.

그런데 조선왕조의 역사에서 이런 변화상이 가시적으로 드러난 시기가 바로 16세기 전반 중종 대였던 것이다. 따라서 대명 관계에서 발생한 일련의 변화는 결코 우연이 아니며, 조선의 지성사적 흐름으로 볼 때 당연한 결과였다. 대한민국의 역사에서 한미 관계에 어떤 변화가 발생하는 것보다 더 중요한 사안이 별로 없음을 인정한다면, 대명 사대를 천명하고 등장한 조선왕조에서 대명 관계와 관련해 발생한 이 같은 일련의 변화들이 모두 중종 대에 가시적으로 두드러진 사실은 조선왕조의 전체 역사에서 중종 대가 매우 중요한 시기였음을 웅변한다. 요컨대 중종 대는 명실공히 소중화가 본격적으로 만개하는 시대였던 것이다.

5장

| 사림의 시대 : 정치쇄신운동과 사림 |

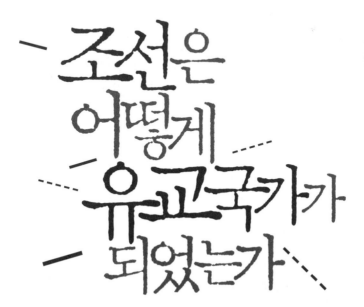

조선은 어떻게 유교국가가 되었는가

중종 대 조선이 외부적으로 명과 관계를 새롭게 조정할 때, 조선 내부에서 가장 쟁점이 된 단어라면 아마도 사림士林일 것이다. 사림 때문에 바람 잘 날 없었고, 사림 때문에 정치 무대에서 편이 갈렸으며, 사림 때문에 정치 구도가 바뀔 지경이었다. 특히 조광조를 중심으로 한 일단의 사림은 전체 유림의 공론을 선도하며 조선 정치의 근본적인 쇄신을 주창하다가 결국 기묘사화己卯士禍(1519)로 죽임을 당했다. 그러나 이후에도 사림이라는 단어는 여전히 사람들의 입에 자주 오르내렸고, 이런 과정에서 조선 정치가 점차 '사림적士林的'으로 변해갔으며, 조선 사회의 진화 방향도 사실상 그렇게 결정되었다. 5장은 이제 우리의 시각을 조선 내부로 돌려, 사림 문제를 천착하기 위해 마련했다.

01 사림의 운동에 주목하는 까닭

조선 전기(15~16세기)의 정치 세력을 설명하는 틀은 크게 두 가지가 있는데, 하나는 신흥 사대부 학설이고, 다른 하나는 사림파 학설이다. 전자가 고려·조선 왕조 교체와 그 주체 세력을 설명하기 위한 것이라면, 후자는 조선 왕조의 통치 질서가 사실상 완성되는 시기에 나타난 새로운 지배 계층의 출현을 설명하기 위한 것이다. 이 두 학설이 한국사학사에서 갖는 의미는 지대하다. 조선 사회의 정체성과 타율성을 강조한 식민사관을 비판하고, 조선 사회를 매우 역동적으로 설명하는 틀을 제공했기 때문이다. 1960년대에 몇몇 개설서를 통해 모습을 갖춘 이 두 학설은 곧바로 학계의 정설이 되었고, 지금도 여전히 각종 개설서와 교과서에 실려 있다. 하지만 이들 학설은 치열한 토론을 거치며 반대 견해를 충분히 검토한 바탕 위에서 조정을 통해 이론적 완성도를 갖추었다기보다는, 당위적으로 제시된 가설을 연역적으로 지지한 결과에 더 가깝다. 오히려 최근에는 다양한 반증이 제시되면서 학설 자체가 위기에 처해 있다.

신흥 사대부 이론이란 고려 말에 새로운 계층으로 성장한 향촌의 향리나 중소 지주들이 대거 중앙에 진출하여 기존의 권문세족을 물리치고 조선을 건국했다는 학설이다. 이에 따르면 조선의 건국은 왕조 순환 논리에 따른 단순한 왕조 교체가 아니라 지배층의 구조적 물갈이가 수반된 사회적 혁명에 버금가며, 역동적인 내부 발전에 따른 필연적 결과였다.[1] 그러나 역사 자료의 전산화 작업 구축이 가능해진 1980년대 후반에 이르러 외국에서부터 이 학설에 대한 반론이 제기되면서 부정되기 시작했다. 고려 말이나 조선 초나 핵심 고위 관료들의 면면과 집안 배경을 비교할 때 별다른 차이가 보이지 않는다는 이유에서였다.[2] 따라서 신흥 사대부를 권문세족과 다른 정치·사회·경제·지식 기반을 갖춘 특정 그룹, 다른 말로 칼 마르크스 식의 '계급'이나 막스 베버 식의 '계층'으로 규정한다면, 이 학설은 역사적 사실과 맞지 않는 사례가 너무 많은 탓에 존립이 어렵다.

그렇지만 신흥 사대부를 새로운 사회 계급이나 계층으로 보지 않고 이전과 다른 정치 세력으로 본다면, 신흥 사대부론 학설은 일정 부분 유효하다. 다만, 그럴지라도 신흥 사대부의 실상이 무엇인지부터 시작해, 그들의 등장이 필연적으로 조선 건국의 요인이자 동력으로 작용했는지, 아니면 혹시라도 조선 건국에 따른 부산물은 아니었는지 등과 같은 기본적인 문제들은 분명히 따져야 한다. 왜냐하면 개국공신을 비롯해 건국 직후 세 차례에 걸쳐 봉해진 삼공신三公臣 127명(연인원) 및 그들과 가까운 친인척 가운데 기존의 신흥 사대부 통설에 들어맞는 인물이 별로 보이지 않을 뿐더러,[3] 건국 초기 주요 관료들의 출신 배경을 보아도 고려 말기의 상황과 그다지 큰 차이가 나타나지 않기 때문이다.[4]

한편 훈구와 사림의 대립 구도를 토대로 한 사림파 학설은 15세기 후반에서 16세기에 걸쳐 지방에 중소 지주 기반을 갖춘 새로운 세력, 즉 사림이 중앙 정계에 진출하여 대토지를 소유한 훈구 세력(훈구파)과 정치적으로 대립하다가 몇 차례 사화士禍로 인해 비록 위축되기는 했어도 결국에는 훈구파를 몰아내고 권력을 장악했다는 설명이다. 이에 대한 반론 또한 주로 구미 학계에서 시작되었는데, 비판의 근거와 논리는 신흥 사대부론을 비판했던 것과 같다. 즉 출신 배경이나 혼인 관계는 말할 것도 없고 토지 소유와 같은 경제적 기반을 놓고 볼 때도 훈구파와 사림파 사이에 분명한 구분이 어려우므로, 이들을 정치적 경제적 사회적 기반을 달리하는 계급이나 계층으로 볼 수 없다는 것이다. 이 반론은 국내 학계에서 거의 무시되다가, 최근에 와서야 일부 학자들이 훈구와 사림을 이분법적 대립 관계로 보기 어렵다는 점을 적극 수용하기 시작했다. 그렇지만 이런 수정주의적 해석에도 문제는 있다. 지나치게 도식화된 훈구·사림의 이분법 구도를 비판하는 데는 기여했으나, 그 대안이 될 새로운 설명 틀은 제대로 제시하지 못하고 있기 때문이다. 이는 단지 '사림이란 무엇인가'의 문제에만 국한되지 않고, '사림적'인 양반 엘리트들이 주도한 조선 전기 정치사의 전체 구도 및 성격과도 직결되는 중요한 주제이다.

5장에서는 바로 이와 같은 문제들을 구체적으로 다루면서 사림에 대해 새로운 설명 틀을 제시하는 것이 목적이다. 이를 위해서 먼저 사림에 대한 기존 연구를 비판적으로 상세히 검토하되, 대개 사림의 기준을 카테고리로 나누어 검토했던 기존의 방법과 달리 개별 학자들의 연구를 중심으로 해서 시기별로 살피고자 한다. 카테고리별 검토는 학계에서 널리 쓰는 방식으로, 사림 관련 선행 연구들을 시기에 따라 검토해 그 경향을 파악하기보다는 주제별로 세분해 그 논지들을 비교·검토하는 방식이다. 이 때문에 사림 관련 연구 성과를 낸 여러 학자들의 연구 동향을 시기별로 파악하는 데는 약점이 있다.

선행 연구를 검토한 뒤, 다음으로는 사림에 대한 새로운 설명 틀을 제시할 것이다. 단, 성종이나 중종 대의 정치 현상과 관련해 살피던 기존의 방법을 지양하고, 조선 건국 이후 16세기가 무르익도록 100년이 넘는 오랜 기간에 걸쳐 서서히, 그러나 강력하게 지속적으로 전개된 유교화 과정과 관련하여 장기사長期史 맥락에서 설명하고자 한다.

02 사림 관련 기존 연구의 비판적 검토

사림파에 대한 학계의 통설을 요약하면 다음과 같다. 사림파는 훈구파와 대립되는 개념으로, 대개 향촌에 기반을 둔 중소 지주로서 유향소留鄕所나 향청鄕廳을 통해 지방 사족의 이해관계를 대변했고, 길재吉再(1353~1419)의 학통을 이어 성리학적 소양을 갖추었으며, 사장詞章보다는 경학經學을 더 중시했고, 15세기 후반 이후 꾸준히 중앙 정계에 진출해서는 대개 삼사에 포진해 현실 정치를 비판하면서 기존의 훈구 세력과 대립했고, 연이은 사화로 피해를 입기는 했으나 16세기 후반에 이르러 결국 권력을 장악했다.[5] 그런데 이런 정리는 개별 연구들이 충분히 쌓인 결과의 산물이라기보다는 개설서에 가설 수준으로 먼저 등장한 뒤 그것을 연역적으로 증명하고자 한 결과에 가깝다. 이 글에서는 사림 관련 학설이 형성되고 진화한 과정 및 최근에 등장한 비판적 견해까지 모두 포함하여 연구사를 전체적으로 검토하려 한다.

조선 전기, 특히 15세기 후반에서 16세기 전반에 이르는 정치사를 서술하면서 신구 대립을 강조한 연구나[6] 인물 중심의 당쟁사 시각에서 접근한 서술은[7] 일찍이 있었으나, '사림파'라는 표현을 처음으로 사용한 이는 이병도였다. 그는 조선 전기 지식인 사회의 구도를 도표로 그리고, 정치와 학문 성향에 따라 크게 훈구파勳舊派·절의파節義派·사림파士林派·청담파淸談派 등 네 그룹으로 구분해 설명했다. 그는 특히 '영남 사림파'라는 표현을 사용하여 사림파를 지역에 기반을 둔 특정 세력으로 파악했다. 또한 사화를 훈구파와 사림파가 충돌한 결과로 풀이함으로써[8] 해방 이후 국내 한국사학계에서 전개된 사림 관련 논의의 단초를 사실상 열었다. 그렇지만 네 그룹으로 구분한 주요 기준은 정치적 성향, 학문적 계보, 출신지 등으로, 계층이나 계급을 나눌 때 필수적인 사회경제적 기반의 차이는 언급하지 않았다. 이에 비해 이인영은 구귀족(훈구파, 관학파)과 신귀족(사림, 사류)의 대립 구도를 강조하여 이병도와 견해를 함께하면서도, 토지 소유 기반의 차이를 특별히 부각함으로써[9] 사회경제적 요인을 새롭게 특징지었다.

이후 1960년대에 양질의 개론서들이 등장하면서 사림파 관련 설명에도 더욱 많은 분량이 할애되었다. 1961년에 출간한 개설서에서 이기백은 이병도와 이인영 등이 제기한 기존 설명을 수용하면서도, 훈구파와 사림파의 대립을 지역 기반과 토지 기반의 차이로 설명함으로써[10] 그 둘의 계급적 차이를 더욱 부각했다. 하지만 구체적인 예증을 시도하지 않은 점에서는 이인영의 기술과 큰 차이가 없다.

바로 이듬해인 1962년에 이상백은 진단학회에서 출간한 『한국사: 근세 조선전기편』에서 연산군 이래의 정치사를 훈구와 사림의 대립이라는 구도로 상세하게 기술했다.[11] 토지 소유 기반의 문제를 강조하지는 않았으나, 사림을 조직(당파)이나 세력으로 분명히 규정함으로써[12] 조선 전기의 정치사를 훈구와 사림의 이항 대립으로 보는 설명 틀을 더욱 명료하게 체계화했다. 다만 사림파라는 용어를 자주 쓰면서도 문맥상 사림파와 같은 뜻으로 신진(파), 신진 사류, 신진 세력, 사류 등의 용어를 혼용함으로써 사림파에 대한 개념 규정이 아직 확실치 않은 면을 노정했다. 그럼에도 불특정 유생들까지 사림파의 범주에 포함함으로써 정치 무대의 특정 정치 그룹뿐 아니라 유생이라는 폭넓은 외연을 갖춘 광범위한 세력으로 사림파를 이해했다.

그런가 하면 이기백은 1967년에 새로 출간한 개설서에서 이전과 비슷하게 기술하되, 「사림파의 대두」라는 절을 새로 만들어 훈구파에 의한 농장 확대를 기술함으로써 훈구파와 사림파의 대립 이유로 토지 소유와 같은 경제 기반의 차이를 크게 강조했다.[13]

요컨대 조선 전기 정치사를 훈구파와 사림파의 대립으로 설명하는 틀은 1950년대에 이미 모습을 갖추고 유통되었으나, 1960년대가 저물도록 그것을 구체적으로 입증하는 논고가 전무하다시피 한 상태에서 여전히 가설 수준으로 개설서에만 실렸다.[14] 이 점은 사림파 학설이 일찍이 학계를 휩쓸었음에도 불구하고 그것이 학술 연구 성과의 충분한 축적에 따른 결과가 아니라 추정 단계의 가설 수준에서 벗어나지 못한 통론이었음을 알려준다. 1960년대까지의 개설서들을 좀 더 큰 문맥에서 살피면, 훈구파와 사림파의 대립 구도조차 거의 예외 없이 당쟁의 발생 배경을 설명하는 맥락에서 기술되었다는 공통점이 있다. 같은 지배 엘리트층 내에서 흔히 일어나는 정쟁 차원으로 이해하는 데 머물렀던 것이다. 설사 사회경제적 기반의 차이를 강조하더라도 실증이 없는 가설에 지나지 않았고, 그런 차이를 문명의 진화 과정과 관련해 서로 다른 이질적인 계층이나 계급 간의 충돌로 보는 시각은 아직 나타나지 않았다.

개설서의 가설 수준에 지나지 않던 사림파 학설을 연구논문으로 뒷받침한 첫 학자는 이태진이다. 그는 1972년에 발표한 논문에서 중소 지주층인 영남 지역의 사림파가 김종직金宗直(1431~1492)을 필두로 유향소를 다시 세우려는 운동 등을 통해 중앙의 훈구파와 대립했으며, 중앙집권에 맞서 향촌 자치를 강조하고 성리학을 이론적 사상적 기틀로 삼았다고 주장했다. 그는 논문 전체에 걸쳐 시종일관 사림파와 훈구파를 대립 구도로 보았으며, 그들의 차이를 성리학에 대한 태도뿐만 아니라 사회경제적 기반의 차이로 설명했고, 나중에 사림파가 훈구·척신 세력을 압도하게 된 상황을 '중소 지주층의 승리'라고 단언했다.[15] 그러나 훈구와 사림의 토지 소유가 어떻게 달랐는지를 논증하지 못한 결정적인 약점을 드러냈다.

1970년대에 사림 관련 논문이 두어 편 나오기는 했지만 큰 흐름은 여전히 개설서가 주도했으며, 이들 개실서의 장절章節 제목에 사림파가 더욱 강조되고 서술 분량도 부쩍 늘어났다.[16] 개설서에서 시작된 사림파 학설을 본격적인 전문 연구 수준으로 끌어올린 이는 이수건이다. 1979년에 그는 영남 지역의 대표적인 사림을 천착한 연구서를 출간했는데, 이는 그동안 개설서를 중심으로 전개되던 사림파 관련 통설을 학술 차원에서 구체적으로 확인하기 위한 작업의 일환이었다. 특히 여기서 사림을 ① 첨설직添設職 등을 통해 품관으로 신분이 상승한 재지 중소 지주 계층으로서, ② 강력한 사회경제적 기반과 성리학적 소양으로 향촌 사회에 지배 기반을 구축했으며, ③ 고려의 멸망 때 낙향하고 세조의 찬탈에 반대하는 등 절의와 명분을 중시하는 학문적 경향 및 ④ 관직보다는 학문을 더 좋아하는 처사處士의 취향을 가졌고, ⑤ 사장 외에도 『소학小學』과 『가례家禮』 등에 기초한 행신行身과 효제孝悌의 실천을 강조했으며, ⑥ 중앙 정계에 진출해서는 기존의 훈구파와 대립한 신진 사류로 파악했다.[17] 이는 사림을 성리학적 가치 추구에 투철했던 새로운 정치 세력이자 기존의 기득권층과 다른 사회경제적 기반을 갖춘 특정 계층으로 이해한 것으로, 가설 수준에 머물던 사림파 학설을 진일보시킨 점에서 연구사적 의의가 있다.

그러나 같은 책에 따르면, 사림파의 대표적 인물인 김굉필金宏弼(1454~1504), 정여창鄭汝昌(1450~1504), 김일손金馹孫(1464~1498), 이황李滉(1501~1570), 이이李珥

(1536~1584) 등은 경향京鄕 각처에 걸쳐 수많은 노비와 전답을 보유한 부호들이었다.[18] 이 사실은 그들이 재지 중소 지주라기보다는 부재지주의 성격을 더 강하게 띠고 있었다는 반증이 된다. 또한 영남 사림파가 당시 중앙의 훈척 집안들과 빈번하게 혼인 관계를 맺고 있었다는 그의 지적도 자신이 제시한 사림파의 정의와 잘 부합하지 않는다. 특히 당시 서울에 세거世居하는 사림이 많았던 사실과 '사림파=향촌 중소 지주'라는 도식적 이해는 정면으로 배치된다. 따라서 이수건은 사림과 관련해 매우 중요한 사실들을 실증적으로 밝혀 놓고도 '사림파=향촌 중소 지주층'이라는 가설 수준의 통념을 벗어버리지 못한 탓에 자신의 연구 내용과 모순이 될 수 있는 결론을 도출한 셈이다.

1980년에 김태영은 김종직의 활동을 살핀 한 연구에서 사림파를 성리학적 사유에 뛰어나고 성군위민聖君爲民 정치를 추구하여 성리학이 조선왕조의 정치적 교학敎學으로 뿌리내리는 데 기여한 이들로 규정했다.[19] 사림파와 훈구파를 가르는 기준으로 사회경제적 요인은 언급하지 않았다. 그러나 이는 사회경제적 요인을 부정했기 때문이 아니라, 오히려 그것을 당연히 여긴 바탕 위에서 사림파의 성리학적 소양을 좀 더 강조했기 때문으로, 결국 기존 통설을 그대로 따른 셈이다.

국내 학계에서 정설처럼 되어 있던 사림파 관련 통설은 미국인 학자 와그너(Edward W. Wagner)에 의해 처음으로 비판을 받는다. 그는 1974년 발표한 사화에 대한 연구에서 사화를 계층 간의 알력이 아니라 대간臺諫이라는 제도 때문에 발생한 결과로 설명했다.[20] 이를 통해 국내 학계에서 널리 통용되던 훈구·사림의 대립 구도 및 그 결과로 나타났다는 사화에 대한 통설을 정면으로 비판했다. 1980년에는 사림 문제를 본격적으로 다룬 논문을 국내 학술지에 한글로도 게재했다. 이 논문에서 그는 성종(r. 1469~1494)의 불교식 장례(1494)에 격렬하게 반대하다가 처벌받은 성균관 유생 24명, 기묘사화(1519) 때 처형당한 8명, 현량과賢良科(1519) 출신 28명 등 대표적 사림으로 분류될 수 있는 인물들이 대개 서울의 명문거족 출신임을 증거로 삼아, 당시 사림으로 불린 집단이 동시대의 다른 집단들과 구별될 수 있는 특징은 성리학적 정치 원리 및 윤리 규범에 남달리 철저했던 것 외에는 없다고 지적했다. 따라서 기존의 지배 세력(훈구)과 대립되는 이질적인 집단, 곧 새로운 사회계층의 대두를 설명하는 용어로 사림이 적절하지 않다고 했다.[21]

토지 소유에서 훈구와 사림 사이에 별다른 차이가 없었다는 점을 고려할 때,[22] 와그너의 견해는 매우 설득력이 있다. 다만 실록의 기록에 무수히 보이는 정치 세력 또는 특정 집단으로서 사림이 갖는 의미를 경시한 단점이 있다. 사림에는 '성리학적 가치에 매우 충실했던 사람들'이라는 의미에 더하여, 그런 가치를 현실 정치에서 실현하고자 '무리를 지어 행동을 함께한 정치 세력'이라는 의미도 들어 있기 때문이다.

와그너의 주장은 국내 학계에서 이렇다 할 재반론도 없이 거의 무시되었다. 오히려 훈구와 사림의 구분을 사회경제적 기반의 차이로 설명하는 연구가 더욱 줄을 이었는데, 그 선두 주자가 이태진이었다. 그는 1970년대 말부터 1980년대 초에 집중적으로 발표한 일련의 논문에서[23] 조선 전기(특히 16세기) 사림파 대두의 배경을 농업기술의 확산에 따른 지방사회의 발달로 설명했는데, 이를 통해 그동안 김종직이나 조광조趙光祖(1482~1519)와 같은 인물 및 학문적 계보로 이해해온 사림파의 실체를 사회경제적 기반을 달리하는 새로운 계층으로 자리매김하는 데 결정적으로 기여했다.

이런 연구를 토대로, 그는 사림파를 ① 고려 말에 첨설직 등을 통해 품관으로 신분이 향상된 향촌의 중소 지주 계층 출신으로서, ② 처음에는 영남 지방에만 밀집해 있다가 점차 기호 지방으로 확산되었으며, ③ 15~16세기에 걸친 농업경제의 발달과 함께 성장했고, ④ 성리학적 정치 이념을 신봉하면서, ⑤ 중앙집권에 맞서 향촌의 이해관계를 대변한 새로운 정치 세력으로 파악했다.[24] 이 중에서도 이태진이 강조한 핵심 주제어는 단연 '향촌'과 '중소 지주'로, 곧 '사림파=향촌 중소 지주층'이라는 공식을 성립시켰다. 이는 사림파를 새로운 계급이나 계층으로 설명하는 데 필요한 사회경제적 조건을 중점적으로 살폈다는 점에서 의의가 있으며, 그만큼 사림파 학설을 더욱 공고히 하는 데 기여했다.

그러나 이태진의 주장은 대지주와 중소 지주를 구분하는 기준을 제대로 제시하지 않았을 뿐더러, 훈구파와 사림파 인물들의 토지 소유 실태에 대한 비교를 시도하지 않았다는 점에서 논리상의 문제를 안고 있다. 이수건의 연구에서 이미 드러났듯이, 사림의 거두이자 상징으로 잘 알려진 인물들이 경향에 걸쳐 막대한 노비와 전택을 보유한 부호였다는 사실은 그의 주장에 오히려 심각한 반증이 되어버린다. 실제로 실록에 무수히 보이는 사림이라는 단어 가운데 구체적으로 향촌 세력이나 중소 지주를 가리키는 의미로 쓰인 예는 없다. 이는 설사 향촌의 중소 지주 중에서 사림에 포함된 자들이 일부 있었을지라도, 당시 아무도 사림을 향촌에 거주하는 중소 지주라는 특정 계층을 가리키는 용어로 사용하지 않았음을 보여주는 중요한 증거가 된다. 아울러 유향소, 사창 제도, 개간 사업, 향약, 서원 등에 대한 태도를 기준으로 훈구와 사림을 양분한 점에 대해서도 지나치게 자의적으로 도식화한 탓에 사실과 맞지 않는다는 비판이 제기된 바 있다.[25]

이태진과 비슷한 시기에 이병휴는 기호 지방 사림파의 연구를 통해 기존의 사림파 학설에 약간 수정이 필요하다는 주장을 내놓아 주목을 받았다. 그는 사림이 원래 독서하는 선비들이라는 평범한 의미를 지녔지만 점차 성리학자만을 가리키는 개념으로 구체화되다가, 성종 때 이르러 훈구파에 대응하는 세력 집단을 가리키는 개념으로 굳어졌으며, 그 뒤 몇 차례의 사화를 거치면서 그 피해자 집단을 특별히 지목하는 역사적 용어로 사용되었다고 주장했다.[26] 이런 개념을 토대로, 김종직·김굉필·정여창의 문인 105명 및 이른바 기묘사림己卯士林으로 분류된 95명의 출신 배경을 조사했다. 그 결과 그는 ① 성종 대 이후 형성된 정치 집단으로서 사림파는 영남보다 기호 지방 출신들이 주축을 이루었으며, ② 거족(훈구) 출신의 비율 및 그들의 정치적 비중이 크기 때문에 사회적 지위나 경제적 기반과 같은 외형적 조건이 훈구파와 사림파를 가르는 충분조건이 될 수 없고, ③ 기묘사화 때까지만 한정해 본다면 사림파란 진취적이고 현실 개혁 의지를 지닌 인물, 혹은 그와 동류의식을 지닌 자들로 구성된 정치 집단이라고 규정했다.[27] 그러나 동시에 ④ 자신의 연구 결과는 사림파가 재지 사족 출신으로서 훈구 가문과는 대조적인 성격을 지녔다는 일반적인 이해와 큰 차이가 없으며,[28] ⑤ 조선 전기의 정치사회사는 중앙 권력인 훈구파와 향촌 세력인 사림파의 상호 대응 및 그 전개 과정이었다는[29] 큰 결론을 유지했다. 이병휴가 사림과 관련해 새롭게 밝힌 ①~③의 사실은 매우 중요하다. 그러나 훈구와 사림이 지역적 경제적 기반을 달리하는 이질적 사회계층이라는 통설을 그대로 따름으로써 자신의 연구 내용과 결론이 부합하지 않는 모순을 드러냈다. 상식적으로나 논리적으로나 ②의 내용은 ④·⑤의 내용과 병립할 수 없기 때문이다.

스스로도 이 점을 느꼈는지, 이병휴는 현량과 출신 28명 중에서 서울의 명문거족 출신이 차지하는 비중을 최대한 낮추려고 했다. 전체의 50%가 넘는 훈구 가문 출신을 대부분 "사림파로 전향 또는 전환한 경우"라고 해석한 점, 또한 엄연히 한양의 명문거족임에도 불구하고 단지 농장 같은 경제적 기반이 경기도나 충청도 일대에 있다는 이유로 그들의 근거지를 한양이 아닌 향촌으로 구분한 점 등은[30] 그 단적인 예이다. 한편 그는 훈구파에서 사림파로 전향했다는 의미의 '전향 사림파'라는 표현을 책 전반에서 많이 사용했는데, 사상적인 성향이 서서히 바뀐 것이라면 모를까, 중앙의 대지주가 지방의 중소 지주로 스스로 전향한 예가—특히 토지 경제에 바탕을 둔 신분제 사회에서 대규모로 이루어진 사례가—과연 인류 역사에 있었는지 의문이며, 그런 설명이 논리적으로나 상식적으로 가능한지도 의심스럽다. 물론 이병휴는 성향의 변화 차원에서 전향이라는 용어를 사용했으나, 그럼에도 '사림파＝향촌 중소 지주'라는 통설을 그대로 수용하는 입장에서 사용한 '전향'이라는 용어는 당연히 사회경제적 기반과 관련될 수밖에 없는 결정적인 문제가 있다. 정리하자면, 이른바 '향촌의 중소 지주'조차도 경향 각처에 걸쳐 엄청난 노비와 전답을 보유하고 있던 당시에 한양 명문거족의 경제적 사회적 기반이 한성부라는 행정구역에만 국한되었다고는 보기 어렵다. 또한 현량과 출신 28명 중에 서울의 명문거족 출신이 대거 포함되었다는 사실 하나만으로도 '사림파＝향촌 중소 지주층'이라는 통설은 존립 기반을 상실한다.

이렇듯, 사림파를 새로운 사회경제적 계층이자 정치 세력으로 본 기존 통설을 실증하려는 차원의 연구가 1970~1980년대를 관통했다. 그런데 1980년대에는 사림파의 실제 활동, 곧 언론 활동과 언론 관련 제도에 초점을 맞춘 연구들이 연이어 등장함으로써 사림 연구의 2막을 열었다. 이들 연구는 정계에 진출한 사림의 활동을 정치 구조와 관련해 구체적으로 살피고, 그것을 언론 정치 또는 공론 정치라는 담론으로 발전시킨 점에서 의의가 있다. 그러나 사림을 훈구와 거의 모든 면에서 상이한 출신의 사회경제적 계층이자 정치 집단으로 파악한 기존 통설을 그대로 수용했다는 점에서 큰 아쉬움을 남겼다. 사림의 개념에 대한 근본적인 의문이 이미 학계에 제기된 상태임에도 불구하고, 그에 대해 이렇다 할 검토도 없이 통설이 맞는다는 일방적 전제하에 사림의 활동과 그 정치 구조에만 관심을 두었기 때문이다.

사림을 정치권력과 관련해 구조적으로 파악한 연구의 출발은 아마도 1970년대의 송찬식일 것이다. 송찬식은 성종~중종 연간에 정치 무대에서 발생한 일련의 갈등 현상이 삼사를 장악한 사림 세력(신진 사류)과 삼공육경三公六卿을 중심으로 한 비사림 세력이 서로 대립한 것이라 보고, 도덕적 우위를 점한 신진 사류들의 영향력이 시간이 지나면서 계속 확대되었다가 선조 대에 이르러 결국 신진 사류의 분열로 이어졌다고 풀이했다.[31] 기존의 사림 개념에 대해 언급하지 않은 까닭에 송찬식이 그것을 그대로 수용했는지의 여부는 알 수 없다. 하지만 사회경제적 기반은 언급하지 않은 채 삼사를 거점으로 한 정치 세력으로 사림을 규정함으로써, 사화가 훈구와 사림의 대립 때문이라기보다 대간이라는 특이한 정치제도 때문에 발생했다고 보는 와그너의 연구와 일부 상통하는 면을 보였다.

사림을 언론 활동과 연관해 파악하려는 연구는 1980년대 중반에 김돈, 남지대, 김우기, 최이돈 등에 의해 구체화되었다. 이들은 사림의 거점으로 알려진 삼사의 언관들이 공론公論을 강조했다는 점에 착안하여 '사림 정치' 또는 '공론 정치'라는 개념으로 당시의 정국과 정치 성격을 파악하고, 그 실체를 낭관권郎官權을 통해 규명하려는 특징을 보였다.

먼저, 김돈은 사림 세력의 정치적 부침이 극적이었던 중종 대 언관 활동의 추이를 살핀 연구에서, ① 사림으로 널리 알려진 몇몇 인물이 문인에 속하는지 여부를 사림에 대한 주요 판단 잣대로 활용했지만, ② 사림의 구성 범위를 중소 지주, 향촌 사족, 향촌 자치 등과 같은 키워드로 규정한 기존의 통설을 그대로 수용했다.[32] 그러나 보기에 따라서 ①과 ②는 상충할 수도 있는 두 개의 명제이다. 그런데도 그런 주장을 편 것은 앞서 이병휴의 연구에서도 지적했듯이 워낙 강고한 통설을 직접 부정하기 어려웠기에 ②라는 대전제하에 ①을 새롭게 강조한 듯싶다. 특히 김돈이 최근의 한 글에서 훈구와 사림의 도식적 구분은 쉽지 않다는 점을 밝히면서, 특히 출신 기반(향촌 여부)과 경제적 기반(중소 지주 여부)의 차이로 그 둘을 구분하는 기존 방법에 대해 비판적 견해를 분명히 한[33] 점을 고려할 때 더욱 그렇다.

이에 비해 남지대·김우기·최이돈 등은 사림에 대한 기존 통설을 그대로 수용한 뒤 사림 세력의 언론 활동과 그 관련 제도를 살핀 점에서 김돈과 차이를 보인다. 남지대가 성종 대 언관의 활동을 통해 사림 세력을 우회적으로 언급하면서 공론 정치를 언급했다면,[34] 김우기는 이조전랑이 삼사와 맺고 있는 관계의 의미를 사림 세력과 관련해서 살폈다.[35] 최이돈은 홍문관의 언관화言官化 문제와 낭관 제도에 중점을 두어 사림 정치를 강조한[36] 뒤, 사림의 등장과 세력 확대 과정을 언관의 비중 증대를 축으로 한 정치 구조의 변화 차원에서 고찰하는 일련의 연구물을[37] 발표했다.

그러나 이들 연구는 모두 '사림이 누구인가'라는 근본적인 문제보다는 이미 사림이라 규정된 자들이 성종~중종 연간 정치 무대에서 어떤 활동에 주력했고, 그 결과 정치 구조와 환경에 어떤 변화가 발생했는지에 초점을 맞췄다. 결국 사림이 향촌의 이해관계에 충실한 중소 지주 출신이라는 기존 통설을 그대로 따른 것이다. 김돈을 제외하고 모두 기존 통설이 맞는다는 전제 아래 사림의 활동을 구체적으로 고찰한 데 의미가 있을 뿐, 사림의 개념이나 범주를 설정하는 문제에 대해서는 아무런 비판도 제기하지 않았다는 문제가 있다. 이 점은 최이돈이 최근에 발표한 글에서도 "향촌의 주도층, 재생산 기반인 향촌, 향촌을 기반으로 삼아 중앙 정계에 진출" 등과 같이 사림을 분별하는 기존의 통설을 다시금 확인한[38] 점에서 여실히 드러난다. 요컨대 이들 연구는 사림 세력의 활동을 대간이나 낭관과 같은 언론 활동 관련 제도에 초점을 두어 좀 더 상세히 살피고, 그것을 사림 정치 또는 공론 정치라는 담론으로 발전시킨 데는 의의가 있으나, 사림에 대한 개념 규정에서는 향촌에 기반을 둔 세력이 과거를 통해 중앙에 진출한 성리학자들이라는 기존 통설을 그대로 수용했다는 점에서 한계를 노정했다.[39]

결국 1980년대까지 사림 관련 국내 학계의 연구 동향은 사림을 향촌의 중소 지주층으로 파악한 통설을 그대로 따르면서, 사림의 언론 활동을 정치 구조와 관련해 살피는 방향으로 확대되었다고 할 수 있다. 이런 추세는 1990년대에도 그대로 이어져, 기존의 사림(파)론이 국내 학계를 계속 휩쓸었다. 이전과 약간의 차이가 있다면, 기존 통설에 대한 비판이 국내외에서 좀 더 활발하게 제기되었다는 점이다.

한 예로 1994년에 정두희는, 삼사를 중심으로 언론 활동을 펼침으로써 사림의 전형으로 알려진 대간이 과연 통설에서 규정한 사림의 개념과 일치하는가라는 문제의식에서 출발해, 사림파가 삼사를 통해 활발히 대두한 시기로 알려진 성종 대에 대간을 역임한 바 있는 373명의 출신 배경을 전수조사했다. 이는 통설대로 성종 대에 삼사, 특히 양사가 사림의 권력 기반으로 기능했다면 대간의 출신 배경이 통설에서 말하는 사림의 그것과 일치해야 한다는 논리적 가설에서 출발한 연구였다. 그 결과 그는 성종 대 언론 활동을 전개한 대간들 대부분이 오히려 훈구 가문으로 알려진 중앙의 명문거족 출신이라는 실증적 결론을 확인했다. 이런 연구 결과는 사림파를 지방의 중소 지주 출신으로 본 기존의 통설(가설)과 정면으로 배치되는 것으로, 그는 가설과 구체적인 사실 사이에 큰 차이가 있을 경우에는 가설을 수정하는 것이 옳다고 확언했다.[40] 다만 그의 주장처럼 기존의 신흥 사대부 학설과 사림파 학설에 문제가 있어서 폐기해야 한다면, 조선 건국의 주체 세력 및 조선 전기의 지배 세력을 어떻게 개념화할지에 대해 좀 더 구체적으로 설명할 필요가 있는데, 그렇게 하지 못한 아쉬움이 있다.

이듬해인 1995년에는 권인호가 “출신 성분과 경제적 배경을 기준으로 보면 훈구파와 사림파 사이에 별다른 차이가 없다"고 단언함으로써[41] 사림파 관련 통설을 부정하는 데 동조했다. 그렇지만 훈구와 사림을 구분하는 기준이 무엇인가에 대한 정치한 설명은 역시 제공하지 않았다. 오히려 사림파를 '보수 사림파'(사회 현실보다는 사변적 윤리 도덕을 강조한 그룹)와 '진보 사림파'(유교적 가치에 따라 위민정치를 구현하고자 한 현실 개혁파)로 구분하고, 민생을 위한 정치와 정책을 기준으로 사림파가 나뉜다는 점을 강조했다. 또한 광해군(r. 1608~1623) 대 북인 세력만 민중을 위한 개혁적 사림, 곧 진보 사림파이고 다른 세력은 거의 다 보수 사림파였다고 구분했는데, 이는 지나치게 자의적이라는 문제를 안고 있다.

국내 학계가 이런 상황일 즈음인 1996년, 구미 학계에서는 제임스 팔레(James B. Palais)가 사림 관련 통설에 대해 한층 다양한 비판을 내놓았다. 그는 이태진이 활성화한 '사림파=향촌 중소 지주층'이라는 도식을 구미 학계의 연구 성과들을 토대로 비판했다. 그는 이태진이 훈구파와 사림파를 구분하기 위해 사용한 다른 기준들, 이를테면 유향소·향사례·향음주례·향약 등과 같이 지방의 유교 문화 발달과 관련된 사안들에 대한 태도의 차이에 대해서도 날선 비판을 더했다. 그에 따르면 그런 견해와 입장 차이가 반드시 훈구파와 사림파를 기준으로 갈리지 않는다는 것이다.[42] 다만 이런 비판이 사림파 논쟁을 본격적으로 파헤치기 위한 연구의 일환이 아니고 17세기에 유형원柳馨遠(1622~1673)이 구상한 향약의 역사적 배경을 설명하는 과정에서 이루어졌기 때문에 국내 학계의 주류 학설을 비판하는 데 그쳤다. 그로 인해 새로운 설명 틀을 제시하는 데까지는 나아가지 못했다.

1990년대 국내 학계에서는 사림과 관련해 '사림 정치'라는 담론이 일정한 목소리를 냈는데, 이성무·최이돈·정만조 등을 대표적 학자로 꼽을 수 있다. 사림 정치 학설은 공론 정치 학설과 유사한 점이 있는데, 전자가 그런 정치를 주도한 사람들, 곧 지배 세력에 중점을 둔 견해인 데 비해, 후자는 그런 정치의 내용, 곧 속성에 중점을 둔 점에서 기본적인 차이가 있다. 따라서 삼사에 기반을 둔 언론 활동을 통해 사림을 설명하고자 한 1980년대의 학자들 중에서도 '사람'과 '내용' 가운데 어디에 중점을 두는가에 따라 사림 정치와 공론 정치로 갈리는 경향을 보인다. 최이돈이 사림 정치를 강조했다면,[43] 남지대는 공론 정치 쪽에 무게를 둔[44] 점이 그런 예다.

사림 정치론은 1990년대에 정만조와 이성무가 더욱 구체화했으나,[45] 대개 17세기 이후를 다뤘기 때문에 이 책에서 관심을 기울이는 사림의 개념 규정과는 일정한 거리가 있다. 두 사람의 차이를 살펴보면 이성무가 사림 관련 기존 통설을 대체로 수용한 상태에서 이후의 정치 구조와 연동해 사림 정치를 말한 데 비해, 정만조는 사림과 관련해 사회경제적 기반을 강조한 이태진의 통설을 비판하면서 유교적 가치를 신봉하고 공론을 지지하는 무리로 사림을 이해한 점에서 서로 다르다.

요컨대 1990년대에는 기존의 사림파 학설에 대한 비판이 국내외적으로 제기되었으나, 기존의 통설을 역사적 사실로 전제하고 그 틀 안에서 연구를 진행하는 것이 대체적인 추세였다. 또 하나의 연구 특징으로는 1980년대의 공론 정치와 달리 사림 정치라는 새로운 담론이 하나의 흐름으로 국내 학계에 유통된 점이다. 이는 사림 관련 통설이 1990년대에도 여전히 학계를 관통했음을 의미한다. 국내 학계에서 사림파를 설명한 결정판이라 할 수 있는 국사편찬위원회 편찬 『한국사』(1996)의 관련 기술을 보면,[46] 기존 통설에 전적으로 기초했음을 쉽게 알 수 있다. 그러나 이미 국내외에서 제기된 반론이 결코 적지 않음에도 그에 대한 방어적 설명조차 없이 기존의 설을 일방적으로 반복한 점은 큰 문제이다.

이런 분위기도 2000년대에 들어서면 눈에 띄게 바뀌게 되는데, 국내 학계에서도 기존의 사림파 학설을 부정하는 연구가 본격적으로 나오기 시작한 것이다. 송웅섭은 사림파로 분류하는 데 이의가 없는 인물들의 출신 기반을 조사함으로써 기존 통설이 틀렸음을 인정했다. 그는 기묘사화에 연루되어 파직된 김정국金正國(1485~1541)이 작성한 『기묘당적己卯黨籍』 등 몇몇 당적에 수록된 기묘사림 90여 명의 출신 배경을 조사해, ① 이들이 사마시司馬試에 응시할 당시의 거주지를 기준으로 할 때 약 70%가 서울 거주자였으며, ② 당시의 훈신 및 왕족과 중층적 인척 관계를 맺고 있었고, ③ 기묘사림에 적대적이던 정국공신靖國功臣(중종반정공신)이나 김안로金安老(1495~1537) 및 이행李荇(1478~1534) 등 훈척 집안과도 혼인이나 문인 관계로 복잡하게 연결되어 있다는 사실을 발견했다. 이를 토대로 그는 기묘사림을 "조광조 등과 정치적 행보를 함께했던 사람들이 민감한 정치적 현안들을 매개로 결집한 일군의 정치 세력"으로 규정했으며,[47] 논리적 비약을 가져올 다른 말은 하지 않았다.

최근에 송웅섭은 사림의 종장宗匠으로 알려진 김종직의 문인 약 60명의 출신 배경에 대한 조사 결과를 토대로 사림의 연원과 관련된 의미 있는 내용을 발표했다. 그에 따르면 사마시나 문과에 응시할 당시의 거주지 구분에서 서울과 경상도가 모두 28명씩으로, 서울 거주자가 전체의 46.6%를 차지했다. 출신 가문을 보아도 거주지에 관계없이 본인 당대 이전에 이미 중앙의 관인을 배출한 가문이나 공신 가문 출신이 대다수였고, 심지어 훈구파의 핵심 세력으로 알려진 이들과도 혈연관계를 맺고 있었다. 이에 대해 그는, 김종직의 문인 그룹을 이해할 때 그들이 중앙의 집권 세력과는 다른 출신 배경을 갖고 있다거나 출신 배경이 다르기 때문에 중앙의 집권 세력과 갈등을 빚었다는 기존의 설명은 하나의 전제일 뿐, 실제의 모습과 거리가 있다는 결론을 내렸다.[48]

이태진은 2002년에 출간한 책의 서문에서, 사림 세력을 중소 지주층으로 분류한 자신의 학설에 대해 근거를 제시하라는 비판을 받았는데 당시의 토지대장이 부재하므로 근거 제시는 불가능하다면서도, 실증이 되지 않는다고 그런 구분을 하지 말라고 한다면 그것이 더 큰 언어도단이라고[49] 극언했다. 그러나 증명이 안 된다면 그것은 여전히 가설일 수밖에 없는데, 가설을 마치 사실처럼 기술하는 것이 과연 역사가가 취할 태도인지 의문이다. 더욱이 '사림파=향촌 중소 지주층'이라는 주장이 안고 있는 문제는 그것이 단순히 실증이 어렵기 때문만이 아니라, 경향 각지에 전택과 노비를 보유한 사림파 부호의 사례나 한양에 세거世居하는 명문거족 출신 사림의 사례가 무척 많은 까닭에 오히려 반증에 직면한다는 데 있다. 가설의 증명이 비록 어렵더라도, 적어도 반증 사례들에 대해서는 일정한 수준의 방어 설명이 가능해야 그나마 가설로서 존재할 수 있다. 그런데 증명도 제대로 안 되고 반증 사례를 해명하지도 못하는 주장이 어떻게 가설로, 심지어 학계의 주류 학설로 유통되고 장수할 수 있는지 따져보아야 한다. 가설과 사실이 마찰을 빚는다면 당연히 가설을 거두어들이는 것이 상식이다.

2003년에 김범은 사림파 학설에 대한 비평논문을 발표했다. 이 논문은 훈구파·사림파의 이항 대립 구도로 짜인 조선 전기 정치사의 설명 틀이 사실과 맞지 않음을 본격적으로 파헤친 것으로, 국내에서 발표된 점에서 의의가 있다. 그는 먼저 훈구파와 사림파가 그토록 다른 부류였다면 각각 그만큼 단일하고 정연한 특성을 공유했어야 할 텐데, 사실은 그렇지 않았음을 지적했다. 이를 증명하기 위해 그동안 학계에서 통용된 사림 개념의 부정확성을 지적하고, 더 나아가 기존 연구에서 사림파의 공통적 특성으로 제시한 기준들, 이를테면 유향소·사창제·대동법 실시에 대한 태도, 재력이나 농지 개간, 중소 지주 등과 같은 경제 기반, 그리고 흔히 사림파 계보로 알려진 도통道統의 신빙성에 의문을 제기했다.[50] 이는 그 같은 조건들로는 훈구파와 사림파를 구분하는 도식화가 불가능함을 밝힌 것으로, 거의 모두 국내의 연구 성과를 근거로 삼아 논지를 전개했다는 점에서 더욱 큰 의의를 지닌다. 그동안 국내에서도 훈구파·사림파 관련 통설에 맞지 않는 반증들이 이미 다양하게 제시되었다는 사실을 잘 보여주기 때문이다.

한편 비슷한 시기에 사림의 용례를 조사한 이희환은 사림이 학맥이나 지역이나 경제 기반 등을 공유한 특정 계층을 가리키는 용어가 아니라 사대부나 사류와 같은 말로 쓰였으며, 유생이나 유림의 다른 표현이기도 한 일반명사였음을 밝혔다. 그 결과 그는 특정 사회계층의 의미를 강조한 기존의 사림파 개념 관련 통설은 모두 수정되어야 한다고 역설했다.[51]

유승원은 이태진의 사림파 학설에 기본적으로 동의하면서도 사림파가 지닌 성리학 근본주의적 성향을 특히 강조했다. 또한 사림파는 일찍부터 붕당으로 지목될 만큼 결속력과 공통의 정체성을 가지고 있던 반면, 사림파와 대립하는 정치 세력으로서의 훈구파는 존재하지 않았다고 주장했다. 나아가 그는 성리학 근본주의자인 사림파가 주로 재지 사족의 이해관계를 중심으로 세력을 확대하는 과정에서 상민을 피지배층으로 한 대자적對者的 개념의 양반 지배계급이 탄생했다는 시론을 전개했다.[52] 그의 주장은 학문에 대한 성향을 기준으로 계급이나 계층을 나누는 것이 과연 타당한가라는 문제를 안고 있으나, 동질의 정치 세력 집단으로서 훈구파의 실체를 부정한 점에서 의의가 있다.

2010년대에는 이와 같은 비판적 추세가 더욱 강하게 이어졌다. 비록 사림의 개념을 두고 찬반 토론이 공식적으로 열리지는 않았으나, 박사학위논문을 작성하는 신진 학자들 사이에서는 이미 거스를 수 없는 대세가 되었다고 해도 과언이 아니다. 사회경제적 기반의 차이로 사림을 설명하는 통설은 이제 적어도 관련 학계의 소장 학자들 사이에서는 종말을 고했다고 할 수 있다. 2011년에는 기존의 사림파 학설을 부정하는 토대 위에서 성종~중종 연간 정치와 지배 세력의 성격을 살핀 두 편의 박사학위논문이 나왔다.

먼저, 송웅섭은 훈구파·사림파 관련 양측 논의를 모두 비판적으로 검토한 뒤, 성종 대 이후의 정치를 공론 정치로 개념화해 설명했다. 공론 정치라는 결론만 보면 앞서 검토한 1980년대 연구 동향을 계승한 것처럼 보이지만, 사림의 개념 관련 기존 통설을 분명하게 부정한 점에서 이전 연구들과 뚜렷한 차이를 보인다. 특히 그는 기존의 사림 정치 학설이 훈구파·사림파 학설에 바탕을 두었던 탓에 성종 대 이후 16세기 조선 정치의 특성을 제대로 설명하는 데 문제가 있다고 보고, 정치 세력 자체보다는 그들이 추구한 유교적 가치의 표출, 곧 국왕을 비롯해 거의 모든 관료와 지식인이 공유한 도학적 공론으로 조선시대 정치를 새롭게 설명할 필요가 있다고 역설했다.[53] 또한 그 연원을 성종 때로 잡음으로써 관련 선행 연구와[54] 좋은 짝을 이루었다. 단지 성종 때 공론 정치가 형성될 수 있었던 원인과 배경으로 성종 개인의 성향을 과도하게 강조한 점은 아쉽다. 국왕의 태도가 주요 변수이기는 하지만, 성종이 독립변수(x변수)로서 시대 분위기를 바꾼 것인지, 아니면 새로운 시대 분위기에 성종이 순응한 것인지의 상관관계를 분명히 할 필요가 있기 때문이다.

또 다른 박사학위논문인 윤인숙의 연구는 조선 전기 사회에서 『소학』이 갖는 정치·지성사적 의미에 천착함으로써 16세기 정치 개혁 세력의 성향을 명쾌하게 드러낸 점에서 주목할 가치가 있다. 이를테면 당시의 신진 정치 세력은 『소학』의 실천을 중심으로 중층적 네트워크를 형성한 그룹이므로 사회경제적 의미가 강한 사림파라는 용어 대신 '소학 실천자'라는 용어가 사실에 더 부합하다는 것이다.[55] 이는 기존의 사림파 학설에 대한 찬반 논쟁에서 반대 입장에 서되, 그 대안까지 제시했다는 점에서 의미가 지대하다. 하지만 이런 큰 의의에도 불구하고 그 같은 일군의 소학 실천자들이 왜 유독 이 시기에 활발히 대두했는지에 대한 거시적 통시적 설명이 소략한 점은 아쉽다. 유교 정치를 구현해가는 과정에서 발생한 세조와 연산군의 파행 정치가 이후의 세대(generations)에 남긴 유산과 관련해 『소학』실천운동을 설명했더라면 더 명쾌한 설명이 가능했을 법하다.

이렇듯 2000년대에는 기존의 사림 관련 통설에 대한 비판이 국내에서도 거세게 일어나, 2010년대인 지금은 기존 통설을 토대로 연구논문을 작성하는 일이 사실상 불가능할 지경이 되었다. 이는 끊임없이 나오는 반증 사례들에 대해 통설 지지자들이 이렇다 할 대응조차 제대로 하지 못한 결과이다. 그런데 이런 귀결이 관련 학계 내부의 치열한 토론과 논쟁을 거친 산물이라기보다는 반론에 대한 재반론을 내놓지 못한 통설이 스스로 고사枯死한 결과라는 점에서, 학계의 학문적 불통을 보여주는 것 같아 못내 씁쓸하다.

조선시대 역사에 거의 문외한일지라도 상식에 충실하다면, 신흥 사대부와 사림 관련 통설이 안고 있는 기본 문제를 어렵지 않게 간파할 수 있다. 만일 신흥 사대부와 사림이 모두 지방의 중소 지주라는 경제적 동질성을 지닌 새로운 사회계층으로서 향촌을 기반으로 삼아 중앙 정계에 진출하여 기존의 기득권 세력을 몰아내고 권력을 장악했다면, 한국 사회는 15세기 벽두와 16세기 전반에 걸쳐 100년 터울로 지배 계층의 교체라는 어마어마한 사회혁명을 두 번이나 겪은 셈이 된다. 또한 조선의 건국을 계기로 중앙에 진출한 지방의 중소 지주층은 불과 100년도 안 되는 기간에 대지주계급인 훈구파로 변신했다가, 또 다른 중소 지주층(사림파)에 의해 몰락한 셈이 된다. 그러나 이런 설명이 과연 어떻게 가능할까? 이 설명이 정말 사실이라면 이것은 세계사에서 유례없는 획기적인 일이니, 세계사를 새로 써야 할 것이다.

조선과 같은 농업 중심의 자급자족경제에 기초한 사회에서 전국에 걸쳐,

또한 100년이라는 비교적 짧은 터울로 사회적 혁명 또는 대규모 정복 사업으로나 가능할 법한 지배 계층의 교체가 연이어 발생한 것이 정말 사실인지에 대해서는 근본적으로 회의가 들 수밖에 없다. 기존 사림파 학설의 지지자들은 이런 상식적 반문에 대한 적절한 설명을 우선적으로 시도할 필요가 있다. 특히 사림파가 마침내 권력을 잡았다는 선조(r. 1567~1608) 대에 어떠한 토지개혁이 있었는지, 몰락했다는 훈구파 소유의 대토지들은 죄다 어디로 갔는지에 대해서도 설득력 있는 답을 내놓아야 한다.

한편 국내외 비판론자(수정론자)들은 기존 사림파 학설의 지나친 도식화가 갖는 허구성을 드러내는 데 기여했으나, 사회경제적 기반을 달리한 훈구와 사림의 대립이라는 통설을 대신해서 조선 전기 정치사를 설명할 틀을 새롭게 제시하는 데는 그다지 성공적이지 못했다. 그러다 보니 그들의 문제 제기가 오히려 한국 역사의 정체성을 재확인해준다는 비판으로부터 자유롭지 못한 것도 사실이다.

물론 대안이 아예 제시되지 않았던 것은 아니다. 그러나 대안으로 제시된 설명 틀이 안고 있는 문제점을 보완하는 데 별로 적극적이지 않은 채 기존 통설과 평행선을 달린 면이 강하다. 예를 들어, 사화에 대한 설명에서 기존 통설의 지지자들은 그것을 훈구파와 사림파의 충돌이라는 시각에서 조망하고 이해한 데 반해, 수정론자들은 대간 제도의 특성으로 인해 야기된 정치적 충돌이었다는 와그너의 견해에 동조한다.[56] 그런데 정말로 관료 조직 사회의 서열을 무시한 간쟁과 탄핵을 거의 무제한으로 허용한 대간 제도 때문에 사화가 발생했다면, 그런 충돌이 왜 16세기에 접어들 무렵부터 약 반세기 동안 한시적으로 발생했는지를 설명해야 한다. 그 주장이 정녕 합당하다면, 사화는 대간 제도가 존속하는 한 비록 간헐적이라도 계속 발생했어야 논리적으로 수긍이 갈 것이다. 그런데 대간 제도는 19세기 말까지 존속한 반면,

사회는 16세기 벽두와 전반이라는 특정 시기에만 한시적으로 발생했다. 수정론자들은 이에 대해 합당한 설명을 제시할 수 있어야 한다.

공론 정치도 하나의 대안이 될 수는 있으나, 사림의 개념 규정과 관련해 공론의 기준과 권위를 어디에 두는가에 따라 공론 지지 집단의 범주가 상당히 달라질 수 있다는 논리적 결함 문제를 해결해야 한다. 공론을 지지하면 사림이고, 그렇지 않으면 사림이 아니라는 설명 틀은 또 하나의 도식화일 뿐, 당대의 실정을 최대한 사실 그대로 반영하는 데는 부족하다. 특히 유림의 공론일지라도 사안에 따라 찬반이 뒤섞인 숱한 사실들을 무시한 맹점은 반드시 보완이 필요하다. 이는 오늘날 한국 사회에서도 모든 사안에 대해 특정 인물을 보수와 진보 가운데 어느 한쪽으로 단순히 구분할 수 없는 것과 마찬가지다. 요컨대 공론 정치 학설은 사림이라는 집단이 이미 출현한 상태에서 그들의 활동을 언론에 초점을 맞춰 한층 구체적으로 천착한 것이며, 정치 세력으로서 사림이 과연 어떤 사람들이었는지에 대한 원론적인 문제는 회피한 셈이다.

사림 정치 학설 또한 사림의 속성을 구체적으로 파헤친 점에서는 의의가 있으나, 사림 관련 통설을 그대로 수용했다는 점에서는 별다른 차이가 없다. 특히 국내 학계의 사림 정치 학설이 16세기 사림의 개념을 규명하는 문제의식에서 출발하지 않고 이미 사림이 권력을 잡았다는 16세기 후반 선조 대 이후 17세기의 정치 현상을 설명하기 위해 등장한 점으로 볼 때, 이 글에서 추구하는 사림의 개념 규정과는 거리가 멀다.

그렇다면 15세기부터 16세기에 이르도록 『조선왕조실록』에 수없이 나오는 사림의 개념을 어떻게 이해할 것인가? 어떤 접근이 당시의 실상에 가장 근접한 설명이 될 수 있을까? 어떤 설명 틀이 현대 역사가들의 반론을 최소화할 수 있을까? 이제부터 그에 대해 논하고자 한다.

03 운동으로서의 사림

지금까지 살핀 연구 결과들을 토대로 다음과 같은 몇 가지를 확인할 수 있다. 첫째, 사회경제적 기반이나 특정 정치 현안에 대한 태도 등을 기준으로 훈구와 사림을 구분하는 설명 틀은 사실과 어긋나는 사례가 너무 많기 때문에 의미가 없다. 둘째, 사림은 새로운 사회경제적 계급이나 계층이 아니라 기존 지배 엘리트층의 일원이었다. 셋째, 대체로 서울에 기반을 둔 명문거족 출신들이 사림의 주축을 이루고 있었다. 넷째, 그들은 유교적 가치의 현실 적용 과정에서 당시 훈척勳戚이라 불린 고위 관료들의 행태를 신랄히 비판했다. 다섯째, 그럼에도 그들은 그런 명문거족 집안들과 긴밀한 혈연관계를 유지했다.

사림의 이런 특징은 실록에 쓰인 용례를 살피면 더욱 분명히 드러난다. 용례가 다양하지 않아 굳이 표를 만들 필요도 없이, 태조부터 중종 대까지 조선왕조가 건국된 지 150여 년에 걸쳐 사용된 사림의 용례는 약 700개에 달하는데, 그 가운데 특정 정치 세력을 구체적으로 지칭한 사례는 거의 없다. 대개 '성리학적 학식과 소양을 갖춘 선비들'이라는 뜻으로 쓰였다. 사림이라는 단어는 조정의 중대한 정치 현안을 놓고 벌어진 논의 과정 및 사론史論이나 관료들의 인물평에 주로 등장하는데, 모두 '유교적 선비 그룹'(Confucian intellectual society) 정도의 뜻으로, 이를테면 유림儒林이나 유교적 식자층의 뜻으로 쓰였던 것이다.[57] 또한 "조정에 (들어와) 있는 여러 사림"이라는[58] 구체적인 용례가 있는 점으로 보아, 사림은 관료만도 아니고 유생만도 아닌, 성리학적 가치를 존중하고 추구하는 모든 지식인을 망라하는 개념으로 쓰였음을 알 수 있다. 당시에 사림이라는 단어는 흔히 사류나 사대부와도 같은 뜻으로 혼용되었으며, 주요 기준은 학맥이나 출신 가문이나 경제 기반과 같은 외형적인 조건이 아니라 성리학적 가치를 얼마나 존중하고 실천하는가의 여부에 있었다.[59]

사림에 이런 의미가 담겨 있었기 때문에 중종도 그들을 가리켜 국가의 원기元氣라고 신료들 앞에서 확언했던 것이다.

> 사림은 바로 국가의 원기元氣이다. 몸으로 말하자면 원기가 쇠약해지면 몸에 병을 얻게 되고, 조정으로 말하자면 사림이 해를 입으면 국가도 병이 든다. 김형을 추문하면 알 수 있겠지만, (요즘) 인심이 이와 같으니 어찌 재변이 있지 않겠는가?[60]

이뿐만 아니라 간쟁의 임무가 없는 대신일지라도 반드시 간해야 할 중대 사안으로 종묘사직에 관련된 일과 함께 사림(사류)을 모함한 경우가 거론될 수 있었다. 이는 조강朝講에서 지평 채무두蔡無斁가 다음과 같이 말한 데서 확인할 수 있다.

> 대개 나라의 일에서 인물을 논하는 등의 일은 마땅히 대간이 해야지 대신들이 할 바가 아닙니다. (그렇지만) 만약 종묘사직에 관계된 사안이거나

권신權臣이 (나라의) 위엄과 복을 농간하고 사류士類를 모함한 사안이라면, 대신들도 논해야 합니다.[61]

채무두는 지평으로 근무했으나 사림의 지탄을 받는 인물이었다. 그런데도 이런 말을 했다는 것은 채무두 스스로 그것을 진정으로 믿는지에 관계없이 당시 조정과 지식인 사회에 그런 공감대가 강하게 형성되어 있었음을 시사한다. 요컨대 유교국가인 조선왕조에서 사림은 곧 사류이자 유학자로서 나라의 근간을 이루는 지식인층을 가리키는 보통명사였다.

사림이 이렇듯 유림을 뜻하는 보통명사로 쓰였을지라도 현실적으로는 전국 경향 각지에 분포한 독서인층을 망라해서 애매하게 지칭되었던 것 같지는 않다. 그보다는 조정 내부의 정황에 능통하고 각종 현안에 따른 정치평론을 즉각적으로 생산해내던 어떤 그룹을 가리키는 뜻으로 사용되었던 것 같다. 굵직굵직한 현안은 이를 나위도 없고 관료들의 세세한 인사이동 문제까지 시시콜콜히 개입해서 곧바로 비판적 논평을 생산하고 유통했던 것을 보면, 사림이라는 집단은 당시의 교통망을 고려할 때 한양이나 그 근교에 거주하는 무리일 수밖에 없다. 태어나 어린 시절을 보낸 곳이 어디인지에 상관없이 일단은 서울 지역에 거주해야 사림으로서 의미 있는 활동을 하기에 수월했다는 뜻이다. 당시 사림이 서로 정보를 주고받던 중심 공간은 한양이었다.[62] 상식적으로 생각해도 시사성이 매우 강한 현안들에 대해서 즉각적으로 논쟁에 개입한다는 것은 한양에 거주하지 않고서는 불가능하다.

그렇다면 사림을 향촌에 재지在地하거나 기반을 둔 사회경제적 계층으로 보는 기존의 견해는 수정되어야 한다. 새로운 반증을 제시할 필요도 없이, 앞에서 다룬 기존 연구 성과들만으로도 '사림파=재지 중소 지주층'이라는 도식적 이해는 더 이상 설 땅이 없다. 성종 대 사림의 온상으로 알려진 양사에서 근무한 대간들 가운데 50% 정도는 공신 가문 출신이고, 나머지도 성종대 이전부터 주요 관료를 배출해온 명문거족 출신이 대부분이었다.[63] 사림의 상징으로 알려진 조광조는 고조부가 건국 초 이른바 삼공신에 책봉되었으며 증조·조·부 모두 대대로 한양에서 벼슬을 지냈으니, 서울의 쟁쟁한 공신 가문이자 명문거족 출신이었다.[64] 또한 사림의 종장으로 알려진 김종직은 영남 지역 출신이지만, 중앙 정계에서 그가 보인 행적은 세조의 찬탈을 적극 도운 신숙주申叔舟(1417~1475)와 한명회韓明澮(1415~1487) 등과 절친하게 교유하는 등 오히려 훈척에 가까웠으며, 상당한 부호이자 부재지주였다.[65] 이뿐 아니라 사림의 거두로 널리 알려진 김굉필·정여창·김일손·이황·이이 등도 하나같이 경향 각지에 걸쳐 막대한 노비와 전택을 보유한 부호이자 부재지주였다.[66] 당대에 이미 가장 대표적인 사림파로 인정받은 조광조 일파(기묘사림) 및 현량과 인물들 또한 대개 서울의 명문거족 출신이었다.[67] 이런 구체적인 숱한 사례를 예외적인 경우로 치부할 수는 없는 노릇이다.

그러면 사림은 왜 그렇게 당시의 정치에 비판적이었을까? 정치 상황이 과연 어떠했기에 사림의 혹독한 비판 대상이 되었을까? 2장에서 살펴보았듯이, 유교적 가치를 국시로 정하고 출범한 새 왕조 조선의 정치 현실은 결코 유교적으로 진행되지 않았다. 먼저 왕위 계승을 보면 병인정변(중종반정, 1506) 이전 10명의 왕들 가운데 태조(r. 1392~1398), 영안군永安君(정종, r. 1398~1400), 노산군魯山君(단종, r. 1452~1455), 연산군(r. 1494~1506) 등 무려 네 명이 타의로 권좌에서 물러났으며, 그중에서 둘은 유배지에서 죽거나 살해당했고 셋은 묘호廟號조차 없이 영안군은 공정왕恭靖王으로, 노산군과 연산군은 그대로 군君으로 불렸다. 세자이자 장자로서 즉위한 문종(r. 1450~1452), 단종, 예종(r. 1468~1469), 연산군 등 네 명의 왕은 모두 단명했거나 왕위에서 축출되었다. 크고 작은 정변과 역모 사건이 끊이지 않았으며, 성공한 정변은 대개 찬탈로 이어졌다.

이렇게 불안정한 정치 현실을 반영이나 하듯이, 건국 이후 100년 남짓 동안에 공신 책봉이 무려 9차례나 이루어졌다. 병인정변(중종반정)에 따른 정국공신靖國功臣 책봉은 그 아홉 번째인데, 규모 면에서 104명으로 단연 최대였다. 굳이 유교적 가치를 기준으로 삼지 않더라도 이런 정치 현실은 파행에 가까웠다.

특히 세조의 즉위는 당시 조야에 지우기 힘든 엄청난 후유증을 남겼다. 이전의 정변이 국초에 왕자들 사이에서 발생했던 것과 달리, 이때는 이미 태종(r. 1400~1418)과 세종(r. 1418~1450)을 거치며 유교국가의 면모를 어느 정도 갖춘 상태에서 숙부(수양대군)가 조카인 국왕(단종)을 무력으로 내쫓고 즉위했다는 점에서 확연히 달랐다. 비단 유학자의 눈으로 보지 않는다고 해도, 세조의 행위는 거의 모든 사람들에게 찬탈로 받아들여지기에 충분했던 것이다. 이 때문에 이후에 벌어진 크고 작은 정치적 사건들의 뿌리는 정도의 차이는 있으나 대개 세조의 찬탈 행위에 어떤 식으로든 닿아 있었다. 사육신死六臣이니 생육신生六臣이니 하는 말들이 당시에 회자된 사실은 이미 널리 주지하는 바이고, 무오사화戊午士禍(1496)가 확대되는 데 발단이 된 조의제문弔義帝文 파동 또한 이 문제와 직결된 사안이었다. 계유정변癸酉政變(1453)이 일어난 지 이미 반세기가 지난 중종 대에도 세조의 찬탈과 관련된 피해자들의 복권 문제로 조정은 늘 시끄러웠다.[68] 엄밀한 의미에서 찬탈의 후유증은 노산군이 단종이라는 묘호를 받아 최종적으로 복권되는 1698년(숙종 24)까지 완전히 해소되지 않았다. 사림으로 분류되는 인물들이 세조의 찬탈 과정에서 피해를 입은 인물들의 복권운동을 끈질기게 전개한 것은 세조의 정통성을 인정할 수 없다는 주장이나 다름없었다.

인류 역사 또는 한국 역사를 살펴봐도 정변과 찬탈은 적지 않다. 조선시대로 한정해 보면 분명한 찬탈(usurpation)로 규정할 수 있는 사건이 세 번 있었다. 세조·중종·인조의 즉위가 바로 그것이다. 엄밀하게 따질 때 이방원이 주도한 두 차례 왕자의 난(1398, 1400)도 찬탈의 범주에 들어갈 수 있다. 태조(이성계)와 정종(이방과)이 자진 퇴위라는 외형을 갖춘 점에서는 단종(노산군)의 경우와 다를 바 없지만, 퇴위한 왕들의 향후 거취와 시대 분위기가 달랐을 뿐이다. 그런데 어떤 것은 찬탈로, 어떤 것은 양위讓位로, 또 어떤 것은 반정反正으로 인식되었던 현실은 유교적 가치라는 잣대의 산물이라고밖에는 달리 설명하기 어렵다. 예컨대 반정이라는 용어 자체가 유교적 가치의 소산이기 때문이다. 마찬가지로, 세조의 찬탈이 특히 심각하게 받아들여진 이유 또한 유교적 잣대를 들이댔기 때문이다. 이러한 인식의 바탕에는 축출된 군주에 대한 유교적 평가가 엄연히 내재해 있었다. 연산군이나 광해군과 달리 단종에게는 그다지 특별한 흠결이 없었는데도 수양대군이 축출하고 죽였으니, 그것은 찬탈이 되는 셈이다.

조선 건국 이후 100여 년이 지나도록 이 같이 진행된 정치 현실은 비단 골수 유학자가 아니더라도 비판의 대상으로 삼기에 충분했다. 그런데 주지하듯이 사림은 늘 비판의 잣대로 성리학적 가치를 들이대곤 했다. 사림은 왜 그렇게 유교적 가치를 중시하고, 또한 그것을 정치 행위의 기준으로 삼았을까?

흔히 사림이 의리義理의 실천과 같은 성리학적 가치를 남달리 중시했다는 데는 다들 동의한다. 그런데 한국 역사에서 그런 가치가 성종~중종 연간(1469~1544)만큼 첨예하게 쟁점이 된 적은 이전에 없었다. 굳이 전례를 하나 꼽는다면, 아마도 왕조 교체에 대한 태도의 차이였을 것이다. 그렇지만 유교적 가치(의리)를 좀 더 원칙적으로 추구하고 실천으로 옮긴 인물들(온건파)이 그보다 덜 한 인물들(혁명파)에게 패배한 사실은, 당시만 해도 성리학적 가치가 지식인 사회에 퍼지고는 있었으나 아직은 정치 현실을 좌우하는 주류적 기준이 되지 못했음을 짐작케 해준다. 이런 흐름에 지각변동이 일어난 것이 성종~중종 연간이다. 이후의 조선 역사는 성리학적 가치 기준에 따라 진행되었고, 인식되었고, 교육되었고, 기록되었다. 그렇다면 이 시기는 조선시대의 정치·지성사 흐름에 중요한 변화가 발생한 때이며, 따라서 유독 이 시기에 조야에서 두드러지게 나타난 사림의 행태는 이 시대가 안고 있는 특수한 역사성, 곧 유교화가 심화되는 전환기로서의 특성을 감안해야 제대로 설명할 수 있을 것이다.

단순한 보통명사에 지나지 않던 용어, 그래서 시기와 공간을 초월해 유교 문명권에서 두루 쓰이던 사림이라는 용어가 유독 조선 전기의 성종~중종 연간에 정치 무대의 한복판에서 집중적으로 나타난 이유는 무엇일까? 사림의 등장은 조선왕조가 추구한 유교화 과정 및 유교 정치 이념에 역행했던 당시 정치 현실과의 관계에서 그 역사적 배경을 찾을 수 있다.

유교적 가치를 건국이념으로 채택한 뒤 유교 이념은 조선 사회에 지속적으로 확산되었다. 서울의 성균관과 사학四學은 유교 정치 이념의 본산이자 관계官界 진출의 디딤돌 역할을 했으며, 과거제는 더욱 강화되어 확고부동한 출세의 관문으로 자리를 잡았다. 관학뿐 아니라 서재書齋라는 사학도 크게 융성했다. 과거 준비에 더욱 힘을 쏟기 위해서였다. 이런 모든 과정에서 성공하기 위한 유일한 길은 유교적 소양과 지식을 닦는 일이었다. 건국 초부터 국가가 심혈을 기울여 편찬한 『의례儀禮』, 『주례周禮』, 『가례家禮』, 『대학연의大學衍義』, 『근사록近思錄』, 『소학小學』, 『성리대전性理大全』 등의 도서는 사서오경과 함께 수험 교재로, 생활 지침서로, 학문서로 널리 보급되었다.[69] 집현전은 새로운 유교국가 건설에 필요한 거의 모든 자료를 섭렵하면서 조선 사회의 지식을 주도했다. 유교국가의 전범은 『경국대전經國大典』 최종본의 반포(1484)로 사실상 일단락되었다. 조선에서 출세를 꿈꾸는 젊은이라면 누구나 어려서부터 경사經史 학습을 통해 유교적 가치를 배웠으며, 그것이 곧 인륜의 근본이자 정치의 근간이라고 믿으며 성장했다.

그렇지만 건국된 뒤 100년 가까이 지났음에도 정치 현실은 쿠데타, 찬탈, 전제적 폭정 등이 반복되면서 힘의 논리에 따라 전개되었고, 그 결과 유교적 가치가 정치 무대의 현장에서는 제대로 힘을 발휘하지 못하는 형국으로 흘러갔다. 즉 정치 현실과 유교적 가치 사이의 갈등이라는 불안 요소가 계속 상존하고 있었던 셈이다. 이런 상황에서 발생한 세조의 찬탈은 그 뇌관을 터뜨린 격이었다. 유교의 기준으로 현실을 비판하는 지식인들에게 결정적인 빌미를 제공했기 때문이다.

비록 훈척 집안의 자제라 해도 그가 지각이 있는 젊은이라면, 학교 교육과 독서를 통해 습득한 유교적 가치와 눈앞에 보이는 피로 얼룩진 정치 현실과의 괴리에서 오는 고민에 빠지지 않을 수 없었을 것이다. 훈척 집안 출신인 조충손趙衷孫(조광조의 조부)이 한때 노산군(단종) 편에 섰다가 유배된 일이나, 서울의 명문거족인 사육신 관련 인물들이 단종 복위를 꾀하다가 발각되어 처참하게 죽임을 당한 일은 극명한 예라 할 수 있다. 당시 최고의 명문거족 출신인 유생 남효온南孝溫(1454~1492)이 단종의 생모이자 문종의 왕비인 현덕왕후顯德王后(1418~1441)를 복위해야 한다는 장문의 상소를 올린 것도 같은 예이다. 요컨대 부친을 비롯한 조상이 공신이든 처사든 상관없이 조선의 전체 양반 지식인들, 특히 젊은 유생들의 학문 성향과 정치 성향은 유교적 가치를 강조하고 그 실천을 중시하는 추세로 이미 접어든 상태였다. 서울에서 다양한 시사時事에 대해 공론을 운운하며 여론을 생산한 사림이라는 집단은 바로 이런 시대 흐름에 따라 등장해서 활약했다고 볼 수 있다.

이와 같은 현상은 성균관 유생들의 언론 활동을 통해서도 확인할 수 있다. 성종~중종 연간에 성균관 유생들은 사부학당 유생과 일부 외방 유생들까지 규합하여 공론 형성의 진원지 역할을 담당하기에 이르렀는데, 특히 중종 대에 와서는 대간의 언론 활동과 짝을 이루어 국가의 정책 결정에 일정한 영향력을 미칠 정도로 활발히 활동했다.[70] 이런 추세가 계속되면서 16세기 이래 성균관을 중심으로 한 관학유소官學儒疏, 곧 한양 소재 관학의 유생들이 집단적으로 올리는 상소 활동은 언관과는 별도로 독자적인 공론 소재지로서 위상을 확립하는 데 크게 기여했다.[71] 특히 건국 이후 왜란 발발 이전인 15~16세기 동안 성균관 유생의 동맹파업이라 할 수 있는 공관空館이 네 차례 일어났는데, 그 모두가 불교 예식을 배척하고 유교를 수호하려는 목적으로 일으켰다.[72] 이 사실은 성균관 유생의 언론 활동이 유교화 과정과 긴밀한 관계에 있었음을 단적으로 보여준다.

조선 건국 초기부터 성균관에는 대개 중앙의 공경대부 자제가 입학했는데, 한양에 거주하는 사대부나 당상관의 후손은 진사시進士試나 생원시生員試를 치르지 않고도 사부학당 출신으로서 받는 특혜인 사학승보四學升補나 고위 품계를 지닌 부친 덕분에 받는 특혜인 문음승보門蔭升補 등을 통해 성균관에 입학할 수 있었다. 이들은 한성시漢城試에만 붙어도 입학이 가능했다.[73] 세조 이후 성균관 교육이 잠시 침체되자 외방의 유생들에게 문호를 더 개방하기도 했지만, 그래도 성종~중종 연간 성균관 유생은 한양 출신 또는 한양에 일정한 연고를 갖고 있는 이들이 여전히 주류를 형성했을 가능성이 높다. 중종 대 사림의 상징이자 한양 출신인 조광조가 공신의 후예로서 성균관 출신이라는 점도 이런 맥락에서 쉽게 이해할 수 있다. 요컨대 성종~중종 연간에 조정 밖에서 유교적 가치를 강조하는 공론을 일으킨 장본인들은 대개 한양 명문거족 출신의 성균관 유생들이었던 것이다. 이는 그들의 생각과 행동이 자신들의 윗세대, 곧 부친이나 조부 세대에 비해 더 강하게 유교적으로 경도되었음을 알려준다.

더욱이 조선왕조가 건국이념으로 성리학을 내세우고 유교를 천명한 이상, 유교적 가치를 정치 현실에도 그대로 적용해야 한다는 원론적인 주장에 어느 누구도 공개적으로 반대할 수 없었다는 데 주목해야 한다. 특히 세조의 패륜적 찬탈 행위, 연산군의 반유교적 폭정, 그리고 아무리 연산군의 잘못이 컸을지라도 간쟁이 아닌 쿠데타의 방법으로 문제를 해결한 병인정변(중종반정)의 태생적 약점, 더 나아가 반정공신들의 부도덕성 등등, 당시의 혼탁한 정치 현실은 어떤 식으로든 정치 쇄신이 절박하다는 공감대를 조야에 폭넓게 형성시켰다.

이에 따라 유교 이념을 현실 정치에 그대로 적용하는 것이 문제 해결의 관건이자 유일한 방법이라고 믿는 지식인들의 수가 자연스럽게 늘어났고, 시간이 지나면서 사림의 외연도 더욱 확대되어갔다. 물론 사림 구성원의 각자가 얼마나 순수하게 성리학적 가치를 신봉했는지는 알 수 없다. 또한 개인에 따라 그 강도에도 분명히 차이가 있었을 것이다. 다만 공개 석상에서 스스로를 무장하기 위해 그런 주장을 폈고, 비판의 대상자들도 그런 비판에 원론적인 반박을 하지 못했다는 점을 깊이 살펴야 한다. 비유하자면, 요즘 어떤 정치인이 개인적으로는 설사 민주주의를 탐탁지 않게 여길지라도 공개 석상에서는 민주주의의 가치를 존중하며 신봉한다고 말해야 하는 분위기와 같다. 중종 대의 조광조는 바로 이러한 시대 분위기의 한복판에서 사림의 공론을 직접 대변한 정치가였다. 그는 직접 정치 현장에 뛰어들어 사림의 여론을 대변하며 정치쇄신운동을 전개했던 것이다. 정치쇄신운동은 그 주체가 사림이었고, 그 사림이 추구한 바가 바로 유교적 가치의 현실 적용이었으므로 '사림운동士林運動' 또는 '유교화정풍운동儒教化整風運動'이라 부를 수 있다.

정치쇄신운동이 발생한 곳은 당연히 한양, 곧 중앙이었고, 운동의 주도자들 또한 대개 한양에 거주하는 지식인들이었으며, 한양의 명문거족 출신 젊은이들도 대거 참여했다. 이미 언급했듯이, 성종 대 양사에 근무했던 대간들 대부분과 조광조를 비롯한 기묘사림의 상당수는 한양의 명문거족 출신이었으며, 이후 조광조에 대한 복권운동도 거의 다 한양에서 진행되었다.

이런 추세에 부응하여 훈척이나 대신들 중에도(그 자손들은 말할 나위도 없고) 사림의 정치쇄신운동에 음으로 양으로 동참하는 이들이 나타났다. 명문거족 출신으로 중종 초기에 정난공신定難功臣에 올라 요직을 거쳐 우의정까지 역임한 안당安瑭(1461~1521)은 이조판서로 재직할 때 조광조와 김안국金安國(1478~1543) 등 사림을 대거 천거했을 뿐 아니라, 자신의 아들도 현량과에 뽑히는 등 본인 스스로 사림이라 해도 지나치지 않을 정도로 조광조의 정치쇄신운동에 깊이 개입했다. 조선 건국 당시 이미 명문거족이던 경주 김씨 상촌가계桑村家系 출신인 김세필金世弼(1473~1533)도 전형적인 훈구집안에서 성장했지만 조광조 등이 주도한 정치쇄신운동에 동조적이었고, 기묘사림에 대한 처벌이 지나치다고 발언했다가 유배를 당하기도 했다.[74]

또한 직접 동참하지는 않더라도 사림운동을 지지한 대신들도 적지 않았다. 중종 때 기묘사화를 계기로 사림의 간쟁 활동 및 다양한 개혁 조치들에 대해 비교적 우호적인 태도를 보인 영의정 정광필鄭光弼(1462~1538)이 대표적이다. 사림이 동인과 서인으로 분열할 때 그 빌미가 된 심의겸沈義謙(1535~1587)도 명종(r. 1545~1567)의 왕비 인순왕후仁順王后(1532~1563)의 동생으로서 외척이었지만,* 주로 사림과 교제했을 뿐 아니라 이조정랑으로 재임할 때

* 심의겸의 조부 심연원(沈連源)은 을사사화(1545)를 계기로 책정된 위사공신(衛社功臣)에 올랐으며(『명종실록』 32권 21년 1월 12일 갑진), 외척이 발호하던 명종 대 내내 승진을 거듭하여 1551년(명종 6)부터 1558년(명종 13)까지 7년간 영의정을 지냈다. 또한 그의 손녀가 명종의 왕비(인순왕후)가 됨에 따라(『명종실록』 1권 즉위년 8월 2일 임진) 외척으로서 권력 기반을 튼튼히 했다. 심의겸 집안의 위세에 대해서는 김우기, 『조선중기 척신정치 연구』, 집문당, 2001, 138쪽의 표 참조.

는 사림을 많이 등용한 공로로 이황과 이이로부터 칭송을 받은 자였다.[75] 그는 훈척 출신이지만 사림적 성향도 동시에 갖고 있었던 것이다. 이 밖에도 다른 사례가 부지기수이다. 이런 사실은 외형적으로 드러난 관직이나 출신 지역만으로 훈구와 사림을 별개의 사회계층으로 나눈 기존의 이해가 얼마나 자의적인 도식화인지를 잘 보여준다. 요컨대 병인정변(중종반정) 이후에는 훈구와 사림의 구분이 무의미할 정도로 사림의 취지에 동조하는 지식인층(관료 포함)이 많이 늘어났던 것이다. 정승의 반열에 오른 훈척 중에도 사림의 취지에 동의하는 이들이 적지 않았다.

이렇게 볼 때 사림이 정치의 주도권을 장악해가는 과정은 사림의 성격을 이해하는 데 시사하는 바가 매우 크다. 만일 사림이 훈구와 확연히 대별되는 새로운 사회경제적 계층이었다면, 정권이 교체되는 결정적인 사건이 있었거나 그 정권 교체 과정에서 대지주인 훈구 세력을 겨냥한 토지개혁 등의 혁명적 조치가 있었을 것이다. 그러나 그런 사건은 전혀 일어나지 않았다. 사화와 같은 큰 정치적 패배를 여러 차례 당하고도 사림은 어느 순간 무혈로 정권을 장악한 반면, 사림과 정치적 충돌 속에서 '매번 승리하던' 훈구 세력은 어떤 특별한 정치적 사건도 없이 시간이 지나면서 슬그머니 사라져버렸다.* 이를 어떻게 상식적으로 받아들일 수 있을까? 그들이 지역적 경제적 기반을

* 흔히, 문정왕후(文定王后, 중종의 계비이며 명종의 친모, 1501~1565)의 비호를 받은 윤원형(尹元衡 ?~1565) 세력을 훈구 세력의 마지막으로 보아, 사림파의 공격에 따른 윤원형의 몰락을 훈구 세력 몰락의 실제이자 상징으로 본다.(김우기, 『조선중기 척신정치 연구』, 집문당, 2001, 107~129쪽) 그러나 실상 윤원형 세력은 그들의 후원자인 문정왕후가 죽은 뒤 아무런 저항도 못하고 그대로 몰락했다. 어떤 정치적 후원자의 죽음으로 인해 그 추종 세력이 일시에 몰락해버린 사례는 역사에서 비일비재하다. 따라서 윤원형 일파가 몰락한 원인을 사림의 공격 때문이었다고 강조해 설명하는 것은 지나치게 근시안적으로 사태를 파악한 결과이다. 사실 명종도 윤원형이 득세하는 것을 달가워하지 않았으므로, 사림의 공격 여부와 상관없이 윤원형은 문정왕후 사후에 어차피 제거될 운명이었다.

달리하는(중앙의 대지주↔지방의 중소 지주) 이질적인 사회계층이었다면, 어떻게 이런 일이 나타날 수 있을까? 이것이 현실적으로, 논리적으로, 상식적으로 가능할까?

여기서 잠깐 흥미로운 반증을 하나 살펴보자. 성종~중종 대 75년간 모두 89회 시행된 문과에 급제한 자는 1,595명인데, 이 가운데 1,120명(70%)이 『문화유씨가정보文化柳氏嘉靖譜』에 등장한다. 그런데 정작 문화 유씨 급제자는 49명(3%)에 불과하다. 조선 전기(15~16세기)로 시기를 확대해 살펴보아도 문과급제자 60% 정도가 이 한 개의 족보에 등장한다. 이징옥李澄玉(?~1453)이나 정여립鄭汝立(1546~1589) 같이 국사범으로 죽은 자부터 이황이나 이순신李舜臣(1545~1598) 같은 위인에 이르기까지 모두 동일한 족보에 이름이 올라 있는 것이다. 이는 당시 조선 사회의 최고 지배 엘리트층이 혼인이나 혈연으로 촘촘히 엮여 있었다는 사실을 알려준다.[76] 다시 말해 훈구든 사림이든 간에 처가나 외가의 혈연관계를 통해 중층적으로 얽혀 있었다는 의미이다. 그 둘은 이질적인 사회경제적 계층이 아니었던 것이다.

결국 성종~중종 대에 걸쳐 발생한 숱한 정치적 충돌은 서로 다른 세력 기반을 지닌 이질적 계층(계급) 간의 충돌이 아니라, 유교 이념과 현실이 동떨어진 모순적인 조선 사회에서 일종의 정치쇄신운동과 정풍운동으로 자연스럽게 발생했던 것이다. 선조 즉위 초기에 "마침내 사림의 세상이 되었다"는 말이 나온 것은 사림운동이 시간이 흐름에 따라 폭넓은 공감대를 형성하며 전체 양반 사회로 계속 확산된 결과이지, 물질적 기반을 달리하는 이질적인 사회계층 사이에서 발생한 투쟁의 결과가 아니었다. 즉 유교적 가치와 정치현실 사이의 모순이 구체적으로 드러나던 세조 때부터 명종 때까지 약 100년을 거치면서 조선의 유학 성향은 힘과 칼의 논리로 유지되는 정치 현실을 비판하고 유교적 가치의 현실 적용을 중시하는 방향으로 계속 진화해갔던 것이다.

왕과 대신들 중에는 이런 흐름을 못마땅해 한 이들도 적지 않았지만, 유교적 가치의 함양을 조선 건국의 명분으로 천명한 이상 어느 누구도 공식적으로나 이론적으로 정치쇄신운동을 비난할 수는 없었다. 특히 연산군의 폭정과 병인정변(중종반정)을 겪으면서, 성리학적 가치를 현실에 그대로 구현하는 일이야말로 타락한 정치 현실을 쇄신할 수 있는 유일한 길이라는 사림의 목소리가 더욱 커졌고, 반면 그것에 부정적인 입장을 드러낸 이들의 입지는 계속 좁아졌다. 그 결과 고관대작들조차 사림운동을 점차 인정하는 쪽으로 입장을 선회하면서 사림운동을 묵인하거나 소극적이나마 지지하기 시작했던 것이다. 따라서 사림이 조정을 완전히 장악했다는 선조 대의 관료층과 이전의 관료층 사이에 출신 배경이나 경제적 기반의 차이가 거의 없었던 것이며, 선조 대에 의미 있는 토지개혁이 실시되었다는 얘기도 전혀 들을 수 없는 것이다.

사림운동 과정에서 이른바 훈구는 상대적으로 덜 사림적인 고위 신료들로 설명할 수 있으며, 그들이 사라져간 모습은 다음과 같이 설명할 수 있다. 건국이념 중 하나로 유교를 천명한 조선 사회에서 100여 년이 흐르는 동안 자행된 반유교적 파행 정치는 이념과 현실 사이의 모순을 심화시켰다. 그로 인해 처음에는 소수의 지식인과 유생들만 주도하던 유교화정풍운동, 곧 사림운동이 16세기 전반에는 전체 양반 사회로 확산되었다. 이런 시대적 흐름을 더 이상 힘으로 막아내기 어렵게 되자, 기성 정치권의 대신들 일부는 사림운동을 인정하는 쪽으로 서서히 선회하기 시작했다. 더 나아가 사림운동을 지지하고 사림을 등용하여 그들의 정치적 후원자가 됨으로써, '대신大臣 정치'에서 사림 정치로[77] 바뀌는 정치적 변동 속에서 훌륭히 변신했다. 시대성을 강하게 띤 용어인 훈구는 조선의 정치 무대에서 사라졌지만, 한때 훈구였던 사람들(집안들)은 사라지지 않았던 것이다.*

결국 16세기에 조선의 정치를 주도한 사림은 파행으로 치닫던 정치 현실을 개혁할 수 있는 최선의 길이 성리학적 가치를 타협 없이 그대로 적용하는 것이라 믿고 그에 따라 행동한 유자儒者들이었으며, 이들의 집단적이고 장기적인 행동이 오랜 기간에 걸친 운동으로 나타났다. 새로운 사회 계급이나 계층이 아니라 기성 정치 현실에 비판적인 성향을 지닌 젊은이들, 즉 대체로 15세기 후반에 태어나 주로 서울에서 공부하고 관계에 들어선 세대가 중심이 된 그룹이 장기간에 걸쳐 정치쇄신운동 또는 유교화정풍운동을 전개했던 것이다. 조광조는 이런 '운동권'의 핵심 리더였다. 비유컨대 사림은 대한민국에서 민주화운동에 직접 투신했거나 지지를 보낸 지식인층에 가깝다.**

* '사림운동' 과정에서 이른바 훈구가 사라져간 모습은 대한민국의 '민주화운동' 과정에서 정치군인이 사라져간 모습과도 유사한 측면이 있다. 해방 후 정부 수립의 근간이 된 대한민국 헌법에서 민주주의를 천명했지만 반민주적 독재는 계속되었고, 급기야 1961년 군사쿠데타가 일어나면서 30년 이상 자행된 반민주적 군사독재는 이념과 현실 사이의 모순을 심화시켰다. 그 결과, 처음에는 소수의 진보적 지식인과 학생들 중심으로 전개되던 민주화운동이 1980년대에는 전체 대중으로 확산되었다. 이런 시대적 흐름을 더 이상 힘으로 막아내기 어려워지자 군인 출신 정치인들은 1987년을 고비로 민주화운동을 인정하는 쪽으로 선회하기 시작했다. 군인 출신 대통령이 소속된 집권 여당 민정당이 민주화 세력의 한 갈래였던 김영삼 계열의 민주당과 합당한 1990년 이후로는 정치군인들 및 그 추종자들(민정당→민자당→신한국당)까지 거리낌 없이 민주화를 말했다. 그 덕에 그들은 군사정권에서 문민정부로 바뀌는 큰 정치적 변동 속에서도 살아남았다. 이들은 지금도 여전히 대한민국 사회의 주류를 형성하고 있다. 결론적으로 정치군인은 정치 무대에서 사라졌지만, 그 '사람들과 그 정치적 후예들'은 여전히 건재한 것이다.

** 와그너는 일찍이 "사림이란 용어는 조선왕조 초기에 매우 중요했던 사상운동의 성격을 기술하는 데 유용한 용어가 될지는 모르지만, 이 용어로 조선 지배층의 구성적인 측면을 설명하려 한다면 그것은 거의 무의미한 일이다"라고 하여, 사림을 사상운동으로 이해하는 단초를 제공했다.(Edward Wagner, 「이조 사림문제에 관한 재검토」, 『전북사학』 4, 전북대학교 사학회, 1980) 사림이 유교적 가치를 현실에 그대로 적용하려 노력한 점에서는 일종의 사상운동이라고도 할 수 있다. 그러나 이들이 추구한 것은 유교적 가치와 예법 등을 정치 무대와 일상생활에 그대로 적용하고 실천하자는 것으로, 성리학의 철학이나 사상적 측면보다는 실천운동, 곧 정풍운동의 성격이 더 강했다.

사림의 개념과 성격이 이러했으므로, 마침내 사림의 세상이 되었다는 선조 재위 초기에 사림의 영수인 이이는 사림을 이렇게 규정했다.

> 무릇 마음으로는 고도古道를 사모하고 몸으로는 유행儒行에 힘쓰고 입으로는 법언法言을 말함으로써 공론公論을 지지하는 자[78]

이이는 이와 같은 사림이 조정에서 맡은 일을 행하면 나라가 잘 다스려지고, 그렇지 않으면 나라가 어지러워진다고 진단했다. 여기서 고도·유행·법언·공론 등의 용어가 모두 유교적 가치의 추구 및 그 실천과 관련된 개념임은 두말할 나위도 없다. 정치적 충돌과 부침이 심했던 16세기 당대의 인물 이이의 이런 진단이야말로 사림의 의미를 이해하는 데 결정적이다. 향촌 출신이라거나 중소 지주 출신이라는 기준은 전혀 언급조차도 없이, 이이는 유교적 법도와 그 실천, 그리고 그것을 위해 공론을 지지하는 자로 사림을 명쾌하게 규정한 것이다. 따라서 이런 사림이 성종 대부터 중앙에서 근 100년에 걸쳐 전개한 일련의 움직임을 정치쇄신운동 또는 유교화정풍운동으로 이해하는 데 전혀 무리가 없다.

조선 전기의 정치 지배 세력과 그들의 정치 성향을 통시적으로 이해하기 위해서는 이미 소개한 대안적 설명 틀 외에, 14~16세기에 걸쳐 지속적이고 장기적으로 나타난 유교화 과정에서 필연적으로 나타날 수밖에 없는 '세대 차이' 관점으로도 새롭게 접근할 필요가 있다. 이럴 경우 사대부 대부분이 고려 후기의 권문세족 출신이라거나 훈구파와 사림파가 가문이나 지역 및 사회경제적으로 거의 비슷한 동질적 양반 집단이라는 사실을 들어 기존의 신흥 사대부 학설과 사림파 학설을 비판하는 데 그치지 않고, 조선 전기 정치사의 진화 과정을 통시사 차원에서 훨씬 종합적이고 역동적으로 설명할 수 있을 것이다. 다시 말해 사대부나 사림이나 모두 한집안의 구성원일지라도 부·조 세대(generations)와 정치 노선 및 사상 철학을 달리한 새 세대(new generations)였다는 설명 틀이 가능하다.

사림과 뗄 수 없는 사화를 설명하는 패러다임도 다르게 설명할 수 있다. 일단, 사화를 훈구파와 사림파의 충돌로 본 기존의 이해는 견강부회에 지나지 않는다. 한편 앞서 언급했듯이 조정의 서열을 무시한 무차별적 간쟁을 용인하는 대간 제도 때문이라고 보는 설명이 있다.[79] 그러나 사화의 연이은 발생이 정녕 대간 제도 때문이었다면, 대간 제도가 존속하는 한 사화는 간헐적이나마 계속 일어났어야 논리적으로 맞는다. 그런데 사화는 사림운동 기간 중의 특정 시기에만 발생했다. 왜 이후에는 발생하지 않았을까? 이는 대간 제도 때문이 아니라 사림운동의 조정 내 전위부대로서 대간 제도(간쟁)가 이용되다 보니, 대간을 핍박하게 된 사화가 발생한 것이다. 따라서 사림운동이 사실상 성공을 거둔 이후 대간을 직접 공격 목표로 삼은 사화는 더 이상 일어나지 않았던 것이다. 또한 고려시대부터 존속한 대간이 성종~중종 연간에 이르러 국왕 및 대신과 함께 권력의 한 축으로 부상한 이유도 이 시기가 바로 유교화의 목소리가 두드러진 사림운동이 활발했던 때라는 데서 찾을 필요가 있다.

이렇듯 어떤 현상의 선후 관계 및 인과관계의 재정립은 중요하다. 사림이니 사화니 하는 것들은 조선왕조 500년에 걸쳐 나타난 일반적 현상이 아니라, 16세기 전반 중종 대를 중심으로 그 전후 약 100년에 걸쳐 집중적으로 발생한 사건이기 때문이다. 특정 시기에 집중적으로 나타난 어떤 역사 현상이라면, 우선적으로 당시의 시대 흐름과 관련해 이해를 도모하는 것이 상식이다.

04 조선 전기 정치·지성사의 이해

사림을 훈구와 구분되는 계층이나 가문으로 보는 학설은 이제 국내 학계에서도 사실상 그 입지를 잃었다. 지역, 가문, 혼인, 경제 기반 등으로 볼 때 훈구와 사림은 거의 차이가 없기 때문이다. 그래도 이 둘을 굳이 나누려 한다면, 거의 유일하게 가능한 기준은 성리학적 가치의 실천 강도에 대한 태도의 차이일 것이다. 성리학적 가치에 절대적 권위를 부여하고, 현실의 사회를 그 가치에 맞게 바꾸려 한 유학자 무리, 그들이 바로 사림이자 유교 사회에서 국가의 원기元氣로 존중받은 유자층儒者層이었다. 이런 맥락을 이해한다면, 이른바 사림의 세상이 되었다는 선조 대 이후 조선 사회가 추구할 역사적 지향점이 지극히 '사림적士林的'일 것임은 충분히 짐작할 수 있다. 조선 사회의 진정한 유교화, 곧 소프트웨어의 변화는 바로 이런 상황에서 본격화되었다.[80]

유교적 가치에 바탕을 둔 공론 생산자로서 사림의 등장은 건국 이후 국가 주도하에 중앙에서 꾸준히 추진한 유교화 과정 및 태어날 때부터 철저한 유교 교육을 받고 자라난 젊은 신세대(younger generations)가 유교화정풍운동을 전개한 것으로 풀이할 수 있다. 사림의 상징인 기묘사림의 핵심 인물들

대부분이 한양의 명문거족 출신인 점, 병인정변(중종반정)의 주도 세력과 기묘사림의 출신 배경이 거의 비슷하거나 오히려 기묘사림의 출신 배경이 더 막강했던 점, 신숙주申叔舟(1417~1475)와 이극돈李克墩(1435~1503)처럼 대표적인 훈척으로 지목된 인물들의 아들과 손자들이 기묘사림에 포함된 점, 사림운동의 절정기라 할 수 있는 중종 대에 젊은 사림에 우호적인 훈척·대신들이 적지 않았던 점, 이런 격동기를 지나 선조 대에 이르러 외척·공신·대신들이 모두 자타가 인정하는 사림으로 행세한 점 등을 종합하면, 한 세기가량 진행된 일관된 현상을 사림운동으로 부르기에 충분하다. 이는 마치 1970~1980년대 민주화를 외친 학생운동의 성격과도 일면 흡사하다. 학생운동의 리더들 중에는 박정희·전두환 정권 당시(1961~1987) 이른바 잘 나가던 집안의 출신들도 적지 않았다. 신세대 젊은 사무라이들이 주도한 메이지유신 초기의 개혁과 갈등도[81] 시대 분위기와 추구한 방향은 달랐지만 조선의 사림운동과 흡사한 면이 있다. 요컨대 새로운 사회계층이 아닌, 기존의 지배 계층 내에서 현실에 불만을 갖고 있던 비교적 젊은이들이 유교화를 외치며 개혁운동을 주도했고, 일부 노장 관료들이 그 운동을 묵인하거나 지지했던 것이다. 결국 사림은 자신들의 아버지나 할아버지들과는 다른 가치와 정치 노선을 지향한, 유교적 가치에 더욱 철저하게 경도된 새로운 세대였던 셈이다.

한편 이런 사림의 성격과 관련해서 조선 전기 정치사를 중앙(center)과 지방(periphery)이라는 차원에서 새롭게 이해를 시도할 필요가 있다. 사림의 대두는 특정 사회계층이 성장해 정치의 전면에 나선 결과도 아니고, 길재吉再(1353~1419)처럼 지방에 은둔했던 절의파의 학문이 심화된 결과도 아니며, 지방에서 발생한 어떤 힘이 중앙(정부)에 영향을 준 것도 아니었다. 오히려 사림 및 사림운동의 대두는 학문·사상적으로는 조선 건국 이후 국가(중앙)가 일면 강제성을 띠면서까지 보급하고 장려했던, 그래서 한양에서부터 시작된 유교화 정책의 산물이었으며, 정치적으로는 세조 이후 파행적으로 진행된 정치 현실에 대해 유생과 유학자들이 반발한 결과였다. 따라서 사림은 사실상 중앙에서 발생한 현상이자 운동이었다. 더 크게 보면 중앙에서 발생한 사림운동이 사화 등으로 인해 일시적으로 위축되기는 했지만 향약이나 서원과 같은 제도를 통해 지방으로 확산되었던 것이다.

요컨대 사림과 관련해 기존의 통설이 '지방에서 중앙으로'를 강조했지만, 오히려 당시의 역사 현실에 비춰 보면 '중앙에서 지방으로'라는 흐름이 훨씬 더 합리적인 이해일 것이다. 당시 조선이 상당한 수준의 중앙집권을 이룩한 국가였고, 또한 성리학과 관련된 모든 지식 정보가 한양을 통하지 않고는 국내의 어느 지방에도 파급될 수 없었던 점을 감안할 때, 중앙과 지방의 문제는 사림의 역사적 의미 및 조선 전기 정치·지성사의 추이와 성격을 최대한 사실에 가깝게 이해하는 데 새롭게 시사하는 바가 크다.

6장

실천의 시대 : 유교적 가치의 실천 문제

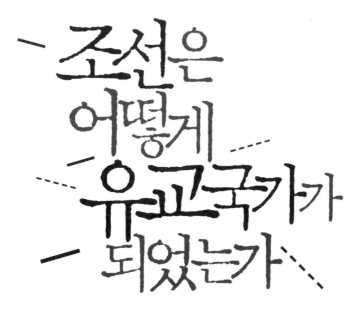

조선은 어떻게 유교국가가 되었는가

조선왕조 건국 세력이 새 왕조에서 존중하고 추구할 지향점으로 사대와 유교를 공표했지만, 그렇다고 해서 이전의 불교 사회가 건국과 동시에 유교 사회로 바뀌지는 않았다. 정치 무대에서는 유교적 가치를 새 왕조의 통치 이념으로 확립하고 그 가치를 추진하기 위한 논의가 무성했으나, 많은 관료들에게 그것은 대개 근무 시간 중에 겪는 일과일 뿐이었다. 퇴청해서는 구래의 전통 관습을 여전히 따랐으며, 종교적으로도 불교를 멀리하지 않았다. 이런 사실은 유교 사회로 알려진 조선의 모습이 왕조의 교체라는 사건으로 급격하게 이루어졌다기보다는 건국 이후 점진적이고도 꾸준히 진행된 장기적 변화의 결과로 가능했음을 시사한다. 따라서 조선의 유교화는 장기 변화의 맥락에서 접근해야 하며, 그 과정에서 어떤 가치들이 수용되고 공인되었는지를 살펴야 그 모습도 제대로 파악할 수 있다. 민주주의의 가치에 대한 고민과 합의 없이 민주화가 불가능하듯, 유교적 가치에 대한 고민과 합의가 없는 유교화도 불가능하기 때문이다.

01 유교적 가치의 실천에 주목하는 까닭

새 왕조 조선이 유교 사회로 나아가는 과정에서 큰 계기가 된 사건이나 현상에 대해 앞의 5장에서 살폈듯이, 기존 연구에서는 대개 조선왕조에 동참하기를 거부하고 낙향해서 초야에 묻혀 성리학 연구에 몰두한 이른바 절의파의 후학들이 사림이라는 이름으로 중앙 정계에 등장한 것을 주요 변수이자 동인으로 설명해왔다. 그렇지만 정작 성리학 이해에 도움을 준 각종 서적은 조선 건국 이후 명의 북경에 다녀온 사신들을 통해 한양에 우선적으로 소개되었다. 조정에서는 중요한 성리학 관련 서적을 복제 출간해서 주로 관료나 도성 일대의 사대부들에게 보급했으며, 지방에는 각도의 감영을 통해 확산시켰다. 따라서 성리학의 학문적 이해를 심화하고 유교적 가치를 중시해 가는 과정에서 독립변수(x변수)이자 전파자의 역할을 한 주체를 기존의 사림파 학설에 따라 단순히 지방의 향촌 지식인으로 전제하기보다는 중앙의 조정, 곧 국가의 역할이 훨씬 더 중요했을 가능성을 염두에 둔 연구 시각과 접근이 필요하다.

조선 초기(15세기)만 해도 어떤 학자가 초야에 묻혀 성리학에 대한 학문적 심화를 이루기에는 사회적 인프라가 미비했다. 설사 일부 관련 서적을 갖고 낙향했을지라도 어떤 식으로든 중앙을 통하거나 관료 사회의 연계망을 통해서 성리학 관련 서적을 꾸준히 확보하지 못한다면, 학문의 연마는 솔직히 불가능했다. 필사를 통한 서적 확보는 그 파급 효과가 매우 제한적이었을 뿐만 아니라 그 비용도 만만치 않았다. 특히 서적에 대한 정보 수집은 늘 중앙에서 먼저 이루어졌지 초야에 묻힌 학자에게까지 그 차례가 돌아가지는 않았다.[1] 16세기 중반의 이황李滉(1501~1570)조차 『주자대전朱子大全』과 같은 성리학의 핵심 서적을 중앙 조정이 북경에서 수입해와 간행해 보급할 때까지 그 존재 자체를 몰랐을 정도였다.[2] 이런 사실은 조선 전기(15~16세기) 성리학 관련 서적의 보급에서 중앙 조정이 차지했던 비중이 얼마나 컸는지 생생하게 전해준다. 당시 과거에 응시할 만한 실력을 갖추는 것이 학문의 연마 수준과 반드시 일치하지는 않았지만, 그래도 16세기 전반 중종 대에 덕망 있는 사림을 등용한다는 취지로 실시된 현량과賢良科에 합격한 28명을 살펴보면, 출신지(고향)에 관계없이 사마시司馬試에 응시할 당시의 실제 거주지가 한양인 자가 절반을 넘는다.[3] 이미 그때 상당한 수준의 '조기 유학'이 한양에서 이루어졌던 것이다.

지방의 성리학자들이 사림이라는 이름으로 중앙에 진출함으로써 조선의 성리학 발전에 기여했다는 설명은 일정 부분 타당하지만, 위와 같은 점들을 고려할 때 과연 어느 정도의 독립변수로서 실제 영향력을 발휘했는지에 대해서는 재고의 여지가 많다. 조선 초기의 성리학 발전 과정에서 중앙의 조정 신료들, 이른바 관학官學의 기여를 무시할 수 없기 때문이다.

아울러 조선의 유교화라는 통시적 맥락에서 조망할 때, 유교화가 어느 특정 시기에 순간적으로 이루어진 급진적 전환이 아니었다면, 조선이 건국한 1392년부터 이른바 사림의 세상이 되어 조선이 명실공히 유교 사회로 완전히 들어섰다고 알려진 16세기 후반까지, 다른 말로 조선의 성리학자들이

『성리대전性理大全』과 『주자대전朱子大全』을 완벽하게 이해하고 그 바탕 위에서 자신의 철학적 고민에 기초한 독자적 이론을 더하던 16세기 후반에 이르기까지, 150년이 넘는 기간 동안 꾸준히 진행된 유교화 과정에서 그런 추세에 변곡점 역할을 한 때가 언제이며, 무슨 이유로 그랬는지에 대해 조사해볼 필요가 있다. 이런 작업을 통해 조선왕조가 유교적으로 더욱 조선다워지는 시대적 맥락을 이해할 수 있으며, 또한 그 '조선답다'는 말의 의미를 역사적으로 이해할 수 있기 때문이다.

조선 사회의 유교화는 중앙의 정치 무대에서 먼저 시작해 그 가시적 성과를 보이기 시작했다. 인류 역사에서 흔히 '○○화'라고 할 때, 그런 현상이 사회의 거의 전 분야에 걸쳐 일률적으로, 또한 거의 같은 시기에 똑같이 일어난다고는 말할 수 없다. 예를 들어 '근대화'와 같이 외부 문화를 전방위적으로 수용하더라도 정치 이념이나 제도 분야에서는 그 수용이 개혁이라는 이름으로 비교적 짧은 시기에 이루어질 수 있는 데 비해, 혼인이나 장례의 경우에는 이질적인 외부 문화에 대해 토착적이고 전통적인 관습의 저항이 가장 완강하고 지속적으로 영향을 미친다. 조선시대 500년을 거시적으로 볼 때도 정치제도나 사회적 행동 규범에 관련된 유교화는 상대적으로 쉽고 빠르게 진행되었지만, 혼인과 상·장례 등 가족에 관련된 전통 관습은 『주자가례朱子家禮』의 반강제적 보급에도 불구하고 16세기가 저물도록 유교의 영향권 안으로 거의 포섭되지 않았다. 이제부터 다루려는 '가치의 유교화'는 바로 이런 점을 염두에 둔 발상이자 착목이다. 가치에 대한 합의가 선행되어야만, 그에 따라서 한 사회의 제반 제도와 관습이 자발적이고 근본적으로 변하기 때문이다.

한국문명사에서 유교화는 삼국시대부터 이미 태동하여 통일신라에서 가시화되었다고 할 수 있다. 대표적으로 신라의 독서삼품과讀書三品科를 꼽을 수 있다. 골품제도가 엄연한 신라 사회에서도 관계官界에 들어가 출세하려면 적어도 유교의 일부 가치를 이해하고 수용해서 설파할 수 있는 지적 능력과 의지를 갖추고 있어야 한다는 것을 보여주기 때문이다. 더 나아가 고려 초기에 확립된 과거제도는 정치 무대에서만큼은 이미 유교 사회로 접어들었음을 잘 보여준다. 고려의 국가 제도가 무너졌다고 알려진 무신정권(1170~1270)하에서도 유학적 소양을 갖춘 이라면 출세가 상대적으로 용이했다.[4] 또한 전통적 국가 체제가 제대로 기능하지 못한 원 간섭기(1270~1350)에도 유교적 지식을 갖추기만 하면 고려의 울타리를 뛰어넘어 원元의 과거 시험에 급제해 관직에 진출하는 등, 더 넓은 세상에서 출세할 수 있었다. 그뿐만 아니라 왕조 교체가 아직 이루어지지 않은 13세기 후반 고려 말기 상황에서도 가묘家廟를 세운다거나 부모의 장례를 3년상으로 치르도록 국가에서 장려하곤 했으며, 성리학적 가치의 실천을 위해 고려에 대한 절의를 지킨 사람들도 있었다.

조선왕조의 등장으로 확실한 동력을 받은 제도상의 유교화는 초기(15세기)에 더욱 강력하게 이루어져, 『주례周禮』에 기초한 통치 체제가 사실상 확립되었고[5] 유교적 가치와 전통을 잘 절충한 『경국대전經國大典』 체제가 구축되었으며,[6] 대간·상소·구언 등의 제도를 통해 언로를 널리 개방해야 한다는 유교적 가치도 확실하게 제도화되었다.

그렇다면 이와 같은 외형적 유교화의 내면에서 작동한 내적 지향점은 무엇이었을까? 어떤 가치가 조선의 유교화를 추동했을까? 특히 조선 전기(15~16세기)를 관통한 유교화 과정에서 16세기 전반 중종(r. 1506~1544) 대가 갖는 의미는 무엇일까? 어떤 가치가 향후 조선 사회의 유교화 과정에서 중요한 지표로 기능했을까?

이런 문제의식을 염두에 두고 6장에서는 먼저 유교의 내면세계를 지배한 대표적 성리학 서적인 『대학연의大學衍義』와 『소학小學』의 확산 과정을 살피려 한다. 『대학연의』가 치인治人의 본질인 왕도王道라는 가치를 대표한다면, 『소학』은 수기修己의 본질인 효제충신孝悌忠信이라는 가치를 대표하기 때문이다. 『대학연의』와 『소학』이 조선 건국 이후 중앙 조정에서 어떻게 취급되고 강조되었는지, 또한 그런 추세가 어떻게 중종 대 유교화의 가시적 증거로 수렴되었는지를 살필 필요가 있다. 그 다음으로는 유교에서 소인의 모습으로 배척한 공리功利 인식의 변화 추세를 통시적으로 살피면서 중종 대의 특징을 잡아낼 것이다. 그리고 유교 이념이 곧 정치 이념이고 정치 이념이 곧 유교적 가치 그 자체였던 점을 감안해, 조선 건국 이후 장기간에 걸쳐 논의된 문묘종사文廟從祀 문제도 고찰하고자 한다. 이런 작업을 통해 조선의 유교화 과정에서 주요 기준으로 떠오른 가치를 파악하고, 그것을 유교국가 조선의 속성과 관련 지어 이해할 것이다. 단, 이 과정에서 처음부터 끝까지 독립변수로서 추진자의 역할을 담당한 주체가 지방의 사림 학자들이었다기보다는 중앙의 신료 혹은 중앙과 강한 연대를 맺은 사대부들이었다는 점을 강조하고자 한다.

02 성리학의 수용과 국가 주도의 유교화

북송 대의 신유학은 무신란(1170) 이전에 이미 고려에 소개되었다. 그렇지만 주희朱熹(1127~1200)가 집대성한 것으로 알려진 성리학(주자학)의 본체는 1290년(충렬왕 16) 무렵 안향安珦(1243~1306)이 원에서 『주자서朱子書』를 필사해 들여온 것을 계기로 백이정白頤正(1247~1323), 권부權溥(1262~1346), 우탁禹倬(1262~1342) 등 지배 엘리트들 사이에 구체적으로 소개되었다. 특히 백이정이 직접 원에 가서 성리학을 접하고 관련 서적을 구해 돌아와, 이를 이제현李齊賢(1287~1367)과 박충좌朴忠佐(1287~1349) 등에게 가르침으로써 고려 사회에 뿌리를 내리기 시작했다.[7] 1344년에는 남송의 성리학자들이 규정한 기본 경전인 사서四書가 과거 시험의 한 과목으로 채택되기에 이르렀다. 이 일은 고려의 귀족 지식인들 사이에서 성리학이 차지하는 비중이 커졌다는 사실과 더불어 성리학이 국가로부터 공인받았다는 점에서 그 의미가 지대하다. 공민왕(r. 1351~1374) 대에 이르면 고려의 유학자들이 이제현 등을 중심으로 이미 성리학을 매개로 학문적 정치적 동류 집단을 형성할[8] 정도로 그 수가 늘어났다.

유입 초기의 성리학은 주로 개경에 거주하는 지식인들 사이에서 유행했다. 고려 후기에 성리학의 소개와 발전에 기여한 핵심 인물 16인을 조사한 한 연구에 따르면, 증조부 이전부터 중앙의 벼슬을 역임한 중앙 귀족 출신이 백이정, 민지閔漬(1248~1326), 권부, 최문도崔文度(1292~1345) 등 4명(25%), 조부나 부친 때부터 중앙의 벼슬을 역임함으로써 중앙 귀족에 새롭게 합류한 경우가 안향, 이제현, 최해崔瀣(1287~1340), 백문보白文寶(1303~0374), 이색李穡(1328~1396), 박충좌, 이인복李仁復(1308~1374), 윤택尹澤(1289~1370) 등 8명(50%), 본인 당대에 벼슬을 시작한 경우는 우탁, 이곡利穀(1298~1351), 안축安軸(1287~1348)과 안보安輔(1302~1357) 형제 등 4명(25%)이었다.[9] 개경에 올라온 지 얼마 안 되는 '신진 세력'의 기준을 어디에 두는가에 따라 이들 16인의 출신 배경에 대한 해석이 달라지겠지만, 일단 부계 조상의 벼슬살이에 힘입어 어떤 식으로든 개경에 기반을 잡은 집안 출신이라면 전통 귀족이든 신진 귀족이든 간에 중앙에 기반한 귀족으로 보아도 크게 무리는 없을 듯하다. 또한 본인 당대에 비로소 과거에 붙어 개경에 올라왔을지라도 주요 활동 무대는 개경을 중심으로 한 중앙이었음은 명백하다. 요컨대 고려 후기 성리학의 수용과 보급 과정에서 그 핵심 공간으로 기능한 곳은 바로 중앙이었고, 주요 인물들 또한 대개 중앙에서 공부하고 급제하여 관계에 들어선 자들이었다.

성리학은 불교의 세속화와 몽골 지배의 후유증으로 인한 정치사회적 혼란의 와중에서 주로 변화의 필요성을 느끼던 지식인들 사이에서 유행했다. 이들은 성리학적 가치 규범을 현실에 적용하고 실천하는 데 관심이 있었기 때문에 형이상학적이고 사변적인 철학 논쟁보다는 사회윤리나 정치 이념 중심의 현실적 사안에 더 많은 관심을 기울였다. 이를테면 불교 비판이나 토지 제도 개혁과 같은 현실 문제에 관심을 기울였으며, 이기론理氣論 자체보다는 오륜에 바탕을 둔 충忠·효孝·제悌 및 의리와 명분 등 윤리적인 가치와 그 실천을 매우 중시했다.[10] 이런 까닭에 고려의 성리학은 그 출발부터 철학적인 면보다는 사회윤리적인 면을 더 강조하는 성향을 띠었다.

고려 후기(14세기) 유학자들이 성리학을 실천적으로 접근하려는 성향은 당시의 정치 상황과 밀접한 관련이 있었다. 몽골의 간섭 아래 고려의 왕들은 몽골제국 내부의 정세에 따라 즉위·폐위·복위를 거듭했고, 그 과정에서 귀족 관료들도 왕에 대한 의리나 충성을 고수하기보다는 상황에 따라 이합집산을 반복했다. 국가 운영상의 일정한 원칙이나 조정의 위계질서가 제대로 작동하지 않는 현실 때문에 의리와 명분을 바탕으로 윤리(원칙)를 세우자는 주장은 많은 공감대를 형성했으며, 필연적으로 당시 정치 현신에 대한 비판적 경향으로 나타났다.[11] 정도의 차이는 있지만 대체로 당시 정치 현실에 비판적인 생각을 가진 사람들에게는 성리학이 하나의 돌파구이자 대안이었던 것이다.

현실 비판적 성향을 갖고 있더라도 그들이 보인 대응 양식이 모두 동일하지는 않았는데, 이는 단순히 개인의 기질이나 국내의 환경 문제를 넘어 그들이 받아들인 성리학의 성향이 서로 달랐기 때문일 수도 있다. 즉 덕치와 덕행의 실천을 강조한 허형許衡(1209~1281) 계열의 성리학을[12] 주로 접한 안향·백이정·이제현·이색으로 이어지는 그룹, 그리고 대개 강남의 명조明朝에 다녀온 경험이 있고 원대 강남 지역의 금화金華학파와 남송 성리학을 수용한 정몽주鄭夢周(1337~1392)·정도전鄭道傳(1342~1398)·조준趙浚(1346~1405)으로 이어지는 그룹[13] 사이에는 일정 부분 다른 성향이 존재했을 개연성이 높다. 이에 대한 확실한 논증은 아직 확실치 않으나, 그래도 고려·조선 왕조 교체에 임박해서 고려 유학자들이 보인 정치 노선의 차이를 그들이 수용한 성리학의 성격과 관련해 이해하는 일은[14] 반드시 필요하다.

고려 말기의 유학자들은 특정 그룹에 관계없이 대체로 수기修己를 하되 그 목적을 자기 자신의 심성 함양보다는 정치사회적 적용, 곧 치인治人에 먼저 둠으로써 성리학을 철학보다는 경세를 위한 정치 이념으로 이해하려는 성향을 지니고 있었다. 수신에 중점을 둔 『소학』이 국가의 장려에도 불구하고 별다른 관심을 받지 못한 점, 수신뿐 아니라 치인에 중점을 둔 『대학』 공부가 유행한 점, 그리고 주희의 정통사관이 크게 유행한 점 등이 그러한 특징을 잘 보여준다. 이는 성리학적 가치인 의리와 명분이라는 프리즘을 통해 자기 자신을 먼저 반추하기보다 고려의 역사와 정치 상황을 재조명하는 데 더 큰 관심을 보였음을[15] 말해준다.

고려 말의 대표적 성리학자인 이색, 정몽주, 길재吉再(1353~1419) 등도 윤리의 실천을 우선적으로 강조했다. 그런데 정몽주가 조선 성리학의 시조로 추대받고 있는다 해서, 그것이 꼭 그의 성리철학 이해의 수준이 특별히 높았다거나 경세 차원의 적용을 위한 이론화에 공이 컸음을 의미하지는 않는다. 성균관 박사로서 『주자집주朱子集註』를 강의했고 동방이학東方理學의 원조라는 칭송을 듣고 있음에도 불구하고,[16] 정작 정몽주 본인의 철학적 글이 많지 않은 탓에 그의 생각과 수준을 가늠하기는 쉽지 않다. 게다가 16세기 후반에 이이李珥(1536~1584)는 정몽주를 가리켜 사직社稷을 편안하게 한 충신일 뿐 유학자는 아니라고 폄하했다.[17] 이황도 정몽주의 저술을 가리켜 제멋대로이고 이렇다 할 자취가 없다고 혹평했다.[18] 한편 이색은 원의 국자감에서 수학하고 원의 제과에도 합격했으며, 『대학』의 공부론과 성학론을 익히며 성인군자의 인간관을 지향하는 등 초기 성리학의 수용에 큰 족적을 남겼으나,[19] 후대의 이황은 그를 가리켜 불교에 빠진 자라고 혹평했다.[20]

고려 후기의 유학자들은 성리학이 공자의 전통을 잇고 있다고 굳게 믿었을 뿐, 성리학에 대한 이해 수준 자체는 그렇게 높지 않았다. 초기만 해도 성리학을 그저 유학의 새 학풍으로 받아들였지, 이 신학문이 기존의 유학과 구별된다는 인식을 갖고 있지는 않았다.[21] 고려 말에 이미 『소학』, 『사서집주四書集註』, 『근사록近思錄』, 『대학연의』, 『자치통감강목資治通鑑綱目』, 『주자가례』 등의 주자서朱子書를 읽으며 성리학의 기초적인 교양을 익히고 그 학문 체계를 터득해갔으나,[22] 아직 학문의 본궤도에는 오르지 못했던 것으로 보인다. 그렇다면 이런 지성사적 움직임도 철학적 이해에 기초한 학문적 성숙의 결과라기보다는 성리학이 불교를 대체하던 당시의 국제 조류를 따랐기 때문에 가능했던 현상이라는 설명이[23] 가능하다. 또한 성리학 자체에 심취했다기보다는 불교에 눌려 있던 유학의 부흥이라는 일반적인 차원에서 관심을 가졌던 점도 무시할 수 없다. 이를 증명하는 듯, 고려 후기에 성리철학 관련 논평이나 자신의 생각을 체계적으로 정리해 글로 남긴 학자는 별로 없었다.

물론 이런 경향을 두고 고려 후기 유학자들의 성리학 이해 수준이 일천했다고 말할 수 없다. 당시 주희가 집주한 사서를 중요한 시험 과목으로 택한 원의 과거에 고려인들이 적지 않게 합격한 사실이나,[24] 고려의 학자들이 만권당萬卷堂에서 원의 학자들과 교류한 것은 좋은 예이다. 또한 박충좌, 이제현, 최해, 안축 등이 성리학의 이기론·심성론 발전에 지대한 영향을 끼친 『주역周易』과 『중용中庸』에 대해 나름대로 주희와 비슷한 논평을 시도한[25] 점도 비슷한 예이다. 그러나 구체적인 글이 별로 남아 있지 않은 데다, 이후 조선 초기(15세기)에도 관련 글이 적은 점으로 미루어 볼 때, 고려 말기 성리학 이해의 수준은 그다지 높지 않았을 것이 거의 분명하다.

철학적 사유보다 절의와 같은 윤리의 실천에 무게중심을 둔 고려 후기 유학의 특징은 정몽주의 뒤를 이어 조선 성리학의 정통 계보로 공인된 길재, 김숙자金叔滋(1389~1456), 김종직金宗直(1431~1492), 김굉필金宏弼(1454~1504), 정여창鄭汝昌(1450~1504), 조광조趙光祖(1482~1519) 등에게서 보이듯이 15세기를 지나 16세기에 접어들고도 그대로 이어졌다. 이들 가운데 어느 누구도 성리학의 이기론적 우주론이나 인성론에 대한 심도 있는 철학적 논평을 남기지 않았다. 성종 대 사림의 종장으로 부상한 김종직도 도학보다는 시문을 주로 했다. 이황이 김종직의 서원 설립을 강조한 이유 역시 그의 학문적 성취보다는 유교적 덕목을 따르고자 한 실천적 삶 때문이었다.[26] 김종직의 제자 김굉필은 이일분수설理一分數說에 입각한 성리학적 우주론을 피력하기는 했으나 아직은 기초 수준에 머물렀으며, 오히려 『소학』 정신을 강조하고 그것을 실천한 것으로 더 이름을 날렸다.[27] 같은 제자인 정여창도 「이기론理氣論」 같은 글을 남기기는 했으나 글 자체가 짧아 수준을 가늠하기 쉽지 않을 뿐 아니라, 그 역시도 효행과 같은 의리의 실천에 중점을 둔 삶을 살았다.[28] 김종직과 그 제자들이 강조하고 추구한 실천의 기준 지침도 성리학의 핵심을 담은 입문서격인 『소학』이었고,[29] 유교적 삶에 대한 판단 기준 또한 『소학』의 실천 여부였다.

김굉필의 제자이자 조선 성리학의 표상으로 추앙받는 조광조도 철학 관련 저술을 남기지 않은 까닭에 그 이해 수준을 가늠하기가 어렵다. 다만 『소학』에서 한 걸음 더 나아가 『근사록』을 강조함으로써 성리학에 대한 철학적 이해에 좀 더 다가갔을 뿐, 여전히 철학보다는 윤리(의리) 문제에 더 큰 관심을 기울였다.[30] 이런 실정은 조선의 건국 이후 100년이 지나 16세기에 접어들었지만, 조선 유학의 도통 계보에 든 인물들조차 성리학에 대한 철학적 이해가 높은 수준에 이르지 못했음을 알려준다.

역설적이게도 조선 건국을 전후한 시기의 성리학은 16세기에 만들어진 조선 유학의 정통 계보에서 제외된 인물들에 의해 발전했다. 그들은 대개 조선의 건국 과정이나 새 문물 정비 과정에 적극 참여한 유신儒臣들이었는데, 대표적 인물로는 정도전鄭道傳(1342~1398)과 권근權近(1352~1409)을 꼽을 수 있다. 새 왕조의 건국 세력은 불교를 배척하고 유교를 새 국가 이념으로 정립하는 과정에서 불교보다 유교가 우월하다는 점을 이론적 철학적으로 증명할 필요가 있었다. 또한 국책 담당자로서 유교 이념을 현실 정치에 적용하기 위한 다양한 연구도 절실히 필요했다. 따라서 성리학에 대한 철학적 이해와 그 가치의 현실 적용 문제에 깊은 관심을 보인 쪽은 바로 이들, 곧 이른바 관학파 유학자들이었다. 조선 초기(15세기) 성리학의 특성이 체제교학體制敎學으로 규정될 수 있는[31] 이유는 바로 조선의 건국 주체 세력이 새 왕조에 맞는 새로운 체제를 구축했기 때문이다.

한국을 유교국가로 새롭게 디자인한 장본인이 정도전임은 이미 잘 알려져 있다. 처음에 이색의 제자였던 그는 『심기리편心氣理篇』과 『불씨잡변佛氏雜辨』 등의 저술을 통해 불교의 모순과 유교의 합리성을 현실적 철학적으로 검증하고자 했다. 그는 또 국가 정치조직의 핵심을 담은 『경제문감經濟文鑑』과 『경국대전』의 모체가 되는 『조선경국전朝鮮經國典』을 완성함으로써 유교국가의 새 기틀을 세우는 데 크게 기여했다.[32] 이렇듯 그는 정치제도적인 면뿐 아니라 사상 차원에서도 왕조 교체 시기 성리학의 발전에 업적을 남겼다.

권근도 이색의 제자였지만 새 왕조 건설에 적극 동참했다. 그가 새 왕조에 참여하기 전 유배지에서 지은 『입학도설入學圖說』은 『대학』과 『중용』을 학습하려는 학생들의 이해를 돕기 위해 그림을 곁들여 설명한 책인데, 그는 이 책에서 수기의 핵심인 심心의 중요성을 강조하고 사단칠정四端七情을 논할 정도로 성리학에 대한 철학적 이해 수준이 높았다. 물론 그의 사단칠정론이 송대의 통설을 뛰어넘는 수준까지는 아니었다. 16세기에 이황은 『입학도설』의 문제점을 지적하면서 비판적 심정을 드러냈으며,[33] 이이 또한 비슷한 입장을 취했다.[34] 그렇지만 이황 자신의 이기이원론도 권근의 이론과 일맥상통하는 바가 있었다.[35] 따라서 이황의 기준으로 권근의 성리학 이해 수준을 폄하할 필요는 없다. 권근은 성리학의 기본 경전인 사서오경 가운데 오경에 대해 체계적으로 논평한 『오경천견록五經淺見錄』을 지음으로써 성리학에 대한 이해를 심화시켰다.[36] 동시대 조선에서 그를 능가하는 성리학자는 거의 없었다.

정도전과 권근 외에 세종(r. 1418~1450) 때 집현전 학자들도 조선 초기 유학의 발전에 기여했다. 집현전을 통해 이루어진 광범위한 유학 연구는 개인 차원에서는 도저히 엄두조차 낼 수 없을 만큼 방대했고, 그 수준도 당시 조선 안에서 가장 높았다. 집현전에서 성리학만 연구한 것은 아니지만, 그곳에서 수행한 폭넓은 유학·역사 연구를 제외하고 조선의 유학 발전을 논하기는 어렵다.[37] 비록 세조(r. 1455~1468) 초에 집현전이 폐지되기는 했지만, 집현전 학사 출신 중 일부는 세조의 왕위 찬탈에 참여해 공신이 되었고, 조선의 유교 통치 체제가 세종 대부터 성종(r. 1469~1494) 대에 걸쳐 완성되는 과정에서 결정적으로 기여했다. 집현전 학사 출신으로서 세조 즉위 이후까지 생존이 확인되는 인물은 모두 30명인데, 이 중에서 21명이 세조 재위 기간과 성종 재위 초기의 약 20년 동안 다섯 차례에 걸쳐 책봉된 공신에 한 번 이상 오른 권력의 실세였다. 대표적인 인물로는 정인지鄭麟趾(1396~1478), 정창손鄭昌孫(1402~1487), 이계전李季甸(1404~1459), 이사철李思哲(1405~1456), 최항崔恒(1409~1474), 양성지梁誠之(1415~1482), 신숙주申叔舟(1417~1475), 서거정徐居正(1420~1488), 강희맹姜希孟(1424~1483), 노사신盧思愼(1427~1498), 김수녕金壽寧(1436~1473) 등을 꼽을 수 있다.[38] 이들이 유교국가 건설에 필요한 학문적 소양을 집현전에서 근무할 때 쌓았음은 두말할 나위도 없다.

건국 이후부터 국가 주도로 꾸준히 추진한 유교화 정책은 조선 성리학의 발전과 그 가치의 확산에 크게 기여했다. 유교를 새 국가 이념으로 천명한 이상 조선왕조는 유교의 보급과 교육에 적극적이지 않을 수 없었다. 조선왕조에서 추진한 유교화란 곧 유교적 가치를 정치 분야는 물론이고 사회생활 전반에 걸쳐 적용해가는 과정을 뜻했다. 따라서 유교화 작업이 100년을 지나는 동안 조선의 모든 지식인·유생·관료들에게 성리학적 가치는 개인의 삶과 정치 현실에서 반드시 추구해야 할 최고의 덕목으로 자리 잡았다. 설령 개인적으로는 성리학적 가치를 무시하며 따르고 싶지 않더라도, 공식 석상에서 실천을 강조하는 논의에 반대 의사를 표명하기 어려운 분위기가 계속 무르익어갔던 것이다.

이 점은 조선 초기의 유교화 과정뿐 아니라 성리학의 심화 과정을 이해하는 데도 매우 중요하다. 왜냐하면 성리학적 실천 윤리의 중요성이 조선 사회에서 폭넓은 공감대를 형성하게 된 주요인이 정몽주와 길재에서 김종직 등으로 이어지는 이른바 사림파가 초야에 묻혀 학문에 몰두한 결과라기보다는, 건국 직후부터 국가가 전면에 나서서 일면 강제적으로 꾸준히 추진한 유교화 정책의 산물이라는 성격이 더 강했기 때문이다. 정몽주의 복권을 시도한 장본인들이 바로 태종(r. 1400~1418) 자신 및 권근을 비롯한 건국의 주체 세력이라는 사실은 이를 뒷받침하는 적절한 예이다. 앞서 언급한 집현전의 기능도 이에 부합한다. 고려 말에 새 왕조를 개창하기 위해서는 역성혁명 같은 논리가 필요했지만, 건국 후 어느 정도 국가 기틀을 갖춘 뒤에는 왕실의 안정을 우선하는 차원에서 절의라는 가치를 다시금 부각한 것도 이런 특성의 형성에 영향을 미쳤다.[39]

건국 이후 유교적 국가 체제의 정비뿐 아니라 성리학 이념의 보급 및 실천을 위해 반드시 필요한 관련 서적의 출판과 보급에[40] 힘쓴 주체는 늘 국가, 곧 중앙 조정이었으며, 15세기 내내 중앙 조정의 핵심 세력은 바로 후대에 관학파로 불린 '학자적 관료'들이었다. 이는 국가 이념을 성리학으로 제시한 조선왕조에서 매우 당연한 현상이었다. 이미 살펴본 정도전과 권근 외에도 윤소종尹紹宗(1345~1393),[41] 조준趙浚(1346~1405),[42] 하륜河崙(1347~1416),[43] 변계량卞季良(1369~1430),[44] 허조許稠(1368~1439),[45] 윤상尹祥(1373~1455),[46] 김반金泮(생몰년 미상)[47] 등이 국가 주도의 유교화 과정에 족적을 남긴 인물이었다.

03 『대학연의』와 『소학』의 보급 주체

조선 초기 국가 주도의 유교화 과정과 관련하여 경연에서 왕의 정치 지침서로 사용된 교재의 변화를 살펴보는 일은 매우 중요하다. 조선왕조에서 성리학의 발전 과정은 경연의 교재 채택 문제와 밀접한 관련이 있기 때문이다.[48] 성리학 수용 이전의 고려시대 경연에서는 주로 『정관정요貞觀政要』가 주 교재로 사용되었다. 『정관정요』는 왕도정치보다는 군주의 전제권을 강조하고 패도정치를 지향하는 정치 지침서이다. 그러나 성리학을 국가 이념으로 내세운 조선에서는 세조 재위 기간을 제외하면 성리학적 왕도정치를 위한 길라잡이라 할 수 있는 『대학연의』가 경연의 주교재로 확실하게 자리를 잡아갔다.[49]

주희가 『예기禮記』의 한 부분에 지나지 않던 『대학』을 『중용』과 함께 떼어내 경전으로 독립시키고 『논어』 『맹자』와 같이 사서四書로 묶은 것은 성리학과 기존의 유학을 구분하는 준거를 『대학』과 『중용』에서 찾았기 때문이다. 사서 중에서도 주희는 특히 『대학』을 가장 중시했는데, 『대학』에는 학문의 순서와 핵심이 격물格物·치지致知·성의誠意·정심正心·수신修身·제가齊家·치국治國·평천하平天下 등 8조목으로 일목요연하게 정리되어 있어 성리학의 강령을 밝히는 기본이 된다고 여겼기 때문이다. 또한 『대학』 공부에 우선적으로 힘써야 할 대상을 제왕으로 꼽았기 때문에, 경연에서 제왕학帝王學의 교재로 『대학』이 활용되었다. 그런데 『대학』은 분량이 적고 교훈적 사례도 많지 않아 교재로 쓰기에 충분하지 않았다. 이에 진덕수眞德秀(1170~1235)가 제왕의 지침으로 삼을 만한 성왕聖王들의 언행과 치적을 8조목의 단계별로 방대하게 추가하여 저술한 것이 『대학연의』이다. 따라서 『대학연의』야말로 성리학에서 추구하는 이상적인 군주를 교육시키기 위한 경연 교재이자 정치 지침서였던 것이다.[50]

『대학연의』는 남송·원·명 등에서 제왕학의 교과서로 수용되었으며, 이는 조선도 마찬가지였다. 경연의 교재로 『대학연의』를 강력하게 추천한 사례가 고려 공민왕과 공양왕(r. 1389~1392) 때 이미 보이는데,[51] 이는 성리학을 수용한 이래 고려 말기에 이르면 이미 『대학연의』를 중시하는 인식이 조정 신료들 사이에 퍼지기 시작했음을 알려준다. 이런 추세는 조선왕조의 건국과 함께 더욱 강화되어, 태조(r. 1392~1398)부터 연산군(r. 1494~1506)까지 100년이 넘도록 경연에서 『대학연의』의 진강이 이루어졌다. 비교적 전제정치를 시행한 세조 때 다소 주춤하기는 했으나, 『대학연의』의 진강 추세는 계속 이어졌다.[52] 『대학연의』의 강조는 곧 시대 흐름이었던 것이다.

당연한 일이겠지만, 건국 초기에 『대학연의』를 경연의 주교재로 채택하도록 강력하게 건의한 사람들은 모두 중앙의 고위 신료로, 이른바 관학파에 속하는 인물들이었다. 그 첫 번째로 꼽을 수 있는 인물이 바로 조선 건국에 핵심 역할을 한 정도전鄭道傳(1342~1398)이다. 이미 여러 학자들이 지적했듯이, 그는 『조선경국전』에서 태조 이성계의 교시를 인용하며 제왕학 최상의 교재로 『대학연의』를 지목했다.[53] 이 밖에도 『조선왕조실록』에서 검색해보면, 맹사성孟思誠(1359~1438),[54] 이지강李之剛(1363~1427),[55] 정초鄭招(?~1434),[56]

탁신卓愼(1367~1426),[57] 정창손,[58] 정척鄭陟(1390~1475),[59] 김수녕,[60] 이석형李石亨(1415~1477),[61] 임원준任元濬(1423~1500)[62] 등이 『대학연의』를 강조했음을 알 수 있다. 그런데 이들은 대개 당상관이거나 공신이었다. 맹사성·정창손·김수녕 등은 집현전 학사 출신이자 공신이고, 이석형과 임원준도 공신이었다. 특히 이석형은 『대학연의』의 내용을 첨삭하고 고려 역사에서 사례들을 많이 인용해 『대학연의집략大學衍義集略』을 지어 올림으로써 『대학연의』의 진강에 기여했는데, 이 작업을 함께한 홍달손洪達孫(1415~1472) 또한 공신이었다. 세조의 의도를 좇아 패도정치에 동조했다고 알려진 신숙주와 양성지조차 『대학연의』 공부를 회피하는 세조에게 『대학연의』 진강을 경연에서 폐지할 수 없다고 건의한 바 있다.[63] 신숙주와 양성지도 집현전 학사 출신으로, 공신이었음은 주지의 사실이다.

이른바 사림이 대두한 성종 대 이후 16세기에도 이런 추세는 지속되었는데, 사림으로 분류되건 아니건 모두 『대학연의』의 중요성을 강조한 점은 똑같았다. 성종이 친정親政을 시작한 1475년(성종 6)부터 선조(r. 1567~1608)가 즉위하는 1567년까지, 이른바 훈척과 사림의 대립이 극심했다고 알려진 이 100년 가까운 기간에 『대학연의』의 중요성을 국왕에게 강조한 인물로는 성담년成聃年(생몰년 미상),[64] 안침安琛(1445~1515),[65] 노사신,[66] 김일손金馹孫(1464~1498),[67] 박억년朴億年(1455~1496),[68] 김수동金壽童(1457~1512),[69] 손주孫澍(?~1539),[70] 남세주南世周(1445~1504),[71] 강징姜澂(1466~1536),[72] 최숙생崔淑生(1457~1520),[73] 유순柳洵(?~1517),[74] 김안국金安國(1478~1543),[75] 손수孫洙(?~1522),[76] 홍언필洪彦弼(1476~1549),[77] 이언적李彦迪(1491~1553),[78] 황헌黃憲(1502~1574),[79] 윤주尹澍,[80] 홍섬洪暹(1504~1585),[81] 이정李楨(1512~1571)[82] 등이 있다.

이 가운데 노사신은 집현전 학사 출신으로, 세조와 성종 대에 걸쳐 거듭 공신에 올랐을 뿐 아니라 소극적이나마 무오사화(1498)에 동조한 인물이다.[83]

김수동과 유순은 중종반정 2등 공신에 올랐으며,[84] 손주는 기묘사화(1519)를 일으킨 주동자 중의 한 명이다.[85] 황헌은 윤원형尹元衡(?~1565)의 일파로, 을사사화(1545) 뒤 논공행상에 따라 보익공신保翼功臣에 추록되었으며 사림을 핍박한 인물로 알려진다.[86] 또한 안침, 남세주, 강징, 손수, 홍언필 등은 사림과 일정한 거리를 둔 고위 신료였다. 반면, 사화의 피해 여부 및 후대의 평으로 볼 때 김일손, 최숙생, 김안국, 이언적, 이정 등은 사림 계열의 관료로 분류할 수 있다. 특히 이정은 이황을 스승이자 벗으로 삼고 교류했다.[87] 이렇듯 사림과 비사림의 경계를 넘어 모든 신료의 지지에 힘입어서 『대학연의』를 『대학』의 본뜻에 더 충실하고 일목요연하게 재구성하려는 노력이 꾸준히 진행되었고, 마침내 1575년(선조 8) 이이가 『성학집요聖學輯要』를 완성하기에 이르렀다. 이후로는 경연에서 『대학연의』와 『성학집요』를 주교재로 함께 다루었다.[88]

요컨대 성리학적 왕도정치 이념을 왕에게 교육하기 위한 대표적 교재인 『대학연의』가 경연의 주교재로 자리를 잡은 이유는 이른바 관학파나 절의파 또는 훈구와 사림의 입장 차이를 초월한 시대의 흐름 때문이었다. 물론 『대학연의』에 대해 얼마나 절실한 마음을 지녔는가는 개인에 따라 차이가 있었을 것이다. 그렇지만 『대학연의』가 경연의 주교재가 되어야 한다는 당위적 명제에 어느 누구도 공식적으로 반론을 제기할 수 없었던 중외中外·경향京鄕의 분위기에 주목할 필요가 있다. 이 점은 조선 성리학의 발전 방향과 관련해 시사하는 바가 크다. 즉 '사림운동' 과정에서 몇 차례 정치적 충돌이 일어났을지언정 정치 무대에서 성리학 이념을 최대한 타협 없이 추구한다는 대명제에 관한 한, 적어도 공식적으로는 가해자와 피해자 사이에 별다른 차이가 없었던 것이다.

국가에서 주도한 이런 시대 분위기는 성리학 입문서 가운데 하나인 『소학』의 보급과 확산 과정에서도 확인할 수 있다. 『소학』은 성리학의 핵심인 수기치인과 인륜을 설명하는 매우 중요한 입문서이자 효제충신孝悌忠信 등의 가치를 먼저 자신에게 적용해 실천하는 수기修己에 중점을 둔 책으로, 치인治人의 조건을 강조한 『대학연의』와 짝을 이루는 성리학 기본서이다. 그렇기에 정도전은 자신이 완성한 『속육전續六典』에 서울의 학당에서 『소학』을 필수로 가르치도록 명시했다.[89] 그러나 당시 과거를 목표로 삼은 학생들 사이에서는 『소학』을 입문서라는 이유로 등한시하는 풍조가 만연했던 탓에 제대로 시행되지 않았다. 이런 분위기를 바꾸고자 1407년(태종 7) 태종은 권근의 건의에 따라 『소학』을 전국 모든 학교의 기본 필수 과목으로 삼게 하는 한편, 『소학』의 내용을 제대로 이해하고 있는지 파악하기 위한 예비시험을 치르게 해서 합격자에 한해 생원시에 응시할 자격을 주도록 했다.[90] 그러나 이 제도 또한 학생과 담당관이 적극 동참하지 않아 형식적으로 흘렀고, 소기의 성과를 거두는 데 실패했다. 그러자 1419년(세종 1) 탁신(동지경연사)의 건의에 따라 전국의 학교에서 『소학』 교육을 강화하도록 다시 조치했다.[91] 또한 생원시 응시생들의 『소학』 통달 여부를 시험하는 임무를 문신이 직접 담당하도록 규정했다.[92] 1434년(세종 16)에는 무과 필기시험의 선택과목 중 하나로 『소학』을 채택하였으며,[93] 문종(r. 1450~1452) 때는 진사시 응시생들에게도 『소학』 시험의 통과를 의무화했다.[94] 성종 대에는 전국적으로 『소학』을 적극 장려한 결과, 유생이라면 『소학』 한 질쯤은 집에 보유하고 있을 정도로 널리 보급되기에 이르렀다.[95]

그러나 무오사화를 계기로 몸조심 차원에서 부모들이 자제의 『소학』 공부를 만류하는 풍조가 나타났다.[96] 그러다가 병인정변(중종반정, 1506) 이후 과거 응시 자격 취득에 관계없이 모든 사람이 일상생활에서 반드시 숙지하고 실천해야 할 기본서로 다시금 자리를 잡았다. 특히 조광조 등의 사림이 정치의 전면에 등장해 『소학』을 적극 장려한 결과, 부모가 자제에게 『소학』 공부

를 강하게 권유할 정도로 상황이 바뀌었다.[97]

중종 대에는 『소학』의 보급과 관련해 의미 있는 획기적 조치를 연이어 내렸다. 1509년(중종 4)에 대간의 건의와 예조의 계청에 따라 「사학유생독소학장려절목四學儒生讀小學獎勵節目」을 반포했는데, 한양의 4부 유생들에게 『소학』을 장려하며 그 이치에 통달한 학생들을 우대하는 것이 골자였다.[98] 조광조 등이 득세한 뒤인 1518년(중종 13)에는 국가에서 『소학』 1,300부를 간행해 신료들과 종친에세 나눠 주고 아동을 훈육하도록 조치했다.[99] 또한 중종은 『소학』 장려 분위기를 북돋기 위해 솔선수범하여 경연에서 『소학』을 최초로 진강했으며, 약 2년 만인 1519년(중종 14)에 마무리했다.[100] 그리고 그 사이에 더욱 폭넓은 보급을 위해 『소학』의 언해를 처음으로 추진하여 1518년(중종 13) 『번역소학飜譯小學』을 간행했다.[101] 『소학』을 언해한 목적이 한문에 능통하지 못한 일반 아동이나 부녀들에게 성리학적 인륜의 정수를 교육하기 위해서라면, 경연 진강은 국왕이 몸소 『소학』을 공부하여 솔선수범의 예를 보이고, 그럼으로써 동치지학童稚之學으로 홀대받던 『소학』을 종신지학終身之學의 필독서로 격상시킨 중요한 의미를 갖는다.[102]

그러나 이런 추세는 또 한 번 뒤집힌다. 기묘사화를 계기로 『소학』은 금서로 취급되었고, 자제에게 『소학』 공부를 만류하는 풍조가 다시금 나타난 것이다. 다음은 기묘사화 이후 중종 대에 『소학』을 기피하고 금기시하는 풍조가 만연했음을 보여주는 자료이다.

> ① 남곤이 "여염에서 『소학』을 힘써 행하는 것은 모두 저들이 주창하였기 때문인데, 저들이 내침을 당한 후에 무지한 백성들은 다들 그들이 죄를 입은 것이 『소학』을 행했기 때문이라고 말한답니다. 이를 들으니 마음이 심히 편치 않습니다. 조광조 등이 죄받은 것은 『소학』을 행한 데 있지 않

았지만, 사세가 이에 이르렀으니 부득불 죄를 삼지 않을 수 없었던 것입니다."라고 말하자, 왕은 "이는 사기士氣가 꺾였기 때문이니 지금은 마땅히 언로를 열어 직간을 용납하고 대신과 함께 국사를 도모할 때이다."라고 말했다.[103]

② 4월 13일 경연에서 구수담이 "기묘년의 사류士類는 그 일에 비록 잘못이 없지는 않았으나, 그 실정은 모두 나라를 위함이었지 그 사이에 추호의 사심도 없었습니다." 하고 아뢰었다. 이해 11월 16일 야대夜對에서 이준경은 "『소학』과 『근사록』이 세상에서 크게 금지되어 이 책을 끼고 다니면 기묘의 당이라 지목되는데, 기묘년의 무리가 선하지는 않았을지라도 이 책이 무슨 죄입니까?"라고 아뢰었다. 구수담은 "요새 『소학』과 『근사록』은 사람들이 반드시 찢어서 벽에 바르니, 이 폐단이 큽니다."라고 아뢰었다.[104]

③ 사신은 논한다. 기묘년의 무리가 『소학』의 도를 숭상했는데, 다스리는 효과가 이르기도 전에 소인배들이 그들을 모함했다. 한 번 패한 후로는 그 책까지 죄를 주어 폐해버렸다. 지금 다시 (『소학』을) 진강하라는 하교가 있으니 임금께서 뉘우치고 깨달았음을 볼 수 있다. 그러나 임금의 뜻이 확고하지 못해 도를 향하는 생각이 잠깐 열렸다가 다시 닫히곤 하여 군자의 진퇴가 무상함에 이르렀으니 한탄을 금할 수 없다. (사신은) 또 논한다. 기묘년 이후로 『소학』은 세상에서 크게 금기시되어 사람들이 감히 휴대하지 못한 지 20여 년이다. 정유년(1537, 중종 32) 이후로 김안국 등이 다시 조정에 돌아와 비웃고 욕하는 것을 무시하고 (『소학』에 대한) 말을 인도하니, 사림의 후학들 사이에 좇아 좋아하는 자들이 있었다.[105]

①, ②, ③의 사료가 전하는 공통의 사실은 크게 두 가지로 볼 수 있다. 첫째, 『소학』을 유별나게 강조했던 조광조 등의 기묘사림이 사화로 쫓겨난 사건을 계기로 학업에 뜻을 둔 유생들 사이에 『소학』 공부를 기피하는 풍조가 나타났다. 둘째, 중종과 조정의 중신들은 『소학』 자체에 아무 문제가 없는데도 사람들이 『소학』을 기피하는 세태를 일종의 폐단으로 여기고 바로잡으려 하고 있다. 사료 ①에 보이는 사기士氣가 꺾였기 때문이라는 중종의 명쾌한 진단이나, ③에 보이듯이 『소학』을 다시 진강하려 한 중종의 태도와 그런 태도를 더욱더 확고하게 보여야 한다는 사관의 사론은 이를 잘 보여준다. 기존 연구에서는 주로 첫 번째 사실에만 주목했지만, 위 세 사료의 내용을 면밀하게 살펴보면 두 번째 사실을 무시할 수 없으며, 어떤 면에서는 오히려 두 번째 사실을 더 눈여겨볼 필요가 있다.

물론 『소학』의 내용과 취지를 어느 정도로 신봉하고 그대로 따를 것인가에 대해서는 사람마다 달랐을 터다. 기존에 훈구라 불린 무리와 사림으로 불린 무리 사이에도 당연히 차이가 있었겠지만, 같은 훈구나 사림 내에서도 그 편차는 상당히 다양했을 것이며, 그 이유도 갖가지였을 것이다. 기묘사화를 주도한 핵심 인물 가운데 한 명인 남곤南袞(1471~1527)은 중종이 농상農桑을 장려하고 학교를 권면함으로써 왕정王政을 펴고자 한다는 취지의 말을 했을 때 다음과 같이 응대했다.

> 송나라는 거의 망해가는데도 오히려 이런 일들을 조치했으므로, 이에 특별히 기록해서 칭찬했습니다. 당시 천하에 사건이 많았음에도 불구하고 오히려 이같이 항상 생각했습니다. 하물며 이제 (우리) 국가는 한가하니 시설하고 조치하는 방도를 만들어야 합니다. 근자에 유사儒士들이 다들 겉모습에 힘쓰며 명목으로만 마음을 다스린다는 공치사를 지어내면서

독서와 제술을 일삼지는 않습니다. 마음을 열고 이치를 밝히는 학문은 없는데 겉은 꾸미되 속은 쇠하게 하는 폐단이 있으니, 또한 잘못이 아니겠습니까? 『소학』 등 여러 서책에 어찌 독서가 옳지 않다고 한 것이 있습니까? 또한 어찌 독서하지 않았는데 (그 사람을) 임용할 수 있겠습니까? 그 폐단이 지금까지 남아 있기 때문에 유생이 되어도 전념해 취학하지 않습니다. 이것은 다 지나치고 언행이 과격하여 상도를 벗어난 습성이니, 진실로 의당 속히 바로잡아야 합니다.[106]

남곤은 나라를 운영하는 데 필수적인 농상 등의 방책과 문장력을 등한시한 채 마음을 다스리는 수양에만 치중하는 당시 유생들의 풍조를 비판하고, 그것을 바로잡아야 한다고 역설했다.

이는 남곤과 같은 기묘사화 주동 세력이 『소학』 자체를 무시한 것이 아니라, 국가 운영에는 문장가와 경세가가 필요하니 그런 인재를 양성하는 방향으로 국가의 학교 제도를 갖추어야 한다는 맥락으로 해석하는 것이 합리적이다. 실제로 중종 대 기묘사림이 득세할 때 『소학』과 관련하여 조정에서 전개된 논쟁의 대부분은 '국가 운영을 담당할 관료의 자질로 사장詞章과 이학理學 가운데 어느 것을 더 중시해야 하는가'라는[107] 오래된 논쟁의 연장선이었을 뿐이다. 중종 대 『소학』 관련 논쟁은 조선 건국 당시부터 끊임없이 이어져 조선 후기까지 지속된 사장과 이학(심학), 제술製述과 강경講經 논쟁의 장기적 맥락에서 파악할 필요가 있다. 사장과 제술을 강조한 남곤이 『번역소학』 편찬에서 중추적 역할을 담당하고 그 발문跋文을 직접 작성한 사실은[108] 『소학』에 대한 그의 생각과 당시 『소학』 관련 논쟁의 실제 의미를 제대로 파악할 수 있는 좋은 예이다.

요컨대 『소학』에 대한 금기 풍조는 어디까지나 민간에서 비공식적으로, 또한 한시적으로 이루어졌다는 점에 주목해야 한다. 조정의 공식 석상에서 『소학』 교육에 대한 이의 제기는 없었으며, 『소학』의 중요성을 인정하고 강조하는 목소리는 이른바 사림과 훈척을 가리지 않고 계속되었다. 조광조 등이 득세한 4년(1515~1519) 동안을 전후하여 『소학』 교육의 중요성을 강조한 인물들 중에는 기묘사림과 관련이 없는 고위 신료들도 많았다. 대표적인 인물로는 홍귀달洪貴達(1438~1504),[109] 남곤,[110] 윤순尹珣(?~1522),[111] 장순손張順孫(1453~1534),[112] 신용개中用漑(1463~1519),[113] 이지견李自堅(1454~1529),[114] 민수천閔壽千(?~1530),[115] 이준경李浚慶(1499~1582),[116] 유진동柳辰仝(?~1561)[117] 등을 들 수 있다.

이 가운데 홍귀달, 신용개, 이준경, 유진동 등은 사림에 대해 비교적 우호적 입장을 취했지만, 당시 이들을 사림으로 보지는 않았다.[118] 심지어 기묘사림과 적대 관계에 있던 인물들도 있었다. 예컨대 남곤은 기묘사화를 막후에서 조종한 주동자 가운데 한 명이었다.[119] 윤순은 연산군의 총애를 입어 승지를 오래 역임했으며, 나중에 조광조 등의 탄핵을 받아 권력에서 쫓겨난 인물이다.[120] 장순손은 조광조 등이 일으킨 군자·소인 논쟁에서 사림을 모해하려는 대표적인 소인으로 탄핵받아 쫓겨난 적이 있으며, 나중에 영의정에 올라서는 조광조의 복권을 강력하게 반대한 인물이다.[121] 이자견은 사론士論에 버림받은 용렬한 자라는 이유로 기묘사림의 집중 탄핵을 받은 인물이다.[122] 민수천은 권신 김안로金安老(1481~1537)에게 빌붙은 간신이라고 사림의 배척을 받아 사후에 관작을 추탈당한 인물이다.[123] 이렇게 보면, 『소학』이 다시 중시된 요인이 조광조를 추종한 사림의 노력이었다고 설명하는 데 주저하게 된다. 성리학을 국가 이념으로 천명한 조선 사회에서 성리학적 기본 가치의 실천을 강조한 입문서인 『소학』을 공개적으로 탄압하거나 부정할 수 있는 이는 아무도 없었다.

이런 현상은 『대학연의』의 경우와 마찬가지로, 건국 이래 100년이 넘는 『소학』의 보급 과정에서 중앙 신료들의 역할을 무시할 수 없음을 잘 보여준다. 조선 전기 『소학』의 장려와 보급 과정에 대해 기존 연구들은 대개 신진사류, 곧 사림의 학풍과 역할을 훈구의 그것과 대비해서 설명하는 경향이 있다.[124] 사림은 적극 장려하고 훈구는 그에 반대했다는 식이다. 그러나 이들 연구는 『소학』의 보급과 관련해 그 찬반 의견을 지나치게 도식적으로 구분했다는 문제가 있다. 이미 살폈듯이, 사림이 아닐지라도 『소학』을 장려해야 한다는 원론에는 모두가 동의하고 있었다. 설사 개인적으로는 『소학』을 그다지 좋아하지 않을지라도 공식 석상에서 『소학』 교육을 강조하는 논의가 벌어지면 반대 의사를 펴기 어려운 분위기가 조선 건국 이후 꾸준히 형성되어 왔다. 『소학』 교육 강화에 관한 한 사림과 비사림을 나누어 구분하는 일이 무의미할 정도로 모두 『소학』을 중시했던 것이다. 단지 차이가 있다면 중종대의 사림이 김굉필이나 김안국 등의 『소학』실천운동을 높이 평가하며 『소학』을 강조했던 반면, 이자견 등 비사림계 신료들은 집현전 학사 출신이자 세조의 공신인 정인지의 『소학』 실천을 높이 평가하면서 『소학』을 강조했다는[125] 점뿐이다.

사림이 중앙 정치 무대의 전면에 등장하기 이전에도 어떤 주요 인물이 『소학』의 교육이나 실천에 힘썼으면 그 사실을 실록의 졸기에 기재할 정도로 『소학』을 중시했다. 『소학』의 내용을 잘 실천한 것이 실록의 졸기에 기록될 정도라면, 역으로 이는 당시 조선 사회에서 소학을 실천하는 사대부가 별로 없었다는 의미로도 해석할 수 있다. 그렇지만 이와 동시에 『소학』의 내용을 잘 실천한 이라면 그 이유로 존경을 받는 사회 분위기가 이미 조성되어 있었다는 것도 알 수 있다. 김여지金汝知(?~1445),[126] 탁신,[127] 허조[128] 등의 졸기가 그 예인데, 이들 모두 패도정치가 이루어지던 세조 때 편찬된 『세종실록』

에 실려 있다는 특징이 있다.

『소학』과 함께 성리학적 유교화에 결정적 역할을 한 『주자가례』의 보급 과정에서도 그 주체는 언제나 중앙의 조정이었으며, 이른바 사림이 권력의 전면에 등장하기 전부터 이미 국가 차원에서 꾸준하고 강력하게 추진했다.[129] 특히 『주자가례』를 반강제적으로라도 널리 보급하기 위해 태종 때는 7품 이하의 기존 관원을 상대로 한 시험 과목으로 채택했고,[130] 세종 대에는 생원시 응시자들에게 『소학』과 『주자가례』를 함께 시험 보도록 하기 시작했다.[131] 이런 정책에도 불구하고 가시적 효과가 예상 수준에 못 미치자, 가례에 맞게 상을 치른다면 그가 비록 노비의 신분일지라도 그 이름을 널리 알려 타인의 귀감으로 삼게 하겠다고 했다. 이런 조치를 취한 주체는 언제나 조정이었으며, 건국 초기 15세기 100년 내내 『주자가례』를 중시하고 전국에 보급한 주체 역시도 조정의 집권 신료들이었다. 요컨대 『소학』이나 『주자가례』처럼 성리학적 가치의 실천 문제가 담긴 서적을 적극적으로 발간하고 무상으로 보급하며 그 성과까지 점검하면서 포상한 주체는 항상 국가, 곧 중앙 조정이었던 것이다.

정리하자면, 16세기 들어 성리학적 이념과 윤리가 널리 보급되고 철학적 연구가 발달할 수 있었던 첫째 배경은 100년이 넘도록 꾸준하고 강력하게 추진한 국가 주도의 유교화 정책에 따른 산물이었다. 이는 정몽주와 길재에서부터 김종직으로 이어졌다고 하는 전통적 의미의 사림이 학문적으로 공헌한 결과로 보는 기존의 주장과 다르다. 물론 지방에 은거한 절의파의 후학들이 성종 대에 중앙에 진출하여 조선의 유교화에 자극을 준 것은 사실이다. 그러나 중앙 정계에 진출한 그들이 지식인 사회의 여론 형성에 영향을 줄 수 있던 상황 자체가, 바로 그동안 국가에서 꾸준히 전개한 유교화 정책의 성과가 16세기 문턱에서 본격적으로 나타나기 시작한 결과이다. 이 설명이 당시의 실제 상황에 좀 더 부합하는 해석일 것이다.

따라서 사림의 상징처럼 인식된 『소학』 중시의 태도와 그에 따른 교육이 이루어졌다고 해도, 이를 사림과 비사림이라는 계층별 차이에 따른 결과이자 척도로 확정해서 이해하는 것은 적절하지 않다. 그보다는 조선의 건국 이후 일관성 있게 진행된 유교화라는 시대적 흐름이 『소학』을 점점 중시하는 쪽으로 계속 나아갔다는 장기 변화의 시각에서 조망하고 해석해야 한다. 이런 장기 추세가 더욱 강력하고 철저한 유교화를 향해 나아가는 과정에서 사실상 분수령이 된 시기가 바로 16세기 전반 중종 대였다. 조광조와 그를 따르던 사림에 대한 숙청과 그 복권운동이 모두 같은 중종 대에 발생한 사실은 중종 대가 바로 조선의 유교화 과정에서 극적인 전환기이자 상징성을 갖는 결정적인 시기였음을 잘 보여준다. 중종 대 이후에는 이때 형성된 추세를 이어간 면이 강했다.

조선 건국 이후 16세기에 이르는 약 200년 동안 조선 사회에 뿌리를 내린 성리학의 발전 과정에서 두드러진 특성은 두 가지로 정리할 수 있다. 하나는 서적의 보급과 장려를 통한 유교화는 향촌에 기반을 둔 특정 사회경제적 계층의 출현 때문이 아니라, 유교를 표방하고 건국된 이래 중앙에서 꾸준히 추진한 유교 정책의 산물이라는 점이다. 다른 하나는 성리학 관련 서적의 출판과 보급을 비롯해 건국 이후 유교화 과정에서 핵심 독립변수로 기능한 것은 중앙, 곧 국가였다는 점이다. 16세기 전반의 중종 대는 이런 장기적인 유교화 흐름에 누구도 거스를 수 없는 시대적 분위기를 형성하는 데 중요한 변곡점을 찍은 시대였다.

04 공리를 통해 본 군자·소인 논쟁

유학자가 꿈꾸는 최고 목표는 군자의 삶을 사는 것이다. 인의예지仁義禮智로 대표되는 군자의 이상적 모습을 극명하게 드러내기 위해 공자와 맹자는 군자의 반대편에 소인小人이라는 다른 부류의 인간상을 상정했다. 『논어』에는 군자와 소인을 대비한 구절이 많이 나온다. 공자가 말한 군자의 덕목은 덕德, 화이부동和而不同, 태泰, 의義, 인仁, 검儉, 경敬, 탄탕탕坦蕩蕩, 솔선수범, 언행일치, 부당不黨 등으로 정리할 수 있다. 군자의 대척점에 있는 소인은 이 모든 것의 반대 품성을 지닌 인물인데, 그 핵심은 사적인 공리功利로 요약할 수 있다. 유교 사회에서 공리는 공명功名을 좇고 사리私利를 탐하는 소인의 전형적인 특성을 가리키는 단어로 일컬어졌다. 공훈功勳과 이용利用의 의미로도 공리가 쓰이긴 했지만, 이런 용례는 대체로 군사 문제와 관련해 쓰였다.

핵심을 말하자면 군자는 자기 자신을 먼저 수양하면서 하늘의 도리를 따라 덕과 인을 실천하는 자인 데 반해, 소인은 자기의 이익과 명성을 앞세우는 속된 자를 가리킨다. 따라서 유교를 최고의 가치로 천명한 유교 사회라면, 어떤 경우에도 공식 석상에서 공리의 추구를 입에 담기 어려웠다. 그만큼 공리는 유교 최고의 인간상인 군자가 멀리해야 하는 소인의 대표적 특성으로 간주되었다.

공리에 대한 조선시대 사람들의 지극히 부정적인 인식을 보여주는 자료는 매우 많다. 건국 초기의 사례만 살펴보더라도, 조선왕조의 기틀을 다지는 데 결정적으로 기여한 정도전과 권근 모두 공리를 배격했다. 정도전은 공리를 의리와 선善과는 대립하고 악惡과 상통하는 의미로 사용했으며,[132] 권근은 그렇게 해석한 정도전을 칭송하면서 공리를 이단과 비슷한 부류로 묶고 절의·학술의 대척점에 있는 의미로 사용했다.[133] 이런 인식은 조선왕조 내내 지속되었는데, 이용후생利用厚生을 강조한 북학파 학자로 알려진 18세기의 홍대용洪大容(1731~1783)조차 공리를 실학·정학正學·진리 등의 반대 개념이자 노장·불교·육구연陸九淵(1139~1192)·왕안석王安石(1021~1086) 등과 같은 이단의 부류로 묶어 경계했다.[134] 이 밖에도 공리를 배격한 사례를 보여주는 자료는 일일이 거론하기가 불가능할 정도로 매우 많다. 조선시대 유학자 지식인이나 관료들이 공리에 대해 매우 부정적 태도를 취했다는 명제는 굳이 증명이 필요 없는 공리公理인 셈이다.

그렇다면 조선시대 내내 공리에 대한 인식에는 아무런 변화가 없었을까? 또한 공리를 배격하는 목소리가 특별히 높아진 시기는 없었을까? 이 질문에 대한 답을 구하기 위해서는 소인의 상징인 공리가 조선왕조의 정치 무대에서 어떤 식으로 언급되었으며, 또 그 인식이 시기별로 어떤 추이를 보이는지 추적할 필요가 있다. 조정의 다양한 논의 중에서 공리 문제를 비판적으로 거론한 사례가 어떤 추이를 보이는지 살피는 작업은 조선을 독점적으로 지배한 지배 엘리트(유학자)들이 유교적 가치를 어느 정도로 중시했는지, 그 시기적 경향을 알 수 있는 하나의 척도가 될 수 있다. 공리를 배척하는 조정의 논의가 언제 가장 왕성했는지를 찾아내서 그 전후의 경향과 연결하여 설명할 수 있다면, 해당 시기의 시대상을 파악하는 데 적지 않은 도움을 받을 수

〈표 4〉『조선왕조실록』에서 공리功利 관련 기사 건수의 시기별 추이

세기	국왕	재위 기간	건수	1년당 평균 건수	1건당 평균 햇수	
15	태조·정종·태종	26년 (1392~1418)	3	0.12	8.7년	10.4년
	세종·문종·단종	37년 (1418~1455)	3	0.08	12.3년	
	세조·예종	14년 (1455~1469)	2	0.14	7년	
	성종	25년 (1469~1494)	3	0.12	8.3년	
	연산군	12년 (1494~1506)	0	0.00	–	
16	중종	38년 (1506~1544)	16	0.42	2.4년	3.5년
	인종·명종	23년 (1544~1567)	5	0.22	4.6년	
	선조	41년 (1567~1608)	8	0.20	5.1년	
17	광해군·인조·효종·현종·숙종	113년 (1608~1720)	29	0.26	3.9년	
18	경종·영조·정조	80년 (1720~1800)	19	0.24	4.2년	
19	순조·헌종·철종·고종	95년 (1800~1895)	13	0.14	7.3년	

• 수정실록이나 개수실록에 나오는 건수는 중복 가능성을 피하기 위해 제외했다.

있기 때문이다.

이런 방법론은 『조선왕조실록』 데이터베이스에서 '공리功利'로 원문 검색을 함으로써 가능하다. 공리라는 단어가 실제로 쓰인 사례와 관련 문맥을 일일이 살피고 그런 사례 수를 왕대별로 전체 통계를 낸 뒤, 거기에서 어떤 경향을 읽어낼 수 있다면, 조선 사회의 장기적 유교화 과정과 관련해 정치 무대에서 벌어진 논쟁의 성격과 방향을 감지하고 설명할 수 있을 것이다. 이렇게 찾아낸 결과가 〈표 4〉이다.

먼저, 조선 초기로 불리는 첫 100여 년, 곧 흔히 15세기로 부르는 이 시기에 재위한 국왕은 태조부터 연산군까지 10명에 이르며, 정확한 햇수는

114년이다.* 이 기간 동안 실록에서 공리가 언급된 사례는 모두 11건이다. 좀 더 구체적으로 분석하면, 1년당 공리라는 용어가 0.1회 등장하며, 이는 이 용어가 한 번 등장하는 데 걸린 평균 기간이 10.4년으로, 대개 10~11년에 한 번꼴로 나타난다고 할 수 있다. 단순한 산술평균의 오류를 방지하기 위해 같은 15세기 내에서 왕대별로 나누어 보아도, 연산군 때를 제외하고는 15세기 내내 왕대별로 큰 편차 없이 거의 비슷한 추세가 이어졌음을 쉽게 간파할 수 있다. 물론 사례의 전체 숫자(모수)가 적은 탓에 추세를 파악하기 위한 직접 증거로 〈표 4〉를 활용하는 데 주저함이 따르지만, 그렇더라도 이후의 분포 사례와 비교하여 차이를 읽어내기에는 부족하지 않다.

15세기에 쓰인 공리의 용례를 내용 면으로 살펴보면, 졸기 기사 중에 나오는 경우가 많다. 이를테면 이색이나[135] 길재에[136] 대한 인물평에 나오는 식이다. 그런데 이는 어떤 인물을 평가할 때 그 사람이 생전에 공리를 멀리했다는 점을 추앙하는 세태의 반영이지, 조정에서 구체적으로 전개한 논의에는 나타나지 않는다. 오히려 공리의 설에 너무 얽매여서는 안 된다는 발언이 조정에서 비교적 자유롭게 논의되었다. 예를 들어 사육신의 한 명인 박팽년朴彭年(1417~1456)은 왕조의 개창을 집을 짓는 일에 비유하면서, 집을 지을 때는 그 터전을 처음부터 크게 잡아야지, 공리의 설 때문에 작게 잡으면 안 된다고 발언했다.[137] 이를 통해 본다면 조선 초기인 15세기만 해도 공리를 배격해야 한다는 데는 공감대가 형성되었으나, 그것이 절대적 가치로 작동했다기보다는 상황과 환경에 따라 조정이 가능한 상대적 가치로 기능했음을

* 15세기에서 16세기에 걸쳐 있는 연산군을 15세기에 포함한 이유는 재위 기간으로 볼 때 15세기에 더 많이 포함될 뿐 아니라, 재위 기간의 성격도 병인정변(중종반정) 이후 조선왕조 내내 마땅히 척결해야 할 폭정과 패륜의 상징으로 규정된 탓에, 반정 이후의 16세기와 동시대로 묶기 어려운 태생적 차별성이 강하기 때문이다.

알 수 있다.

그런데 이런 추세는 16세기에 접어들면서 통계상으로도 내용상으로도 새로운 경향을 보인다. 통계상의 수치만 보아도 16세기에 해당되는 중종 집권부터 선조 대까지 102년 동안 공리라는 용어는 모두 29회 사용되었다. 이는 1년에 평균 0.28회 사용된 꼴로, 이 용어가 한 번 사용되는 데 평균 3.5년이 걸렸음을 의미한다. 15세기의 경우와 비교하면 공리라는 용어의 등장 빈도가 현격하게 증가했음을 한눈에 파악할 수 있다. 수치상으로는 거의 3배가량 증가했다. 이는 중앙 정치 무대의 공식 석상에서 공리 문제를 부정적으로 논한 경우가 이전 15세기에 비해 부쩍 늘어났음을 단적으로 보여준다.

내용상으로 볼 때도 16세기의 용례는 이전과 큰 차이를 보인다. 졸기와 같은 인물평에 사용된 사례는 전혀 없고, 모두 공리의 행태를 비판하는 내용이 주를 이루기 때문이다. 또한 같은 16세기라 해도 중종 대의 사례가 16건으로, 절반 이상이 중종 대에 집중되어 있음을 쉽게 알 수 있다. 특히 조광조 등 '사림운동'의 주동자들은 공리를 추구하는 무리라는 이유로 공신들을 공격했으며,[138] 자신들끼리는 서로 공리를 배격한다며 칭찬하는[139] 모습을 보였다. 조광조와 날카롭게 대립한 신료들 중에서도 공리를 추구하는 세태를 비판하는 자가 있었다.[140] 이런 분위기 속에서 위훈삭제僞勳削除 대상자를 선별해 공표한 중종의 전교에서도 그 주된 취지가 공리의 풍조를 배격하는 데 있다고 단언했다.[141] 이렇듯 중종 대에 이르면 정치 노선에 관계없이 누구나 공식 석상에서는 공리의 배격을 부르짖는 풍조가 크게 두드러졌다. 이를 어떻게 해석해야 할까?

사실, 누가 공리를 추구하고 누가 공리를 멀리하는지는 당사자의 말만 들어서는 알아낼 수 없다. 또한 누가 정말로 공리를 배격한 군자이고 누가 공리를 좇은 소인이었는지 가리는 일도 그 진실을 분간하기 어렵다. 그런 작업 자체가 현대 역사학적 해석에도 별 도움이 되지 않는다. 그렇다면 이런 자료(실록의 기사들 및 그 통계와 내용)를 어떻게 해석해야 할까?

훈신이건 사림이건 상대방에 대해 공리를 좇는 소인으로 몰아붙이는 풍조가 중종 대 조정에 만연했음에 주목해야 한다. 본인 자신이 공리를 좇는지 그렇지 않은지가 중요한 것이 아니라, 본인의 성향과 상관없이 적어도 공식석상에서는 공리를 배격하는 발언을 강하게 해야 인정받는 분위기가 무르익었다는 데 중종 대가 갖는 역사적 중요성이 있다. 기묘사림도 공신과 훈신들을 가리켜 공리를 좇는다고 배척했으며, 공신·훈신들도 기묘사림을 가리켜 겉으로는 의리와 명분을 내세우는 듯하지만 실상 공리를 추구한다고 공격했다. 이 점은 당시 중앙의 정치 무대에서 공리를 배격하는 것이 정파의 이해관계를 넘어 마치 '마스터키'와 같은 절대적 공격 무기로 기능했음을 잘 보여준다.

특히 정적을 소인으로 지적하고 자신을 군자로 규정하되 자신의 군자적 품성과 언행을 먼저 드러냄으로써 자연스럽게 교화를 이루어가는 형국의 논쟁이 아니라, 무조건 상대방을 소인으로 몰아붙여 정치적 주도권을 잡으려는 형국으로 논쟁이 흘러갔다. 군자의 품성을 강조하기보다는 소인의 품성을 비난하는 추세로 정쟁이 진행된 사실은 성리학자들이 권력의 핵심에 자리할 때 거의 필연적으로 발생하는 분란의 성격을 잘 보여준다. 덕德과 인仁, 그리고 도道를 강조함으로써 군자상의 실현을 서로 독려하고 교화를 추구하는 것이 아닌, 상대방을 공명과 사리를 좇는 소인으로 몰고 가 제거하는 식의 논쟁이 꼬리를 물고 일어났던 것이다. 이는 이른바 사림이 정치 무대의 전면에 등장한 뒤 거의 한 해도 거르지 않고 조정에서 벌어진 실상이자, 이후에 붕당들 사이에서 처절하게 벌어질 장기적 정쟁(당쟁)의 속성까지도 암시한다.

공리 문제와 관련해, 남송 시기에 학문의 근본 취지와 경세經世 문제에서 성리학(주자학)과 노선을 달리한 사공학事功學이 조선에서는 어떤 대우를 받았는지 잠깐 살펴보자. 사공학은 성리학을 가리켜 수신修身을 너무 강조한 나머지 위기지학爲己之學에 그친다는 이유로 비판하고, 당시 남송이 처한 곤경을 현실적으로 해결할 수 있는 학문을 내세우면서 공리功利적 경세를 강조했다.[142] 즉 개인 차원의 사적 공리가 아닌 국가 차원의 공적 공리를 추구하면서, 그것을 학문의 궁극적 목표로 삼았던 것이다. 따라서 남송의 성리학을 국가 이념으로 수용한 조선에서 사공학에 대한 인식은 애초부터 좋을 수 없었다.

주자학이 뿌리를 내리기 시작한 고려 말기에서 조선 초기에 이르는 시기에 지배 엘리트들 사이에서 형성된 지적 분위기는 성리학의 의리론을 강조하면서 사공학에는 비판적이었다. 여말선초에는 성리학 공부의 기본서인 『주자대전』이나 『주자어류朱子語類』와 같은 서적이 아직 들어오지도 않은 상황이었던 데 비해, 이상적인 정치체제와 관련해 송대 유학자들이 개진한 다양한 견해를 사공학 계열에서 정리해 놓은 『산당고색山堂考索』이나 『주례정의周禮訂義』 같은 서적은 이미 들어와 있었다. 그럼에도 사공학에 대한 반응은 냉랭했다. 이는 정도전이 『경제문감』을 저술하면서 새 왕조의 틀을 잡는 데 큰 참고가 된 『산당고색』과 『주례정의』 등에서 상당 부분 거의 그대로 인용하고도 그 출처를 '의도적으로' 밝히지 않은 사정을 통해 어렵지 않게 짐작할 수 있다. 새 왕조의 기틀을 세우는 데는 당시 형편상 사공학 계열의 서적을 참고할 수밖에 없지만, 그것을 굳이 밝힐 경우에 발생할 수 있는 비난이나 반발을 피하기 위해 출처를 적시하지 않았던 것이다.[143] 물론 반드시 그런 이유 때문이었는지에 대해서는 이론이 제기될 수 있지만, 적어도 건국 당시 조선에서 사공학에 대한 인식이 부정적이었음을 알려주는 사례로는 부족함이 없다.

이와 관련해 조선시대 경연에서 진행된 군자·소인 논쟁의 성격과 추이도 함께 살펴볼 필요가 있다. 수기修己와 경세經世의 대립으로 요약할 수 있는 남송 시기 신유학의 분기는 북송 말기의 신법·구법 논쟁까지 거슬러 올라가는데, 신법의 토대를 제공한 왕안석이 바로 공리적 경세를 추구한 사공학의 원조로 불리기 때문이며, 조선시대 조정에서 벌어진 다양한 군자·소인 논쟁 가운데 소인의 상징으로 단골손님처럼 등장했던 인물이 바로 왕안석이기 때문이다.

조선시대 경연에서 이루어진 군자·소인 관련 강학 내용을 정리한 한 연구에 따르면, 성리학적 소양이 아직 뿌리를 내리기 전인 15세기 건국 초기만 해도 왕안석이 소인이라는 점에는 모두 동의하되, 그를 간신으로까지 보지는 않았다. 단지 너무 급격한 변화를 추구했다가 실패한 인물로 이해하는 분위기였다. 그러나 성리학 근본주의를 표방한 '사림운동'이 정국을 뜨겁게 달군 16세기에는 그에 대한 평가가 바뀌었다. 군주로 하여금 간쟁이나 천재지변에 주의를 기울이도록 인도하지 못했을 뿐만 아니라, 나라의 정치를 왕도와는 거리가 먼 군사와 상업 쪽으로 몰고 갔다는 이유로 왕안석을 전형적인 간신·소인배로 낙인찍었고, 이런 추세는 이후에도 바뀌지 않았다.[144]

왕안석을 비판하는 16세기의 결정판은 이이의 글인데, 그는 다음과 같이 말했다.

> 송의 신종은 잘 다스려 보려는 뜻을 크게 분발해서 삼대의 정치를 회복하려 기약했다. (그러나) 왕안석에게 마음이 기울어져 (그의) 말에 따라 계책을 채용해, 재물의 이득으로써 인의를 삼고 법률로써 시서를 삼았다. (그러니) 무리들이 사특하게 뜻을 얻었고 어진 이들은 자취를 감췄다. 백성에

게는 독을 흘려 전쟁으로 인도했다. 이는 혼미한 군주가 간사한 아첨을 편벽되게 믿은 것이다.[145]

부국강병을 추구해 황제의 정치를 그르치게 한 왕안석을 이이는 간신·소인배로 단죄한 것이다. 이후로 이런 식의 평가는 조선시대 내내 바뀌지 않았다. 조선시대 최고의 실학자로 알려진 정약용丁若鏞(1762~1836)조차 왕안석의 신법* 가운데 방전법方田法에 대하여 다음과 같이 말하며, 왕안석 같은 자가 그런 법을 제정했을 리 없다고까지 했다.

생각건대, 당시 (왕안석의) 나쁜 정책들 가운데 청묘법·보갑법·면역법 같은 종류는 모두 사마광司馬光과 한기韓琦 등으로부터 논박을 받았으나, 방전법에 대해서만은 비난하는 사람이 없었다. 대개 그 법이 왕안석의 손에서 나왔을 리 없다. (방전법을) 시행한 지 오래지 않아서 거의 성공할 뻔했으나 도로 허물어졌으니 애석한 일이다.[146]

* 왕안석의 다양한 개혁안은 대개 별도의 세금을 징수하지 않고도 국가의 재정 적자 문제를 해결하는 방안이었다. 청묘법은 양식이 필요한 농가에 관청의 곡식을 대여했다가 수확기에 약 20%의 이율로 계산해서 갚게 한 법이다. 당시 사설 대부 이율이 대략 60%였으므로, 청묘법은 국가가 대부 사업에 뛰어들어 값싼 이율로 대여를 함으로써 국가와 농민이 서로 '윈-윈'하자는 취지였다. 보갑법은 호적을 재편해서 향촌의 가구당 장정 한 명을 차출해 무기를 지급하고 병사로 삼은 법이다. 면역법은 말 그대로 국가의 각종 사업에 동원되던 백성들에게 역을 지는 대신 재산 정도에 따라 차등 있게 돈으로 납부할 수 있게 한 법이다. 방전법은 양전 사업을 새로 실시하여 토지의 비옥도에 따라 차등을 두어 세금을 부과한 법이다. 토지제도의 개혁에 관심이 많던 조선 후기 실학자들은 대개 방전법에는 일부 관심을 두었으나, 왕안석의 다른 방안들에 대해서는 국가가 백성을 상대로 이윤을 추구한다거나 상업과 군사를 장려한다는 이유로 배격했다. 북송 대의 신유학자들도 같은 이유로 왕안석의 신법(新法)을 배격하고, 그를 소인의 전형으로 몰아붙였다.

왕안석에 대해 간신·소인배라는 통념이 워낙 확고부동하다 보니, 왕안석이 만든 신법 가운데 좋았다고 판단되는 것이 하나 있더라도 차라리 그것은 왕안석의 구상이 아니었다며 자기 편한 식으로 생각해버린 것이다. 18세기 후반에 정조(r. 1776~1800)가 왕안석을 부분적이나마 긍정적으로 평가하여[147] 15세기 때의 평가 추세로 복귀하는 것 같은 움직임이 나타나기는 했으나, 그것은 정조의 생각이었을 뿐 16세기 전반 중종 대부터 이미 300년 가까이 이어진 기본 흐름을 바꾸기에는 어림없었다.

똑같이 유교 사회에서 발생한 군자·소인 논쟁이었지만, 조선의 경우는 중원제국들과 많이 달랐다. 조선에서는 스스로의 문제의식에 따른 고민과 방안에 대한 자체 논쟁도 별로 없이 중국의 평가 결과만을 그대로 교조적으로 수용하는 면이 강했다. 그러니 논쟁의 본질보다는 표피적인 판정 결과만 중요해졌고, 그 판정이 곧 절대 권위를 갖고 작동하는 구조가 굳어졌다. 훈척이건 사림이건 일단 정쟁에 휘말리면 누구나 자신을 군자로, 상대방을 소인으로 몰아붙이는 모습이 늘상 반복되었다. 신법과 구법의 진정한 본질은 탈각된 채, '왕안석=소인'이라는 절대 등식만 남았던 것이다.

중원제국에 비해 군주권이 훨씬 약했던 조선에서는 군자·소인 논쟁의 최종 판결을 내릴 권위자가 없었다고 해도 과언이 아니다. 반정이라는 이름으로 신하들에 의해 국왕조차 내쫓김을 당했기 때문이다. 따라서 국왕도 진정한 판정관이 되기 어려웠다. 군자와 소인을 가르는 기준 자체가 명쾌하지 않고 추상적인 것도 문제였지만, 그나마 어떤 식으로든 판정을 내릴 최종 판정관의 권위 체계 역시 제대로 갖추어지지 않은 것도 문제였다. 이런 상황에서 벌어진 군자·소인 논쟁은 마치 기관사도 브레이크도 없이 무한정 질주하는 기관차와 같았다. 나라의 대신들이 권위를 상실하기 시작한 연산군 대 이후 중종 대를 거치는 16세기 전반부터 이런 현상은 가시화되었다.

이와 같은 장기적 추세를 염두에 두고 〈표 4〉를 다시 보면, 조선시대 500년에서 16세기 전반 중종 대는 다른 어떤 시기보다도 공리 배격이 두드러졌음을 바로 알 수 있다. 이전 시기와 비교해도 현격한 차이를 보이며, 이후의 시기와 비교해도 두드러진다. 특히 중종 대에 이른바 기묘사림이 등장하면서 반정공신들을 공격할 때 한결같이 공리를 추구하는 부류로 매도했던 점은 시사하는 바가 크다. 15세기의 분위기가 공식 석상에서는 공리를 배격하면서도 실제 생활에서는 암암리에 그것을 추구하고 대충 용인했던 것에 비해, 16세기 전반에는 전혀 다른 분위기가 형성되었기 때문이다. 즉 성리학 근본주의자라 할 수 있는 이른바 기묘사림이 정치의 전면에 등장한 16세기 전반에는 '인지상정' 차원으로 사적 공리 추구를 인정하는 이중적 태도조차 추호도 용납해서는 안 된다는 근본주의적 주장이 등장한 것이다. 더 나아가 그런 주장에 동조하는 유생들의 공론公論이 정치의 전면에 등장했다. 이는 유교 사회라면 마땅히 공리를 배격해야 한다는 가치가 그저 교과서 안에만 머물지 않고 현실의 정치 무대에서 왕성하게 작동하기 시작하면서 심각한 정치 쟁점을 만들어낸 시기가 바로 중종 대였음을 웅변한다.

05 절의 문제와 문묘종사

조선 건국 이후 성리학은 성리학적 윤리 및 그 실천을 강조하는 방향으로 발전했다. 윤리의 실천을 강조한다는 점은 성리학적 가치를 머리로만 아는 것이 아니라, 정치는 물론이고 일상생활 전반에 걸쳐 타협 없이 그대로 실천해야 한다는 의미였다. 『대학연의』의 강조가 경연을 통해 군왕의 실천을 강조한 측면이 강했다면, 『소학』의 강조와 그 장려는 사대부, 곧 지식인의 자기 실천을 강조한 면이 강했다. 중앙의 정치 무대에서 16세기에 본격화된 문묘종사文廟從祀 관련 논쟁 과정을 살피면, 이런 흐름을 분명히 확인할 수 있다.

문묘는 유학을 국가의 통치 이념으로 표방한 국가에서 공자를 비롯하여 유학 발전에 기여한 선유先儒를 기리고 제사하기 위해 설치한 묘당이었다. 문묘 제도는 한대漢代(B.C.206~A.D.220)에 시작되어 당대唐代(618~907)를 거치면서 그 체제를 갖추었다. 이후 송대宋代(960~1279)에 이르러 신유학이 크게 일어나고 성리학이 국가 사상의 주류를 형성함에 따라 그 중요성이 더욱 커졌다.[148] 문묘에 종사할 인물을 선정하는 기준은 시대에 따라 변했다. 북송 때까지만 해도 학통이나 도통보다는 개인의 학문적 업적을 중시했으나, 의리와 정통을 중시하는 성리학이 득세한 남송 대 이후로는 의리의 실천 여부 및 주희의

정통 계보에 속하는지 여부가 가장 중요한 선정 기준으로 새롭게 자리를 잡았다.[149]

중국의 문묘 제도는 8세기에 당을 통해 신라에 도입되었으며, 고려 때에도 계속 발전했다. 고려 현종(r. 1009~1031) 때는 공자와 십철十哲(공자 문하의 뛰어난 제자 10인) 등 기존의 중국인 유학자들에 더해, 처음으로 최치원崔致遠(857~?)과 설총薛聰(655~?) 등 한국인 유학자를 문묘에 종사했다. 숙종(r. 1095~1105) 때는 공자의 3,000여 문도 가운데 특별히 72현으로 분류되는 인물을 모두 종사함으로써 북송 때의 문묘와 비슷한 수준으로 문묘 체제를 갖추었다. 그 뒤 몽골과 오랜 전쟁을 거치면서 문묘가 황폐해졌으나 충렬왕(r. 1274~1308) 때는 옛 모습을 되찾았다. 이때 문묘 복구 사업을 주도한 인물이 바로 안향이다. 그는 이 공로로 1319년 문묘에 종사되었다. 그러나 불교 사회였던 고려에서 문묘가 갖는 정치적 의미는 그다지 크지 않았다.[150]

조선왕조에서 성리학을 새 국가 이념으로 내세우자 문묘의 중요성도 높아졌다. 인물의 선정 기준도 개인 차원의 학문적 공적보다는 도통에 속하는지 여부와 의리의 실천 여부가 중요한 선정 기준으로 부각되었는데, 이는 남송 대 문묘 제도의 영향을 받은 결과였다.[151] 성리학적 유교 사회의 건설을 목표로 한 조선에서는 국왕과 세자도 문묘에 직접 나아가 자신이 공자의 제자임을 확인하는 알성례謁聖禮, 삭망제朔望祭, 석존제釋奠祭, 입학의入學儀 등을 행해야 했다. 이제 문묘는 성리학 이념의 정신적 본산으로 확고하게 자리를 잡아갔다.[152] 어떤 유학자를 문묘에 종사한다는 것은, 국가가 그의 학풍을 장려할 뿐만 아니라 그 학문의 정통성을 공식적으로 인정하며 왕 자신이 그 학자를 스승으로 모신다는 중대한 의미를 담고 있었다. 그런데 조선 사회에서는 대체로 유학자가 곧 관료이고 관료가 곧 유학자였으므로, 누구를 문묘에 종사할 것인가는 단순히 도통 문제를 넘어 정치권력과 직결되는 매우 민감한 사안이었다. 이런 면에서 볼 때, 문묘종사 논쟁의 추이와 결말은 조선의 성리학이 추구한 최고의 가치가 무엇이었는지 가늠하는 데 중요한 척도가 될 수 있다.

조선 건국 이후 처음으로 문묘종사의 후보군에 오른 대표적 인물은 권근과 정몽주였는데, 이에 대한 조정의 논의와 결말은 조선의 성리학 경향과 관련해 매우 중요한 의미를 갖는다. 조선의 건국과 유교국가의 기틀 확립에 결정적으로 공헌한 인물은 주지하듯이 정도전과 권근이었다. 정도전이 왕자의 난(1398) 때 이방원李芳遠(태종) 등에게 살해되고 이후 역적으로 낙인찍히는 바람에 일찌감치 후보에서 멀어진 데 비해, 권근은 문묘종사 문제가 거론될 때마다 일순위로 그 대상에 올랐다. 『입학도설』과 『오경천견록』 등을 저술함으로써 성리학이 조선에 정착하는 데 국가 제도뿐 아니라 철학적으로도 공헌한 권근을 문묘에 종사하자는 주장은 자연스러웠다. 특히 당시 조정에 널리 포진해 있던 권근의 제자들과 관학의 중심인 성균관 유생들은 이제현→이색→권근으로 이어지는 학통을 세우고, 그들을 모두 문묘에 종사해야 한다는 주장을 전개했다.[153] 이런 논의를 주도한 대표적 인물로는 권근의 문하생이자 성균관에서 오래 근무하며 성리학의 교육과 보급에 기여한 김일자金日孜와 김반金泮 등이다.

문묘종사 논의는 세종 대까지도 결실을 보지 못했다. 문묘 제도의 강화가 필연적으로 문신 우대 분위기로 귀결될 것을 우려한 무신 계열 공신들의 반대도 있거니와,[154] 군왕과 별도로 성현의 계보를 만드는 일을 왕권에 대한 견제로 인식한 태종의 반대 때문이었다.[155] 이뿐 아니라 고려를 섬기던 권근이 절의를 버리고 새 왕조를 섬긴 일이 문제가 되어, 번번이 왕의 재가를 받는 데도 실패했다. 권근도 처음에는 춘추필법春秋筆法을 중시하고 주희의 정통론과 명분론에 충실했다. 하지만 왕조 교체에 따른 사대부의 출처에 대해서는 시의가 적절하다면 출사할 수 있다는 의견을 갖고 있었는데, 조선 건국 후의 상황이 군자가 일할 만한 치세治世의 풍모를 보이니 출사할 수 있다는 논리를 세운 바 있다.[156] 그런데 이런 논리로 불사이군의 가치를 무마하기는 어려웠던 것이다. 특히 『삼강행실도三綱行實圖』와 「충신도忠臣圖」 등을 간행하는 등 성리학적 의리 정신의 확산과 그 실천에 깊은 관심을 보인 세종이 고려와 조선 두 왕조에 출사한 권근의 문묘종사에 부정적이었다. 권근의 실절失節 행위는 그의 문묘종사에 두고두고 결정적 약점으로 작용했다. 더욱이 집현전을 통해 성리학적 의리 명분에 입각한 정통론이 조선 사회에 정착됨에 따라 세종 대를 고비로 권근에 대한 문묘종사 논의는 완전히 사라져버렸다.[157]

한편 정몽주는 고려 말의 대표적 성리학자로, 고려에 충절을 지키다가 이방원에게 죽임을 당한 인물이다. 건국이 마무리 된 뒤 그에 대한 평가는 크게 바뀌었다. 새 왕조가 일단 건설되고 나니, 상황에 따라 절의를 보류할 수 있다는 혁명론보다는 왕조에 끝까지 충성해 의리를 지켜야 한다는 절의론이 더 강조되는 분위기가 우세했고, 이에 힘입어 정몽주의 복권도 순조롭게 이루어졌다. 역설적이게도 생사를 초월해 신하의 의리를 몸소 실천해 보인 정몽주를 추앙해야 한다는 논의를 직접 제기한 이는 권근이었다. 태종도 그 제의를 받아들여, 불과 8년 전에 자신이 살해했던 정몽주를 영의정부사로 추증했다.[158] 세종은 고려의 「충신도」에 정몽주를 포함시켰다.[159] 그뿐 아니라 정몽주의 후손을 높은 벼슬에 등용해야 한다는 건의가 올라올 때마다 그대로 실행되었다. 더 나아가 중종 때 기묘사림은 정몽주를 문묘에 배향해야 한다는 여론을 크게 일으켰고, 논란의 과정을 거쳐 마침내 1517년(중종 12) 정몽주는 문묘에 종사되었다.[160]

정몽주가 문묘에 종사된 이유는 그가 조선 성리학의 기초를 닦았을 뿐 아니라 절의를 끝까지 실천했기 때문이다. 그런데 이미 앞에서 살펴보았듯이, 조선 성리학의 기초를 다진 사람은 정몽주 외에도 많았다. 그들 중에서 정몽주는 학문적으로도 결코 독보적인 존재가 아니었다. 그렇다면 정몽주가 문묘에 종사된 주된 이유는 결국 그가 실천적으로 보여준 의리, 특히 절의 때문으로 봐야 할 것이다.

그런데 고려·조선의 왕조 교체에 직면했을 때 고려에 끝까지 의리를 지킨 이는 정몽주뿐만이 아니다. 이색, 길재, 원천석元天錫(1330~?)을 비롯하여 이른바 두문동 72현과 같이 새 왕조에 출사하지 않고 은둔하여 의리를 지킨 이들이 많았다. 하지만 정몽주는 은둔이 아닌 죽음으로써 절의를 실천한 대표적인 인물이었다. 단순히 의리를 지키는 차원을 넘어 왕조 개창을 주도한 세력에 의해 무참히 살해당함으로써, 그는 고려왕조를 위해 피를 뿌린 절의의 상징으로 떠올랐다. 정몽주가 성리학적 절의의 표상으로 추앙된 이유는 그의 극적인 죽음이 갖는 상징성 덕분이었다. 후대의 기묘사림이 스스로 정몽주→길재→김종직→김굉필로 이어지는 학통을 잇고 있다고 믿은[161] 것도 정몽주의 그 같은 극적인 죽음과 무관하지 않다. 이 점은 앞으로 본격화될 조선왕조의 사상적 지향점을 잘 보여준다.[162]

정몽주를 단독으로 문묘에 종사한 때(1517)가 중종 대였다는 점에도 주목할 필요가 있다. 정몽주는 조선왕조 개창에 끝까지 반대했지만, 왕조 개창에 공을 세운 허다한 성리학자들을 다 제치고 오히려 유일하게 문묘에 종사되었다. 이 사실은 조선의 군신과 유생들이 조선 성리학 도통의 시조로 삼아 본받아야 할 인물로 권근이 아니라 정몽주를 선택했음을 의미한다. 이는 또한 고려·조선의 왕조 교체를 맞아 유학자로서 마땅히 취했어야 할 태도가 불사이군 의리의 실천이었음을 천명한 셈이자, 당시 정몽주가 옳았고 정도전이나 권근이 틀렸음을 건국 이후 125년이 지난 시점에서 공식적으로 선포한 셈이었다. 정몽주는 이제 단순히 고려의 충신들 가운데 한 명 정도가 아니라, 조선왕조의 문묘에 최초로 종사될 자격을 갖춘 유일한 인물로 확실하게 자리를 잡은 격이었다. 따라서 이후의 조선 성리학은 의리와 명분의 실천을 다른 어떤 가치보다 중시하는 방향으로 진화했는데, 이 과정에서 변곡점을 확실하게 찍은 시기가 바로 정몽주의 문묘종사가 이루어진 16세기 전반 중종 대였다.

이런 장기적 추세는 조광조 등이 몰락한 기묘사화를 겪은 뒤에도 꺾이거나 약해지지 않았다. 기묘사화 이후에 사림은 정몽주→길재→김숙자→김종직→김굉필→조광조로 이어지는 도학 계보를 만들었다. 다시 말해 고려 말의 정몽주와 길재에서 시작해, 김종직에게 도학을 전수한 김숙자, 김종직의 후학인 김굉필, 그리고 그 후학인 조광조까지 이어지는 단선적 사승師承 관계를 창출한 것이다. 그런데 이런 도통은 겉으로는 도학의 계보를 나타냈으나, 그 기준은 도학에 대한 학문적 성취도와는 거리가 멀었다. 학문적 심화보다는 절의의 실천 여부가 계보의 기준이었던 것이다.[163] 이들 가운데 어느 누구도 학문적 수준을 보여줄 만한 성리학적 우주론이나 심성론 관련 자료를 남기지 않았다. 정몽주가 비록 동방이학의 원조로 추앙을 받고 있기는 하지만, 기묘사림이 살던 16세기 전반 중종 대에도 정몽주의 이학 이해 수준을 알 수 있는 자료는 거의 없었으며, 정몽주의 수준을 평가할 만한 위치에 오른 유학자 또한 드물었다. 결국 의리의 실천 여부가 도통의 기준이 되었던 셈이다. 이와 같은 기준으로 만든 도통은 조선 초기의 관학파 계보와 사림의 계보를 분리한 것으로, 이는 두 왕조를 섬긴 초기의 유학자들을 조선 성리학의 정통에서 의도적으로 배제했음을 의미한다.

기묘사화 이후에도 사림의 '도통 세우기' 움직임은 꾸준했는데, 국가의 공인을 쉽게 받지는 못했다. 기묘사화 직후의 분위기에서, 대역 죄인으로 처형당한 조광조를 도통에 올리는 일이 사림 내에서야 가능했지만 국가의 공인을 받기는 요원했기 때문이다. 이런 이유로 기묘사화 이후의 움직임은 대개 조광조를 비롯해 기묘사림 피화자들에 대한 복권운동으로 나타났다. 현실적으로 불가능한 문묘종사보다는 조광조의 복권이 급선무였기 때문이다. 따라서 조광조 복권운동은 장차 이루어질 문묘종사를 위한 전초전의 성격을 띠었다. 기묘사화 이후에도 꾸준히 전개된 조광조 복권운동과 그 과정은 윤리와 절의를 강조한 조선 성리학의 성격이 중종 대 동안 계속해서 더욱 강해졌음을 보여준다.

5장에서 살폈듯이, 조광조는 중종 대에 '사림운동'을 주도하다가 기묘사화로 처형된 인물이다. 기묘사화로 인해 정국이 한때 매우 경직되었으나, 오래지 않아 조광조 등의 기묘사림에 대한 복권 문제가 중종이 죽기도 전에 조야의 화두로 떠올랐다. 마침내 몇 번의 조정 논의를 거쳐 기묘사화가 발생한 지 19년 만인 1538년(중종 33) 조광조를 비롯해 기묘사림 전원이 사면되었으며, 현량과 급제자 28명 전원도 급제 직첩을 되돌려 받았다.[164] 중종의 뒤를 이은 인종(r. 1544~1545)은 기묘사림에 우호적이었다. 기묘사림의 전면적인 복권 문제에 대해 선왕 때의 일을 갑자기 변경할 수 없다는 이유로 형식상 한 번 정도 거절하기는 했지만, 죽음에 임박해서는 조광조 등의 관직을 회복시키고 현량과 급제자들을 다시 등용하라는 유언을 남기기까지 했다.[165]

명종(r. 1545~1567) 초기에는 즉위년에 일어난 을사사화로 인해 사림이 또 다시 화를 입고 척신들이 정권을 주도했던 탓에 조광조에 대한 복권 논의가 잠잠했다. 그렇지만 선조의 즉위(1567)와 함께 복권 논의는 다시 제기되었다. 특히 당시 전국적으로 명망을 얻고 있던 기대승奇大升(1527~1572)과 이황이 복권 논의를 이끌면서, 조광조에 대한 복권은 사림의 전폭적인 지지를 얻어 어렵지 않게 이루어졌다. 선조가 즉위한 지 불과 10개월 만에 조광조는 영의정에 추증되고 시호를 받음으로써 복권 이상의 대우를 받았다.[166] 선조가 즉위하자마자 급작스럽게 조광조 등이 복권된 사실은 이전 명종 대에 잠잠했던 것처럼 보인 논의와 움직임이 물밑에서는 꾸준히 세를 확장하고 있었음을 알려준다. 그런 토대가 없이는 전격적인 복권이 불가능하기 때문이다.

조광조에 대한 논의는 여기서 그치지 않고, 김굉필·정여창·조광조·이언적 등 이른바 4현을 문묘에 종사하자는 논의로 발전했다. 논의를 주도한 무리는 이황과 그의 문도였다. 이황이 죽은 뒤에는 4현에 이황을 추가해서 이른바 5현 문묘종사 움직임이 거세게 일어났는데, 이 역시 이황의 문도가 주도했다. 따라서 이황의 학문 성향은 16세기 이후 조선 성리학의 성격을 이해하는 데 매우 중요한 단서를 제공해준다.

이황은 '동방의 주자'로 불릴 정도로 성리학에 대한 이해가 심오했다. 그는 주희의 사서四書에서 치국의 도를 구해야 한다고 늘 강조했다. 또한 정호程顥(1032~1085)·정이程頤(1033~1107) 형제와 주희의 학문을 정통으로 여겼기 때문에, 같은 이학이라 해도 주희의 학문 노선과 다른 면이 있으면 매우 엄격하게 비판하고 받아들이지 않았다. 4현의 선정도 이황의 학문적 성향이 그대로 반영된 결과였다. 김굉필과 조광조는 이미 조선 성리학의 도통을 잇는 인물로 일찌감치 인정되었지만, 정여창과 이언적이 문묘종사의 대상 인물로 선정된 것은 이황이 그들의 학문을 주자학에 매우 충실하다고 인정했기 때문이다.[167] 이황이 그의 문도에 의해 5현에 포함된 것도 같은 이유였음은 두말할 나위도 없다.

그런데 문묘종사 논의는 단순히 5현에 대한 종사 문제로 끝나지 않고, 조광조→이언적→이황으로 이어지는 조선 성리학의 도통을 세우는 문제와도 직결되었다. 이들이 문묘에 종사되고 국가가 이 도통을 공인한다면, 정통·비정통의 대립적 구분을 매우 중시하는 성리학의 특성을 감안할 때, 이 도통에서 제외되거나 도통 정립에 의문을 제기하는 다른 성리학자들(학문)은 경우에 따라 이단으로 취급될 수도 있음을 의미했다. 이 때문에 서로 자신들의 스승을 문묘에 종사하기 위한 노력이 더욱더 치열하게 전개되었으며, 그에 따라 문묘종사 논의도 정국의 동향과 매우 긴밀한 관계를 가질 수밖에 없었다.

문묘종사가 이렇듯 엄청난 의미를 지니고 있었던 만큼 종사 결정도 쉽지 않았다. 문묘종사가 시기상조라거나 종사 대상자가 너무 많다는 등의 신중론도 만만치 않았다. 한 예로, 이이는 경연 자리에서 5현 중 조광조와 이황의 문묘종사에는 찬성했지만, 김굉필·정여창·이언적에 대해서는 그들의 학문적 수준과 처신을 문제 삼아 비판적인 견해를 피력했다.[168] 국왕 선조도 선왕 대의 일을 갑자기 고쳐 시행하기 어렵다는 이유로 미온적인 태도로 일관하며 쉽게 윤허하지 않았다.

그렇지만 문묘종사 여론 또한 의식하지 않을 수 없었기에, 선조는 『유선록儒先錄』의 편찬을 윤허하는 선에서 절충점을 찾으려 했다. 『유선록』은 4현을 비롯해 이름난 유학자의 흩어진 글들을 국가 주도하에 꾸준히 수집해서 편찬할 책이므로, 거기에 실리느냐 마느냐는 장차 시행될 문묘종사뿐 아니라 그 학문의 정통성 공인 여부와도 직결되는 매우 중대한 사안이었다. 서경덕徐敬德(1489~1546)의 문도와 이황의 문도가 서로 자신들 스승의 글을 『유선록』에 올리기 위해 치열하게 경주한 일도 문묘종사 노력의 연장선 상에 있다.[169] 논의가 분분하기는 했지만 5현의 선정에 대해 사림의 여론은 대체로 긍정적이었다. 조선 성리학에서 이황이 차지하는 위상에 대해서는 별다른 이론이 없었으므로, 이황이 인정한 4현 및 거기에 이황을 포함한 5현의 문묘종사에 이의를 제기할 사림은 많지 않았다.[170]

5현 문묘종사의 근거로 제시된 논리를 종합하면, 대체로 창명도학倡明道學, 위도개후衛道開後, 벽이단사설闢異端邪說 등으로 간추릴 수 있다.[171] 도道를 지키고 이단사설異端邪說을 제거한다는 것이 논리의 핵심으로, 이 두 가지 핵심은 일맥상통하는 말이다. 이는 조선 성리학의 성향을 이해하는 데 결정적인 단서를 제공해준다. 문제는 '도道'의 개념인데, 아무리 철학적 미사여구로 포장한들 결국 그것은 주희의 학문을 가리킨다. 이렇게 본다면 5현의 선정 기준이란 성리학의 의리 실천 및 그 학문적 정통을 수호하고 전수하는 데 얼마나 큰 업적을 남겼는가였다. 결국 조선 사회에서 도통은 성리학의 정통을 전수한 계보를 가리키는 것과 같으며, 적어도 조광조 때까지 '도'는 곧 절의의 실천을 의미했다.

조식曺植(1501~1572)이 남명학이라는 이름으로 조선 성리학의 한 학파를 이루었음에도 그의 학문에 노자와 장자의 풍이 가미되었다는 이유로 이황에게 배척당한 일이나,[172] 뜻과 행실은 뛰어나지만 학문에 주견이 없으니 도학군자道學君子라고 칭할 수 없다고 이이에게 무시당한 것은[173] 이런 시대 분위기의 필연적 산물이었다. 주자학에 얽매이지 않고 당시 조선의 여러 학파들 중에서 가장 개방적이었던 서경덕의 학문이[174] 수론數論이라는 이유로 배척당한 것도 마찬가지 맥락에서 이해할 수 있다. 조선의 유학자들 중에는 동시대 명의 사상계를 풍미한 양명학에 관심을 보인 이들이 적지 않았으나, 양명학과 함께 이들 또한 이황 및 그의 문도에 의해 이단으로 내몰린 현실도[175] 16세기 조선 사회에 본격적으로 나타난 성리학 근본주의의 분위기를 알려주는 좋은 예이다.

비록 문묘종사가 이루어지지는 못했다고 하더라도 선조 대에 이미 5현을 조선 성리학의 정통으로 보는 인식은 사림 사이에 널리 퍼져 대세를 이루었다. 따라서 선조 대의 문묘종사 움직임은 곧 5현 문묘종사운동이나 다름없었다. 하지만 조광조와 이황을 제외한 다른 3현에 대한 평가가 사림 내에서도 엇갈리고 선조도 미온적인 태도를 보임에 따라 5현의 문묘종사는 쉽게 이루어지지 못했다. 그럼에도 성균관과 4학 유생들 사이에서는 거의 이론이 없었다는 점과 이들이 5현 문묘종사운동을 주도했다는 점을 감안할 때, 5현의 문묘종사는 당시 사림의 중론이었다고 봐도 무방하다.[176] 특히 김굉필·정여창·조광조·이언적 등 4현이 모두 무오사화(1498), 갑자사화(1504), 기묘사화(1519), 을사사화(1545)로 이어진 이른바 '사화의 시대'를 살면서 사화의 직접 피해자였음을 고려하면, 이들 전부에 대한 문묘종사 주장은 결국 위 네 개의 사화가 잘못이었음을 국가에서 공식적으로 인정하라는 것이나 다름없었다. 더 나아가 무오사화가 확대된 발단이 김종직의 조의제문弔義帝文이었음을 감안할 때, 5현 문묘종사운동은 곧 세조의 즉위와 그 정치를 '비非'로, 그 정치에 희생된 이들을 '시是'로 공인함으로써 시비를 분명히 하라는 사림의 외침이었다. 동시에, 성리학만이 진정한 정통 유학임을 공인하라는 압력이기도 했다.

5현의 문묘종사 논의는 임진전쟁(임진왜란, 1592~1598)으로 인해 주춤했지만, 종전 후에는 지방의 유생들까지 이 운동에 동참함으로써 더 이상 거스를 수 없는 대세가 되었다. 마침내 1610년(광해군 2) 5현의 문묘종사가 성사되었다.[177] 이는 이미 중종 대부터 전국에 걸쳐 폭넓게 조성된 유현에 대한 숭앙 여론을 국가가 공식적으로 승인했다는 의미를 갖는다. 아울러 조선 사회가 왜란 이전 16세기부터 이미 성리학 근본주의자들에 의해 장악되었으며, 왜란이라는 미증유의 국가 위기를 겪고도 오히려 그런 추세가 더욱 강해졌음을 말해준다. 16세기 전반 중종 대에 시행한 정몽주의 문묘종사는 이런 장기 변화 추세의 물꼬를 확실하게 터주는 역할을 했다.

결국 조선 사회의 유교화를 논할 때 정치 무대나 생활 관습에서 드러난 변화 현상만 볼 것이 아니라, 그런 변화를 가능케 해준 핵심 가치 및 그런 가치에 대한 인식의 변화에 주목할 필요가 있다. 그런 가치에 대한 합의와 권면勸勉 없이 제도나 관습의 변화는 사실상 불가능하기 때문이다. 이런 면에서 볼 때 치인治人의 조건을 정리한 『대학연의』와 수기修己의 핵심을 정리한 『소학』의 강조 추세, 소인의 상징인 공리의 배격 추세, 절의라는 가치를 국가에서 공인한 정몽주의 문묘종사 등은 조선의 성리학이 어떤 가치를 지향하면서 진화했는지 여실히 보여준다. 또한 이와 같은 진화 과정에 처음부터 꾸준하고 강력하게 개입하여 거의 절대적인 주도권을 행사한 국가의 역할은 아무리 강조해도 지나치지 않다. 이런 가치 문제가 조정에서 매우 뜨겁게 논의되고 정치적 충돌까지 빚으면서 향후 방향성을 사실상 결정지은 때가 바로 16세기 전반 중종 대였다.

7장

| 중종 대의 의미 : 사대와 유교의 만남 |

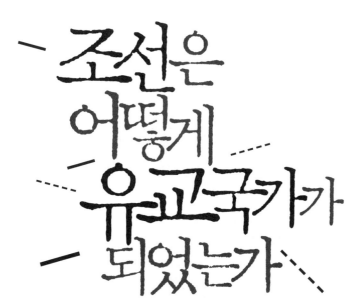

01 사대와 의리

02 조선의 유교화, 조선 버전의 세계화

조선은 어떻게 유교국가가 되었는가

16세기 전반 중종 대를 관통한 시대 분위기의 양대 축 가운데 하나는 중화국가 명에 대한 사대이고, 다른 하나는 중화 문명의 정수인 유교에 대한 신봉이었다. 그렇지만 이 둘의 내용과 성격이 조선의 건국과 동시에 확정되지는 않았다. 명에 대한 사대 정책은 유교의 기본 가치인 충忠, 곧 군신유의君臣有義에 기초했지만, 조선 초기(15세기)만 해도 명 황제에 대한 조선 국왕의 의리가 절대적 가치로 작동하지는 않았다. 조선왕조가 불교를 버리고 유교를 천명했음에도 초기(15세기)의 정치 무대에서는 유교적 의리보다 현실적 힘의 논리가 훨씬 더 우세했다.

그런데 16세기에 접어들면서 명에 대한 사대는 점차 상황 논리를 초월하는 절대적 가치, 곧 천륜天倫으로 굳어졌으며, 국내 정치 무대에서도 유교적 가치를 정치 현실에 타협 없이 그대로 적용해야 한다는 근본주의적 목소리가 득세하기 시작했다. 이는 조선왕조가 등장하면서 천명한 사대와 유교가 드디어 하나로 합체된 것으로, 이런 만남을 통해 조선은 현재 우리가 아는 '조선다운' 모습으로 새롭게 태어났다. 14세기 말에 이루어진 조선왕조의 외형적 건국이 하드웨어상의 건국이었다면, 16세기 전반에 이루어진 사대와 유교의 합체는 소프트웨어상의 건국이자, 100여 년에 걸친 건국 과정의 실질적 완성이었던 셈이다.

01 사대와 의리

조선은 물질적 가치를 추구한 나라가 아니었다. 물질보다는 정신적 가치, 이를테면 유교적 가치를 지고의 선으로 삼고 추구한 국가였다. 조선시대 조야의 지배 엘리트들 사이에서 회자된 핵심어 중 그 빈도와 중요도로 볼 때 으뜸을 다투는 의義, 도道, 심心, 성性, 리理 등과 같은 개념어는 모두 정신적 가치의 극치를 보여준다. 정신적 가치의 추구는 16세기에 접어들 무렵 중앙의 정치 무대에서 본격적으로 가시화되었는데, 이른바 사림으로 불린 이들이 정치의 전면에 등장해 목소리를 높이면서 분위기를 이끌었다. 16세기를 지나면서는 유교적 가치를 정치 현실에도 그대로 적용해 실천하자는 주장이 점차 득세했다. 이런 특성은 성리학이 활짝 꽃을 피우며 전성기를 구가하던 때 발생한 두 차례의 큰 전란이 남긴 후유증을 비교해도 쉽게 알 수 있다.

임진전쟁(임진왜란, 1592~1598)과 병자전쟁(병자호란, 1636~1637)*이 조선 사회

* 최근 학계에서는 자국사 중심의 용어를 피하고 동아시아 차원의 객관적 용어를 사용하자는 움직임이 있다.(이 책 21쪽 참조) 이에 따라 임진왜란은 임진전쟁으로 많이 알려졌지만, 병자호란은 그렇지 않다. 필자는 역사 용어의 변경에 일관성이 있어야 하며 현재 중등학교 세계사 교과서에서 '병자전쟁'이 사용되는 현실성을 고려하여, 일단 이 책에서 병자전쟁이라 명명하되 괄호 안에 병자호란을 병기한다.

에 남긴 피해상과 후유증에 대해 학계에서는 전통적으로 왜란의 피해를 훨씬 더 강조해왔다. 왜란으로 받은 타격은 거의 다 물질적 기반에 집중되었으며, 그 후유증을 극복하고 전쟁 이전의 수준으로 되돌리는 데 대략 100년 정도의 시간이 걸렸다. 이에 반해 병자전쟁(병자호란), 특히 삼전도 항복(1637)의 충격은 조선왕조의 정신적 가치를 뿌리째 뒤흔든 직격탄이었다. 충격이 얼마나 컸던지 그 후유증은 왕조가 종말을 고할 때까지도 끝내 극복하지 못했다. 개항(1876) 후에도 여전히 중앙과 지방에서 병행된 대보단大報壇·만동묘萬東廟의 제례는 이런 후유증이 아직도 정치 무대에서 가시지 않았음을 직접적으로 보여주는 좋은 예이다.[1] 정신적 가치에 기반을 둔 조선왕조였기에, 물질적 기반의 파괴보다는 정신적 기반의 상실이 왕조의 정체성과 존재 이유에 훨씬 더 심각한 충격파를 던졌던 것이다.

그렇다면 '유교적 가치를 정치 현실에서 타협 없이 그대로 실천하자는 움직임'이란 구체적으로 무엇을 이르는가? 다르게 말해 조선왕조가 추구한 유교적 가치의 실체는 무엇일까? 국내외 정치 무대의 상황을 모두 아우를 수 있는 하나의 단어를 고르자면, 그것은 유교에서 말하는 의義, 곧 의리義理라 할 수 있다. 의리는 명분名分*에 기초한 인간관계의 기본이자 규범으로, 한 인간이 태어나 일생을 살아가면서 타인과 맺는 다양한 관계를 규정하는 이치를 말한다.

의리에 이런 의미가 담겨 있으므로, 유교적 행동 규범의 양대 축이라 할 수 있는 충과 효도 따지고 보면 의리의 실천 규범에 해당된다. 수학의 분수

* 현대어에서 '명분'은 '어떤 일을 정당화하는 구실(cause)'의 의미로 널리 쓰인다. 하지만 유교에서 말하는 명분의 본래 의미는 말 그대로 각 사람은 칭호(名)에 따라 그 신분이 나누어진다는(分) 것으로, 인간관계에서 반드시 지켜야 할 분수(分數)와 직결되는 개념이다. 따라서 명분은 유교 사회에서 사람들 사이의 위계질서, 곧 사회질서를 유지하는 근거 이론을 제공하는 개념어이다.

개념으로 비유할 때 의리가 공통분모라면 충과 효는 그 위에 있는 분자라 할 수 있다. 인간이 태어나 첫 관계를 맺는 가정에서 의리를 지켜야 할 최고의 대상은 당연히 부모이며, 그 의리가 바로 효이다. 가정 밖의 사회에서 의리를 지켜야 할 최고의 대상은 나라의 군주로, 군주에게 지켜야 할 의리가 바로 충이다. 그러면 한반도를 넘어 국제 무대로 시야를 확장할 때 의리의 최종 대상은 누구였을까? 이 질문에 대한 조선 지배 엘리트들의 답이야말로 그들이 세우고 주도한 조선왕조의 성격을 파악할 수 있는 바로미터일 것이다.

조선이 명과 맺은 조공·책봉 관계라는 프리즘을 통해 동아시아의 국제 질서를 바라볼 때, 의義는 조선의 입장과 상황에 따라 상대적으로 사용할 수 있는 주관적 가치가 아니라, 천명을 받은 천자 관할의 중화 질서라는 상위의 틀에서 사용된 보편적 가치였다. 왜란과 호란 때 국가를 위해 봉기한 군사를 의병이라 부를 수 있는 근거도, 이론적으로는 일본과 후금(청)이 천명을 받은 천자의 나라인 명에 반기를 들었기 때문에 그들을 응징하여 의를 세운다는 뜻에서 비롯했다. 다른 말로, 일본과 청의 조선 침공은 단순히 조선 국왕이 주재하는 강토에 침입했다는 의미를 넘어, 천자의 책봉을 받은 조선 군왕의 봉토封土에 침입했음을 의미했다. 춘추의리春秋義理를 신봉하는 제후국 조선을 침입한 저들은 존존尊尊의 의리를 저버리고 천자의 질서를 어지럽히는 난신적자亂臣賊子나 다름없었다. 이에 분개하여 일어났으므로 의병이라 불리기에 부족함이 없었다. 왜란 때의 의병이 조선뿐만 아니라 명에서도 똑같이 의병으로 불릴 수 있었던 이론적 근거는 바로 여기에 있다.[2]

명에 대한 사대를 매우 중시한 조선왕조에서 춘추의 의리는 곧 천자가 주재하는 천하 질서에 순복함을 뜻했다. 조선이라는 공간을 넘어 중화 질서에 기초한 의義 개념이 조선 지식인들 사이에 널리 수용될 수 있었던 이유는 조선왕조가 바로 명으로 대표되는 중화 질서의 일원임을 천명하고 등장했기 때문이다. 조선의 이런 태도는 명의 위압에 눌려 눈치를 본 결과라기보다는 지배 엘리트들이 스스로 선택했다고 보는 것이 타당하다. 조선의 건국 주체 세력은 명과는 다른 조선 고유의 것을 유지하면서도 그것을 어디까지나 중화 문명의 보편적 질서 안에서 향유하고자 했다.[3] 달리 말하면 조선왕조의 존재 이유는 명에 사대함으로써 중화 질서를 따르고 보편적 중화 문명인 유교의 가치를 적극 수용하고 따르는 데 있었던 것이다. 물론 이런 취지가 건국과 동시에 바로 실현되지는 않았지만, 그래서 건국 초기에 명을 상대로 요동 원정을 기도하기도 했지만, 왕자의 난(1398) 이후로 명에 대한 사대의 당위성을 공개적으로 부정할 조선인은 아무도 없었다.

조선에서 회자된 의義 개념은 오륜五倫 가운데 하나인 군신유의君臣有義와 직결된다. 오륜은 곧 강상綱常의 인륜이자 천륜이므로, 유학자라면 의리의 실천을 다른 어떤 가치보다, 심지어 자기 목숨보다 더 상위에 두는 것이 기본이었다. 이러한 의 개념은 종묘사직의 위기가 국내 정치의 타락으로 인해 발생했을 때는 출처를 명확히 하는 출처지변出處之辨의 의리로 나타나지만, 그 위기가 중화 질서를 부정하는 외부의 침략으로 인해 발생했을 때는 스스로 거병해 근왕勤王하는 화이지변華夷之辨의 의리로 나타났다. 존왕양이尊王攘夷에서 비롯된 화이지변이 조선의 지배 엘리트들이 신봉한 춘추의리이자, 더 나아가 강상으로 받아들여졌던 것이다.[4] 요컨대 의리라는 가치는 조선이 속한 천하 질서를 염두에 둔 개념이었다. 천자가 정점에 위치한 원뿔형의 천하관을 지닌 조선인에게는 의리를 실천하는 최종 대상이 집안에서는 부모요, 국내에서는 국왕이요, 천하에서는 천자였던 것이다.

의가 이런 보편성을 지닌 개념임을 감안하면, 조선 건국과 동시에 조정에서 스스로 환구단圜丘壇의 천제天祭를 폐지하고 그 후에도 조선의 천제는 참람한 일이라며 1897년까지 사실상 재개하지 않은 이유를[5] 어렵지 않게 이해할 수 있다. 또한 1607년(선조 40) 일본과 국교를 재개하는 하나의 조건으로 조선인 포로의 쇄환을 요구하는 국서의 초안을 작성할 때, 국왕 선조(r. 1567~1608)가 승정원에 비망기備忘記를 내려 조선의 인민을 천자의 자식이라 표현하도록 지시한 이유를 쉽게 알 수 있다.

> 우리 백성은 바로 천자의 적자이니 고국으로 쇄환시켜 각기 그들의 생업에 편안히 종사케 하는 것이 진실로 교린의 도리다. 이런 (취지)로 글을 지으면 사리에도 편할 것이다.[6]

이뿐 아니라, 후금을 치기 위한 명의 파병 요청을 거부하려는 광해군(r. 1608~1623)에게 비변사 당상관들이 "전하에게 득죄할지언정 천조에는 득죄할 수 없습니다"라는[7] 말을 버젓이 했는데, 이 역시 바로 조선의 군왕이 북경의 천조天朝를 중심으로 구축된 중화 질서에서 천자의 하위에 속한다는 유교적 천하 의식으로 인해 가능했다.

보편적 중화 질서와 그에 따른 의 개념의 절대성은 조선의 양반 엘리트들이 명의 황제를 상대로 자신을 배신陪臣이라 칭하며 자랑스러워 했지만, 만주족이 세운 청의 황제를 상대로는 전혀 칭하지 않은 극명한 사례를 통해서도 드러난다. 배신이란 천자의 책봉을 받은 제후(국왕)의 신하는 동시에 천자의 신하이기도 하다는 의미를 갖는 용어로, 북경에 간 조선 사신이 스스로 배신이라 칭한 사례가 많다. 임진전쟁(임진왜란) 때도 조선의 문무 신료들은 명의 장수나 관료들을 상대할 때 자신을 배신이라 칭하곤 했다. 조선의 지배 엘리트들이 의리를 실천할 최종 대상은 조선의 범주를 넘어 북경에 위치한 천자였는데, 그 천자는 종족으로는 한족이면서 정치적으로는 천명을 받아 문화적으로는 유교의 덕목을 솔선수범하며 교화를 펴는 주체적 존재였다. 따라서 삼전도 항복(1637)을 기점으로 『조선왕조실록』에서 배신이라는 용어가 거의 사라진 것은 조선인이 청 황제를 천자로 인정하지 않았음을 극명하게 드러낸다.[8]

조선의 건국을 즈음해 가장 중시된 유교 가치 또한 의리, 곧 절의節義였다. 정몽주를 비롯해 개혁을 주창하면서도 그 개혁은 고려왕조의 틀 안에서 시행해야 한다는 주장을 편 다수의 사대부들은 불사이군不事二君의 의리를 다른 어떤 가치보다 우선시하고 실천한 이들이었다. 조선의 건국 주도 세력이 고려 말의 우왕(r. 1374~1388)과 창왕(r. 1388~1389)을 왕씨가 아니라 신씨辛氏라고 공표함으로써 그 폐출을 정당화하려 한 것도 의리 문제를 정면으로 돌파하기보다는 비껴가기 위한 정치 선전이었다.*

의리 중시 풍조는 조선왕조가 기틀을 확립한 후에도 계속되었다. 현실의 정치 무대에서 유교의 핵심 가치인 의리를 무조건 따를지, 아니면 불의不義가 섞인 현실과 타협할지, 둘 가운데 어느 한쪽을 선택해야 하는 정치적 격변이 끊이지 않았기 때문이다. 이 책의 2장에서 다루었듯이, 단종(r. 1452~1455)의 퇴위와 세조(r. 1455~1468)의 즉위는 당시 조야의 유신과 유생들, 곧 조선의 지배 엘리트 지식인들에게 양자 선택을 강요한 극단적 사건이었다. 이른바 사육신이니 생육신이니 하는 절의파의 등장 및 그들을 그렇게 묶어 호칭하고 기억한 후대의 인식 경향은 조선 사회에서 의리가 얼마나 중요한 덕목으로 기능했는지를 잘 보여준다. 6장에서 다룬 문묘종사 논의에서 권근權近(1352~1409)이 끝내 문묘종사 대상에서 제외되고, 중종 대에 이르러 오히려

* 왕씨가 아닌 가짜 왕을 폐출하고 진짜 왕씨를 국왕으로 세워야 한다는, 이른바 폐가입진(廢假立眞)은 조선왕조 내내 공식적인 사실로 인정되었다. 그렇지만 17세기 이후 조선 후기에는 당색을 초월해 많은 유학자들이 우왕과 창왕의 정통성을 인정하는 태도를 취했다. 이에 대해서는 유영옥, 「폐가입진에 대한 조선후기 사대부의 비판적 인식」, 『역사와 경계』 83, 부산경남사학회, 2012 참조.

정몽주鄭夢周(1337~1392)가 단독으로 문묘에 종사된 것 역시 의리의 실천이 가장 중요한 덕목으로 인식되었음을 보여준다. 이렇듯 조선왕조가 등장해 나라의 기틀을 확립해가는 과정에서 사대와 유교(의리)는 결정적인 가치 기준으로 작동했다.

단, 새 왕조의 국시처럼 표방하고 등장한 사대와 유교는 조선의 정치 사회에서 처음부터 앞에서 설명한 이론 그대로 작동하지는 않았다. 사대를 표방한 이유는 중원의 새 제국으로 부상한 명과 어떤 관계를 맺는지에 따라 한반도의 신생 왕조 조선의 안녕 문제가 큰 영향을 받기 때문이었다. 또한 유교를 표방한 이유는 조선의 내부 개혁을 위해 기존의 불교가 아닌 새로운 가치 체계가 필요했는데, 마침 중원에서 새롭게 부상한 신유학(성리학)이 새로운 학문으로 다가왔기 때문이다. 즉 건국 당시의 국시라 할 수 있는 사대와 유교는 지극히 현실적인 필요에 따라 등장했던 셈이다. 따라서 이때의 사대와 유교는 상황을 초월하는 절대 가치가 아니라, 현실의 변화에 따라 얼마든지 변용할 수 있는 상대성을 강하게 띠고 있었다.

실제로 15세기에는 명에 대한 무조건적인 사대 의식도 없었으며, 사대의 대상도 국제 정세의 변화나 조선의 사정에 따라, 다른 말로 조선의 필요에 따라 언제라도 바꿀 수 있다고 보았다.[9] 15세기만 해도 조선의 지배 엘리트들은 예전의 중원제국들이 그랬듯이 명도 100년이 지나면 망할 수 있다는 점을 늘 고려하면서 사대 관련 정책을 입안하고 추진했다. 이 책의 4장에서 다룬 파병 관련 논의의 변화 추이는 이를 분명하게 보여준다. 명이 건국된 지 아직 100년 남짓했을 때, 즉 15세기 때만 해도 명의 파병 요구에 대한 조선 조정의 반응은 다분히 계산적이었다. 명이 비록 중원을 차지하고는 있지만, 예전의 거란·여진·몽골처럼 100년을 넘기면서 급격히 몰락해 망할지도 모른다는 가능성을 염두에 두었기 때문이다.

그런데 16세기에 접어들자 명을 대하는 조선인의 인식에 변화가 발생했다. 이 변화는 중화 문물의 담지자와 천명을 받은 천자가 현실의 최강 제국인 명의 황제로 수렴해 일치된 데서 비롯했다. 이는 그동안 이적의 나라가 100년을 넘기지 못했다는 인식과 맞물려, 명은 한족의 천자국가이자 중화국가이므로 100년이 지나도 끄떡도 않고 강고할 것이라는 믿음이 널리 수용되었다. 중화 문명의 계승자이자 담지자로서 한족이 권토중래하여 건설한 명 제국은 이적의 나라와 다르다는 확신 또한 16세기부터 확고하게 자리를 잡았다. 그렇기에, 4장에서 살폈듯이 16세기 전반 중종 대부터 명과의 관계를 단순히 군신 관계로만 보지 않고 부자 관계를 더해 군부君父·신자臣子 관계로 이념화하기에 이르렀던 것이다. 16세기 중·후반에 이황李滉(1501~1570)과 이이李珥(1537~1586)가 춘추의리에 기초한 절대적 가치로서의 사대 의식을 피력한 일은 바로 그 같은 추세의 결정판이자 완결판이었다.

16세기에 들어와 대외적으로 명에 대한 사대 의리가 군신 및 부자 사이의 의리로 철저하게 이념화되던 현상은 같은 시기 조선의 내부에서 의리의 실천을 강조하는 목소리가 득세하던 현상과 짝을 이룬다. 조선 내부적으로 15세기에도 의리를 강조하기는 했으나, 정치 무대에서는 최고의 가치로서 힘을 발휘하지 못했다. 힘의 논리가 여전히 우세했고, 권력을 좇는 사람들은 그런 힘에 기대었다. 왕조 교체 과정에서 절의파가 몰락한 점이나 세조의 찬탈에 저항한 사육신이 죽임을 당한 사실은 바로 그러한 상황을 잘 보여준다. 즉 원론적으로는 의리를 강조했음에도 불구하고 실제 정치 무대에서는 의리라는 가치가 아직 절대적 지위를 확보하지 못했던 것이다. 반면, 의리 실천의 화신이라 할 수 있는 정몽주가 16세기 전반 중종 대에 마침내 단독으로 문묘에 종사된 사실은 이제 정치 무대에서도 의리의 실천이 실질적 힘을 발휘하기 시작했음을 시사한다.

학문적으로 볼 때도 15세기의 유교는 성리학 일변도가 아니었다. 주희朱熹(1130~1200)의 학문을 추종하는 이들이 고려 후기(13~14세기)와 말기(14세기 후반)에 정치 무대의 주류를 점하기는 했어도 그들의 사고는 성리학에 갇히지 않았다. 무신정권(1170~1270)과 원 간섭(1270~1350)하의 색다른 경험을 통해 그들이 열광한 것은 신유학이었다. 불교 권력의 타락과 전횡에 대한 반발 차원의 유교 부흥 움직임이었던 것이다. 왕조 교체를 즈음한 시기에는 왕조 교체에 찬성하던 이른바 혁명파나 반대하던 절의파(온건파) 모두 정치 노선에 관계없이 불교 비판에 한목소리를 냈다.[10]

하지만 건국 이후 성리학은 그 원론적 가치가 계속 중시되었고, 더 나아가 그런 가치들을 정치는 말할 것도 없고 일상생활에서도 그대로 실천해야 한다는 주장이 점점 세력을 얻어갔다. 이는 현실의 정치적 파행을 바로잡을 대안을 성리학의 왕도王道와 그 전제 조건인 수기修己에서 찾는 분위기가 지식인 사회에 널리 공유되었음을 의미한다. 중종 대에 더욱 힘을 얻은 '소학운동'이[11] 개인 차원의 수기를 우선한 경향이었다면, 이 책의 6장에서 다룬 『대학연의大學衍義』의 경연 진강이나 공리功利와 소인을 배격하는 분위기의 강화 추세는 정치 무대에서 왕도를 구현하기 위함이었다. 중종 대 조광조趙光祖(1482~1519)가 여진 정벌과 관련해 언급한 내용은 당시 사림이 추구한 의리의 보편적 실천성을 잘 보여준다. 그는 여진을 정벌할 때조차 매복과 같은 속임수를 쓸 것이 아니라 먼저 왕도로써 교화를 시도하되, 정 효과가 없다면 그 경우에도 매복이 아닌 정공법으로 정벌해야 한다고 주장했고, 결국 이를 관철했던 것이다.[12]

이런 시대 분위기 또는 시대정신은 이 책의 5장에서 살폈듯이 '사림운동'으로 진화·발전하여, 앞으로 조선 사회가 나아갈 방향성을 사실상 결정지었다. 사림이라는 용어는 이전부터 존재했으나, 대개 개인의 유교적 성향을 나타내는 의미로 쓰였을 뿐이다. 그러다가 15세기 말 성종(r. 1469~1494) 때부터 사림은 유교적 가치를 정치 현실에 그대로 타협 없이 적용하자는 취지에 동의하는 일단의 무리이자 정치 세력으로서 부상하기 시작했다. 이런 추세는 몇 차례 사화士禍에도 아랑곳하지 않고 16세기 내내 줄기차게 이어졌는데, 그 첫 변곡점을 찍은 기묘사화(1519)와 그 희생자인 기묘사림 전원에 대한 사면 조치(1538)가 모두 중종 재위 기간 중에 발생했다. 이는 매우 흥미로우며 주목할 만한 사건인데, 중종 대 조야에서 표출된 '사림운동'이 정치적 탄압만으로는 누를 수 없는, 다시 말해 누구도 거스를 수 없는 시대적 흐름이었음을 잘 보여주는 상징성을 담고 있기 때문이다.

조선의 건국과 함께 화두로 떠오른 사대와 유교(의리)는 100여 년이 지난 뒤에 의義를 공통분모로 삼아 그렇게 가시적으로 합체되었다. 충과 효를 유교적 가치의 근간이라 할 수 있는 의에서 뻗어난 두 개의 줄기로 비유한다면, 군부·신자 관계의 성립은 군신 관계(충)와 부자 관계(효)가 명 황제를 대상으로 완전하게 합체되었음을 의미한다. 중종 대에 이르러 효로써 나라를 다스린다는 의미의 '이효이국以孝理國'이라는 표현이 하나의 관용어로서 조야에 회자된 사실도 눈여겨볼 부분이다. 왜냐하면 인간이 태어나 의를 실천하는 출발점인 효라는 가치를 국가 운영의 핵심으로 삼아야 한다는 새로운 치국책의 정립이라 볼 수 있기 때문이다. 이것은 효가 이루어지면 충은 자연히 따라온다는 믿음이 확산된 결과로, 효가 충을 품으며 하나의 의로 합체되었음을 의미한다.

명이 이전의 '이적' 국가들처럼 쉽게 무너지지 않고 오히려 100년이 넘도록 명 질서가 건재하는 현실은 조선의 지배 엘리트들에게 매우 고무적인 상황이었다. 이제 조선의 위정자들은 자위自衛니 자강自强이니 하는 국가 안보 문제에 크게 신경 쓸 필요가 없었다. 명에 대한 지극한 사대를 통해 왕조의 안녕을 보장받음은 물론이고, 명 질서하의 동아시아 국제 무대에서 2인자의 지위를 누릴 수 있었기 때문이다.[13] 이런 국제 환경은 명에 대한 조선의 사대가 절대적 가치로 이념화되는 데 기여했다.

내부적으로도 건국 이후 100년이 지나도록 반복해 나타난 무력 동원의 권력투쟁과 폭압 정치를 겪으며, 인간의 본분인 의의 실천이야말로 난마처럼 얽힌 현실을 타개할 수 있는 유일한 대안이라는 믿음이 어려서부터 유교적 가치를 학습하며 성장한 새 세대 지식인들 사이에 확산되어갔다. 이에 따라 유교적 가치를 국내 정치의 현실에 그대로 적용하려는 움직임이 크게 대두하였고, 이런 분위기는 일종의 유교화정풍운동이라 할 수 있는 '사림운동'으로 나타나서 조선의 모습을 더욱 유교적으로 바꾸어갔던 것이다.

02 조선의 유교화, 조선 버전의 세계화

사대와 유교의 만남은 곧 유교 문화와 중화 문물이 한 몸으로 합체했음을 의미하기도 한다. 유교의 본산이 중국(삼대-한-당-송-명)이기 때문이자, 중화 문물의 본질이 유교에 뿌리를 두고 있기 때문이다. 따라서 조선의 유교화는 필연적으로 중화화中華化 또는 중국화 현상과 서로 뗄 수 없는 관계에 있었다.

흔히 고려는 불교 사회, 조선은 유교 사회라고 하지만, 고려·조선 왕조 교체가 이전과 이후를 뚜렷하게 나누지는 않았다. 고려의 지배 귀족층 거의 대부분이 조선의 양반 지배층으로 살아남은 점을 고려할 때, 왕조 교체는 장차 조선이 불교의 색깔을 벗고 유교 사회를 지향하겠다는 이정표를 세웠다는 데 역사적 의미가 있지, 불교 사회에서 곧바로 유교 사회로의 전환이 완성되었음을 뜻하지는 않는다.

또한 유교화가 진행 중이라고 해도, 그 진행된 분야는 시기적으로 큰 차이를 보였다. 조선의 유교화는 정치 무대에서 가장 먼저 시작되었다고 말할 수 있는데, 국가에서 유교를 국시의 하나로 천명했기 때문이다. 6장에서 강조한 국가 주도의 유교화가 바로 그런 맥락이다. 엄밀히 본다면 정치적 유교화는 고려 때 이미 상당한 수준으로 진행되었다. 당의 제도를 모방해 간쟁 기구를 설치한 점이나, 유교적 학식을 갖추어야 가능한 과거제도를 시행한 점은 그 단적인 예이다. 특히 고려 후기(14세기)에 이미 성리학은 이른바 온건파나 혁신파 사대부를 가리지 않고 널리 수용되었다. 이런 점에서 볼 때, 정치 분야에서 유교화 욕구는 조선 건국 이전인 14세기 후반부터 이미 지식인들 사이에서 큰 흐름을 형성했으며, 왕조 교체는 그런 추세에 강력한 추동력을 제공한 셈이었다.

반면에 사회제도나 관습의 유교화는 상대적으로 더디게 진행되었다. 고려시대에 과거를 준비하기 위해 유교적 학식을 쌓은 사람이라도 개인적으로 신봉한 종교는 어디까지나 불교가 대세였다. 이는 비록 정치적으로는 유교를 수용했을지라도 사상·종교적으로는 아직 유교화가 제대로 시작되지 않았음을 보여준다. 이런 추세는 조선 건국 후에도 어느 정도 이어졌다. 건국과 함께 불교풍의 제도를 국가 차원에서 많이 없애려 노력했지만, 우선 국왕들부터 불교를 배척하지 못했고, 양반 사대부들도 불교를 선뜻 내려놓지 못했다. 사회 관습도 마찬가지여서 가족제도, 혼인 제도, 종법 제도 등을 비롯해 입양과 상속 제도 및 여성의 지위와 관련된 제반 풍속과 관습은 유교의 접근을 쉽게 허용하지 않았다. 이렇듯 유교화 진행 과정은 분야별로 큰 편차를 보였다.

그렇지만 유교를 국시로 천명한 이상 시간이 흐르면서 유교화가 진행되는 분야는 갈수록 다양해졌고, 위에서 아래로 폭넓게 지속적으로 확산되었다. 특히 불의不義와 혼란을 종식시킨다는 반정의 깃발을 휘날리며 등장한 16세기 전반 중종 대에 이런 현상이 두드러지기 시작했다. 성리학의 정수를 이해하는 데 필수적인 『주자대전朱子大全』과 『주자어류朱子語類』 등이 중종 재위 기간에 처음으로 간행된 일은 형이상학적 학문 세계에서 이루어진 유교화의 상징적 사건이었다. 또한 이질적인 외래문화가 들어와도 가장 변하지 않는 전통 중 하나인 혼인 풍습에서 일반 사대부들이 친영親迎을 하기 시작한 것도 중종 대인데,[14] 이 사실은 이제 생활 관습 분야에까지 유교화의 물결이 닿기 시작했음을 상징적으로 보여준다. 요컨대 중종 대는 조선 사회가 정치 무대에서부터 일반 생활 부문에 이르기까지 유교적 색채로 물들어가는 데 매우 중요한 역할을 한 시대였다.

사대와 유교의 만남, 곧 유교 문화와 중화 문물의 만남은 조선의 유교화가 전방위적으로 확산되는 데 크게 기여했다. 유교화 문제와 관련해 중종 대에는 이전과 다른 새로운 현상들이 많이 나타났고, 그것들은 곧 새로운 전례가 되어 후대로 이어졌다. 이 책에서 다루었듯이 16세기 전반 무렵에 하나의 시대적 흐름으로 발생한 사대 개념의 변화, 중화 인식의 변화, '사림운동'의 확산, 유교적 가치의 절대화 현상 등과 같이 정치 무대라는 상부구조에서 나타난 변화 외에도, 유교화의 물결은 온 나라의 거의 모든 분야에 의미 있게 스며들기 시작했다.

유교화의 모습이 잘 드러난 분야라면 아마도 유교적 종법 질서의 확립이 장기간에 걸쳐 진행된 가족제도일 것이다. 고려시대 이래 조선 초기(15세기)까지만 해도 사대부 집안에서는 부계친父系親 중심의 유교적 종법을 무시하고 수양收養과 시양侍養 같은 전통적 입양 관습이 널리 시행되었다. 그렇지만 국가의 꾸준한 장려와 법제화에 힘입어 16세기에 들어서면서부터 종법에 의거한 입후入後가 증가하기 시작했다.[15] 입양의 추이와 관련해서는 유교화가 17세기에 본격적으로 이루어졌다고 보는 것이[16] 기존의 통설이지만, 그런 변화는 벌써 16세기부터 시작되었던 것이다. 가족제도상에 보이는 16세기의 전환기적 현상은 혼인 제도에서도 발견할 수 있다.

족보 양식에도 16세기부터 전환기적 성격의 변화가 나타나기 시작했다.

유교적 종법 질서가 족보 기재 양식에 영향을 주기 시작한 것이 변화의 핵심인데, 드넓은 공간과 다양한 종족을 통치한 제국으로서의 중국에서는 족보 기재 양식이 다양한 데 비해, 부계를 중심으로 동종의 문벌이 기득권을 향유한 조선의 족보는 상대적으로 획일적이며 종법 질서에 더 부합하는 방향으로 진화했다.[17] 조선 사회에 소개된 족보는 부계 중심의 동족 개념에 기초한 송대宋代의 족보였다. 이 족보 양식은 초기(15세기)에는 부계·모계·처계를 크게 구분하지 않는 조선 고유의 전통과 마찰을 빚었으나, 중기(16세기)에 이르러 절충을 이루다가 후기(17~19세기)에는 중국식 부계 동족 족보로 확립되었다. 곧 이성동족異姓同族을 망라한 전기의 내외종합보內外綜合譜에서 부계 동족을 중심으로 한 후기의 동성보同姓譜로 장기간에 걸쳐 전환되었는데,[18] 이런 전환의 시대가 16세기였던 것이다.

이런 양상의 유교화, 다른 말로 중국화는 궁중의 음악 분야에서도 16세기에 의미 있는 변환을 겪는다. 연주와 춤을 수반한 궁중 아악雅樂의 경우에 15세기에는 중국의 아악을 수용하면서도 조선의 아악을 창출하는 독자성이 강했으나, 명에 대한 사대와 유교적 가치가 한층 강조된 성종 대부터 16세기 전반의 중종 대를 거치면서 16세기 내내 조선식 아악은 중국식 아악으로 변모했다.[19] 한편 유교적 예악禮樂에서 여성이 공연하는 여악女樂은 공자가 배척한 이래 금기시되었다. 15세기에는 그 점을 인지하면서도 조선의 고유 전통인 여악에 대한 반대가 심하지 않았다. 그러나 16세기, 특히 중종 대에는 여악을 아예 혁파해야 한다는 목소리가 조정에 비등해져서 관련 논쟁이 끊이지 않았다.[20] 17세기 이후 아악과 함께 여악도 쇠퇴했음을 고려할 때, 여악 분야에서도 16세기 전반 중종 대에 의미 있는 유교화(중국화)가 발생했음을 알 수 있다.

사대와 유교의 만남으로 촉발된 16세기의 중국화 흐름은 역사지리 분야에서도 확인할 수 있다. 세계지도 제작과 그 내용은 당시 엘리트들의 대외 인식을 반영하고 있는데, 15세기에 제작된 〈혼일강리역대국도지도混一疆理歷代國都地圖〉가 명과 조선 외에 조선과 직접 교류가 없던 아프리카와 유럽까지 담은 데 비해, 의리에 기초한 사대가 깊어지던 16세기에 나온 〈혼일역대국도강리지도混一歷代國都疆理地圖〉에는 명과 조선만을 위한 문화적 이념이 강하게 투영됨에 따라 지도상의 객관적 세계가 오히려 축소되는 현상이 나타났다. 이는 중화 중심의 화이관華夷觀과 소중화 의식이 16세기에 들어와 이전보다 크게 강화된 결과였다.[21] 17~18세기에 서양식 세계지도가 소개된 뒤에도 성리학적 천하 의식이 여전히 지도 제작에 투영된 점을[22] 고려할 때, 역사지리 분야에서 발생한 16세기의 변화를 간과할 수 없다.

도자류와 같은 예술 분야에서도 비슷한 추세가 나타났다. 건국 초기(15세기)에 주종을 이룬 분청사기는 전통적 색채가 강했는데, 16세기 전반에는 분청사기가 거의 사라지고 중국식의 세련된 백자가 주류를 차지했으며, 이런 변환은 16세기 중엽에 사실상 종결되었다.[23] 백자의 생산과 유통이 본격화된 16세기 전반은[24] 바로 '사림운동'이 정국을 뜨겁게 달구던 중종 대였다. 이 사실은 당시 유교화와 중국화 흐름이 서로 맞물린 현상이 매우 광범위하게 발생했음을 시사한다. 이런 변화는 16세기 화풍에서 발생한 중국화 현상과도[25] 맞아떨어진다.

이처럼 조선의 유교화는 16세기에 들어서면서 다양한 분야에서 가시화되었다. 이런 변화의 방향성은 유학자들에 의해 고려가 몰락하고 조선왕조가 새롭게 들어섰을 때 이미 분명해졌다가, 16세기에 접어들면서 속도를 내기 시작했다. 조선의 유교화 과정은 국제적으로는 당시 세계의 중심이자 중화 문명의 척도인 중국의 유교 문화를 모방하는 차원에서 시작되었고, 국내적으로는 중앙의 정치 무대, 곧 위에서부터 시작해 아래로 확산되는 형태로 진행되었다.

유교화 현상을 거시적 문명사 차원에서 보자면, 조선 버전의 세계화(globalization)라 할 수 있다. 한 예를 보자. 16세기까지만 해도 조선의 남성들은 귀를 뚫어 귀고리를 달고 다녔다. 그런데 당시 유교적 가치의 실천과 그 문화를 교화된 상태, 곧 문명(중화)이라 본 조선의 유학자 신료들은 그렇지 않은 상태를 야만(이적)이라 보았기 때문에 남성의 귀고리 착용 풍습을 야만적인 것으로 보아 금지하고자 했다. 몇 차례의 시도 끝에 이른바 사림이 권력을 잡았다는 선조 즉위 초기, 곧 16세기 후반(1572)에 남성의 귀고리 착용 문화는 다음과 같은 어명에 따라 사실상 종식된 것으로 보인다.

> 신체와 머리털과 피부는 부모에게 물려받는 것이니 감히 훼손하지 않음이 효의 시작이다. 우리나라의 크고 작은 사내아이들은 반드시 귀를 뚫고 귀고리를 달아 중국으로부터 조롱을 받으니 수치스럽다. 이후로는 오랑캐의 풍속을 일체 혁파하도록 중외에 밝혀 공포하라. 도성은 이달을 기한으로 하되, 혹 꺼리어 따르지 않는 자는 사헌부에서 엄하게 벌을 가하도록 한다. 이런 (취지)로 어명을 받들라.[26]

이른바 유교화의 실체는 바로 이런 모습이었다. 귀고리의 경우는 극히 지엽적인 사례이지만, 이 책에서 살폈듯이 국가에서 총체적으로 추진한 유교화 정책의 실체도 이와 별반 다르지 않았다. 조정의 관리들에게 거의 반강제적으로 『주자가례朱子家禮』의 예법을 일상생활에서 지키도록 강요한 것, 『삼강행실도三綱行實圖』를 전국에 유포해 백성들의 삶을 유교의 삼강오륜에 맞도록 교화하고자 한 것, 일부일처제를 법으로 성문화하고 동성同姓 사이의 혼인을 금지한 것, 순결을 극도로 중시하여 여성의 재혼에 대해 많은 제약을 가

한 것, 장가가던 사회를 시집가는 사회로 바꾼 것 등은 모두 중국의 유교적 기준에 맞지 않아 야만적이라고 간주된 조선의 풍속을 중화의 수준으로 바꾸려는 조치였다. 조선의 사대부들에게는 명이 천하의 중심이었으니, 이는 곧 조선 버전의 세계화 정책이었던 셈이다.

따라서 조선왕조가 유교화·중국화 정책을 강력하게 추진한 일을 놓고 단순히 잘했느니 잘못했느니 하는 식의 흑백논리 평가를 내리면 곤란하다. 마치 오늘날 한국인이 거의 모든 분야에서 세계화를 적극적으로 추진하듯이, 조선의 사대부들도 그들이 처한 국내외 환경에서 가장 적절한 세계화를 추구했을 뿐이다. 오늘날 한국인이 뉴욕 스타일이 어떻다는 둥 미국식 영어 발음이 어떻다는 둥 품평을 하면서 미국을 향해 안테나를 맞추듯이, 당시 조선인도 북경 스타일과 중국식 한자 발음에 민감했고, 그 기준에 자신을 맞추려 노력했다.

현재 한국인이 서구 선진국의 상징인 민주주의 사회를 건설하고자 꾸준히 노력을 기울이듯이, 조선인도 당시 최고 선진국이자 삼대 이후로 한·당·송·명으로 이어지는 중화의 상징인 유교 사회를 본받아 건설하려고 매진했다. 한국인이 근대화를 통해 서구식 합리주의와 과학적 사고방식을 습득했듯이, 조선인도 유교화를 통해 중국의 철학적 사유 체계와 성리학적 사고방식을 습득하고자 경주했다. 한국인이 신자유주의의 수용을 놓고 내부에서 찬반 논쟁을 겪으면서도 대체로 수용하는 쪽으로 가닥을 잡았듯이, 조선인도 유교적 가치의 수용을 놓고 내부적으로 갈등을 빚기는 했으나 대체로 수용하는 쪽으로 방향을 잡았다.

이렇게 지극히 보편적인 문화 현상과 국가정책을 오리엔탈리즘에 기초한 근대주의 시각으로 재단해서 사대주의라거나 타율적·의존적이라고 폄하한다면, 이는 역사가이기를 스스로 포기하는 셈이다. 조선의 유교화는 세계

문명사에서 볼 때 아주 정상적이고 상식적인 현상이었을 뿐이다. 다만 문제는, 제국을 형성한 중원에서는 다양한 유교 학파들이 여러 의견과 해석을 내놓고 논쟁하면서 비교적 평화적으로 공존한 데 비해, 제국의 주변에 위치한 조선에서 유교는 어느 한 가지에만 몰입해 그것만을 정통으로 보고 다른 의견이나 해석을 죄다 이단으로 몰아버리는 배타적 폭력적 성격이 강해졌다는 점이다.

그렇지만 이것도 세계사에서 보면 보편적인 현상이다. 대체로 제국이 보편성과 다양성을 인정하고 포용하는 데 비해, 제국을 추종하는 주변부 문명에서는 대개 제국으로부터 들어온 어떤 체제나 이념이 원형 그대로 남는 경향이 강하고, 특히 교조적으로 변형되어 권위의 원천으로 작동하는 경우가 흔하기 때문이다. 중앙에서 멀리 떨어진 지역일수록 중앙에서는 이미 사라진 어떤 문화의 원형이 비교적 잘 남아 있는 현상은 문화전파 이론을 통해서도 잘 알려진 사실이다. 이런 유교화의 방향이 조선의 중앙 정치 무대에서 확실히 가닥을 잡고, 더 나아가 그것이 정치 분야를 넘어 사회의 각 분야로 확산되기 시작한 이른바 변곡점에 해당되는 시기가 바로 16세기 전반 중종대였다. 이는 어느 한두 가지 요인 때문에 생긴 현상이 아니라, 조선의 국내외 환경이 총체적으로 한데 어우러져 일어난 흐름이자 경향이었다.

물론 16세기에 이르러 유교적 가치의 실천이 거스를 수 없는 시대 흐름이 되었다고는 해도, 그것을 중시하는 강도는 사람마다 차이가 있었을 것이다. 현실을 무조건 뜯어고치려는 근본주의적 태도를 견지한 이도 있었겠지만, 시세에 따라 그런 주장에 부화뇌동한 무리도 적지 않았을 것이다. 그렇지만 개인의 호불호 차원을 넘어 공식 석상에서는 어쨌든 유교화를 외쳐야 인정받는 시대가 도래했다는 사실이 중요하고, 역사가는 바로 그런 시대 분위기에 주목할 필요가 있다. 예를 들어 2010년대 오늘날 대한민국에서는 아무리 개인적으로 민주주의를 탐탁지 않게 여길지라도 공식 석상에서 어느 누구도 민주주의의 가치와 정신을 부정하거나 폄훼하는 발언을 하기 어려운, 오히려 앞장서서 민주주의를 주창해야 인정받는 사회이다. 이 책에서 살폈듯이, 16세기 전반 중종 대의 시대 분위기도 바로 그러했다. 이는 당시를 살던 지배 엘리트들이 유교화라는 시대 흐름과 역사적 방향성에 합의했음을 의미한다.

그런데 이른바 사림이 권력을 잡았다는 선조 대에 조선은 군자가 교화를 시행하는 이상적 유교 사회를 실현하기는커녕, 사림들 사이에서 핏빛 암투와 권력투쟁이 불을 뿜으며 유교의 본래 취지에서 크게 이탈했다. 이런 역사적 경험은 아직도 민주화의 여정 중에 있는 한국인이 곱씹으며 조심할 필요가 있는 교훈일 것이다. 오랫동안 추구한 공공의 가치가 마침내 가시적으로 실현되었을 때, 그 가치가 활짝 꽃피우지 못하고 오히려 반동적 상황에 직면했던 동서고금 역사의 경험을 되새겨야 한다.

부록

미주

참고문헌

찾아보기

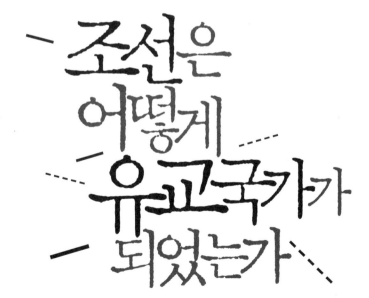

조선은
어떻게
유교국가가
되었는가

1장 조선 중종 대라는 시공간

1 관련 논저와 그에 대한 비판적 검토는 이 책의 5장에서 상세히 다룬다.

2 김우기, 『조선중기 척신정치연구』, 집문당, 2001; 김돈, 「중종대 '작서의 변'과 정치적 음모의 성격」, 『한국사연구』 119, 한국사연구회, 2002; 차주영, 「집권세력의 갈등을 통해 본 중종대의 정치구조: 김안로의 권력 강화과정을 중심으로」, 『백산학보』 79, 백산학회, 2007 등 참조.

3 강조한 정도에 차이는 있으나, 그래도 중종 대를 전후해서 국왕의 입장과 역할을 다룬 연구로는 김용덕, 「조선시대 군주제도론」, 『중앙사론』 2, 중앙대학교 사학연구회, 1975; 윤정, 「조선 중종 전반기 정국구도와 정책론」, 『역사와 현실』 25, 한국역사연구회, 1997; 김돈, 『조선전기 군신권력관계 연구』, 서울대학교출판부, 1997; 장희흥, 『조선시대 정치권력과 환관』, 경인문화사, 2006; 김범, 『사화와 반정의 시대』, 역사비평사, 2007; 구도영, 「중종대 대명외교의 추이와 정치적 의도」, 『조선시대사학보』 54, 조선시대사학회, 2010; Seung B. Kye, "Huddling under the Imperial Umbrella: A Korean Approach to Ming China in the Early 1500s", *Journal of Korean Studies*, Vol. 15, No. 1, Seattle, Society for Korean Studies, 2010 등 참조.

4 관련 논저가 너무 많아 일일이 제시하기는 불가능하다. 단, 비교적 16세기 전반 중종 대라는 시대적 배경을 고려한 연구의 일부만 제시한다면 다음과 같다. 윤남한, 「중종 대의 도학과 심학화운동: 양명학의 동전 문제와 관련하여」, 『사총』 21·22, 고려대학교 사학회, 1977; 문중양, 「16·17세기 조선 우주론의 상수학적 성격: 서경덕과 장현광을 중심으로」, 『역사와 현실』 34, 한국역사연구회, 1997; 설석규, 「16세기 사림의 현실대응과 화담 서경덕의 출처관」, 『경상사학』 15·16, 경상사학회, 2000; 신병주, 『남명학파와 화담학파 연구』, 일지사, 2000; 정재훈, 「16세기 전반 새로운 성리학의 모색과 심학화」, 『한국사상사학』 18, 한국사상사학회, 2002; 김용흠, 「조선전기 훈구·사림의 갈등과 그 정치사상적 함의」, 『동방학지』 124, 연세대학교 국학연구원, 2004; 신병주, 「화담학과 근기사림의 사상」, 『국학연구』 7, 국립국학진흥원, 2005; 고영진, 『호남사림의 학맥과 사상』, 혜안, 2007; 김용헌, 「조선전기 사림파 성리학의 전개와 특징」, 『국학연구』 19, 한국국학진흥원, 2011 등 외 다수.

5 설석규, 「한훤당 김굉필의 도학과 도통의 수립」, 『조선사연구』 13, 조선사연구회, 2004; 이병휴, 「조선전기 사림파의 추이 속에서 본 김굉필의 역사적 좌표」, 『역사교육논집』 34, 역사교육학회, 2005; 진상원, 「조선중기 도학의 정통계보 성립과 문묘종사」, 『한국

사연구』 128, 한국사연구회, 2005; 김영두, 「중종대 문묘종사 논의와 조선 도통의 형성」, 『사학연구』 85, 한국사학회, 2007 등.

6 중종 대에 중점을 둔 것으로는 최진옥, 「중종조 향약 성립에 관한 연구」, 『한국사학』 6, 정신문화연구원, 1985; 김필동, 「조선전기 향약의 보급과 그 사회적 의미; 16세기를 중심으로」, 한국정신문화연구원 편, 『조선후기의 체제위기와 사회운동』, 정신문화연구원, 1989; 김인걸, 「'율곡향약' 재론: 양민을 위한 인재 육성」, 『한국사론』 53, 서울대학교 국사학과, 2007 등 참조.

7 정만조, 『조선시대 서원연구』, 집문당, 1997; 신해순, 「중종~명종조의 관학교육진흥책」, 『사학연구』 58·59, 국사편찬위원회, 1999 등.

8 정구선, 「중종조 천거제의 시행과 사림파의 성장」, 『동국사학』 24, 동국사학회, 1990; 원창애, 「16~17세기 과거제도의 추이: 문과를 중심으로」, 『청계사학』 9, 한국정신문화연구원 청계사학회, 1992; 차미희, 「조선전기 과거의 사상적 배경: 중종·명종대 강경 논의와 실시를 중심으로」, 『한국사상사학』 12, 한국사상사학회, 1999 등.

9 권연웅, 「조선 중종대의 경연」, 『길현익교수 정년기념 사학론총』, 간행위원회, 1996; 지두환, 「조선전기 경연관의 직제의 변천」, 『한국학논총』 20, 국민대학교 한국학연구소, 1998; 신동은, 「조선 전기 경연의 이념과 전개: 태조~중종 연간을 중심으로」, 『정신문화연구』 114, 한국학중앙연구원, 2009 등.

10 김항수, 「16세기 사림의 성리학 이해: 서적의 간행·편찬을 중심으로」, 『한국사론』 7, 서울대학교 국사학과, 1981; 윤병희, 「조선 중종조 사풍과 소학; 신진사류들의 도덕정치 구현과 관련하여」, 『역사학보』 103, 역사학회, 1984; 고영진, 「15~16세기 주자가례의 시행과 그 의의」, 『한국사론』 21, 서울대학교 국사학과, 1984; 김훈식, 「중종대 경민편 보급의 고찰」, 『이재룡박사 환력기념 한국사학논총』, 간행위원회, 1990; 신양선, 「16세기 조선시대의 서적수집정책」, 『실학사상연구』 10·11, 무악실학회, 1999; 정재훈, 「16세기 전반 새로운 성리학의 모색과 심학화」, 『한국사상사학』 18, 한국사상사학회, 2002 등.

11 박주, 「조선 중종조의 정려에 대한 일고찰」, 『변태섭박사 화갑기념 사학논총』, 간행위원회, 1985; 정긍식, 「조선전기 사대봉사의 형성과정에 대한 일고찰」, 『법제연구』 11, 한국법제연구원, 1996; 한만영, 「중종대 친영논쟁과 조선중기 혼례제도의 변화」, 『난곡 이은순교수 정년기념 사학논문집』, 간행위원회, 2000; 임혜련, 「조선 중·후기 왕의 혼례와 친영」, 『숙명한국사론』 3, 숙명여자대학교 한국사학과, 2003; 장병인, 2008, 「조선전기 국왕의 혼례형태: 가관친영례의 시행을 중심으로」, 『한국사연구』 140, 한국사연구회, 2008 등.

12 이경식, 『한국중세토지제도사: 조선전기』, 증보판, 서울대학교출판문화원, 2012.

13 윤정, 「조선 중종대 훈구파의 산림천택 운영과 재정확충책」, 『역사와 현실』 29, 한국역사

연구회, 1998; 김성우, 『조선중기 국가와 사족』, 역사비평사, 2001.

14 권인용, 「명 중기 조선의 종계변무와 대명외교: 권벌의 조천록을 중심으로」, 『명청사연구』 24, 명청사학회, 2005; 계승범, 「파병 논의를 통해 본 조선전기 대명관의 변화」, 『대동문화연구』 53, 성균관대학교 대동문화연구원, 2006; 구도영, 「중종대 사대인식의 변화: 대례의에 대한 별행 파견 논의를 중심으로」, 『역사와 현실』 62, 한국역사연구회, 2006; 서인범, 「압록강하구 연안도서를 둘러싼 조명 영토분쟁」, 『명청사연구』 26, 명청사학회, 2006; 김경록, 「중종반정 이후 승습외교와 조명관계」, 『한국문화』 40, 서울대학교 한국학연구원, 2007; 桑野榮治, 「朝鮮中宗二O年代の對明外交交涉: 嘉靖會典 編纂の情報收集をめぐつて」, 『東洋史硏究』 67-3, 東洋史硏究會, 2008; 구도영, 「중종대 대명외교의 추이와 정치적 의도」, 『조선시대사학보』 54, 조선시대사학회, 2010; 김한규, 「명사 龔用卿의 使朝鮮錄과 조명 창화외교」, 『동아연구』 30, 서강대학교 동아연구소, 2011; 구도영, 「16세기 대명 사무역의 정책방향과 굴레」, 『조선시대사학보』 62, 조선시대사학회, 2012 등.

15 조선시대 사회변동을 거시적으로 볼 때 16세기의 중요성에 착목한 대표적인 연구로는 김성우, 『조선중기 국가와 사족』, 역사비평사, 2001 참조. 조선왕조의 대외 관계를 통시적으로 볼 때 16세기의 중요성을 강조한 연구로는 계승범, 『조선시대 해외파병과 한중관계』, 푸른역사, 2009 참조.

16 최재석, 『한국가족제도사 연구』, 일지사, 1983; 최재석, 「17세기의 친족구조의 변화」, 『정신문화연구』 24, 정신문화연구원, 1985; 최재석, 「조선중기 가족·친족제의 '재구조화'」, 『한국의 사회와 문화』 21, 정신문화연구원, 1993 참조. 가족제도 관련 유교화가 본격적으로 진행된 시기가 17세기라는 점에 대해서는 많은 학자들이 동의하는 추세이다.

17 Mark Peterson, *Korean Adoption and Inheritance: Case Studies in the Creation of a Classic Confucian Society*, Ithaca: East Asian Program, Cornell University, 1996, pp. 211~212(김혜정 옮김, 『유교사회의 창출: 조선 중기 입양제와 상속제의 변화』, 일조각, 2000, 229~231쪽). 한편 이런 변화의 동인에 대해 피터슨은 매우 흥미로운 설명을 제시한다. 즉 케이크를 장식할 크림의 모습이 어떤 튜브를 사용하는가에 따라 다르게 나타나듯이, 조선 후기의 사회에서도 사회경제적 요인으로 변화의 동인이 발생했으되 그 변화의 모습은 유교라는 '튜브'를 통해 유교화의 모습으로 나타났다는 것이다.

18 이태진, 「'소빙기'(1500~1750년)의 천체현상적 원인: 조선왕조실록의 관련 기록 분석」, 『국사관논총』 72, 국사편찬위원회, 1996; 이태진, 「개요」 및 Ⅳ장 1~3절, 『한국사 30: 조선 중기의 정치와 경제』, 국사편찬위원회, 1998, pp. 6~10쪽 및 305~378쪽.

19 이태진, 「사림과 서원」, 『한국사』 12, 국사편찬위원회, 1978; 이태진, 『조선후기의 정치와 군영제 변천』, 한국연구원, 1985, 35~48쪽.

20 김성우, 「사회경제사의 측면에서 본 조선중기」, 『대구사학』 46, 대구사학회, 1993.

21 이 두 학설의 입장에 대한 간략한 정리로는 김성우, 「연속된 두 시기로서의 16·17세기: '조선중기론'의 입장에서」, 『내일을 여는 역사』 24, 서해문집, 2006; 오영교, 「중세해체의 갈림길로서의 17세기: '조선 전·후기론'의 입장에서」, 『내일을 여는 역사』 24, 서해문집, 2006 참조.

22 계승범, 『조선시대 해외파병과 한중관계』, 푸른역사, 2009.

23 계승범, 「파병 논의를 통해 본 조선전기 대명관의 변화」, 『대동문화연구』 53, 성균관대학교 동아시아학술원, 2006.

2장 찬탈과 반정의 시대: 조선 초기 왕위 계승 문제

1 사림파 학설에 대한 비판적인 검토는 이 책의 5장 참조.

2 이성무, 『조선초기 양반 연구』, 일조각, 1980.

3 민현구, 『조선초기의 군사제도와 정치』, 한국연구원, 1983.

4 정두희, 『조선초기 정치지배세력 연구』, 일조각, 1983; 정두희, 『조선시대의 대간 연구』, 일조각, 1994.

5 최승희, 『조선초기 언론·언관 연구』, 서울대학교출판부, 1989; 최승희, 『조선초기 정치사 연구』, 지식산업사, 2002.

6 지두환, 『조선 전기 정치사』, 역사문화, 2001.

7 한충희, 『조선초기 육조와 통치체계』, 계명대학교출판부, 1998; 한충희, 『조선 초기의 정치제도와 정치』, 계명대학교출판부, 2006; 한충희, 『조선초기 관직과 정치』, 계명대학교출판부, 2008.

8 이상백, 「三峰 인물고」, 『진단학보』 2, 진단학회, 1935; 민현구, 「근세조선전기 군사제도의 성립」, 육군사관학교 한국군사연구실 편, 『한국군제사: 근세조선전기 편』, 육군본부, 1968; 정두희, 「조선초기 삼공신 연구」, 『역사학보』 75·76, 역사학회, 1977.

9 정두희, 「조선 세조~성종조의 공신 연구」, 『진단학보』 51, 진단학회, 1981; 최승희, 「세조대 왕위의 취약성과 왕권강화책」, 『조선시대사학보』 1, 조선시대사학회, 1997; 진성규, 「세조의 집권과정과 순홍」, 『중앙사론』 10·11, 중앙사학연구회, 1998; 최정용, 「세조의 집권과 국정운영에 관한 연구」, 영남대학교 사학과 박사학위논문, 1998의 Ⅱ장.

10 숙종 대 전개된 공정왕과 노산군의 복권 과정 및 이런 복권 작업이 이 시기에 두드러진 이유에 대해서는 이현진, 『조선후기 종묘 전례 연구』, 일지사, 2008, 181~223쪽 및 284~320쪽에 상세하다.

11 이영춘, 『조선후기 왕위계승 연구』, 집문당, 1998.

12 이영춘, 위의 책, 87~96쪽.

13 김돈, 「세조대 단종복위운동과 왕위승계문제」, 『역사교육』 98, 역사교육회, 2006.

14 John B. Duncan, *The Origins of the Chosŏn Dynasty*, Seattle : University of Washington Press, 2000(김범 옮김, 『조선왕조의 기원』, 너머북스, 2013).

15 신형식, 「신라왕위계승고」, 사업위원회 편, 『혜암유홍렬박사화갑기념론총』, 사업위원회, 1971; 이기백, 「백제왕위계승고」, 『삼국사기 연구론선집(국내편)』 2, 백산학회, 1985; 김수태, 「2세기말 3세기대 고구려의 왕실혼인: 취수혼에 대한 재검토를 중심으로」, 『한국

고대사연구』 38, 한국고대사학회, 2005; 여호규,「고구려 초기의 왕위계승원리와 고추가」,『동방학지』 150, 연세대학교 국학연구원, 2010.

16 김창겸,「고려 태조의 왕위 부자계승 의식: 훈요십조 제3조를 중심으로」,『교남사학』 6, 영남대학교 국사학회, 1994.

17 최승희,『조선초기 정치사 연구』, 지식산업사, 2002, 64쪽.

18 최승희,「태종말 세자폐립사건의 정치사적 의의」, 간행위원회 편,『이재룡박사환력기념 한국사학논총』, 간행위원회, 1990.

19 김우기,「조선 성종대 정희왕후의 수렴청정」,『조선사연구』 10, 조선사연구회, 2001.

20 성종의 즉위 과정과 제위 초기의 정국에 대해서는 송웅섭,「조선 성종대 공론정치의 형성」, 서울대학교 국사학과 박사학위논문, 2011, 18~40쪽 참조.

21 김돈,「세조대 단종복위운동과 왕위승계문제」,『역사교육』 98, 역사교육회, 2006.

22 김돈, 위의 글.

23『朝鮮紀事』 4左~8左,『使朝鮮錄』, 北京：北京圖書館出版社, 2003.

24『단종실록』 2권 즉위년 8월 23일 계미, 26일 병술, 27일 정해.

25 계승범,「조선왕조의 長久性과 한중관계」,『명청사연구』 38, 명청사학회, 2012.

26 김용흠,「조선 세조대 정치를 보는 시각과 생육신」,『역사와 현실』 64, 한국역사연구회, 2007; 지두환,「조선시대 정치사와 三綱」,『동방사상과 문화』 1, 동방사상문화학회, 2007; 김영두,「단종충신 追復 논의와 세조의 사육신 인식」,『사학연구』 98, 사학연구회, 2010.

27『孟子』,「萬章章句」下, 齊宣王問卿章.

28『孟子』,「梁惠王編」下, 聞誅一夫章.

29『史記』 권130,「太史公自序」. "… 春秋辯是非 故長於治人 … 春秋以道義 撥亂世反之正 莫近於春秋 … 春秋之中 弑君三十六 亡國五十二 諸侯奔走 不得保其社稷者不可勝數 察其所以 皆失其本已 … 爲人君父 而不通於春秋之義者 必蒙首惡之名 爲人臣子 而不通於春秋之義者 必陷簒弑之誅 死罪之名 …"

30『舊唐書』 권6,「則天皇后」. "史臣曰 治亂時也 存亡勢也 使桀紂在上 雖十堯不能治 使堯舜在上 雖十桀不能亂 使懦婦女子乘時得勢 亦足坐制群生之命 肆行不義之威 … 武后奪嫡之謨也 …"

31『舊唐書』 권6「則天皇后」, 권7「中宗 睿宗」, 권91「張柬之」.

32『新唐書』 권4「則天天順聖武皇后」,「中宗皇帝」, 권120「張柬之」.

33『資治通鑑』 권207「中宗大和大聖大昭孝皇帝」.

34『資治通鑑綱目』 권42, 乙巳 神龍元年. "胡氏曰 武氏之禍 古所未有也 張柬之等第知反正廢主 而不能以大義處非常之變 爲唐室討罪人也 … 兵旣入宮 當先奉太子復位

卽以武氏至唐太廟 數其九罪 廢爲庶人 賜之死 而滅其宗 中宗不得已與焉 然後足以慰在天之靈 雪臣民之憤 而天地之常經立矣 …"

35 『舊唐書』 권6, 「則天皇后」

36 '정통'에 병적으로 집착했던 주희와 동시대 신유학자들의 학문 태도에 대해서는 Hoyt Cleveland Tillman, "Reflections on Classifying 'Confucian' Lineages: Reinventions of Tradition in Song China," in Benjamin A. Elman, et al., eds., *Rethinking Confucianism: Past and Present in China, Japan, Korea, and Vietnam*, Los Angeles: UCLA Asian Pacific Monograph Series, 2002, pp. 33~64 참조.

37 정두희, 『조광조』, 아카넷, 2001, 25~39쪽.

38 계승범, 「계해정변(인조반정)의 명분과 그 인식의 변화」, 『남명학연구』 26, 경상대학교 남명학연구소, 2008.

39 계승범, 「조선의 18세기와 탈중화 문제」, 『역사학보』 213, 역사학회, 2012.

40 계승범, 「광해군대 말엽(1621~1622) 외교노선 논쟁의 실제와 그 성격」, 『역사학보』 193, 역사학회, 2007.

3장 사대의 시대: 중종의 사대 정책과 조명 관계

1 박성주, 「조선초기 遣明 사절에 대한 일고찰」, 『경주사학』 19, 동국대학교 경주사학회, 2000; 구도영, 「중종대 사행 파견과 사대인식의 변화: 嘉靖朝의 大禮議를 중심으로」, 경희대학교 사학과 석사학위논문, 2006, 5~12쪽.

2 Donald N. Clark, "Sino-Korean Tributary Relations under the Ming" in *The Cambridge History of China*, Vol. 8, New York: Cambridge University Press, 1998; 박성주, 위의 논문, 2000, 154~157쪽,

3 『태종실록』 5권 3년 5월 11일 정해; 6권 3년 8월 21일 병인; 20권 10년 7월 11일 병자.

4 『세종실록』 6권 1년 12월 17일 정해; 7권 2년 윤1월 2일 신미; 26권 6년 10월 8일 기유.

5 『태조실록』 6권 3년 11월 19일 을묘.

6 『筆苑雜記』 권1, 『大東野乘』 I, 경인서림, 1969, 74쪽. "… 文皇帝登極 眷佑我太宗異常數 每語國人曰 朕嘗見汝國主眞天人也"

7 '정난(靖難)의 역(役)'으로 알려진 명 내부의 알력 및 명과 조선 관계에 대한 상관성에 대해서는 Donald N. Clark, "Sino-Korean Tributary Relations under the Ming" in *The Cambridge History of China*, Vol. 8, New York: Cambridge University Press, 1998, p. 278; 박원호, 『명초 조선관계사 연구』, 일조각, 2002, 117~166쪽 참조.

8 이익주, 「고려·원 관계의 구조에 대한 연구」, 『한국사론』 36, 서울대학교 인문대학 국사학과, 1996; 김호동, 『몽골제국과 고려』, 서울대학교출판부, 2007.

9 한충희, 「上王期(세종 즉위, 1418~세종 4, 1422) 태종 연구」, 『대구사학』 58, 대구사학회, 1999; 민현구, 「조선 세종대 초엽의 兩王체제와 국정운영」, 『역사민속학』 22, 한국역사민속학회, 2006.

10 『세종실록』 6권 1년 11월 27일 정묘.

11 『세종실록』 34권 8년 12월 7일 병인; 42권 10년 12월 21일 무술; 44권 11년 6월 29일 갑진; 62권 15년 12월 25일 갑술; 100권 25년 6월 28일 신해.

12 『세종실록』 100권 25년 6월 28일 신해.

13 『세종실록』 125권 31년 9월 5일 임오; 126권 31년 12월 3일 기유. 한편, 몽골의 북경 포위 상황에 대한 상세한 논의는 Denis Twitchett and Tilemann Grimm, "The Cheng-t'ung, Ching-t'ai, and T'ien-shun reigns, 1436~1464" in *The Cambridge History of China*, Vol. 7, New York: Cambridge University Press, 1988, pp. 325~330 참조.

14 Seung B. Kye, "The Posthumous Image and Role of Ming Taizu in Korean Politics." *Ming*

Studies, Vol. 50, Minneapolis: Society for Ming Studies, 2005, pp. 114~115.

15 『문종실록』 2권 즉위년 9월 19일 경신.

16 『세조실록』 25권 7년 9월 6일 계묘.

17 『明實錄』 天順 3년 4월 경신. "勅諭朝鮮國王李瑈曰 … 且彼旣受朝廷官職 王又加之是與朝廷抗衡矣 …"

18 『성종실록』 259권 22년 11월 14일 병술.

19 대표적 연구로는 Edward W. Wagner, *The Literati Purges: Political Conflict in Early Yi Korea*, Cambridge: East Asian Research Center, Harvard University, 1974; 김범, 『연산군: 그 인간과 시대의 내면』, 글항아리, 2010 참조.

20 Hae-jong Chun, "Sino-Korean Tributary Relations in the Ch'ing Period" in John K. Fairbank, ed., *The Chinese World Order: Traditional China's Foreign Relations*, Cambridge: Harvard University Press, 1968, pp. 110~111; Donald N. Clark, "Autonomy, Legitimacy, and Tributary Politics: Sino-Korean Relations in the Fall of Koryŏ and the Founding of the Yi," Doctoral dissertation, Harvard University, 1978, pp. 2~3.

21 Hugh D. Walker, "The Yi-Ming Rapprochement: Sino-Korean Foreign Relations, 1392~1592," Doctoral dissertation, University of California, 1971, p. 314.

22 『중종실록』 42권 16년 7월 22일 신미; 51권 19년 6월 30일 계해.

23 『중종실록』 45권 17년 6월 5일 경진.

24 『중종실록』 45권 17년 6월 20일 을미.

25 이와 관련된 상세한 논의는 James Geiss, "The Chia-ching Reign, 1522~1566," in *The Cambridge History of China*, Vol. 7, New York: Cambridge University Press, 1988, pp. 440~450; F. W. Mote, *Imperial China, 900~1800*, Cambridge: Harvard University Press, 1999, pp. 658~668 참조. 이 논쟁과 관련된 조선의 사절단 파견에 대해서는 구도영, 「중종대 사대인식의 변화: 대례의에 대한 별행 파견 논의를 중심으로」, 『역사와 현실』 62, 한국역사연구회, 2006 참조.

26 『중종실록』 51권 19년 6월 22일 을묘; 51권 19년 6월 27~30일 경신~계해; 51권 19년 7월 12일 을해; 19년 8월 21일 계축; 52권 19년 10월 7일 무술.

27 『중종실록』 60권 22년 12월 4~6일 정미~기유.

28 명대 만주 지역의 위소에 대해서는 Frederic Wakeman, Jr., The Great Enterprise: *The Manchu Reconstruction of Imperial Order in Seventeenth-Century China*, Vol. 1, Berkeley: University of California Press, 1985, pp. 23~37 참조.

29 『중종실록』 66권 24년 10월 18일 경진.

30 『중종실록』 66권 24년 10월 18일 경진; 66권 24년 10월 26~27일 무자~기축.

31 『중종실록』 76권 28년 10월 4~6일 계유~을해; 76권 28년 11월 4일 임인; 76권 28년 12월 16일 갑신.

32 『중종실록』 76권 29년 1월 12일 기유. "予意以爲 進賀使非爲皇太子存歿而去也 特賀皇帝生太子耳 無公文而中止 則其發程與否 中朝必不知之 何以表盡誠事大之意乎 進賀使若知事體 則雖聞薨逝 當若不聞而入去 不當取稟也"

33 『중종실록』 76권 29년 1월 12일 기유.

34 『중종실록』 76권 29년 1월 13일 경술. "太子之薨逝雖實 而已封方物而進表 中間聞其薨逝而中止 則中原必不知我國進賀之意也 爲誕生而進賀 爲薨逝而陳慰 則事體當矣"

35 『중종실록』 83권 32년 1월 3일 계미.

36 『중종실록』 83권 32년 1월 4일 갑신; 83권 32년 1월 23~25일 계묘~을사.

37 『중종실록』 83권 32년 1월 25~27일 계묘~정미.

38 『중종실록』 84권 32년 4월 30일 무인.

39 『중종실록』 88권 33년 10월 11일 신해; 89권 33년 11월 10일 경진; 89권 33년 11월 16일 병술.

40 『중종실록』 90권 34년 4월 17일 갑인; 90권 34년 5월 3일 경오.

41 『중종실록』 90권 34년 5월 7일 갑술.

42 James Geiss, "The Chia-ching Reign, 1522~1566," in *The Cambridge History of China*, Vol. 7, New York: Cambridge University Press, 1988, pp. 464~465; F. W. Mote, *Imperial China, 900~1800*, Cambridge: Harvard University Press, 1999, pp. 668~669.

43 『중종실록』 99권 37년 11월 17~18일 계해~갑자; 99권 37년 11월 20일 병인; 99권 37년 11월 24일 경오 및 26일 임신; 99권 37년 12월 28일 계묘.

44 『중종실록』 100권 38년 5월 8일 신해.

45 『중종실록』 99권 37년 11월 24일 경오 및 26일 임신; 99권 37년 11월 29일 을해; 99권 37년 12월 1일 병자; 100권 38년 1월 28일 계유.

46 『중종실록』 91권 34년 7월 22일 정해 및 24일 기축.

47 『중종실록』 96권 36년 9월 2일 을유.

48 『중종실록』 96권 36년 10월 7일 기미.

49 『중종실록』 98권 37년 7월 25일 계유 및 26일 갑술; 98권 37년 8월 1일 무인.

50 『중종실록』 103권 39년 6월 14일 신사.

51 『중종실록』 51권 19년 6월 30일 계해; 83권 31년 12월 6일 정해; 83권 32년 1월 4일 갑신; 83권 32년 2월 29일 병오; 95권 36년 7월 28일 임자; 96권 36년 9월 2일 을유; 96권 36년 11월 29일 신해.

52 『명종실록』 8권 3년 7월 29일 임인.

53 정두희, 『조광조』, 아카넷, 2001, 25~68쪽.

54 Donald N. Clark, "Autonomy, Legitimacy, and Tributary Politics: Sino-Korean Relations in the Fall of Koryŏ and the Founding of the Yi," Doctoral dissertation, Harvard University, 1978, p. 270.

55 『중종실록』 1권 1년 9월 27일 계묘.

56 『중종실록』 2권 2년 2월 15일 기축.

57 『중종실록』 2권 2년 2월 16일 경인 및 28일 임인.

58 『중종실록』 3권 2년 8월 22일 계사; 『明實錄』 正德 2년 5월12일 갑인.

59 『중종실록』 4권 2년 9월 7일 정미; 5권 3년 1월 5일 계묘; 『明實錄』 正德 2년 12월 9일 무인. 중종의 책봉을 놓고 벌어진 조선의 대명 외교 및 치열한 로비에 대해서는 David M. Robinson, "Korean Lobbying at the Ming Court: King Chungjong's Usurpation of 1506, a Research Note," *Ming Studies*, Vol. 41, Minneapolis: Society for Ming Studies, 1999; 김경록, 「중종반정 이후 승습외교와 조명관계」, 『한국문화』 40, 규장각 한국학연구원, 2007 참조.

60 『중종실록』 3권 2년 8월 22일 계사 및 26일 정유.

61 Edward Wagner, "The Recommendation Examination of 1519: Its Place in Early Yi Dynasty History." 『朝鮮學報』 15, 朝鮮學會, 1960, 11~14쪽.

62 『중종실록』 9권 4년 8월 23일 계미.

63 『중종실록』 18권 8년 4월 1일 기해 및 2일 경자.

64 Edward Wagner, "The Recommendation Examination of 1519: Its Place in Early Yi Dynasty History." 『朝鮮學報』 15, 朝鮮學會, 1960, pp. 70~120; 정두희, 『조광조』, 아카넷, 2001, 151~174쪽 및 213~269쪽.

65 『중종실록』 86권 32년 11월 9일 갑신.

66 James Geiss, "The Chia-ching Reign, 1522~1566," in *The Cambridge History of China*, Vol. 7, New York: Cambridge University Press, 1988, pp. 470~471.

67 『중종실록』 86권 32년 11월 9일 갑신. "… 嘉靖年來 中朝亦多事 孰能問及我國之事 萬世之間 幸明主良相 出而審察下問 則終難處之 今觀中朝 擧其紀綱 故安南叛賊 命將討之此則天子之道也 … 于今三十年間 乃得無事 然不可以爲終必無事 而不憂也 他日中朝 若或有議 則後世必謂前王 何不熟計而審處之 以遺後悔也 子孫之憂 不可不慮 不可容默 悠悠玩愒歲月 若一快處 則後有何難 …"

68 Buu Lam Truong, "Intervention versus Tribute in Sino-Vietnamese Relations, 1788~1790," in John King Fairbank, ed., *The Chinese World Order: Traditional China's Foreign Relations*,

Cambridge: Harvard University Press, 1968, pp. 165~179; John K. Whitmore, *Vietnam, Hồ Quý Ly, and the Ming(1371~1421)*, New Haven: Yale Center for International and Area Studies, 1985, pp. 79~95; Gungwu Wang, "Ming Foreign Relations: Southeast Asia" in *The Cambridge History of China*, Vol. 8, New York: Cambridge University Press, 1998, pp. 315~317.

69 이런 일련의 정국 추이에 대해서는 김우기, 「조선 중종 후반기의 척신과 정국동향」, 『대구사학』 40, 대구사학회, 1990; 이병휴, 「중종~명종대 권신·척신정치의 추이와 晦齋의 대응」, 『李晦齋의 사상과 그 세계』, 성균관대학교 동아시아연구원, 1992; 김돈, 「중종대 '灼鼠의 변'과 정치적 음모의 성격」, 『한국사연구』 119, 한국사연구회, 2002; 차주영, 「집권세력의 갈등을 통해 본 중종대의 정치구조: 金安老의 권력 강화과정을 중심으로」, 『백산학보』 79, 백산학회, 2007 등을 참조.

70 중종 재위 말년부터 가시화되어 50년 가까이 소요된 조광조 복권 과정에 대해서는 정두희, 「조광조의 복권과정과 현량과 문제: 16세기 조선 성리학의 성격에 관한 첨언」, 『한국사상사학』 16, 한국사상사학회, 2001; 백승종, 「16세기 조선의 사림정치와 김인후—비정치적 일상의 정치성」, 『진단학보』 92, 진단학회, 2001 참조.

71 『중종실록』 96권 36년 9월 2일 을유.

72 『豫章文集』 序 1右, 臺北: 臺灣商務印書館, 1971. "… 天下無不是底父母了…"

73 『중종실록』 96권 36년 10월 7일 기미.

74 계승범, 「파병 논의를 통해 본 조선전기 대명관의 변화」, 『대동문화연구』 53, 성균관대학교 동아시아학술원, 2006.

75 『중종실록』 99권 37년 11월 24일 경오. "… 臣等問曰 昨聖旨 降勅中外 於本國亦降勅否 答曰 所云中外者 非指外國也 爾國則不應降勅云 …"

76 『孟子』 「盡心章句」 上, 瞽瞍殺人章.

77 『孟子』 「萬章章句」 下, 齊宣王問卿章 및 「梁惠王章句」 下, 聞誅一夫章.

78 Seung B. Kye, "Huddling under the Imperial Umbrella: A Korean Approach to Ming China in the Early 1500s," *Journal of Korean Studies*, Vol. 15, no. 1, Seattle: Society for Korean Studies, 2010.

79 『중종실록』 76권 29년 1월 24일 신유.

80 『중종실록』 76권 29년 1월 24일 신유.

81 신석호, 「조선왕조 개국 당시의 조명관계」, 『국사상의 제문제』 1, 국사편찬위원회, 1959; Gary Ledyard, "Korean Travelers in China over Four Hundred Years, 1488~1887." *Occasional Papers on Korea*. no. 2, 1974, pp. 4~5.

82 Kenneth R. Robinson, "Centering the King of Chosŏn: Aspects of Korean Maritime

Diplomacy, 1392~1592." *Journal of Asian Studies*. Vol. 59, no. Minneapolis: Association for Asian Studies, 2000, pp. 121~122.

83 James Geiss, "The Leopard Quarter during the Cheng–te Reign." *Ming Studies* Vol. 24, Society for Ming Studies, 1987, pp. 19~21.

4장 소중화의 시대: 명나라에 대한 인식의 변화

1 한명기, 『임진왜란과 한중관계』, 역사비평사, 1999, 67~88쪽.

2 계승범, 『조선시대 해외파병과 한중관계』, 푸른역사, 2009, 139~145쪽.

3 하우봉, 「실학파의 대외인식」, 『국사관논총』 76, 국사편찬위원회, 1997, 255~256쪽.

4 김한식, 「명대 한중관계를 둘러싼 약간의 문제: 동아세아세계 질서 속에서의 한중관계사의 모색」, 『대구사학』 12·13, 대구사학회, 1977.

5 최근의 연구로는 계승범, 「파병 논의를 통해 본 조선전기 對明觀의 변화」, 『대동문화연구』 53, 성균관대학교 대동문화연구소, 2006; 구도영, 「중종대 사대인식의 변화: 大禮議에 대한 別行 파견 논의를 중심으로」, 『역사와 현실』 62, 한국역사연구회, 2006; 김경록, 「중종반정이후 승습외교와 조명관계」, 『한국문화』 40, 서울대학교 규장각한국학연구원, 2007; Seung B. Kye, "Huddling under the Imperial Umbrella: A Korean Approach to Ming China in the Early 1500s", *Journal of Korean Studies*, Vol. 15, No. 1, Seattle: Society for Korean Studies, 2010; 구도영, 「16세기 대명 사무역의 정책 방향과 굴레: 중종대 명의 조선사행단 출입제한 조치를 중심으로」, 『조선시대사학보』 162, 조선시대사학회, 2012 등이 있다.

6 가장 대표적인 연구로는 안정희, 「조선초기의 사대론」, 『역사교육』 64, 역사교육연구회, 1997 참조.

7 『세종실록』 125권 31년 9월 9일 병술.

8 『세종실록』 125권 31년 8월 16일 계해; 9월 19일 병신.

9 친정(親征)에 나선 황제가 포로로 잡힌 참패와 몽골의 북경 포위 상황에 대해서는 Frederick W. Mote, "The Tu-mu Incident of 1449" in Frank A. Kierman, Jr. & John K. Fairbank eds., *Chinese Ways in Warfare*, Cambridge: Harvard University Press, 1974, pp. 243~272; Denis Twitchett & Tilemann Grimm, "The Zhengtong, Ching-tai, and Tien-shun reigns, 1436~1464" *The Cambridge History of China*, Vol. 7, New York: Cambridge University Press, 1988, pp. 325~330; 남의현, 「명대 토목의 변과 북변방어전략의 변화」, 『국제중국학연구』 56, 한국중국학회, 2007 참조.

10 『明史』 권11, 本紀2, 左. "冬十月 … 也先陷紫荊關 … 徵兵於朝鮮 … 詔止諸王兵"

11 『세종실록』 125권 31년 8월 16일 계해; 126권 31년 10월 1일 무신; 127권 32년 1월 15일 신묘.

12 『세종실록』 127권 32년 1월 15일 신묘.

13 『세종실록』 127권 32년 1월 5일 신사. "謝恩使金何齎勑回自京師 … 其勑曰 前因虜寇犯邊 已嘗勑爾 調兵前來 與遼東兵會合殺賊 今者京軍已行殺敗 此寇遠遯去訖 所調爾朝鮮之兵 可自保守境土 不必前來 如勑奉行 …"

14 『建州私志』 上, 1左, 『淸初史料四種』, 北京: 北平圖書館, 1970. "… 永樂末年 邊界漸弛 諸酋多叛去者 一歲犯邊至九十七次 殺死吏民十餘萬 …"

15 『明史』 권320, 列傳, 外國一, "天順三年 邊將奏 有建州三衛都督私與朝鮮結 恐爲中國患 …"

16 『세조실록』 43권 13년 9월 14일 병자.

17 이 원정에 대한 좀 더 상세한 논의는 한성주, 「세조대(1467년) 조선과 명의 건주여진 협공에 대한 연구」, 『한일관계사연구』 45, 한일관계사학회, 2013 참조.

18 『세조실록』 42권 13년 5월 5일 기사; 6일 경오.

19 『세조실록』 43권 13년 8월 17일 경술.

20 『明史』, 320, 3654쪽, 1~2행. "… 彼旣受朝廷官職 王又加之 是與朝廷抗也 王素秉禮義 何爾文過飾非 …"

21 『성종실록』 110권 10년 윤10월 11일 계해.

22 『성종실록』 109권 10년 10월 29일 신해.

23 『성종실록』 110권 10년 윤10월 7일 기미.

24 『성종실록』 110권 10년 윤10월 8일 경신 및 11일 계해. 이에 대해서는 계승범, 『조선시대 해외파병과 한중관계』, 푸른역사, 2009, 105~113쪽에 상세하다.

25 『성종실록』 110권 10년 윤10월 12일 갑자; 10월 21일 계유; 111권 10년 11월 19일 경자.

26 『성종실록』 111권 10년 11월 19일 경자. 조선 전기 궁각 무역의 변천에 대해서는 조영록, 「수우각 무역을 통해 본 선명관계」, 『동국사학』 9, 동국대학교사학회, 1966 참조.

27 『성종실록』 112권, 10년 12월 20일 신미; 113권 11년 1월 7일 무자.

28 『성종실록』 112권, 10년 12월 20일 신미.

29 『明實錄』 成化4年 春正月 戊辰.

30 『중종실록』 100권 38년 1월 2일 정미; 6일 신해.

31 『중종실록』 100권 38년 1월 4일 기유; 7일 임자.

32 『중종실록』 100권 38년 1월 28일 계유; 3월 15일 기미; 27일 신미.

33 『중종실록』 101권 38년 7월 20일 계해. "御朝講 大司諫具壽聃曰 西方軍士 持弓矢堅利者 百無一焉 前者 朝廷遣警邊使 點檢軍器軍卒等 凡軍裝所不修備 一朝卒辦 一弓之價 至穀三十餘石 貧家一年之作 盡入於軍器之備 其時警邊使 別無所爲之事 徒貽弊於軍民 …"

34 『國朝五禮儀』 3:10左~13右; 『중종실록』 96권 36년 10월 7일 기미.

35 『朝鮮紀事』 5右, 『使朝鮮錄』 上, 北京: 北京圖書館出版社, 2003.

36 『세종실록』 127권 32년 1월 29일 을사. "使臣謂金何曰 洪武禮制 門外迎詔 行五拜扣頭禮 今迎詔儀 只躬身以迎 何所據乎 … 於是 命李季甸 往謂使臣曰 郊迎五拜之禮當矣 然藩國儀注 門外迎詔無拜禮 自高皇帝頒此書以來 我國皆遵此禮 使臣曰 今有此書乎 卽出示之 兩使見訖相目曰 我輩只見洪武禮制 未知有此書 甚當甚當 …"

37 이때 예겸이 이끈 명 사절단에 대한 종합적 논의는 Philip de Heer, "Three Embassies to Seoul: Sino-Korean Relations in the 15th Century," Leonard Blusse and Harriet T. Zurndorfer, eds., *Conflict and Accommodation in Early Modern East Asia: Essays in Honour of Erik Zurcher, Leiden*, The Netherlands, E. J. Brill, 1993, pp. 241~258에 상세하다.

38 『단종실록』 2권 즉위년 8월 22일 임오.

39 김한규 옮김, 『사조선록 역주』 2, 소명출판, 2012, 355쪽.

40 『세조실록』 19권 6년 3월 1일 무인.

41 『寶顏堂訂正方洲先生奉使錄』, 『使朝鮮錄』 上, 北京: 北京圖書館出版社, 2003.

42 『세조실록』 19권 6년 3월 2일 기묘. 이 대화는 장녕의 행차 중에 진행되었는데, 세조는 자신의 생각을 그대로 장녕에게 전했다. 따라서 본문의 대화체 인용문에서 '조선'은 곧 세조가 주도한 조정 논의를 통해 결정된 의견을 가리킨다.

43 계승범, 『조선시대 해외파병과 한중관계』, 푸른역사, 2009, 91~116쪽.

44 『성종실록』 64권 7년 2월 5일 기묘.

45 『성종실록』 64권 7년 2월 18일 임진. 이 가운데 5배3고두를 강조한 부분의 원문은 다음과 같다. "… 問禮官安處良 將儀註呈于天使 天使見之曰 此禮與大明集禮不同 迎詔時五拜三叩頭可也 何言鞠躬乎 …"

46 『성종실록』 64권 7년 2월 18일 임진. "… 命召問禮官安處良 傳曰 天使詰問儀註事 汝所耳聞 其以所聞 遍議于院相以啓 雖夜爾當回去 又召問入直承旨李克基曰 卿見遠接使書乎 小節次 天使皆駁之 無乃慢我乎 克基對曰 臣聞天使爲人溫雅 所經州官亦溫言待之 今乃如此 未知何謂 臣見天使倪謙接待謄錄 謙初令行五拜 乃遣宰相據藩國儀註言之 謙從之 今可據此 更言之 其奉詔詣太平館時 令上先導事 固不可行 如此則回程時至義州 亦可先導乎 鄭昌孫·李承召·柳輊 今在碧蹄 可令據故事爭之 上曰 可 令安處良急往碧蹄 同議處之"

47 『성종실록』 64권 7년 2월 19일 계사.

48 『성종실록』 64권 7년 2월 20일 갑오.

49 『성종실록』 214권 19년 3월 11일 을해. "… 我國自祖宗朝 迎詔時例皆乘輦 其時豈無大明集禮 而詔使無一人據此非議者 詔使之還 必皆達於朝廷 而朝廷亦不以爲責 高

皇帝撰頒儀註以後 行之已久 今大人據 集禮 見駁 不知所從 大明集禮只云王具冕服行 不明言乘輦乘馬 今大人指此行字爲徒行 恐無所據 禮緣人情而爲之 高皇帝制禮之時 豈以藩王受詔時 從郊外具冕服 步至闕庭 使必至於委頓失容哉 …"

50 『성종실록』 214권 19년 3월 12일 병자. "問禮官權景祐來復命 仍啓曰 … 兩使曰 乘輦乘馬 殿下任意爲之 吾等當徒步而行 吾等徒行 而殿下乘輦迎詔 則朝廷自有是非矣 … 兩使堅執 終不許乘輦"

51 숨 가쁘게 전개된 막바지 교섭 과정 및 실제로 거행된 영조례(迎詔禮)와 영칙례(迎勅禮)에 대해서는 『성종실록』 214권 19년 3월 13일 정축 참조.

52 『성종실록』 214권 19년 3월 13일 정축. "天使言甚倨傲 雖以詔勅內事 言之受辱 猶爲不可 況非詔勅內事乎 不可以言語爭詰 今已日晏 而彼之堅執如此 將何以處之"

53 『연산군일기』 5권 원년 5월 29일 신해; 6권 원년 6월 3일 갑인.

54 『연산군일기』 49권 9년 4월 10일 병오.

55 『성종실록』 214권 19년 3월 13일 정축. "… 傳曰 彼雖訴于朝廷 我國亦當奏聞發明矣 …"

56 『중종실록』 84권 32년 3월 5일 갑신. "五拜三叩頭 乃天下通行之禮 … 爾國敬事朝廷 所當奔走行之 朝廷若問爾國行禮 而不行五拜云 則可謂盡禮乎 每爲質正於朝廷者 何事 而欲不行此禮乎 生太子頒詔 即是別禮 而每引舊例不可也 洪武永樂景泰之禮 各異 而皆在大明會典 此天下通行之禮 不可不行也"

57 『중종실록』 84권 32년 3월 5일 갑신.

58 『使朝鮮錄』 6右~11右, 北京: 北京圖書館出版社, 2003 참조.

59 『중종실록』 84권 32년 3월 10일 기축; 96권 36년 10월 7일 기미; 『使朝鮮錄』 6左~7右. "… 詔使將至 國王具冕服 王世子具冕服 文武百官各具朝服 儒生常服 俱就拜位 詔使捧詔書 置龍亭中 贊儀唱 鞠躬五拜三叩頭興平身 …"

60 『使朝鮮錄』 6左. "以下舊無此儀 嘉靖十六年新增"

61 『명종실록』 3권 원년 1월 21일 기묘; 『선조실록』 6권 5년 11월 1일 계미.

62 『선조실록』 2권 원년 2월 3일 계미.

63 『선조실록』 36권 26년 3월 7일 임술.

64 한 예로, 『선조실록』 144권 34년 12월 1일 갑자 및 6일 기사 참조.

65 『성종실록』 208권 18년 10월 12일 무인; 『중종실록』 7권 3년 10월 22일 병술; 17권 7년 12월 26일 병인.

66 『朝鮮紀事』 1右, 『使朝鮮錄』, 北京: 北京圖書館出版社, 2003. "… 丙戌遼東起程 … 丁亥浪子山起程 … 至辛塞人家宿 … 戊子辛塞起程 高嶺至東山關東口宿 東關係華夷界限 …"

67 『奉使朝鮮唱和集』 2右, 『使朝鮮錄』. "… 雞犬之相聞 驗政教之所施 嘅吟賞之 靡旣不知身之居於九夷也 …"

68 『세조실록』 19권 6년 3월 2일 기묘. "… 寧怒甚 將回往碧蹄 待世子出迎而入 … 寧又不許曰 誰謂朝鮮知禮之國 此事非挾太山超北海之類也 何無禮乃爾 徐行以待回報 …"

69 『성종실록』 213권 19년 2월 29일 계해. "舊聞朝鮮讀書知禮 今見宰相行禮 方信前聞之不誣"

70 『朝鮮國紀』 18b, 『學海類編』 120, 上海: 函芬樓, 1920. "… 俗柔謹重禮讓 喜讀書爲詩文 … 不娶同姓 士大夫喪葬祭 悉依文公家禮 …"

71 하현강, 「이승휴의 사학사상 연구」, 『동방학지』 69, 연세대학교 국학연구원, 1990.

72 김남일, 『고려말 조선초기의 세계관과 역사의식』, 경인문화사, 2005, 4~7쪽.

73 김순자, 「고려말 대중국 관계의 변화와 신흥 유신의 사대론」, 『역사와 현실』 15, 한국역사연구회, 1995.

74 김순자, 위의 논문.

75 도현철, 「고려말기 사대부의 대외관: 화이론을 중심으로」, 『진단학보』 86, 진단학회, 1998.

76 금이 주도하던 국제 정세의 영향을 받은 주희의 화이론적 외교정책에 대해서는 Brian McKnight, "Chu Hsi and His World," Wing-Tsit Chan, ed., *Chu Hsi and Neo-Confucianism*, Honolulu, University of Hawaii Press, 1986, pp. 408~436 참조.

77 『退溪全書』 8, 「禮曹答日本國左武衛將軍源義清」 "… 天無二日 民無二王 春秋大一統者 乃天地之常經 古今之通義也 大明爲天下宗主 海隅出日 罔不臣服…"

78 『栗谷全書』 拾遺 4, 「貢路策」 "… 臣聞下之事上. 不以夷險而易其心. 不以盛衰而廢其禮 能行此者 惟我國家之事中朝 是也 … 今夫以小事大 君臣之分已定 則不度時之艱易 不揣勢之利害 務盡其誠而已 …"

79 조선 성리학자들이 강조한 의리의 본질에 대해서는 계승범, 「조선시대 의병의 개념과 임진의병」, 『서강인문논총』 33, 서강대학교 인문과학연구소, 2012 참조.

80 『태조실록』 2권 원년 12월 17일 계해. "… 又戒之以生釁 通往來以福國 蓋永圖於久長 雖父母之敎兒 未足喩其深切 …"; 『태조실록』 4권 2년 8월 2일 을해 "… 伏望 皇帝陛下 以乾坤生物之心爲心 以父母愛子之念爲念 擴包容之量 通往來之途 則臣謹當職貢無怠於歲時 …"; 『태조실록』 5권 3년 1월 16일 병진. "… 譴責深切 乃天地玉成之心 誨諭丁寧 實父母生育之惠 玆有成命 謹用欽遵 …"

81 『세종실록』 113권 28년 8월 27일 임술. "… 今遇皇帝陛下仁推一視 化隆無外 累賜親王之服 殊恩異澤 雖天地之愛物 父母之保子 無以踰焉 臣於此時 徒以華夷之分而

引嫌不陳 則是不以天地父母望陛下 而自外於一視之仁 無外之化也 …"

82 『문종실록』 3권 즉위년 8월 19일 경인. "… 玆蓋伏遇皇帝陛下 仁同怙恃 道合生成 …"

83 『세조실록』 2권 원년 10월 24일 병인. "… 玆蓋德洽生成 慈踰怙恃 顧令庸質 得被洪私 臣謹當倍殫忠誠 益堅節義 涵身至澤 樂保性命之眞 矯首中霄 恒貢壽考之祝 …"

84 『세조실록』 32권 10년 2월 9일 임진. "… 玆蓋伏遇仁踰怙恃 道洽生成 視四海爲一家 罄遐裔以挾纊 保萬民如赤子 無匹夫之向隅 遂令敝邦 荐蒙殊渥 臣當夙興夜寐 恪守漢藩 日升月恒 倍申華祝 …"; 『세조실록』 38권 12년 4월 3일 계묘. "… 玆蓋伏遇皇帝陛下 仁踰怙持 德侔生成 視四海爲家 周庶物而竝育 保萬民如子 無匹夫之向隅 遂令遐陬 荐加殊眷 …"

85 『예종실록』 4권 원년 윤2월 21일 병자. "… 玆蓋仁踰怙恃 德侔生成 念先人之効忠 務孤臣之銜恤 遂令敝服 特荷洪私 …"; 『성종실록』 2권 원년 5월 22일 기해. "… 玆蓋伏遇道合生成 仁深怙恃 憐微臣之繼志 念先王之效忠 遂令庸材 獲紆殊渥 …"

86 『중종실록』 91권 34년 윤7월 17일 임자. "… 第以子之於父 臣之於君 理同一體 …" 한편, 중종 대의 종계변무 노력에 대해서는 권인용, 「명중기 조선의 종계변무와 대명외교」, 『명청사연구』 24, 명청사학회, 2005; 김경록, 「조선초기 종계변무의 전개양상과 대명관계」, 『국사관논총』 108, 국사편찬위원회, 2006 등을 참조.

87 『중종실록』 81권 31년 4월 1일 을유. "… 故入于上界則 以謂父母之邦 冒夜行走 盜賊亦不敢害 …"

88 『중종실록』 96권 36년 11월 29일 신해. "… 且父母之家 由我而疲困則 雖以孝子之心 昏定晨省 尙不可以頻煩 …"

89 『중종실록』 96권 36년 10월 7일 기미. "… 傳曰 見有禮於其君者 事之如孝子之養父母 臣等觀其國王 尊敬朝廷如此 …"

90 한 예로는 『광해군일기』 72권 5년 11월 10일 갑자. "… 夙宵戰兢 必以大舜之心爲心 謂天下無不是底者 而一無變於前日之所事者焉 則其所以爲舜 亦不越乎 …" 참조. 한편, 나종언의 말은 『豫章文集』, 序 1右, 臺北: 臺灣商務印書館, 1971 "… 天下無不是底父母了 …" 참조.

91 이 말은 송 영종(英宗, r. 1023~1064)이 태후에 대한 불만을 토로했을 때, 재상 한기가 효도를 잃지 말라는 뜻으로 간한 말이다. 원문은 『宋史』 312, 列傳 71, 韓琦, 臺北: 鼎文書局, 1991, 10226쪽 참조.

92 한 예를 들자면, 『광해군일기』 88권 7년 3월 25일 신미.

5장 사림의 시대: 정치쇄신운동과 사림

1 거의 모든 개설서가 이 학설을 따르고 있는데, 이 학설을 가능케 한 초기 연구로는 천관우, 「여말선초의 한량」, 『이병도박사 화갑기념논총』, 일조각, 1956; 이우성, 「고려조의 吏에 대하여」, 『역사학보』 13, 역사학회, 1964; 한영우, 「여말선초 한량과 그 지위」, 『한국사연구』 4, 한국사연구회, 1969 등 참조.

2 가장 대표적인 것으로는 John B. Duncan, "The Social Background to the Founding of the Chosŏn Dynasty: Change or Continuity?" *Journal of Korean Studies*, Vol. 6, Seattle: Society for Korean Studies, 1989 참조. 이 학설은 지금까지도 구미학계의 주류를 이루고 있다. 이보다 앞서, 데이터베이스에 의존하지 않고도 국내에서는 정두희가 신흥 사대부의 개념에 대해 의문을 제기한 바 있다.(정두희, 『조선초기 정치지배세력 연구』, 일조각, 1983, 15~16쪽) 아울러 김당택, 『원 간섭하의 고려정치사』, 일조각, 1998도 참조.

3 정두희, 위의 책, 7~56쪽.

4 John Duncan, "The Social Background to the Founding of the Chosŏn Dynasty: Change or Continuity?" *Journal of Korean Studies*, Vol. 6, Seattle: Society for Korean Studies, 1989.

5 일부 표현의 차이는 있으나, 여러 개설서가 거의 다 공유하는 내용이므로 자세한 전거는 생략한다.

6 신석호, 「朝鮮成宗時代の新舊對立」, 『朝鮮近代史研究』, 朝鮮總督府, 1944.

7 손진태, 『국사대요』, 을유문화사, 1954, 194~201쪽.

8 이병도, 『조선사대관』, 동지사, 1948, 358~360쪽; 이병도, 『신수 국사대관』, 보문각, 1956, 381~383쪽. 이병도는 이후 개정판 개설서에서도 이런 설명을 거의 그대로 답습했다. 이병도, 『한국사대관』, 보문각, 1968, 357~369쪽 참조.

9 이인영, 『국사요론』, 민교사, 1956, 139~151쪽.

10 이기백, 『국사신론』, 태성사, 1961, 217~223쪽.

11 이상백, 『한국사: 근세조선전기편』, 을유문화사, 1962, 536~554쪽.

12 이상백, 위의 책, 563쪽.

13 이기백, 『한국사신론』, 일조각, 1967, 234~238쪽.

14 개설서의 소절 말미마다 관련 참고 논저를 꼼꼼히 제시하는 형식을 취해 유명해진 이기백의 『한국사신론』(1967)을 보아도 사림파와 관련해서는 해방 이후의 논문이 한 편도 없다. 국사편찬위원회에서 온라인으로 제공하는 『한국사연구휘보』에서 '사림'을 검색해 보더라도 1945~1971년 사이에 북한에서 나온 강준희, 「16세기 초 신진사림의 전제개혁

론」, 『경제연구』 1966-4가 하나 있을 뿐, 국내 학계에서는 전무하다.

15 이태진. 「사림파의 유향소 복립운동: 조선초기 성리학 정착의 사회적 배경」, 『진단학보』 34·35, 진단학회, 1972·1973.

16 1970년대에 나온 개설서들을 여기서 일일이 제시할 필요는 없을 것 같다. 다만 대표적 개설서만 꼽는다면 단체에서 출간한 것으로 국사편찬위원회 편, 『한국사』, 국사편찬위원회, 1974와 개인이 집필한 것으로 이기백, 『한국사신론』 개정판, 일조각, 1976이 있다.

17 이수건, 『영남사림파의 형성』, 영남대학교출판부, 1979, 18~22쪽 및 277~280쪽.

18 이수건, 위의 책, 184~230쪽.

19 김태영, 「초기 사림파의 성격에 대해: 김종직을 중심으로」, 『경희사학』 6·7·8, 경희대학교 사학회, 1980.

20 Edward Willett Wagner, *The Literati Purges: Political Conflict in Early Yi Korea*, Cambridge: East Asian Research Center, Harvard University, 1974.

21 Edward W. Wagner, 「이조 사림문제에 관한 재검토」, 『전북사학』 4, 전북대학교 사학회, 1980, 163~173쪽.

22 이에 대한 연구사 정리는 김범, 「조선전기 '훈구·사림세력' 연구의 재검토」, 『한국사학보』 15, 고려사학회, 2003, 91~92쪽 참조.

23 대표적인 것으로는 「16세기의 천방(보)관개의 발달: 사림세력 대두의 경제적 배경 일단」, 『한우근박사 정년기념사학논총』, 1981; 「고려말·조선초의 사회변화」, 『진단학보』 55, 진단학회, 1983; 「16세기 연해지역의 언전 개발: 척신정치의 경제적 배경 일단」, 『김철준박사 화갑기념사학논총』, 간행위원회, 1983; 「사림파의 향약보급운동: 16세기의 경제변동과 관련하여」, 『한국문화』 4, 서울대학교 한국문화연구소, 1983 등을 꼽을 수 있는데, 「사림파의 유향소 복립운동」(1972·1973)과 함께 모두 이태진, 『한국사회사 연구: 농업기술 발달과 사회변동』, 지식산업사, 1986에 실려 있다.

24 이태진, 위의 책, 125~185쪽, 187~219쪽, 253~288쪽.

25 관련 연구사 정리는 김범, 「조선전기 '훈구·사림세력' 연구의 재검토」, 『한국사학보』 15, 고려사학회, 2003, 85~94쪽 참조.

26 이병휴, 『조선전기 기호사림파 연구』, 일조각, 1984, 5~10쪽. 그러나 필자가 실록에 보이는 '사림'의 용례를 조사한 바에 따르면, 이병휴의 사림 이해는 문제가 있다. 상세한 논의는 다음 소절 참조.

27 이병휴, 위의 책, 24~51쪽 및 160~168쪽.

28 이병휴, 위의 책, 26쪽.

29 이병휴, 『조선전기 사림파의 현실인식과 대응』, 일조각, 1999, 3~51쪽, 특히 47쪽.

30 이병휴, 『조선전기 기호사림파 연구』, 일조각, 1984, 25쪽 및 243~247쪽. 한편, 이병휴가 현량과 출신 28명 중에서 서울 거주자를 추려낸 기준과 방법에 대해서는 정두희가 이미 비판한 바 있다. 정두희, 「회고와 전망: 조선전기」, 『역사학보』 104, 역사학회, 1984, 201~224쪽 참조.

31 송찬식, 「조선조 사림정치의 권력구조: 전랑과 삼사를 중심으로」, 『경제사학』 2, 경제사학회, 1978. 한편, 조선시대 언론 제도에 대해서는 1970년대 초에 이미 최승희가 관심을 보인 바 있다. 최승희, 『조선초기 정치문화의 이해』, 지식산업사, 2005, 153~177쪽 참조. 그러나 최승희는 주로 15세기 상황에 중점을 두었고 사림의 실체에 대한 문제의식을 드러내지 않았으므로, 이에 대한 상술은 하지 않는다.

32 김돈, 「중종 대 언관의 성격변화와 사림」, 『한국사론』 10, 서울대학교 국사학과, 1984.

33 김돈, 『조선중기 정치사 연구』, 국학자료원, 2009, 71~75쪽.

34 남지대, 「조선 성종 대의 대간 언론」, 『한국사론』 12, 서울대학교 국사학과, 1985.

35 김우기, 「조선전기 사림의 전랑직 진출과 그 역할」, 『대구사학』 29, 대구사학회, 1986.

36 최이돈, 「16세기 낭관권의 형성과정」, 『한국사론』 14, 서울대학교 국사학과, 1986.

37 최이돈, 『조선중기 사림정치구조 연구』, 일조각, 1994.

38 최이돈, 「훈구와 사림에 대한 역사적 인식」, 『한국 전근대사의 주요 쟁점』, 역사비평사, 2002. 이 글은 역사비평사에서 2009년에 출간한 개정판 『논쟁으로 읽는 한국사 1: 전근대』에 「훈구와 사림」이라는 제목으로 다시 실렸는데, 내용은 동일하다.

39 사림과 공론을 연결한 연구사의 맥을 잇는 최근의 연구로는 송웅섭, 「조선 성종대 공론정치의 형성」, 서울대학교 박사학위논문, 2011을 꼽을 수 있는데, 사림을 지방의 향촌지주 출신으로 규정한 기존 통설을 직접 부정한 점에서 그 차별성이 두드러진다.

40 정두희, 「조선전기 지배세력의 형성과 변천: 그 研究史的인 성과와 과제」, 주보돈 외, 『한국사 발전사론』, 일조각, 1992; 정두희, 『조선시대의 대간연구』, 일조각, 1994, 68~93 및 142~143쪽.

41 권인호, 『조선중기 사림파의 사회정치사상』, 한길사, 1995, 19~35쪽

42 James B. Palais, *Confucian Statecraft and Korean Institution: Yu Hyŏngwŏn and the Late Chosŏn Dynasty*, Seattle: University of Washington Press, 1996, pp. 709~717. 이런 비판은 2003년 국내 학계의 김범에 의해 계승, 구체화되었다. 김범, 「조선전기 '훈구·사림세력' 연구의 재검토」, 『한국사학보』 15, 고려사학회, 2003, 참조.

43 최이돈, 『조선중기 사림정치구조 연구』, 일조각, 1994.

44 남지대, 「조선 성종 대의 대간 언론」, 『한국사론』 12, 서울대학교 국사학과, 1985.

45 정만조, 「조선시대의 사림정치: 17세기의 정치형태」, 이종욱 외, 『한국사上의 정치형태』, 일조각, 1993; 이성무, 「당쟁원인에 대한 제설의 검토」, 간행위원회 편, 『이기백교수 고

희기념한국사논총』, 간행위원회, 1994.

46 국사편찬위원회 편, 『한국사 28: 조선중기 사림세력의 등장과 활동』, 국사편찬위원회, 1996 참조. 관련 집필진은 이수건, 이병휴, 이범직, 이태진, 이수환, 김태영 등이다.

47 송웅섭, 「중종대 기묘사림의 구성과 출신배경」, 『한국사론』, 서울대학교 국사학과, 2001.

48 송웅섭, 「조선 성종대 공론정치의 형성」, 서울대학교 국사학과 박사학위논문, 2011, 187~192쪽.

49 이태진, 『의술과 인구 그리고 농업기술』, 태학사, 2002, 9~10쪽 참조.

50 김범, 「조선전기 '훈구·사림세력' 연구의 재검토」, 『한국사학보』 15, 고려사학회, 2003.

51 이희환, 「조선 전기 사대부·사류·사림의 용례」, 『全南史學』 24, 전남사학회, 2005.

52 유승원, 「조선시대 '양반' 계급의 탄생에 대한 시론」, 『역사비평』 79, 역사문제연구소, 2007.

53 송웅섭, 「조선 성종대 공론정치의 형성」, 서울대학교 국사학과 박사학위논문, 2011.

54 설석규, 『조선시대 유생상소와 공론정치』, 선인, 2002.

55 윤인숙, 「조선전기 사림의 사회경제적 구상과 소학운동」, 성균관대학교 사학과 박사학위논문, 2011.

56 국내 학계의 최근 연구서로는 김범, 『사화와 반정의 시대』, 역사비평사, 2007이 대표적인데, 문제의식과 설명 틀은 와그너와 사실상 동일하다.

57 상투적으로 쓰인 대표적인 예 가운데 몇 가지를 순서 없이 제시하면, 士林嗤之, 士林唾之, 士林切齒, 士林側目, 士林鄙之, 士林譏之, 士林缺望, 士林賤之, 士林憂之, 士林畏之, 士林尤薄其爲人, 士林相慶, 士林嘉之, 士林重之, 士林許之, 士林所推 등이며, 이 밖의 사례들도 대동소이하다.

58 『중종실록』 85권 32년 10월 25일 신미. "… 又傳曰 察彼奸謀 其計不測 惡其異己 先去王室之親, 次去朝廷頭頭士林 其後事不可測 上下洞知 …"

59 이희환, 「조선 전기 사대부·사류·사림의 용례」, 『全南史學』 24, 전남사학회, 2005, 176~186쪽. 이를테면 유교적 소양, 불교와 미신 배척, 세조의 찬탈 비난, 청렴성, 도량 등을 꼽을 수 있다.

60 『중종실록』 76권 28년 11월 5일 계묘. "… 上曰 … 士林乃國家之元氣 以一身言之 元氣若衰 一身受病 以朝廷言之 士林受害 則國家亦病 金洞推之則可知 然人心如此 豈不有災變乎 …"

61 『중종실록』 72권 26년 11월 24일 갑술. "… 大抵國家之事 若論人物等事 臺諫當爲之 非大臣之所爲也 若有關宗社大事 如權臣竊弄威福 謀陷士類之事 則大臣亦爲之可也 …"

62 『중종실록』 10권 5년 2월 23일 기유. "… 臺諫啓曰 金世弼雖於謫中 未聞彦國事 而來

京後 所聞於士林之言 當以實啓 …" 이 기사에서는 비록 유배지와 서울을 비교했지만, 김세필(金世弼)이 위리안치 된 적이 없는 점을 감안하면 그가 서울의 정황에 둔감했던 진짜 이유는 단순히 귀양지에 있었기 때문이 아니라 한양에 없었기 때문으로 보는 것이 더 합리적이다.

63 정두희, 『조선시대의 대간연구』, 일조각, 1994, 124~143쪽

64 『靜菴先生文集』 권5, 「靜菴世系」; 정두희, 『조광조』, 아카넷, 2000, 69~70쪽.

65 김종직에 대한 연구사 정리는 김범, 「조선전기 '훈구·사림세력' 연구의 재검토」, 『한국사학보』 15, 고려사학회, 2003, 89~90쪽 참조.

66 이수건, 『영남사림파의 형성』, 영남대학교출판부, 1979, 184~230쪽.

67 Edward W. Wagner, 「The Recommendation Examination of 1519: Its Place in Early Yi Dynasty History」, 『朝鮮學報』 15, 朝鮮學會, 1960; 에드워드 와그너 지음, 이훈상·손숙경 옮김, 『조선왕조 사회의 성취와 귀속』, 일조각, 2007, 133~181쪽; 송웅섭, 「중종대 기묘사림의 구성과 출신 배경」, 『한국사론』, 서울대학교 국사학과, 2001.

68 조광조 등이 주도한 각종 복권운동에 대해서는 정두희, 『조광조』 증보판, 아카넷, 2001, 271~294쪽에 상세하다.

69 조선 건국 직후부터 국가 주도로 강력하게 시행된 서적의 보급을 통한 유교화 정책에 대한 대강은 Marttina Deuchler, *The Confucian Transformation of Korea: A Study of Society and Ideology*, Cambridge: Council on East Asian Studies, Harvard University, 1992, pp. 111~118; 최승희, 『조선초기 정치문화의 이해』, 지식산업사, 2005, 89~151쪽 참조.

70 피정란, 「조선중기 성균관유생의 언론 활동을 통한 정치참여에 대하여」, 『성대사림』 12·13, 성균관대학교 사학과, 1997.

71 설석규, 『조선시대 유생상소와 공론정치』, 선인, 2002, 34~44쪽.

72 이희권, 「조선전기의 空館 연구」, 『사학연구』 28, 국사편찬위원회, 1978.

73 이성무, 「선초의 성균관 연구」, 『역사학보』 35·36, 역사학보, 1967, 254~257쪽.

74 김현영, 「훈구에서 사림으로: 15·16세기 慶州金氏 桑村家系를 중심으로」, 최승희교수 정년기념논문집 간행위원회 편, 『조선의 정치와 사회』, 집문당, 2002.

75 『연려실기술』 18권 「沈義謙」, 『국역 연려실기술』, 민족문화추진회, 4권 원문 860쪽. 김돈, 「선조대 심의겸·김효원의 갈등 요인 검토」, 『역사교육』 79, 역사교육연구회, 2001도 아울러 참조.

76 Edward Wagner, "Two Early Geneologies and Women's Status in Early Yi Dynasty Korea", Laurel Kendall & Mark Peterson, eds., *Korean Women: View from the Inner Room*, New Haven: East Rock Press, 1980; 에드워드 와그너지음, 이훈상·손숙경 옮김, 『조선왕조사회의 성취와 귀속』, 일조각, 2007, 227~244쪽.

77 16세기 이후 조선의 정치를 '사림 정치'로 처음 규정한 학자는 송찬식이다.(송찬식, 「조선조 사림정치의 권력구조: 전랑과 삼사를 중심으로」, 『경제사학』 2, 경제사학회, 1978) 이 견해는 이후 이기백의 개설서에 반영되었으며(이기백, 『한국사신론』, 일조각, 1967), 정만조에 의해 그 타당성이 대폭 보강되었다.(정만조, 「조선시대의 사림정치: 17세기의 정치형태」, 이종욱 외, 『한국사上의 정치형태』, 일조각, 1993) 이성무와 정두희 등도 이에 동조했다.(이성무, 「조선시대의 사림정치: 17세기의 정치형태」, 이종욱 외, 『한국사上의 정치형태』, 일조각, 1993; 정두희, 『조광조』 증보판, 아카넷, 2001, 65~66쪽) '대신(大臣) 정치'는 필자가 만든 용어로, 훈구파나 훈척 정치라는 용어에 문제가 있다고 판단했기 때문에, 그 대안의 하나로서 잠정적으로 사용했다.

78 『栗谷全書』 권3, 「玉堂陳時弊疏」. "… 夫心慕古道 身飭儒行 口談法言 以持公論者 謂之士林 士林在朝廷 施之事業 則國治 士林不在朝廷 付之空言 則國亂 …"

79 Edward Willett Wagner, *The Literati Purges: Political Conflict in Early Yi Korea*, Cambridge: East Asian Research Center, Harvard University, 1974; 김범, 『사화와 반정의 시대』, 역사비평사, 2007.

80 이와 관련해서는 계승범, 「조선의 유교화와 17세기: 도이힐러의 『한국사회의 유교적 변환』과 그 해석」, 『한국사학사학보』 20, 한국사학사학회, 2009도 아울러 참조.

81 Kenneth B. Pyle, *The New Generation in Meiji Japan: Problems of Cultural Identity, 1885~1895*, Stanford: Stanford University Press, 1969.

6장 실천의 시대: 가치의 실천 문제

1 조선시대 서적의 출판과 유통이 대개 국가 주도로 이루어진 점에 대해서는 강명관, 『조선시대 책과 지식의 역사』, 천년의 상상, 2014 참조.

2 『退溪集』 권12, 「朱子書節要序」. "… 此書之行於東方 絶無而僅有 故士之得見者蓋寡 嘉靖癸卯中 我中宗大王命書館印出頒行 臣滉於是 始知有是書 而求得之 猶未知其爲何等書也 …"

3 송웅섭, 「중종대 기묘사림의 구성과 출신 배경」, 『한국사론』 45, 서울대학교 국사학과, 2001.

4 고려시대 문무 균형은 역설적이게도 무신정권 때 이루어졌다고 볼 수 있다. 이런 시각의 연구서로는 Edward J. Schultz, *Generals and Scholars: Military Rule in Medieval Korea*, Honolulu: University of Hawaii Press, 2000 참조.

5 연세대학교 국학연구원 편, 『한국 중세의 정치사상과 주례』, 혜안, 2005.

6 박현모, 「유교적 예치이념의 법전화」, 김상준 외, 『유교의 예치이념과 조선』, 청계, 2007; 임용한, 『조선초기 관리임용제도 연구』, 혜안, 2008; 조우영, 『경국대전의 신분제도』, 한국학술정보, 2008.

7 고혜령, 『고려후기 사대부와 성리학 수용』, 일조각, 2001, 53~64쪽.

8 이숙경, 「이제현 세력의 형성과 그 역할; 공민왕 전기(1351~1365) 개혁정치의 추진과 관련하여」, 『한국사연구』 64, 한국사연구회, 1989.

9 고혜령, 『고려후기 사대부와 성리학 수용』, 일조각, 2001, 64~86쪽. 고혜령은 증조부 이전부터 중앙의 벼슬을 역임한 경우를 '귀족'으로 분류하고, 조부 이후에 벼슬을 역임한 경우는 '신진'으로 분류했다. 그러나 귀족과 신진의 구분 기준을 왜 직계존속 2대에서 끊어야 하는지에 대해서는 구체적 설명을 하지 않았다. 아마도 기존의 신흥 사대부 학설을 염두에 둔 구분인 것 같은데, 타당한 근거는 없다.

10 최영성, 『한국유학사상사 I: 고대·고려편』, 아세아문화사, 1994, 353~365쪽.

11 변동명, 『고려후기 성리학수용 연구』, 일조각, 1995, 87~92쪽.

12 정인재, 「원대의 주자학: 元儒의 도통의식을 중심으로」, 『동양문화』 19, 영남대학교 동양문화연구소, 1979.

13 지부일, 「고려후기에 수용된 주자학의 성격」, 『백산학보』 45, 백산학회, 1995.

14 정재훈, 『조선전기 유교 정치사상 연구』, 태학사, 2005, 37~45쪽.

15 변동명, 『고려후기 성리학수용 연구』, 일조각, 1995, 85~86쪽; 최봉준, 「14세기 고려 성

리학자의 역사인식과 문명론」, 연세대학교 사학과 박사학위논문, 2013, 23~35쪽.

16 『高麗史』 권117, 列傳 30 「鄭夢周」. "… (恭愍)十六年 以禮曹正郎兼成均博士 時經書至東方者 唯朱子集註耳 夢周講說發越 超出人意 聞者頗疑 及得胡炳文四書通 無不脗合 諸儒尤加嘆服 李穡亟稱之曰 夢周論理 橫說竪說 無非當理 推爲東方理學之祖 …"

17 『栗谷全書』 권31 「語錄上」 59左. "問我朝學問 亦始於何代 曰自前朝末始矣 然權近入學圖似齟齬 鄭圃隱號爲理學之祖 而以余觀之 乃安社稷之臣 非儒者也 然則道學自趙靜菴始起 至退陶先生 儒者模樣已成矣 …" 및 권15 雜著二, 「論東方道學不行」 9右. "… 麗末鄭夢周 稍有儒者氣象 亦未能成就其學 迹其行事不過爲忠臣而已 …"

18 『退溪集』 권2, 詩 4左. "寂寞硏窮向碧蘿 吾東文獻費吟哦 圃翁著述嗟湮滅 牧老文章幻說多(圃隱集一券 其所著述 不止此 惜無從而得見之 牧隱每自謂不學佛 然其稱述釋敎 不啻多且詳 而於吾學 殊孟浪 無的確說到處)" 괄호 안의 인용문은 이 시 바로 뒤에 세필(細筆)로 부연된 설명문이다.

19 이색의 성리학 수용에 대해서는 도현철, 『목은 이색의 정치사상 연구』, 혜안, 2011 참조.

20 『退溪集』 권2, 詩 4左. 위 인용문과 같음.

21 고혜령, 『고려후기 사대부와 성리학 수용』, 일조각, 2001, 78~79쪽.

22 도현철, 『고려말 사대부의 정치사상 연구』, 일조각, 1999, 20~31쪽.

23 계승범, 「조선의 유교화와 17세기」, 『한국사학사학보』 20, 한국사학사학회, 2009, 192쪽.

24 주채혁, 『원조 관인층 연구』, 정음사, 1986, 214~225쪽; 고혜령, 『고려후기 사대부와 성리학 수용』, 일조각, 2001, 94~102쪽; 배숙희, 「원대 과거제와 고려진사의 응거 및 수관격」, 『동양사학연구』, 동양사학회, 2008 참조.

25 변동명, 『고려후기 성리학수용 연구』, 일조각, 1995, 13~14쪽 및 67~70쪽.

26 『退溪集』 권35, 書 5左 「答裵汝友」 "… 佔畢翁果有如南冥所云 然亦甚有扶植處 何可深斥 作院立祠 正不可不爾也 …" 한편, 김종직에 대한 이황의 평가에 대해서는 정석태, 「점필재 김종직에 대한 퇴계 이황의 평가」, 부산대학교 점필재연구소 편, 『점필재 김종직과 그의 젊은 제자들』, 지식과 교양, 2013, 153~163쪽 참조.

27 『練藜室記述』 권6, 「金宏弼」; 설석규, 『조선중기 사림의 도학과 정치철학』, 경북대학교 출판부, 2009, 38~49쪽.

28 조남욱, 『정여창: 조선초 실천유학의 선구자』, 성균관대학교출판부, 2003, 196~200쪽.

29 김용헌, 「도학의 형성: 점필재 김종직과 그의 문하생들의 도학사상」, 『한국학논집』 45, 계명대학교 한국학연구원, 2011.

30 최영성, 『한국유학사상사 I: 고대·고려편』, 아세아문화사, 1994, 173~184쪽.

31 정재훈, 「16세기 전반 새로운 성리학의 모색과 심학화」, 『한국사상사학』 18, 한국사상사

학회, 2002.

32 조선의 성리학 역사에서 정도전이 차지하는 비중과 역할에 대해서는 한영우, 『정도전 사상의 연구』, 서울대학교출판부, 1983, 51~102쪽; 정대환, 『조선조 성리학 연구』, 강원대학교출판부, 1992, 3~43쪽; 금장태, 『조선전기의 유학사상』, 서울대학교출판부, 1997, 109~150쪽; 도현철, 『조선전기 정치사상사』, 태학사, 2013, 172~193쪽 참조. 특히 정도전의 불교 비판과 그 개혁 논의에 대해서는 도현철, 『고려말 사대부의 정치사상 연구』, 일조각, 1999, 156~173쪽; 최봉준, 「14세기 고려 성리학자의 역사인식과 문명론」, 연세대학교 사학과 박사학위논문, 2013, 111~115쪽 참조.

33 『退溪集』 권2, 詩 4左~5右. "陽村圖說儘爲奇 牀到天人合一是 秖恐有多强牽綴 恨無眞眼訂吾詩 (入學圖說 說道理儘細密 旦以心字 牀天人合一之理 巧則巧矣 恐未免杜撰牽合之病 其畵卦自外始 亦不可曉)"

34 『栗谷全書』 권31 「語錄上」 59左. "問我朝學問 亦始於何代 曰自前朝末始矣 然權近入學圖似齟齬…"

35 윤병석, 「권근, 조선성리학의 제일장」, 박성봉 편, 『고려·조선초기의 학자 9인』, 신구문화사, 1974, 166~168쪽.

36 권근의 성리철학사상에 대해서는 Michael C. Kalton, "The Writings of Kwŏn Kŭn: The Context and Shape of Early Yi Dynasty Neo-Confucianism" in Wm. Theodore de Bary and JaHyun Kim Haboush, eds., *The Rise of Neo-Confucianism in Korea*, New York, Columbia University Press, 1985, pp. 89~123; 도광순 편, 『권양촌사상의 연구』, 교문사, 1989, 231~270쪽; 정대환, 『조선조 성리학 연구』, 강원대학교출판부, 1992, 45~67쪽; 금장태, 『조선전기의 유학사상』, 서울대학교출판부, 1997, 151~192쪽; 강문식, 「권근의 五經 인식: 경학과 경세론의 연결을 중심으로」, 『태동고전연구』 24, 한림대학교 태동고전연구소, 2008 등을 참조.

37 집현전의 역할을 조선의 유교화 및 성리학의 발전이라는 면에 중점을 두어 이해한 연구로는 최승희, 「집현전 연구: 치폐시말과 기능분석」, 『역사학보』 32·33, 역사학회, 1966; 김항수, 「16세기 사림의 성리학 이해: 서적의 간행·편찬을 중심으로」, 『한국사론』 7, 서울대학교 국사학과, 1981; 유영옥, 「집현전의 운영과 사상적 경향; 성리학 이해를 중심으로」, 『부대사학』 18, 부산대학교 사학회, 1994 참조.

38 정두희, 「집현전 학사 연구」, 『전북사학』 4, 전북대학교 사학회, 1980 참조.

39 조선 건국 이후에 '혁명론'이 쇠퇴하고 '절의론'이 부상하는 현상에 대해서는 금장태, 『조선전기의 유학사상』, 서울대학교출판부, 1997, 61~108쪽에 상세하다.

40 Martina Deuchler, "Neo-Confucianism: The Impulse for Social Action in Early Yi Korea," *Journal of Korean Studies*, Vol. 2, Seattle: Society for Korean Studies, 1980; 김항수, 「16세

기 사림의 성리학 이해: 서적의 간행·편찬을 중심으로」, 『한국사론』 7, 서울대학교 국사학과, 1981; 정재훈, 『조선전기 유교 정치사상 연구』, 태학사, 2005, 74~95쪽.

41 김용곤, 「여말선초의 정치동향과 문묘종사」, 간행위원회 편, 『손보기박사 정년기념 한국사학논총』, 지식산업사, 1988, 261~263쪽.

42 장득진, 「조준의 정치활동과 그 사상」, 『사학연구』 38, 한국사학회, 1984; 류창규, 「고려말 조준과 정도전의 개혁 방안」, 『국사관논총』 46, 국사편찬위원회, 1993.

43 김윤주, 「태종대 하륜의 정치활동」, 서울시립대학교 석사학위논문, 1999.

44 김홍경, 「변계량의 철학사상연구: 자연인식과 인간관을 중심으로」, 『민족문화』 14, 민족문화추진회, 1991; 금장태, 「조선초기 성리학과 수양론의 인식」, 『종교학연구』 18, 서울대학교 종교학연구회, 1999.

45 『세종실록』 87권 21년 12월 임인; 강문식, 「태종~세종대 허조의 예제 정비와 예 인식」, 『진단학보』 105, 진단학회, 2008.

46 『연려실기술』 권3, 「윤상」; 『단종실록』 12권 2년 8월 정미; 금장태, 「조선초기 성리학과 수양론의 인식」, 『종교학연구』 18, 서울대학교 종교학연구회, 1999.

47 『연려실기술』 권3, 「김반」 참조.

48 권연웅, 「세종조의 경연과 유학」, 『정신문화연구』 1, 한국정신문화연구원, 1982.

49 지두환, 『조선시대 사상사의 재조명』, 역사문화, 1998, 49~79쪽.

50 『대학』과 『대학연의』의 내용 및 성격에 대한 설명은 정재훈, 『조선전기 유교 정치사상 연구』, 태학사, 2005, 95~126쪽에 상세하다.

51 『고려사절요』 권26, 恭愍王 丁酉六年 "… 五月 … 命尹澤講 澤因陳周公輔成王之勞 乃言曰 願殿下法成王 能聽周公之訓 嚴恭抑畏 社稷之福 王爲改容 後澤以大學衍義 及本朝崔承老上成宗書 乞進講 時王深信釋教 超然有物外之想 …" 및 『고려사절요』 恭讓王 庚午二年 "… 置經筵官 … 王欲覽貞觀政要 命夢周講其序 講讀官尹紹宗進曰 殿下中興 當以二帝三王爲法 唐太宗不足取也 請讀大學衍義 以闡帝王之理 王然之 …"

52 정재훈, 『조선전기 유교 정치사상 연구』, 태학사, 2005, 126~142쪽.

53 『三峰集』 권7, 禮典 經筵 "殿下卽位 首置經筵官 以備顧問 常曰 大學爲人君立萬世之程 眞西山推廣其意作大學衍義 帝王爲治之序 爲學之本 蔑以加矣 每於聽政之暇 或親自觀覽 或使人講論 雖高宗之時敏 成王之日就 無足多讓 猗歟盛哉"

54 『정종실록』 6권 2년 11월 13일 계유.

55 『세종실록』 1권 즉위년 10월 12일 무자.

56 『세종실록』 2권 즉위년 12월 20일 을미.

57 『세종실록』 3권 1년 2월 17일 임진.

58 『문종실록』 4권 즉위년 11월 23일 계해.
59 『예종실록』 4권 1년 3월 13일 정유.
60 『성종실록』 9권 2년 3월 19일 임진.
61 『성종실록』 17권 3년 4월 16일 임오.
62 『예종실록』 7권 1년 9월 19일 기해; 『연려실기술』 권5, 「임원준」.
63 『세조실록』 1권 1년 윤6월 13일 정사; 『예종실록』 6권 1년 6월 29일 신사.
64 『성종실록』 106권 10년 7월 16일 경오.
65 『성종실록』 110권 10년 윤10월 5일 정사.
66 『연산군일기』 4권 1년 4월 19일 임신.
67 『연산군일기』 5권 1년 5월 28일 경술.
68 『연산군일기』 9권 1년 9월 4일 갑신.
69 『연산군일기』 11권 1년 12월 26일 을해.
70 『연산군일기』 20권 2년 12월 11일 갑신.
71 『연산군일기』 28권 3년 10월 21일 기축.
72 『연산군일기』 39권 6년 11월 5일 을묘.
73 『연산군일기』 49권 9년 4월 2일 무술.
74 『중종실록』 1권 1년 9월 13일 기축.
75 『중종실록』 26권 11년 9월 20일 무술.
76 『중종실록』 44권 17년 4월 4일 경진.
77 『중종실록』 66권 24년 11월 1일 계사.
78 『중종실록』 94권 36년 3월 22일 무신.
79 『중종실록』 101권 38년 11월 1일 신축.
80 『명종실록』 18권 10년 4월 29일 계사.
81 『명종실록』 24권 13년 6월 6일 임오.
82 『명종실록』 26권 15년 5월 26일 신묘.
83 『연산군일기』 31권 4년 9월 6일 신축; 『연려실기술』 권6, 「노사신」.
84 『중종실록』 1권 1년 9월 8일 갑신.
85 『연려실기술』 7, 「기묘사화」.
86 『명종실록』 8권 3년 8월 13일 을묘; 14권 8년 4월 4일 기묘.
87 『선조수정실록』 5권 4년 3월 1일 임술.
88 지두환, 『조선시대 사상사의 재조명』, 역사문화, 1998, 49~79쪽.
89 『세종실록』 73권 18년 윤6월 25일 경인.
90 『태종실록』 13권 7년 3월 24일 무인.

91 『세종실록』 3권 1년 12월 22일 임진.

92 『세종실록』 20권 5년 5월 28일 정미; 31권 8년 1월 27일 임술.

93 『세종실록』 63권 16년 3월 13일 경인.

94 『문종실록』 13권 2년 4월 4일 무진.

95 『성종실록』 69권 7년 7월 23일 갑자. "諭諸道觀察使曰 予惟治國之道 莫先於教化 教化之行 必始於學校 國家設學養士 非不至也 而慮恐學者騖於虛遠 不以孝悌忠信爲本 故嘗下諭諸道 廣刊小學三綱行實 人無大小 皆令學習 以冀成效 第俗吏慢不奉行 實效未聞 誠可嘆也 卿體予懷 毋踵前轍 …" 및 95권 9년 8월 21일 경술. "… 上曰 人皆行小學之道 則豈有不義之人乎 右承旨洪貴達啓曰 日者令中外儒生皆讀小學 小學之書家家皆有之 …"

96 『중종실록』 29권 12년 8월 8일 신해, 27일 경오.

97 『중종실록』 34권 13년 7월 27일 갑자. "御夕講 … 參贊官趙光祖曰 … 我國向者 以小學似爲怪誕之學而不讀 近日臣歸成均館見之 入學者皆挾小學讀者亦多 前所謂怪誕者 今以爲常 不讀者則父兄非之 蓋其源則自上能示好惡之正 故如是也 …" 중종 대 『소학』 열풍의 부침 현상에 대해서는 윤병희, 「조선 중종조 사풍과 소학: 신진사류들의 도덕정치 구현과 관련하여」, 『역사학보』 103, 역사학보, 1984 참조.

98 『중종실록』 8권 4년 6월 11일 신미, 27일 정해.

99 『중종실록』 34권 13년 7월 2일 기해.

100 『중종실록』 29권 12년 8월 30일 계유; 36권 14년 5월 11일 계묘.

101 『중종실록』 28권 12년 6월 27일 신미; 『冲齊先生文集』 권7, 「日記 承宣時」 正德十三年 六月. "二十四日雨 校書正字鄭承周 上小學進上四十件 撰集廳堂上金詮南袞崔淑生 磨勘小學諺文反譯畢來 上呂氏鄉約幷入" 중종 대 『소학』의 언해 사업에 대해서는 이숭녕, 「소학언해의 무인본과 교정청본의 비교연구」, 『진단학보』 36, 진단학회, 1973; 윤인숙, 「조선전기 사림의 사회정치적 구상과 소학운동」, 성균관대학교 사학과 박사학위논문, 2011, 163~164쪽 참조.

102 윤병희, 「조선 중종조 사풍과 소학: 신진사류들의 도덕정치 구현과 관련하여」, 『역사학보』 103, 역사학보, 1984, 48~49쪽.

103 『중종실록』 37권 14년 12월 16일 병자. "上御丕顯閣視事 … (南)袞曰 閭閻間務行小學 皆由彼類唱之 而彼類見竄之後 無知細民皆謂 被罪乃由於行小學之故 聞之心甚未安 光祖等被罪 非行小學之所致 事勢至此 亦不得不爲之罪也 上曰 此士氣之所以摧沮也 今當開言路納直諫 與大臣共圖國事之時也 …"

104 『중종실록』 76권 28년 12월 정해. "… 四月十三日經筵 具壽聃啓曰 己卯士類之人 其事雖不能無誤 其情則皆欲爲國 而無一毫私念於其間也 是年十一月十六日夜對 李

浚慶啓曰 小學近思錄爲世大禁 若挾此冊 則指以爲己卯之黨 己卯之人雖不善 此冊何罪 具壽聃啓曰 今者小學近思錄 人必裂而塗壁 此弊大矣 …"

105 『중종실록』 96권 36년 11월 22일 갑진. "… 史臣曰 己卯之人 崇尙小學之道 而治效未至 群小陷之 一敗之後 幷罪其書而廢之 至是復有進講之敎 亦見天意之悔悟也 然上意不能堅確 向道之念 暫開而復蔽 以致君子進退之無常 可勝嘆哉 又曰 自己卯以後 小學爲世大禁 人不敢挾持者 二十餘年矣 丁酉以後 金安國等再還于朝 犯笑罵倡言 士林後學間 有從而好之者" 본문에 제시한 세 개의 사료는 모두 기묘사화 이후에 만연된 『소학』 기피 풍조의 증거로 흔히 인용되는 것들이다. 최근에 윤인숙도 이 세 사료를 같은 목적으로 인용했다.(윤인숙, 「조선전기 사림의 사회정치적 구상과 소학운동」, 성균관대학교 사학과 박사학위논문, 2011, 152~153쪽) 그렇지만 필자는 선행 연구들과 해석을 일정 부분 달리하므로, 논의의 편의를 위해 똑같은 사료를 그대로 제시한다.

106 『중종실록』 42권 16년 9월 4일 임자. "御朝講 … 南袞曰 宋之垂亡 猶爲措置于此 故於是特筆美之 當時天下多事, 猶如此眷眷焉. 況今國家閑暇, 不可不爲施措處置之道也 近者 儒士皆馳騖於外 名爲做治心之功 而不事於讀書製述 無開心明理之學 而有飾外 遺中之弊 不亦誤耶 如小學諸書 豈有以讀書爲不可哉 又豈有不讀書 而能有用哉 其弊至今猶存 爲儒而專不就學 是皆過越詭激之習 固宜速圖以正, 使知其所從入, 而明是非可也 …"

107 윤병희, 「조선 중종조 사풍과 소학: 신진사류들의 도덕정치 구현과 관련하여」, 『역사학보』 103, 역사학보, 1984, 58~60쪽.

108 윤인숙, 「조선전기 사림의 사회정치적 구상과 소학운동」, 성균관대학교 사학과 박사학위논문, 2011, 164쪽.

109 『연산군일기』 34권 5년 8월 21일 기유. "左參贊洪貴達啓 弘文館賜暇讀書員 近以年歉停罷 今則凡其停廢之事皆已復行 請復之 … 因進小學一帙 請開刊 以廣其傳 傳曰 一依所啓"

110 『중종실록』 23권 11년 1월 15일 정유; 29권 12년 8월 30일 계유; 41권 16년 1월 12일 을축. "御朝講 領事南袞曰 … 大抵學校 敎化之根本 一時之治亂 莫不由是分焉 … 頃者年少輩其所施爲 動以聖賢爲期 然至於得位勢盛 互相朋引 終致事謬政亂 故國家不得已加罪而已 非以欲行古道爲非也 今時之士不計時弊 皆以爲枉加譴罰 外方之人或以行小學之道爲禁忌 此皆不知國家之本意也 小學之道 果是美事 頃日之士徒借其名 以遂其非 故以爲不可耳 今須以實爲務 簡取師長 委任敎導之 可也 …"

111 『중종실록』 23권 11년 1월 15일 정유. "御宣政殿 講儒生等書 … 判尹尹珣曰 講經不講小學 故儒生皆只讀初卷 不務精通 今後東堂會講 亦令講之 則士風庶乎變 而歸

正矣 …"

112 『중종실록』 26권 11년 11월 4일 신사. "御朝講 參贊官金安國曰 古人云 小學之書 愛之如父母 敬之如神明 收放心 養德性 無大於此 今若令里巷 學宮中外 皆知崇尙 則自然敎化大興 而小學之道 明於一世矣 知事張順孫曰 臣以儒生居館時 李克基爲同知 東西齋儒生 或踞坐 或傾側其身 聞克基之來 則皆自整冠而坐 其尊敬至此 大抵師儒 必擇人所敬服之人 …"

113 『중종실록』 29권 12년 8월 30일 계유. "迎訪大臣禮曹成均館堂上 右議政申用漑曰 國家典章 已詳且盡 不必加立法 而師長若能盡心 則猶可以作興人才矣 閭巷童蒙學但敎文字而已 何有敎其義理者乎 然以此或習爲文字 或爲修己治人之本 小而成小大而成大則可也 且小學之書 非徒小子之學 至於老大 亦當學之 自國都以及閭巷皆有學 若大邑則面面置學長 以敎小學之道 與衆由之 則人皆自然成就 而敎化自美也 …"

114 『중종실록』 30권 12년 11월 15일 정해. "御晝講 … 特進官李自堅曰 鄭麟趾平生手不釋小學 老而不厭 卒成大人 後學之所當法也 …"

115 『중종실록』 50권 19년 4월 6일 경자. "弘文館直提學閔壽千等上疏曰 … 如朱氏小學書 乃萬世嘉範 言堯行跖者 憑藉此書 以濟其奸 實如莽賊之金縢 今者不揣其本 或竝與小學而呰警 此雖出於疾惡 非所以規範後世者也 伏願殿下 恢弘志士之氣 慰解儒林之望 包容狂直 進盡忠讜 以植國脈 …"

116 『중종실록』 76권 28년 11월 16일 갑인. "御夜對于丕顯閣 … 浚慶曰 人材不可不培養 而近來小學近思錄 爲世大禁 若有挾此冊者 則人皆指爲己卯之黨 而非笑之 己卯之人 未必皆爲小學近思錄 而其後之人 疾其時之人 故其類皆兵之 己卯之人 雖曰不善 此書何非 …"

117 『중종실록』 100권 38년 5월 4일 정미. "弘文館副提學柳辰仝等上疏曰 … 今之諱言小學者 臣等固知之矣 己卯間年小新進之士 以迂遠狂狷之質 徒有好古尙志之心 又信殿下好善之誠 不揆王者必世後仁之意 以謂三代至治 可期日而待矣 唯知化民之本在於學校 而敎之之方 又自小學 而至于大學 於是乎倡小學於其間 而人知趨向之方殿下亦爲之崇信焉 然其倡之者 雖無一毫邪念 而從之者 或非其人 不務切己之學徒尙詭激之習 不能無紛擾促迫之弊 非小學之敎本然也 用之者誤也 萋斐一織 打盡士林 幷與其書而詆毁之 有如宋朝僞學之禁 嗚呼 將之覆軍者雖有之 而其可疑兵書之難行乎 醫之殺人者亦有之 而其可疑醫書之難用乎 不習之於小學 則無以收其放心 養其德性 朱熹之言 豈欺我哉 顧其用之如何耳 孟子曰 三代之學 皆所以明人倫也 明云者講明之 而使之識其理之所以然也 …"

118 홍귀달에 대한 평은 『연려실기술』 권6, 燕山朝故事本末 「洪貴達」, 신용개에 대해서는

『연려실기술』 권9, 中宗朝故事本末「申用漑」, 이준경에 대해서는 정재훈, 「동고 이준경의 정치적 역할과 정치사상」, 『한국사상과 문화』 55, 한국사상문화연구원, 2010, 유진동에 대해서는 『명종실록』 9권 4년 12월 8일 계묘 및 12권 6년 12월 21일 갑술 참조.

119 『연려실기술』 9권, 中宗朝故事本末「南袞」.

120 『연산군일기』 60권 11년 10월 23일 갑술; 『중종실록』 28권 12년 7월 22일 병신.

121 『중종실록』 33권 13년 5월 16일 갑인, 6월 2일 경오; 76권 28년 12월 19일 정해. 당시 군자·소인 논쟁의 추이와 성격에 대해서는 지두환, 「조선전기 군자·소인 논의; 대학연의 왕안석론 중심으로」, 『태동고전연구』 9, 한림대학교 태동고전연구소, 1993; 정두희, 『조광조』, 아카넷, 2001, 191~211쪽 참조.

122 『중종실록』 26권 11년 10월 9일 정사; 34권 13년 11월 29일 을축; 35권 13년 12월 15일 경진.

123 『중종실록』 72권 26년 12월 24일 계묘; 92권 34년 12월 17일 경진; 102권 39년 4월 7일 을해; 『명종실록』 13권 7년 5월 27일 무신.

124 관련 연구로는 김준석, 「조선전기의 사회사상: 소학의 사회적 기능 분석을 중심으로」, 『동방학지』, 연세대학교 국학연구원, 1981; 김항수, 「16세기 사림의 성리학 이해: 서적의 간행·편찬을 중심으로」, 『한국사론』 7, 서울대학교 국사학과, 1981; 윤병희, 「조선 중종조 사풍과 소학: 신진사류들의 도덕정치 구현과 관련하여」, 『역사학보』 103, 역사학보, 1984; 윤인숙, 「조선전기 사림의 사회정치적 구상과 소학운동」, 성균관대학교 사학과 박사학위논문, 2011 참조.

125 『중종실록』 30권 12년 11월 15일 정해. "御書講 … 特進官李自堅曰 鄭麟趾平生手不釋小學 老而不厭 卒成大人 後學之所當法也 侍讀官柳庸謹曰 金宏弼力行孝弟 以理學爲根本 故士多學焉 俗輩指笑而非之 自上重此書而振作 則誰不學哉 …"

126 『세종실록』 27권 7년 1월 1일 임신.

127 『세종실록』 31권 8년 1월 18일 계축.

128 『세종실록』 87권 21년 12월 28일 임인.

129 조선 초기 『주자가례』의 보급과 확산 과정에 대해서는 고영진, 「15·16세기 주자가례의 시행과 그 의의」, 『한국사론』 21, 서울대학교 국사학과, 1988; 배상현, 「주자가례와 그 조선에서의 행용과정」, 『동방학지』 70, 연세대학교 국학연구원, 1991; 장동우, 「주자가례의 수용과 보급 과정: 東傳 판본 문제를 중심으로」, 『국학연구』 16, 한국국학진흥원, 2010 참조.

130 『태종실록』 5권 3년 6월 9일 을묘.

131 『세종실록』 31권 8년 1월 27일 임술.

132 『삼봉집』 권6, 心問 "… 人心之理 卽上帝之所命 而其義理之公 或爲物欲所勝 而其善

惡之報 亦有顚倒 善或得禍 而惡乃得福 福善禍淫之理 有所不明 故世之人 不知從善而去惡 唯務趨於功利而已 …"

133 『삼봉집』 序, 權近의 序. "… 先生節義甚高 學術最精 嘗以直言忤宰相 流南方者十年 而其志不變 功利之徒 異端之輩 群欺衆詆 而其守益堅 先生可謂信道篤而不惑者也 …"

134 『湛軒書』 外集 권1, 「杭傳尺牘」 與鐵橋書 "…天下之英才不爲少矣 惟科宦以梏之 物慾以蔽之 宴安而毒之 … 由是而能闇然用力於實學者鮮矣 功利以褋其術 老佛以淫其心 陸王以亂其眞 由是而能卓然壁立於正學者尤鮮矣 …"

135 『태조실록』 9권 5년 5월7일 계해.

136 『정종실록』 5권 2년 7월 2년 을축.

137 『단종실록』 7권 1년 7월 7일 임술. "… 彭年又啓曰 此言亦人君之大戒也 夫作室者 必大其基址 然後可以成廈屋 … 人君爲治之道 亦猶是也 … 若急於功利之說 而使規模旣狹 則安能致王者之治哉"

138 한 예로, 『중종실록』 27권 12년 3월 4일 기묘. "弘文館直提學李耔等上箚 略曰 賞典不可濫施 寵命不可妄加 少有失當 適啓人僥功倖利之心 流害有不可勝言者矣 屬者國家謬錄定難之功 濫加酬報之典 無勳之人 坐獲殊賞 人懷不愜 迄今愈鬱 … 伏願殿下 開道義之源 以導下 杜功利之門 以弭奸 待臣下以誠 重爵賞以公 毋執前失 斷循衆論 庶使窺覦僥倖之輩 無所抵隙 宗社幸甚 …"

139 한 예로, 『중종실록』 27권 12년 2월 26일 임신 참조. "御朝講 … 檢討官尹自任曰 近來人心 士習之不美 人皆以爲 功臣淆雜, 功利誤人之所致也 … 侍讀官趙光祖曰 尹自任所言 爲功利所誤 而士習爲之淆薄者 當矣 靖國之功議定時 爵賞猥濫 功利之門一開 故李顆爲之出邪謀 常山君所告之事 專不的然 近者誣告柳聃年之事 皆是不勝功利之心 而生謀也 今不能杜絶其原 人人徒知利之所存 而不知義之所重 則末流之弊 其可測耶 …"

140 한 예로, 『중종실록』 "弘文館副提學李自堅等上疏曰 … 臣等聞 禮義廉恥 國之四維 四維不張 國乃滅亡 天下國家之患 莫大於士大夫無恥 士大夫無恥 則見利忘義 懷私滅公 喪其所守 日趨功利 擧世靡然 莫覺其非 國欲不亡得乎 …"

141 『중종실록』 37권 14년 11월 11일 신축. "靖國功臣改正事傳旨 … 爲呼 願治之主急仁義 談道之士賤功利 予念終始于斯 凡我庶官庶士 悉體予意 …"

142 수신과 경세로 상징되는 주자학과 사공학의 분기에 대해서는 박경환, 「수기와 경세로 본 주자학의 사상사적 의의」, 『철학연구』 92, 대한철학회, 2004 참조.

143 도현철, 『조선전기 정치사상사』, 태학사, 2013, 123~160쪽.

144 지두환, 『조선시대 사상사의 재조명』, 역사문화, 1998, 81~113쪽.

145 『栗谷全書』 권15 雜著二, 『東湖問答』, 「論君道」 4右. "… 宋神宗大奮有爲之意 期復三代之治 傾心安石 言聽計用 以財利爲仁義 以法律爲詩書 衆邪得志 羣賢屛迹 流毒生民 以啓戎馬 此昏君之偏信姦諛者也 …"

146 『經世遺表』 券9, 田制別考一, 「方田始末」. "臣謹案 當時弊政 如靑苗保甲免役之類 皆爲司馬韓呂諸公之所駁正 而方田之法 未有非之者 蓋其法 非必出於王安石之手耳 惜乎 行之未久 幾成而旋毁之也"

147 『정조실록』 5권 2년 2월 14일 을사. "召見承文正字李家煥 … 上曰 一自宋宗變法 後世監戒 雖不得不更張者 亦不敢生意 可勝歎哉 王安石淸苗法 雖不能無弊 而安石之法 亦豈無一可取乎 司馬光入相之日 都民加額想望如何 擔負如何 而汲汲更張 必限五日何也 家煥曰 安石雇役之法 先儒亦或有是之者 限日盡變 亦過矣 …" 및 『정조실록』 32권 15년 4월 30일 갑술. "朝講講中庸 … 上曰 人雖云談龍肉 不如喫猪肉 而如司馬光 以其常時念中觀之 眞可謂實踐篤行者 而然於知分數 終是不足 如議孟子一事 雖屬於大朴未散 而至於罷新法 何爲急遽乃爾 熙寧之政 固多弊端 而如兵制變通 實是美法 何必盡罷 終使戎政不振 國勢益弱也 以其出於王安石 則必亟罷之者 何其太過也 程子謂吾輩激成之者 誠大賢之公言公心矣 大體王安石 執拗太過 而其才則豈無可以需世者耶 神宗之用安石 其志則亦可謂有爲之主矣 …" 이 밖에도 『정조실록』 6권 2년 9월 10일 병신; 40권 18년 6월 10일 을축 참조.

148 중국의 문묘 제도 및 그것을 수용한 고려시대의 문묘 제도에 대해서는 박찬수, 「문묘향사제의 성립과 변천」, 간행위원회 편, 『남사 정재각박사 고희기념 동양학논총』, 고려원, 1984 참조.

149 김해영, 「조선초기 문묘향사제에 대하여」, 『조선시대사학보』 15, 조선시대사학회, 2000.

150 박찬수, 「문묘향사제의 성립과 변천」, 간행위원회 편, 『남사 정재각박사 고희기념 동양학논총』, 고려원, 1984.

151 김해영, 「조선초기 문묘향사제에 대하여」, 『조선시대사학보』 15, 조선시대사학회, 2000.

152 김해영, 위의 글; 지두환, 「조선전기 문묘의례의 정비과정」, 『한국사연구』 75, 한국사연구회, 1991. 한편 다양한 의전 절차 및 법식에 대해서는 지두환, 『조선전기 의례연구: 성리학 정통론을 중심으로』, 서울대학교출판부, 1994, 135~190쪽 참조.

153 『세종실록』 59권 15년 2월 9일 계사; 72권 18년 5월 12일 정축.

154 김해영, 「조선초기 문묘향사제에 대하여」, 『조선시대사학보』 15, 조선시대사학회, 2000, 57쪽.

155 김영두, 「조선전기 도통론의 전개와 문묘종사」, 서강대학교 사학과 박사학위논문, 2005, 167~168쪽.

156 최봉준, 「14세기 고려 성리학자의 역사인식과 문명론」, 연세대학교 사학과 박사학위논

문, 2013, 127~138쪽.

157 권근의 문묘종사 논의 추이에 대한 상세한 연구로는 지두환, 「조선전기 문묘종사 논의: 정몽주·권근을 중심으로」, 『부대사학』 9, 부산대학교 사학회, 1985; 김영두, 「조선전기 도통론의 전개와 문묘종사」, 서강대학교 사학과 박사학위논문, 2005, 40~72쪽 참조.

158 『태종실록』 2권 1년 11월 7일 신묘.

159 『세종실록』 54권 13년 11월 11일 임신.

160 정몽주의 추증 및 문묘종사 과정에 대해서는 지두환, 「조선전기 문묘종사 논의: 정몽주·권근을 중심으로」, 『부대사학』 9, 부산대학교 사학회, 1985; 정두희, 『조광조』, 아카넷, 2001, 138~150쪽; 김영두, 「조선전기 도통론의 전개와 문묘종사」, 서강대학교 사학과 박사학위논문, 2005, 73~125쪽 참조

161 『중종실록』 32권 13년 4월 28일 정유. "御夕講 參贊官趙光祖曰 … 金宗直初受業於吉再 再卽鄭夢周之門人也 宗直傳業淵源 固有自矣 … 史臣曰 宏弼近世大儒也 平生處身學問 一以程朱爲法 潛心聖學 所得甚高 一動一靜 無或悖違 周旋中規 折旋中矩 初學於金宗直 宗直亦一時名儒 …"

162 정두희, 『조광조』, 아카넷, 2001, 149쪽.

163 김영두, 「조선전기 도통론의 전개와 문묘종사」, 서강대학교 사학과 박사학위논문, 2005, 168~169쪽.

164 『중종실록』 87권 33년 4월 8일 신해, 12일 을묘.

165 『인종실록』 2권 1년 6월 29일 경신.

166 조광조의 복권 과정에 대해서는 정두희, 「조광조의 복권과정과 현량과 문제: 16세기 조선 성리학의 성격에 관한 첨언」, 『한국사상사학』 16, 한국사상사학회, 2001 참조.

167 김용곤, 「조선전기 도학정치사상 연구」, 서울대학교 박사학위논문, 1994, 217~220쪽.

168 『栗谷全書』 권29, 「經筵日記」 2, 12左~13右. "謹按 官學儒生累請以五賢從祀 … 前朝從祀者 鄭文忠一人外 其餘薛聰崔致遠安裕 則無與於斯道 如欲裁之以義 則斯三人者可以祀於他所 而不可配於文廟也 第以諸生 汎淸五賢 則其間豈無優劣乎 金文敬鄭文獻 則言論風旨 微而不顯 李文元 則出處頗有可議者 惟趙文正 唱明道學啓牖後人 李文純沈潛義理 模範一時 斯二人者 表出從祀 則夫誰曰不可哉"

169 김용곤, 「조선전기 도학정치사상 연구」, 서울대학교 박사학위논문, 1994, 221쪽.

170 이희권, 「동방오현의 문묘종사 소고」, 『전북사학』 7, 전북대학교 사학회, 1983. 한편 5현의 문묘종사가 마무리된 뒤에 정인홍(鄭仁弘, 1535~1623)이 이언적과 이황을 비판했으나, 그 자신이 오히려 유생들의 명부인 『청금록(靑衿錄)』에서 삭제되는 등 곤경에 처하는 결과를 초래했다. 문묘종사 문제로 인해 불거진 이른바 회퇴변척(晦退辨斥) 사건에 대해서는 김강식, 「조선중기 남명학파의 학통강화 운동과 정치사적 의미」, 『조선시대사

학보』 16, 조선시대사학회, 2001; 윤정, 「정인홍의 정주학 이해: 회퇴변척을 중심으로」, 『남명학연구』 24, 경상대학교 남명학연구소, 2007 참조.

171 이희권, 위의 논문.

172 『광해군일기』 39권 3년 3월 26일 병인. "鄭仁弘上箚 … 臣少事曺植 重被開發之恩 事有如一之義 … 臣嘗見故贊成李滉誣毁曺植 一則曰傲物輕世 一則曰高亢之士難要以中道 一則曰老莊爲祟 …"

173 『栗谷全書』 권29, 「경연일기」 권2, 3右. "謹按曺植 遯世獨立 志行峻潔 眞是一代之逸民也 第見其所論著 則於學問無實 見所上訴章 亦非經濟之策 雖使行乎世 有所施設 未可必其能成治道也 …"

174 신병주, 『남명학파와 화담학파 연구』, 일지사, 2000, 226~273쪽.

175 최재목, 『퇴계심학과 왕양명』, 새문사, 2009, 72~110쪽.

176 5현의 문묘종사를 둘러싼 다양한 논의에 대해서는 이희권, 「동방오현의 문묘종사 소고」, 『전북사학』 7, 전북대학교 사학회, 1983; 김영두, 「조선전기 도통론의 전개와 문묘종사」, 서강대학교 사학과 박사학위논문, 2005, 126~165쪽 참조.

177 『광해군일기』 33권 2년 9월 5일 정미.

7장 중종 대의 의미: 사대와 유교의 만남

1 이에 대해서는 계승범, 『정지된 시간: 조선의 대보단과 근대의 문턱』, 서강대학교출판부, 2011에 상세하다.

2 계승범, 「조선시대 의병의 개념과 임진의병」, 『서강인문논총』 33, 서강대학교 인문과학연구소, 2012.

3 최종석, 「조선초기 국가 위상과 성교자유」, 『한국사연구』 162, 한국사연구회, 2013.

4 금장태, 『한국의 선비와 선비정신』, 서울대학교출판부, 2000, 63~71쪽.

5 계승범, 『정지된 시간: 조선의 대보단과 근대의 문턱』, 서강대학교출판부, 2011, 225~230쪽.

6 『선조실록』 "… 吾民卽天子之赤子 刷還于鄉國 使之各安其業 此固交隣之道也 以此措辭 事理順便 …"

7 『광해군일기』 중초본 권129, 10년 6월 20일 정축. "… 與其得罪於天朝 寧得罪於聖明 …"

8 계승범, 「조선후기 중화론의 이면과 그 유산: 명·청 관련 호칭의 변화를 중심으로」, 『한국사학사학보』 19, 한국사학사학회, 2009.

9 계승범, 「파병 논의를 통해 본 조선전기 대명관의 변화」, 『대동문화연구』 53, 성균관대학교 대동문화연구원, 2006.

10 김용헌, 「조선전기 사림파 성리학의 전개와 특징」, 『국학연구』 19, 한국국학진흥원, 2011.

11 윤인숙, 「조선전기 사림의 사회정치적 구상과 소학운동」, 성균관대학교 사학과 박사학위논문, 2011.

12 김태영, 『조선성리학의 역사상』, 경희대학교 출판국, 2006, 333~336쪽.

13 명 질서 속에서 조선의 국왕이 자리한 위상에 대해서는 Ken Robinson, "Centering the King of Chosŏn" *Journal of Asian Studies*, Vol. 59, no. 1, Minneapolis: Association for Asian studies, 2000; 정동훈, 「명대의 예제 질서에서 조선국왕의 위상」, 『역사와 현실』 84, 한국역사연구회, 2012 참조.

14 마르티나 도이힐러(Martina Deuchler) 지음, 이훈상 옮김, 『한국사회의 유교적 변환』, 아카넷, 2003, 340~341쪽.

15 박경, 『조선전기의 입양과 가족제도』, 혜안, 2011.

16 최재석, 「17세기 친족구조의 변화」, 『정신문화연구』 24, 정신문화연구원, 1985; Mark

Peterson, *Korean Adoption and Inheritance*, Ithaca: East Asia Program Cornell University, 1996(김혜정 옮김, 『유교사회의 창출: 조선중기 입양제와 상속제의 변화』, 일조각, 2000).

17 최양규, 『한국 족보 발달사』, 혜안, 2011.

18 권기석, 『족보와 조선사회: 15~17세기 계보의식의 변화와 사회관계망』, 태학사, 2011.

19 한흥섭, 『조선시대 악(樂)사상』, 소나무, 2012, 134~186쪽.

20 한흥섭, 위의 책, 208~483쪽. 조선시대 여악 제도에 대한 연구로는 김종수, 『조선시대 궁중연향과 여악연구』, 민속원, 2001도 아울러 참조.

21 오상학, 『조선시대 세계지도와 세계인식』, 창비, 2011.

22 배우성, 『조선후기 국토관과 천하관의 변화』, 일지사, 1998, 335~433쪽.

23 김영원, 『조선전기 도자사』, 일조각, 2011.

24 한유진, 『16세기 전반의 백자 연구』, 정은문화사, 2011.

25 홍선표, 「15·16세기 조선화단의 중국화 인식과 수용태도: 대명관의 변화를 중심으로」, 『미술사논단』 26, 한국미술연구소, 2008.

26 『선조실록』 6권 5년 9월 28일 신해. "備忘記傳于政院曰 身體髮膚 受之父母 不敢毁傷 孝之始也 我國大小男兒 必貫穿其耳 作環珥而懸之 取譏於中國 亦可羞愧 自今後 一切痛革胡習 曉諭中外 京中則限今月 其或憚不卽從者 憲府嚴加懲罪 以此捧承傳可也".

참고문헌

■ 1차 자료

『建州私志』, 『淸初史料四種』, 北京: 北平圖書館, 1970.
『經世遺表』
『高麗史』
『高麗史節要』
『舊唐書』, 上海: 中華書局, 1977.
『國朝五禮儀』
『湛軒書』
『孟子』
『明史』, 臺北: 國防硏究院, 1963.
『明實錄』, 臺北: 中央硏究院 歷史語言硏究所, 1964.
『史記』, 上海: 中華書局, 1977.
『使朝鮮錄』, 北京: 北京圖書館出版社, 2003.
　『寶顔堂訂正方洲先生奉使錄』
　『奉使朝鮮唱和集』
　『使朝鮮錄』
『사조선록 역주』 1~5, 김한규 옮김, 소명출판, 2012.
『三峰集』
『宋史』, 上海: 中華書局, 1977.
『新唐書』, 上海: 中華書局, 1977.
『練藜室記述』, 경문사, 1976.
『豫章文集』, 臺北: 臺灣商務印書館, 1971.
『栗谷全書』, 성균관대학교 대동문화연구원, 1958.
『資治通鑑』, 臺北: 藝文印書館, 1975.
『資治通鑑綱目』, 『朱子全書』, 上海: 上海古籍出版社(合肥市: 安徽敎育出版社), 2002.
『靜菴先生文集』, 경인문화사, 1987.
『朝鮮國紀』, 『學海類編』 120, 上海: 函芬樓, 1920.
『朝鮮紀事』, 『使朝鮮錄』, 北京: 北京圖書館出版社, 2003.

『朝鮮王朝實錄』, 국사편찬위원회 온라인 자료 및 국사편찬위원회, 1959.
『冲齋先生文集』, 발행자불명, 1982.
『退溪集』, 『標點影印韓國文集叢刊』 29~31, 민족문화추진회, 1990.
『筆苑雜記』, 『大東野乘』, 경인서림, 1969.

■ 2차 자료

강명관, 『조선시대 책과 지식의 역사』, 천년의 상상, 2014.
강문식, 「권근의 오경 인식: 경학과 경세론의 연결을 중심으로」, 『태동고전연구』 24, 한림대학교 태동고전연구소, 2008.
강문식, 「태종~세종대 許稠의 예제 정비와 예 인식」, 『진단학보』 105, 진단학회, 2008.
강준희, 「16세기 초 신진사림의 전제개혁론」, 『경제연구』 1966-4, 평양: 과학백과사전출판사, 1966.
계승범, 「파병 논의를 통해 본 조선전기 對明觀의 변화」, 『大東文化硏究』 53, 성균관대학교 대동문화연구원, 2006.
계승범, 「광해군대 말엽(1621~1622) 외교노선 논쟁의 실제와 그 성격」, 『역사학보』 193, 역사학회, 2007.
계승범, 「계해정변(인조반정)의 명분과 그 인식의 변화」, 『남명학연구』 26, 경상대학교 남명학연구소, 2008.
계승범, 『조선시대 해외파병과 한중관계』, 푸른역사, 2009.
계승범, 「조선의 유교화와 17세기: 도이힐러의 『한국사회의 유교적 변환』과 그 해석」, 『한국사학사학보』 20, 한국사학사학회, 2009.
계승범, 「조선후기 중화론의 이면과 그 유산: 명·청 관련 호칭의 변화를 중심으로」, 『한국사학사학보』 19, 한국사학사학회, 2009.
계승범, 『정지된 시간: 조선의 대보단과 근대의 문턱』, 서강대학교출판부, 2011.
계승범, 「조선의 18세기와 탈중화 문제」, 『역사학보』 213, 역사학회, 2012.
계승범, 「조선시대 의병의 개념과 임진의병」, 『서강인문논총』 33, 서강대학교 인문과학연구소, 2012.
계승범, 「조선왕조의 장구성과 한중관계」, 『명청사연구』 38, 명청사학회, 2012.
고영진, 「15~16세기 주자가례의 시행과 그 의의」, 『한국사론』 21, 서울대학교 국사학과, 1988.
고영진, 『호남사림의 학맥과 사상』, 혜안, 2007.
고혜령, 『고려후기 사대부와 성리학 수용』, 일조각, 2001.

구도영, 「중종대 사행 파견과 사대인식의 변화: 가정조의 대례의를 중심으로」, 경희대학교 사학과 석사학위논문, 2006.

구도영, 「중종대 사대인식의 변화: 대례의에 대한 별행 파견 논의를 중심으로」, 『역사와 현실』 62, 한국역사연구회, 2006.

구도영, 「중종대 대명외교의 추이와 정치적 의도」, 『조선시대사학보』 54, 조선시대사학회, 2010.

구도영, 「16세기 대명 사무역의 정책방향과 굴레」, 『조선시대사학보』 62, 조선시대사학회, 2012.

국사편찬위원회 편, 『한국사』, 국사편찬위원회, 1974.

국사편찬위원회 편, 『한국사 28: 조선중기 사림세력의 등장과 활동』, 국사편찬위원회, 1996.

권기석, 『족보와 조선사회: 15~17세기 계보의식의 변화와 사회관계망』, 태학사, 2011.

권연웅, 「세종조의 경연과 유학」, 『정신문화연구』 1, 한국정신문화연구원, 1982.

권연웅, 「조선 중종대의 경연」, 『길현익교수 정년기념 사학논총』, 간행위원회, 1996.

권인용, 「명 중기 조선의 종계변무와 대명외교: 권벌의 조천록을 중심으로」, 『명청사연구』 24, 명청사학회, 2005.

권인호, 『조선중기 사림파의 사회정치사상』, 한길사, 1995.

금장태, 『조선전기의 유학사상』, 서울대학교출판부, 1997.

금장태, 「조선초기 성리학과 수양론의 인식」, 『종교학연구』 18, 서울대학교 종교학연구회, 1999.

금장태, 『한국의 선비와 선비정신』, 서울대학교출판부, 2000.

김강식, 「조선중기 남명학파의 학통 강화 운동과 정치사적 의미」, 『조선시대사학보』 16, 조선시대사학회, 2001.

김경록, 「조선초기 종계변무의 전개양상과 대명관계」, 『국사관논총』 108, 국사편찬위원회, 2006.

김경록, 「중종반정 이후 승습외교와 조명관계」, 『한국문화』 40, 서울대학교 한국학연구원, 2007.

김기봉, 「1592년 전쟁을 어떻게 부를 것인가: 문명사적 관점에서의 성찰」, 『한국사학사학보』 26, 한국사학사학회, 2012.

김남일, 『고려말 조선초기의 세계관과 역사의식』, 경인문화사, 2005.

김당택, 『원 간섭하의 고려정치사』, 일조각, 1998.

김돈, 「중종 대 언관의 성격변화와 사림」, 『한국사론』 10, 서울대학교 국사학과, 1984.

김돈, 『조선전기 군신권력관계 연구』, 서울대학교출판부, 1997.

김돈, 「중종대 '灼鼠의 變'과 정치적 음모의 성격」, 『한국사연구』 119, 한국사연구회, 2002.

김돈, 「세조대 단종복위운동과 왕위승계문제」, 『역사교육』 98, 역사교육회, 2006.
김돈, 『조선중기 정치사 연구』, 국학자료원, 2009.
김범, 「조선전기 '훈구·사림세력' 연구의 재검토」, 『한국사학보』 15, 고려사학회, 2003.
김범, 『사화와 반정의 시대』, 역사비평사, 2007.
김범, 『연산군: 그 인간과 시대의 내면』, 글항아리, 2010.
김성우, 「사회경제사의 측면에서 본 조선중기」, 『대구사학』 46, 대구사학회, 1993.
김성우, 『조선중기 국가와 사족』, 역사비평사, 2001.
김성우, 「연속된 두 시기로서의 16·17세기: '조선중기론'의 입장에서」, 『내일을 여는 역사』 24, 서해문집, 2006.
김수태, 「2세기말 3세기대 고구려의 왕실혼인: 취수혼에 대한 재검토를 중심으로」, 『한국고대사연구』 38, 한국고대사학회, 2005.
김순자, 「고려말 대중국 관계의 변화와 신흥 유신의 사대론」, 『역사와 현실』 15, 한국역사연구회, 1995.
김영두, 「조선전기 도통론의 전개와 문묘종사」, 서강대학교 사학과 박사학위논문, 2005.
김영두, 「중종대 문묘종사 논의와 조선 도통의 형성」, 『사학연구』 85, 국사편찬위원회, 2007.
김영두, 「단종충신 추복 논의와 세조의 사육신 인식」, 『사학연구』 98, 사학연구회, 2010.
김영원, 『조선전기 도자사』, 일조각, 2011.
김용곤, 「여말선초의 정치동향과 문묘종사」, 간행위원회 편, 『손보기박사 정년기념 한국사학논총』, 지식산업사, 1988.
김용곤, 「조선전기 도학정치사상 연구」, 서울대학교 국사학과 박사학위논문, 1994.
김용덕, 「조선시대 군주제도론」, 『중앙사론』 2, 중앙대학교 사학연구회, 1975.
김용헌, 「조선전기 사림파 성리학의 전개와 특징」, 『국학연구』 19, 한국국학진흥원, 2011.
김용흠, 「조선전기 훈구·사림의 갈등과 그 정치사상적 함의」, 『동방학지』 124, 연세대학교 국학연구원, 2004.
김용흠, 「조선 세조대 정치를 보는 시각과 생육신」, 『역사와 현실』 64, 한국역사연구회, 2007
김우기, 「조선전기 사림의 전랑직 진출과 그 역할」, 『대구사학』 29, 대구사학회, 1986.
김우기, 「조선 중종 후반기의 척신과 정국동향」, 『대구사학』 40, 대구사학회, 1990.
김우기, 『조선중기 척신정치연구』, 집문당, 2001.
김우기, 「조선 성종대 정희왕후의 수렴청정」, 『조선사연구』 10, 조선사연구회, 2001.
김윤주, 「태종대 하륜의 정치활동」, 서울시립대학교 석사학위논문, 1999.
김인걸, 「'율곡 향약' 재론: 양민을 위한 인재 육성」, 『한국사론』 53, 서울대학교 국사학과, 2007.
김종수, 『조선시대 궁중연향과 여악연구』, 민속원, 2001.
김준석, 「조선전기의 사회사상: 소학의 사회적 기능 분석을 중심으로」, 『동방학지』 29, 연세대학교 국학연구원, 1981.
김창겸,「고려 태조의 왕위 부자계승 의식: 훈요십조 제3조를 중심으로」,『교남사학』 6, 영남대학교 국사학회, 1994.
김태영,「초기 사림파의 성격에 대해: 김종직을 중심으로」,『경희사학』 6·7·8, 경희대학교 사학회, 1980.
김태영,『조선성리학의 역사상』, 경희대학교 출판국, 2006.
김필동,「조선전기 향약의 보급과 그 사회적 의미; 16세기를 중심으로」,『한국의 사회와 문화 10: 조선후기의 체제위기와 사회운동』, 정신문화연구원, 1989.
김한규,『요동사』, 문학과지성사, 2004.
김한규,「명사 공용경의 사조선록과 조명 창화외교」,『동아연구』 30, 서강대학교 동아연구소, 2011.
김한식,「명대 한중관계를 둘러싼 약간의 문제: 동아세아세계 질서 속에서의 한중관계사의 모색」,『대구사학』 12·13, 대구사학회, 1977.
김항수,「16세기 사림의 성리학 리해: 서적의 간행·편찬을 중심으로」,『한국사론』 7, 서울대학교 국사학과, 1981.
김해영,「조선초기 문묘향사제에 대하여」,『조선시대사학보』 15, 조선시대사학회, 2000.
김현영,「훈구에서 사림으로: 15·16세기 경주김씨 상촌가계를 중심으로」, 최승희교수 정년기념논문집 간행위원회 편,『조선의 정치와 사회』, 집문당, 2002.
김호동,『몽골제국과 고려』, 서울대학교출판부, 2007.
김홍경,「변계량의 철학사상 연구: 자연인식과 인간관을 중심으로」,『민족문화』 14, 민족문화추진회, 1991.
김훈식,「중종대 경민편 보급의 고찰」,『이재룡박사환력기념 한국사학논총』, 간행위원회, 1990.
남의현,「명전기 요동도사와 요동팔참 점거」,『명청사연구』 21, 명청사학회, 2004.
남의현,「명대 토목의 변과 북변방어전략의 변화」,『국제중국학연구』 56, 한국중국학회, 2007.
남지대,「조선 성종 대의 대간 언론」,『한국사론』 12, 서울대학교 국사학과, 1985.
도광순 편,『권양촌사상의 연구』, 교문사, 1989.
도현철,「고려말기 사대부의 대외관: 화이론을 중심으로」,『진단학보』 86, 진단학회, 1998.
도현철,『고려말 사대부의 정치사상 연구』, 일조각, 1999.
도현철,『목은 이색의 정치사상 연구』, 혜안, 2011.
도현철,『조선전기 정치사상사』, 태학사, 2013.
류창규,「고려말 조준과 정도전의 개혁방안」,『국사관논총』 46, 국사편찬위원회, 1993.
문중양,「16·17세기 조선 우주론의 상수학적 성격: 서경덕과 장현광을 중심으로」,『역사와 현실』 34, 한국역사연구회, 1997.
민현구, 「근세조선전기 군사제도의 성립」, 육군사관학교 한국군사연구실 편, 『한국군제사: 근세조선전기편』, 육군본부, 1968.
민현구, 『조선초기의 군사제도와 정치』, 한국연구원, 1983.
민현구, 「조선 세종대 초엽의 양왕 체제와 국정운영」, 『역사민속학』 22, 한국역사민속학회, 2006.
박경, 『조선전기의 입양과 가족제도』, 혜안, 2011.
박경환, 「수기와 경세로 본 주자학의 사상사적 의의」, 『철학연구』 92, 대한철학회, 2004.
박성주, 「조선초기 견명 사절에 대한 일고찰」, 『경주사학』 19, 동국대학교 경주사학회, 2000.
박수철, 「15·16세기 일본의 전국시대와 도요토미 정권: '임진왜란'의 재검토」, 역사학회 편, 『전쟁과 동북아의 국제질서』, 일조각, 2006.
박주, 「조선 중종조의 정려에 대한 일고찰」, 『변태섭박사 화갑기념 사학논총』, 간행위원회, 1985.
박원호, 『명초 조선관계사 연구』, 일조각, 2002.
박찬수, 「문묘향사제의 성립과 변천」, 간행위원회 편, 『남사 정재각박사 고희기념 동양학논총』, 고려원, 1984.
박현모, 「유교적 예치이념의 법전화」, 김상준 외, 『유교의 예치 이념과 조선』, 청계, 2007.
배상현, 「주자가례와 그 조선에서의 행용과정」, 『동방학지』 70, 연세대학교 국학연구원, 1991.
배숙희, 「원대 과거제와 고려진사의 응거 및 수관격」, 『동양사학연구』, 동양사학회, 2008.
배우성, 『조선후기 국토관과 천하관의 변화』, 일지사, 1998.
백승종, 「16세기 조선의 사림정치와 김인후: 비정치적 일상의 정치성」, 『진단학보』 92, 진단학회, 2001.
변동명, 『고려후기 성리학수용 연구』, 일조각, 1995.
서인범, 「압록강하구 연안도서를 둘러싼 조명 영토분쟁」, 『명청사연구』 26, 명청사학회, 2006.
설석규, 「16세기 사림의 현실대응과 화담 서경덕의 출처관」, 『경상사학』 15·16, 경상사학회, 2000.
설석규, 『조선시대 유생상소와 공론정치』, 선인, 2002.
설석규, 「한훤당 김굉필의 도학과 도통의 수립」, 『조선사연구』 13, 조선사연구회, 2004.
설석규, 『조선중기 사림의 도학과 정치철학』, 경북대학교출판부, 2009.
손진태, 『국사대요』, 을유문화사, 1954.
송웅섭, 「중종대 기묘사림의 구성과 출신 배경」, 『한국사론』 45, 서울대학교 국사학과, 2001.
송웅섭, 「조선 성종대 공론정치의 형성」, 서울대학교 국사학과 박사학위논문, 2011.
송찬식, 「조선조 사림정치의 권력구조: 전랑과 삼사를 중심으로」, 『경제사학』 2, 경제사학회,

1978.
신동은, 「조선전기 경연의 이념과 전개: 태조~중종 연간을 중심으로」, 『정신문화연구』 114, 한국학중앙연구원, 2009.
신병주, 『남명학파와 화담학파 연구』, 일지사, 2000.
신병주, 「화담학과 근기사림의 사상」, 『국학연구』 7, 국립국학진흥원, 2005.
신석호, 「조선왕조 개국 당시의 조명관계」, 『국사상의 제문제』 1, 국사편찬위원회, 1959.
신양선, 「16세기 조선시대의 서적수집정책」, 『실학사상연구』 10·11, 무악실학회, 1999.
신해순, 「중종~명종조의 관학교육진흥책」, 『사학연구』 58·59, 국사편찬위원회, 1999.
신형식, 「신라왕위계승고」, 사업위원회 편, 『혜암 류홍렬박사 화갑기념논총』, 사업위원회, 1971.
안정희, 「조선초기의 사대론」, 『역사교육』 64, 역사교육연구회, 1997.
여호규, 「고구려 초기의 왕위계승원리와 고추가」, 『동방학지』 150, 연세대학교 국학연구원, 2010.
연세대학교 국학연구원 편, 『한국 중세의 정치사상과 주례』, 혜안, 2005.
오상학, 『조선시대 세계지도와 세계인식』, 창비, 2011.
오영교, 「중세해체의 갈림길로서의 17세기: '조선 전·후기론'의 입장에서」, 『내일을 여는 역사』 24, 서해문집, 2006.
원창애, 「16~17세기 과거제도의 추이: 문과를 중심으로」, 『청계사학』 9, 한국정신문화연구원 청계사학회, 1992.
유승원, 「조선시대 '양반' 계급의 탄생에 대한 시론」, 『역사비평』 79, 역사문제연구소, 2007.
유영옥, 「집현전의 운영과 사상적 경향; 성리학 이해를 중심으로」, 『부대사학』 18, 부산대학교 사학회, 1994.
유영옥, 「'폐가입진'에 대한 조선후기 사대부의 비판적 인식」, 『역사와 경계』 83, 부산경남사학회, 2012.
윤남한, 「중종 대의 도학과 심학화운동: 양명학의 동전 문제와 관련하여」, 『사총』 21·22, 고려대학교 사학회, 1977.
윤병석, 「권근, 조선성리학의 제일장」, 박성봉 편, 『고려·조선초기의 학자9인』, 신구문화사, 1974.
윤병희, 「조선 중종조 사풍과 소학; 신진사류들의 도덕정치 구현과 관련하여」, 『역사학보』 103, 역사학회, 1984.
윤인숙, 「조선전기 사림의 사회경제적 구상과 소학운동」, 성균관대학교 사학과 박사학위논문, 2011.
윤정, 「조선 중종 전반기 정국구도와 정책론」, 『역사와 현실』 25, 한국역사연구회, 1997.

윤정, 「조선 중종대 훈구파의 산림천택 운영과 재정확충책」, 『역사와 현실』 29, 한국역사연구회, 1998.
윤정, 「정인홍의 정주학 이해: 晦退辨斥을 중심으로」, 『남명학연구』 24, 경상대학교 남명학연구소, 2007.
이경식, 『한국중세토지제도사: 조선전기』, 증보판, 서울대학교출판문화원, 2012.
이기백, 『국사신론』, 태성사, 1961.
이기백, 『한국사신론』, 일조각, 1967.
이기백, 『한국사신론』 개정판, 일조각, 1976.
이기백, 「백제왕위계승고」, 『삼국사기 연구논선집 (국내편)』 2, 백산학회, 1985.
이병도, 『조선사대관』, 동지사, 1948.
이병도, 『신수 국사대관』, 보문각, 1956.
이병도, 『한국사대관』, 보문각, 1968.
이병휴, 『조선전기 기호사림파 연구』, 일조각, 1984.
이병휴, 「중종~명종대 권신·척신정치의 추이와 晦齋의 대응」, 『李晦齋의 사상과 그 세계』, 성균관대학교 동아시아연구원, 1992.
이병휴, 『조선전기 사림파의 현실인식과 대응』, 일조각, 1999.
이병휴, 「조선전기 사림파의 추이 속에서 본 김굉필의 역사적 좌표」, 『역사교육논집』 34, 역사교육학회, 2005.
이상백, 「삼봉 인물고」, 『진단학보』 2, 진단학회, 1935.
이상백, 『한국사: 근세조선전기편』, 을유문화사, 1962.
이성무, 「선초의 성균관 연구」, 『역사학보』 35·36, 역사학보, 1967.
이성무, 『조선초기 양반 연구』, 일조각, 1980.
이성무, 「조선후기 당쟁사에 대한 제설의 검토」, 『국사관논총』 81, 국사편찬위원회, 1998.
이성무, 「당쟁원인에 대한 제설의 검토」, 간행위원회 편, 『이기백교수 고희기념 한국사논총』, 간행위원회, 1994.
이수건, 『영남사림파의 형성』, 영남대학교출판부, 1979.
이숙경, 「이제현 세력의 형성과 그 역할; 공민왕 전기(1351~1365) 개혁정치의 추진과 관련하여」, 『한국사연구』 64, 한국사연구회, 1989.
이숭녕, 「소학언해의 무인본과 교정청본의 비교연구」, 『진단학보』 36, 진단학회, 1973.
이영춘, 『조선후기 왕위계승 연구』, 집문당, 1998.
이우성, 「고려조의 '吏'에 대하여」. 『역사학보』 13, 역사학회, 1964.
이익주, 「고려·원 관계의 구조에 대한 연구」, 『한국사론』 36, 서울대학교 국사학과, 1996.
이인영, 『국사요론』, 민교사, 1956.

이태진, 「사림과 서원」, 『한국사』 12, 국사편찬위원회, 1978.
이태진, 「사림파의 유향소 복립운동: 조선초기 성리학 정착의 사회적 배경」 『진단학보』 34·35, 진단학회, 1972·1973.
이태진, 『조선후기의 정치와 군영제 변천』, 한국연구원, 1985.
이태진, 『한국사회사 연구: 농업기술 발달과 사회변동』, 지식산업사, 1986.
이태진, 「'소빙기'(1500~1750년)의 천체 현상적 원인: 조선왕조실록의 관련 기록 분석」, 『국사관논총』 72, 국사편찬위원회, 1996.
이태진, 「개요」, 『한국사 30: 조선 중기의 정치와 경제』, 국사편찬위원회, 1998.
이태진, 『의술과 인구 그리고 농업기술』, 태학사, 2002.
이현진, 『조선후기 종묘 전례 연구』, 일지사, 2008.
이화승, 「만력초기 개혁의 배경과 평가: 張居正을 중심으로」, 『명청사연구』 36, 명청사학회, 2011.
이희권, 「조선전기의 空館 연구」, 『사학연구』 28, 국사편찬위원회, 1978.
이희권, 「동방오현의 문묘종사 소고」, 『전북사학』 7, 전북대학교 사학회, 1983.
이희환, 「조선 전기 사대부·사류·사림의 용례」, 『전남사학』 24, 전남사학회, 2005.
임용한, 『조선전기 관리임용제도 연구』, 혜안, 2008.
임혜련, 「조선 중·후기 왕의 혼례와 친영」, 『숙명한국사론』 3, 숙명여자대학교 한국사학과, 2003.
장동우, 「주자가례의 수용과 보급 과정: 東傳 板本 문제를 중심으로」, 『국학연구』 16, 한국국학진흥원, 2010.
장득진, 「조준의 정치활동과 그 사상」, 『사학연구』 38, 한국사학회, 1984.
장병인, 『조선전기 혼인제도와 성차별』, 일지사, 1997.
장병인, 「조선전기 국왕의 혼례형태: '가관친영례'의 시행을 중심으로」, 『한국사연구』 140, 한국사연구회, 2008.
장희흥, 『조선시대 정치권력과 환관』, 경인문화사, 2006.
정구선, 「중종조 천거제의 시행과 사림파의 성장」, 『동국사학』 24, 동국사학회, 1990.
정긍식, 「조선전기 사대봉사의 형성과정에 대한 일고찰」, 『법제연구』 11, 한국법제연구원, 1996.
정대환, 『조선조 성리학 연구』, 강원대학교출판부, 1992.
정동훈, 「명대의 예제 질서에서 조선국왕의 위상」, 『역사와 현실』 84, 한국역사연구회, 2012.
정두희, 「조선초기 삼공신 연구」, 『역사학보』 75·76, 역사학회, 1977.
정두희, 「집현전학사 연구」, 『전북사학』 4, 전북대학교 사학회, 1980.
정두희, 「조선 세조~성종조의 공신 연구」, 『진단학보』 51, 진단학회, 1981.

정두희, 「회고와 전망: 조선전기」, 『역사학보』 104, 역사학회, 1984.
정두희, 『조선초기 정치지배세력 연구』, 일조각, 1983.
정두희, 「조선전기 지배세력의 형성과 변천: 그 연구사적인 성과와 과제」, 주보돈 외, 『한국사회발전사론』, 일조각, 1992.
정두희, 『조선시대의 대간연구』, 일조각, 1994.
정두희, 「조광조의 복권과정과 현량과 문제: 16세기 조선 성리학의 성격에 관한 첨언」, 『한국사상사학』 16, 한국사상사학회, 2001.
정두희, 『조광조』 증보판, 아카넷, 2001.
정두희·이경순 편, 『임진왜란: 동아시아 삼국전쟁』, 휴머니스트, 2007.
정만조, 「조선시대의 사림정치: 17세기의 정치형태」, 이종욱 외, 『한국사 상의 정치형태』, 일조각, 1993.
정만조, 『조선시대 서원 연구』, 집문당, 1997.
정석태, 「점필재 김종직에 대한 퇴계 이황의 평가」, 부산대학교 점필재연구소 편, 『점필재 김종직과 그의 젊은 제자들』, 지식과 교양, 2013.
정인재, 「원대의 주자학: 元儒의 도통의식을 중심으로」, 『동양문화』 19, 영남대학교 동양문화연구소, 1979.
정재훈, 「16세기 전반 새로운 성리학의 모색과 심학화」, 『한국사상사학』 18, 한국사상사학회, 2002.
정재훈, 『조선전기 유교 정치사상 연구』, 태학사, 2005.
정재훈, 「동고 이준경의 정치적 역할과 정치사상」, 『한국사상과 문화』 55, 한국사상문화연구원, 2010.
조남욱, 『정여창: 조선초 실천유학의 선구자』, 성균관대학교출판부, 2003.
조영록, 「수우각 무역을 통해 본 선명관계」, 『동국사학』 9, 동국대학교사학회, 1966.
주채혁, 『원조 관인층 연구』, 정음사, 1986.
지두환, 「조선전기 문묘종사 논의: 정몽주·권근을 중심으로」, 『부대사학』 9, 부산대학교 사학회, 1985.
지두환, 「조선전기 문묘의례의 정비과정」, 『한국사연구』 75, 한국사연구회, 1991.
지두환, 「조선전기 군자·소인 논의; 대학연의 왕안석론 중심으로」, 『태동고전연구』 9, 한림대학교 태동고전연구소, 1993.
지두환, 『조선전기 의례연구: 성리학 정통론을 중심으로』, 서울대학교출판부, 1994.
지두환, 「조선전기 경연관의 직제의 변천」, 『한국학논총』 20, 국민대학교 한국학연구소, 1998.
지두환, 『조선시대 사상사의 재조명』, 역사문화, 1998.
지두환, 『조선전기 정치사』, 역사문화, 2001.

지두환, 「조선시대 정치사와 삼강」, 『동방사상과 문화』 1, 동방사상문화학회, 2007.
지부일, 「고려후기에 수용된 주자학의 성격」, 『백산학보』 45, 백산학회, 1995.
진상원, 「朝鮮中期 道學의 正統系譜 成立과 文廟從祀」, 『韓國史硏究』 128 (2005).
진성규, 「세조의 집권과정과 순흥」, 『중앙사론』 10·11, 중앙사학연구회, 1998.
차미희, 「조선전기 과거의 사상적 배경: 중종·명종대 강경 논의와 실시를 중심으로」, 『한국사상사학』 12, 한국사상사학회, 1999.
차주영, 「집권세력의 갈등을 통해 본 중종대의 정치구조: 김안로의 권력 강화과정을 중심으로」, 『백산학보』 79, 백산학회, 2007.
천관우, 「여말선초의 閑良」, 『이병도박사 화갑기념논총』, 일조각, 1956.
최봉준, 「14세기 고려 성리학자의 역사인식과 문명론」, 연세대학교 사학과 박사학위논문, 2013.
최승희, 「집현전 연구: 치폐시말과 기능분석」, 『역사학보』 32·33, 역사학회, 1966.
최승희, 『조선초기 언론·언관 연구』, 서울대학교출판부, 1989.
최승희, 「태종말 세자폐립사건의 정치사적 의의」, 간행위원회 편, 『이제룡박사 환력기념 한국사학논총』, 간행위원회, 1990.
최승희, 「세조대 왕위의 취약성과 왕권강화책」, 『조선시대사학보』 1, 조선시대사학회, 1997.
최승희, 『조선초기 정치사 연구』, 지식산업사, 2002.
최승희, 『조선초기 정치문화의 이해』, 지식산업사, 2005.
최영성, 『한국유학사상사 I: 고대·고려편』, 아세아문화사, 1994.
최양규, 『한국 족보 발달사』, 혜안, 2011.
최이돈, 「16세기 낭관권의 형성과정」, 『한국사론』 14, 서울대학교 국사학과, 1986.
최이돈, 『조선중기 사림정치구조 연구』, 일조각, 1994.
최이돈, 「훈구와 사림에 대한 역사적 인식」, 『한국 전근대사의 주요 쟁점』, 역사비평사, 2002.
최재목, 『퇴계심학과 왕양명』, 새문사, 2009.
최재석, 『한국 가족제도사 연구』, 일지사, 1983.
최재석, 「17세기의 친족구조의 변화」, 『정신문화연구』 24, 정신문화연구원, 1985.
최재석, 「조선중기 가족·친족제의 '재구조화'」, 『한국의 사회와 문화』 21, 정신문화연구원, 1993.
최정용, 「세조의 집권과 국정운영에 관한 연구」, 영남대학교 사학과 박사학위논문, 1998.
최종석, 「조선초기 국가 위상과 성교자유」, 『한국사연구』 162, 한국사연구회, 2013.
최진옥, 「중종조 향약 성립에 관한 연구」, 『한국사학』 6. 정신문화연구원, 1985.
피정란, 「조선중기 성균관유생의 언론 활동을 통한 정치참여에 대하여」, 『성대사림』 12·13, 성균관대학교 사학과, 1997.

하우봉, 「실학파의 대외인식」, 『국사관논총』 76, 국사편찬위원회, 1997.
하현강, 「이승휴의 사학사상 연구」, 『동방학지』 69, 연세대학교 국학연구원, 1990.
한만영, 「중종대 친영논쟁과 조선중기 혼례제도의 변화」, 『난곡 이은순교수 정년기념 사학논문집』, 간행위원회, 2000.
한명기, 『임진왜란과 한중관계』, 역사비평사, 1999.
한명기, 「난동, 정벌, 원조를 넘어: 임진왜란을 부르는 동아시아 공통의 용어를 위하여」, 『역사비평』 83, 역사문제연구소, 2008.
한성주, 「세조대(1467년) 조선과 명의 건주여진 협공에 대한 연구」, 『한일관계사연구』 45, 한일관계사학회, 2013.
한영우, 「여말선초 한량과 그 지위」. 『한국사연구』 4, 한국사연구회, 1969.
한영우, 『정도전사상의 연구』, 서울대학교출판부, 1983.
한유진, 『16세기 전반의 백자 연구』, 정은문화사, 2011.
한충희, 『조선초기 육조와 통치체계』, 계명대학교출판부, 1998.
한충희, 「상왕기(세종 즉위, 1418~세종 4, 1422) 태종 연구」, 『대구사학』 58, 대구사학회, 1999.
한충희, 『조선초기의 정치제도와 정치』, 계명대학교출판부, 2006.
한충희, 『조선초기 관직과 정치』, 계명대학교출판부, 2008.
한형주, 『조선초기 국가제례 연구』, 일조각, 2002.
한홍섭, 『조선시대 악(樂)사상』, 소나무, 2012.
홍선표, 「15·16세기 조선화단의 중국화 인식과 수용태도: 대명관의 변화를 중심으로」, 『미술사논단』 26, 한국미술연구소, 2008.
Wagner, Edward W., 「이조 사림문제에 관한 재검토」, 『전북사학』 4, 전북대학교 사학회, 1980.

桑野榮治, 「朝鮮中宗二O年代の對明外交交涉: 嘉靖會典 編纂の情報收集をめぐつて」, 『東洋史研究』 67:3, 京都, 京都大学 文学部, 東洋史研究會, 2008.
申奭鎬, 「朝鮮成宗時代の新舊對立」, 『朝鮮近代史研究』, 京城: 朝鮮總督府, 1944.

Chun, Hae-jong, "Sino-Korean Tributary Relations in the Ch'ing Period" in John K. Fairbank, ed., *The Chinese World Order: Traditional China's Foreign Relations*, Cambridge: Harvard University Press, 1968.
Clark, Donald N., "Autonomy, Legitimacy, and Tributary Politics: Sino-Korean Relations in the Fall of Koryŏ and the Founding of the Yi." Doctoral dissertation, Cambridge: Harvard University, 1978.
Clark, Donald N., "Sino-Korean Tributary Relations under the Ming" in *The Cambridge History*

of China, Vol. 8, New York: Cambridge University Press, 1998.

de Heer, Philip, "Three Embassies to Seoul: Sino−Korean Relations in the 15th Century" in Leonard Blusse and Harriet T. Zurndorfer, eds., *Conflict and Accommodation in Early Modern East Asia: Essays in Honour of Erik Zurcher*, Leiden, The Netherlands: E. J. Brill, 1993.

Deuchler, Martina, "Neo−Confucianism: The Impulse for Social Action in Early Yi Korea," *Journal of Korean Studies*, Vol. 2, Seattle: Society for Korean Studies, 1980.

Deuchler, Marttina, *The Confucian Transformation of Korea: A Study of Society and Ideology*, Cambridge: Council on East Asian Studies, Harvard University, 1992.

Duncan, John B., "The Social Background to the Founding of the Chosŏn Dynasty: Change or Continuity?" *Journal of Korean Studies*, Vol. 6, Seattle: Society for Korean Studies, 1989.

Duncan, John B., *The Origins of the Chosŏn Dynasty*, Seattle: University of Washington Press, 2000(김범 옮김, 『조선왕조의 기원』, 너머북스, 2013).

Geiss, James, "The Leopard Quarter during the Cheng−te Reign." *Ming Studies*, Vol. 24, Minneapolis: Society for Ming Studies, 1987.

Geiss, James, "The Chia−ching Reign, 1522~1566," in *The Cambridge History of China*, Vol. 7, New York: Cambridge University Press, 1988.

Kalton, Michael C., "The Writings of Kwŏn Kŭn: The Context and Shape of Early Yi Dynasty Neo−Confucianism," Wm. Theodore de Bary and JaHyun Kim Haboush, eds., *The Rise of Neo−Confucianism in Korea*, New York: Columbia University Press, 1985.

Kye, Seung B., "The Posthumous Image and Role of Ming Taizu in Korean Politics." *Ming Studies*, Vol. 50, Minneapolis: Society for Ming Studies, 2005.

Kye, Seung B., "Huddling under the Imperial Umbrella: A Korean Approach to Ming China in the Early 1500s", *Journal of Korean Studies*, Vol. 15, No. 1, Seattle: Society for Korean Studies, 2010.

Ledyard, Gary, "Korean Travelers in China over Four Hundred Years, 1488~1887," *Occasional Papers on Korea*. no. 2, Seattle: Joint Committee on Korean Studies, 1974.

McKnight, Brian, "Chu Hsi and His World," Wing−Tsit Chan, ed., *Chu Hsi and Neo−Confucianism*, Honolulu: University of Hawaii Press, 1986.

Mote, Frederick W., "The Tu−mu Incident of 1449" in Frank A. Kierman, Jr. and John K. Fairbank eds., *Chinese Ways in Warfare*, Cambridge: Harvard University Press, 1974.

Mote, F. W., *Imperial China, 900~1800*, Cambridge: Harvard University Press, 1999.

Palais, James B., *Confucian Statecraft and Korean Institution: Yu Hyŏngwŏn and the Late Chosŏn*

Dynasty, Seattle: University of Washington Press, 1996(김범 옮김, 『유교적 경세론과 조선의 제도들: 유형원과 조선후기』, 산처럼, 2007).

Peterson, Mark, *Korean Adoption and Inheritance: Case Studies in the Creation of a Classic Confucian Society*, Ithaca: East Asian Program, Cornell University, 1996(김혜정 옮김, 『유교사회의 창출: 조선 중기 입양제와 상속제의 변화』, 일조각, 2000).

Pyle, Kenneth B., *The New Generation in Meiji Japan: Problems of Cultural Identity, 1885~1895*, Stanford: Stanford University Press, 1969.

Robinson, David M., "Korean Lobbying at the Ming Court: King Chungjong's Usurpation of 1506, a Research Note," *Ming Studies*, Vol. 41, Minneapolis: Society for Ming Studies, 1999.

Robinson, Kenneth R., "Centering the King of Chosŏn: Aspects of Korean Maritime Diplomacy, 1392~1592." *Journal of Asian Studies*. Vol. 59, no. 1, Minneapolis: Association for Asian Studies, 2000.

Shultz, Edward J., *Generals and Scholars: Military Rule in Medieval Korea*, Honolulu: University of Hawaii, 2000.

Tillman, Hoyt Cleveland, "Reflections on Classifying 'Confucian' Lineages: Reinventions of Tradition in Song China," in Benjamin A. Elman, et al., eds., *Rethinking Confucianism: Past and Present in China, Japan, Korea, and Vietnam*, Los Angeles: UCLA Asian Pacific Monograph Series, 2002.

Truong, Buu Lam, "Intervention versus Tribute in Sino-Vietnamese Relations, 1788~1790," in John King Fairbank, ed., *The Chinese World Order: Traditional China's Foreign Relations*, Cambridge: Harvard University Press, 1968.

Twitchett, Denis and Grimm, Tilemann, "The Cheng-t'ung, Ching-t'ai, and T'ien-shun reigns, 1436~1464" in *The Cambridge History of China*, Vol. 7, New York: Cambridge University Press, 1988.

Wagner, Edward, "The Recommendation Examination of 1519: Its Place in Early Yi Dynasty History." 『朝鮮學報』 15, 天理市: 天理大學 朝鮮學會, 1960.

Wagner, Edward W., *The Literati Purges: Political Conflict in Early Yi Korea*, Cambridge: East Asian Research Center, Harvard University, 1974.

Wagner, Edward, "Two Early Geneologies and Women's Status in Early Yi Dynasty Korea", Laurel Kendall & Mark Peterson, eds., *Korean Women: View from the Inner Room*, New Haven: East Rock Press, 1980; 이훈상·손숙경 옮김, 『조선왕조 사회의 성취와 귀속』, 일조각, 2007).

Wakeman, Jr., Frederic, *The Great Enterprise: The Manchu Reconstruction of Imperial Order in Seventeenth–Century China*, Berkeley: University of California Press, 1985.

Walker, Hugh D., "The Yi–Ming Rapprochement: Sino–Korean Foreign Relations, 1392~1592." Doctoral dissertation, Berkeley: University of California, 1971.

Wang, Gungwu, "Ming Foreign Relations: Southeast Asia" in *The Cambridge History of China*, Vol. 8, New York: Cambridge University Press, 1998.

Whitmore, John K., *Vietnam, Hồ Quý Ly, and the Ming(1371~1421)*, New Haven: Yale Center for International and Area Studies, 1985.

찾아보기

ㄴ

ㄷ

ㅅ

ㅇ

ㅈ

ㅋ

ㅌ

ㅍ

ㅎ